Jacques Laffitte

Roi des banquiers et banquier des rois

P.I.E. Peter Lang

Bruxelles • Bern • Berlin • Frankfurt am Main • New York • Oxford • Wien

Virginie Monnier

Jacques Laffitte

Roi des banquiers et banquier des rois

Ouvrage publié avec le concours de l'Association pour l'Histoire de BNP PARIBAS et de la Société des Amis du Château de Maisons.

Éditions scientifiques internationales
Bruxelles, 2013
1 avenue Maurice, B-1050 Bruxelles, Belgique
www.peterlang.com ; info@peterlang.com

ISBN 978-2-87574-050-2

D/2013/5678/58

Ouvrage imprimé en Allemagne

Information bibliographique publiée par « Die Deutsche Nationalbibliothek »

« Die Deutsche Nationalbibliothek » répertorie cette publication dans la « Deutsche Nationalbibliografie » ; les données bibliographiques détaillées sont disponibles sur le site http://dnb.de.

N'en déplaise à la pruderie de notre époque, je préfère, comme homme de pensée incisive et profonde, Molière, le grand poète du siècle de Louis XIV.

Il a, à mes yeux, un mérite qui surpasse celui de tous les écrivains modernes : il était homme du peuple et fustigeait en riant les travers de son siècle, sans mélanger cette ridicule noblesse à talons rouges, et un bourgeois parvenu qui cherchait à l'imiter.

Jacques Laffitte

Sommaire

Préface 15
Éric Bussière

Introduction 17

PREMIÈRE PARTIE
ITINÉRAIRE D'UN *SELF-MADE-MAN*

CHAPITRE 1 23
Naissance (1767) et enfance à Bayonne.
Apprentissage chez Formalaguès (1781-1787).

CHAPITRE 2 31
Arrivée à Paris, entrée à la banque Perregaux.
La clientèle anglaise de la banque.
Première promotion (1787-1790).

CHAPITRE 3 39
Les banquiers, financiers et fournisseurs des armées dans les années 1790.
Activités de la banque Perregaux.
La Terreur : dénonciations et perquisitions ; comparution de Perregaux devant le Comité de Salut public ; Laffitte sauve Perregaux à plusieurs reprises (1793).
La Grande Terreur (1794).

CHAPITRE 4 49
Le Directoire (1795-1799). Reprise des affaires.
Les projets de Talleyrand.
Réorganisation des finances publiques.
Seconde promotion de Laffitte (1795).
Mariage d'Hortense Perregaux et du général Marmont.
Mariage de Jacques Laffitte (1801).

CHAPITRE 5 57
Le Consulat : le 18 Brumaire et le rôle des banquiers.
La création de la Banque de France (1800).
Les contrats de services de fonds (1800-1805).
La Compagnie des Négociants Réunis.

CHAPITRE 6 65
Perregaux 1er régent de la Banque de France.
Impatience de Laffitte. Évolution de sa situation en 1804. Sa vie, sa famille.
Laffitte associé de la banque Perregaux & Cie (1806).
L'affaire Ouvrard. Réforme de la Banque de France.
Mort de Perregaux. Laffitte chef de maison de la banque
Perregaux, Laffitte & Cie (1808).

CHAPITRE 7 73
Le Conseil de régence et l'assemblée des actionnaires
de la Banque de France en 1808.
Laffitte régent de la Banque de France (1809) et successeur de
Dupont de Nemours à la présidence de la Chambre de commerce (1810).
Son activité bancaire : une approche nouvelle.
Sa famille.

CHAPITRE 8 81
Le Blocus continental. La crise de 1810-1811.
L'emprunt sur la Saxe.
Laffitte et l'ambassadeur du tsar.

CHAPITRE 9 85
1813 : spéculations diverses. Campagne d'Allemagne. Fronde des députés.
1814 : campagne de France. Défection de Marmont : l'influence de Laffitte.
Abdication de Napoléon.

DEUXIÈME PARTIE

ROI DES BANQUIERS ET BANQUIER DES ROIS

CHAPITRE 10 97
Laffitte banquier de la famille royale.
Banquier de l'État : l'emprunt de 1814.
Gouverneur de la Banque de France.
Banquier de Napoléon.
Les Cent-Jours. La Conspiration du Nord.
Laffitte et Fouché.
Laffitte face à Napoléon.
Laffitte député du Commerce.

CHAPITRE 11 111
La Chambre après Waterloo.
Seconde rencontre avec Napoléon : Laffitte dépositaire
de la fortune de l'Empereur.
Nouveaux prêts à l'État : Laffitte « sauveur de la France ».

Laffitte à la Commission consultative du budget : le plan de finances de 1817. Dissolution de la Chambre introuvable.

CHAPITRE 12 121

Second mandat de député (1816). Le règlement de l'indemnité de guerre : les deux premiers emprunts avec Baring et Hope (1817). Adoption du plan de finances de Laffitte.
Troisième mandat de député : Laffitte à la tête du parti libéral (1817).
Discours en faveur de la liberté de la presse.
Nouvelle tentative pour l'indépendance de la Banque de France.
L'emprunt de 1818 et la libération du territoire. Attaques contre Laffitte, ressentiment des banquiers à son égard.

CHAPITRE 13 129

Création de la banque « Jacques Laffitte & Cie » (1817).
Position du banquier dans la société parisienne. Acquisitions du château de Maisons et de l'ancien hôtel de Laborde.

CHAPITRE 14 139

Laffitte collectionneur et mécène.
L'art et la philanthropie comme moyens d'ascension sociale
et d'opposition politique.

CHAPITRE 15 149

Assassinat du duc de Berry.
Gaudin remplace Laffitte comme gouverneur de la Banque de France (1820).
Laffitte et la charbonnerie.
Laffitte brasseur d'affaires : les compagnies d'assurances,
le Nouveau Quartier Poissonnière, les canaux, les mines,
les Messageries générales, l'industrie textile.
Laffitte et le saint-simonisme.

CHAPITRE 16 159

Laffitte et la succession de Napoléon : douze ans d'imbroglio.
Reconduction de la banque Laffitte. Quatrième mandat de député (1822).
La guerre d'Espagne. Le rôle des banquiers.
L'expulsion du député Manuel (1823).

CHAPITRE 17 169

Élections de 1824. Conversion de la rente.
Voyage à Bayonne.
La « Société commanditaire de l'industrie ».
Le « milliard des émigrés ».
Funérailles du général Foy (30 novembre 1825).

Laffitte député de Bayonne (30 mars 1827). Dissolution de la Garde nationale (29 avril 1827). Discours de Laffitte à la Chambre (7 mai 1827).

CHAPITRE 18 181

Achat de la forêt de Breteuil et construction du château de Bémécourt.
Constitution de la société J. Laffitte & Cie (1827).
Mort et funérailles de Manuel.
Dissolution de la Chambre et nouvelles élections. Laffitte élu à Paris et à Bayonne (novembre 1827).
Laffitte impliqué dans les procès des époux Marmont.
Mariage d'Albine Laffitte et du prince de la Moskowa (1828).
Discours parlementaires (1828-1829).

TROISIÈME PARTIE
L'HOMME DE POUVOIR

CHAPITRE 19 193

Fondation du *National*. Adresse des 221. Dissolution de la Chambre. Élections de juillet 1830. Riposte de Charles X, promulgation des Ordonnances. Protestation des journalistes (26 juillet).
Destruction des presses des journaux parus sans autorisation, nomination de Marmont à la tête de la garnison de Paris, premiers rassemblements populaires, indécision des députés. Retour de Laffitte à Paris (27 juillet).
Insurrection de la capitale. Engagement de Laffitte. Délégation des députés libéraux auprès de Marmont (28 juillet).
Défection de deux régiments de ligne, victoire des insurgés sur les troupes royales. La Fayette à la tête de la Garde nationale. Élection d'une Commission municipale. Échec de la tentative de conciliation du roi (29 juillet).

CHAPITRE 20 205

Le silence du duc d'Orléans. Le jeu de Talleyrand. Contre-attaque de Laffitte : proclamation en faveur du duc d'Orléans. Envoi d'émissaires à Neuilly (28-30 juillet).
Hésitations de la Chambre. La lieutenance générale du royaume offerte au duc d'Orléans (30 juillet). Première délégation de députés au Palais-Royal. Acceptation du duc. Réaction des républicains.
Seconde délégation au Palais-Royal, conduite par Laffitte.
Cérémonie à l'Hôtel de Ville : le rôle de La Fayette. Le duc d'Orléans lieutenant général du royaume (31 juillet).

CHAPITRE 21 215

Le ministère du 1er août. Laffitte au Conseil du gouvernement.
La Charte de 1830. Louis-Philippe roi des Français.
Laffitte ministre sans portefeuille. Dissensions ministérielles.

Le « Mouvement » (Laffitte) contre la « Résistance » (Guizot).
Mise en accusation des ministres de Charles X. Émeutes des 17 et 18 octobre. Chute du ministère Guizot.

CHAPITRE 22 223
Embarras financiers de la banque Laffitte.
Vente de la forêt de Breteuil.
Laffitte président du Conseil. Premiers projets de lois (fiscalité directe, amortissement de la dette publique, emprunt haïtien).
Nouvelles difficultés financières et premier emprunt à la Banque de France.
Poursuite du programme législatif (indemnisation des émigrés, Garde nationale, fiscalité indirecte, suppression de la censure, dotation de la couronne et liste civile).
Procès des ministres de Charles X.
Projet de réforme électorale.

CHAPITRE 23 237
La révolte des Belges (été-automne 1830).
Difficultés de Laffitte à la Chambre (janvier 1831).
Situation désastreuse de ses affaires. Mise en liquidation de la banque J. Laffitte et Cie.
L'affaire de Saint-Germain-l'Auxerrois (14-15 février 1831).
Fragilisation du ministère Laffitte.
Dernières mesures : budget de 1831, réforme électorale.
La dépêche de Vienne. Démission de Laffitte (13 mars 1831).
Casimir Perier et la présidence de la Chambre des députés (juillet 1831).

CHAPITRE 24 249
Laffitte dans l'opposition dynastique.
Fondation de la loge des Trois Jours.
Le Manifeste des 39. Les funérailles du général Lamarque (5 juin 1832).
Difficile liquidation de la banque Laffitte. Procès à Alphonse Perregaux.
Lotissement du domaine de Maisons.

CHAPITRE 25 259
Échec de la vente de l'hôtel Laffitte. Souscription nationale (1834).
Vente des tableaux et objets d'art.
Soutien de Laffitte à *La Nouvelle Minerve* et au *Siècle*. Dernier discours à la Chambre (16 juin 1836).
Dissolution de la banque J. Laffitte et Cie. Fondation de la Caisse générale pour le Commerce et l'Industrie (1837).

CHAPITRE 26 271
Derniers mandats de député (1839, 1842). Liquidation définitive
de la banque Jacques Laffitte et Cie (1840).
Le retour des cendres de Napoléon (1840).
Laffitte président de la Chambre comme doyen d'âge,
dernière intervention (1843).
Mort et funérailles de Jacques Laffitte (1844).

Épilogue 277

Annexes 279
Annexe I. La Banque de France de 1800 à 1840. Gouverneurs,
sous-gouverneurs, régents et censeurs.
Annexe II. Aperçu biographique des principaux banquiers et financiers.
Annexe III. Généalogie simplifiée de la famille de Jacques Laffitte.

Bibliographie 301

Index des principales personnalités citées 313

Remerciements 325

Préface

Le livre que l'on tient en mains nous offre le récit d'un destin exceptionnel, celui de Jacques Laffitte dont la mémoire subsiste chez nos contemporains à travers des lieux bien connus: la ville de Maisons-Laffitte à l'ouest de Paris, la rue Laffitte dans le 9e arrondissement de la capitale, arrondissement qui fut longtemps celui des banquiers.

Banquier il le fut totalement et c'est cette profession, les responsabilités et les moyens d'influence qu'elle lui apporta qui le mit à plusieurs reprises au cœur des péripéties de notre histoire nationale. Au point que la vie de Jacques Laffitte résume à elle seule toutes les dynamiques du premier XIXe siècle. Car l'homme n'a jamais douté de sa valeur, ses ambitions furent amples dès ses années de jeunesse et un optimisme fondamental le poussa à l'action jusqu'à la fin de sa vie.

Laffitte est contemporain de Napoléon Bonaparte. Comme pour ce dernier son destin fut largement déterminé par les bouleversements issus de la Révolution qu'il sut comprendre et dont il sut exploiter les opportunités. Jeune apprenti issu d'une famille d'artisans un accident le conduisit à changer de voie et à s'insérer dans le monde des affaires. Sa dextérité dans les opérations de change, son entregent aussi, en firent rapidement un homme de marché qui réussit à se rendre utile puis indispensable auprès du banquier Perregaux venu de Neuchâtel et installé dans la capitale quelques années avant la Révolution. Premier commis de ce dernier il contribua à ses cotés à la stabilisation des Finances publiques engagée par le Directoire puis consolidée sous le Consulat. C'est aussi autour du banquier Perregaux que fut construite la Banque de France dont Laffitte deviendra régent puis gouverneur. Entre temps Perregaux l'associa à ses affaires avant que Laffitte ne prenne le relais avec la création de la Banque J. Laffitte et Cie en en 1817.

Mais le métier de banquier est alors fait d'une alternance de moments d'intense dynamique et de crises violentes qui ruinent régulièrement des entrepreneurs parmi les plus avisés. C'est que les pratiques bancaires associent à l'époque opérations de crédit commercial à court terme, le financement d'activités de négoce, d'investissements à long terme, les prêts aux États. Des banquiers comme Jacques Laffitte sont engagés sur l'ensemble de leurs biens propres de sorte que la ruine personnelle guette en cas de difficultés. Si notre homme maîtrise à fond le métier et opte pour la diversification des risques, il est pourtant victime de la crise de la fin des années 1820 et sa maison de banque entre dans une liquidation longue et difficile à partir de 1830...avant qu'à 70 ans Laffitte ne reconstruise une nouvelle banque.

À travers de multiples liens finance et politique sont alors étroitement liés et personne alors ne s'en étonne. Le banquier est régulièrement appelé au chevet des finances publiques que ce soit par les gouvernants de l'Ancien Régime ou par ceux des époques ultérieures. Ce encore plus en temps de crise politique qu'en temps ordinaire. Les banquiers sont appelés au chevet des finances du Directoire, pour financer les guerres de l'Empire puis les indemnités de libération du territoire national après le traité de Vienne et les Cent jours. La proximité entre finances publiques et privées est une donnée permanente jusqu'au plus haut sommet de l'État si bien que Laffitte se trouve à maintes reprises associé à la fortune des souverains, au premier chef de Napoléon Bonaparte.

Au point que ce qui relève des choix politiques n'est jamais éloigné des options prises par les banquiers. Laffitte est un libéral, engagé dans les clubs de l'époque révolutionnaire. Mais il souhaite bientôt la stabilisation des choses à l'image de Perregaux, banquier du coup d'état de Brumaire. Laffitte qui s'éloigne du régime impérial à la fin de l'Empire croit voire un temps en Louis-Philippe le compromis politique qui convient au pays. Son engagement n'est pas que de façade comme le montre sa relativement longue carrière de parlementaire et son rôle dans les premiers mois de la Monarchie de juillet.

Il faut donc lire l'ouvrage de Virginie Monnier. À travers le personnage de Jacques Laffitte il rend compte de toutes les dynamiques et tensions du premier XIXe siècle. Il s'agit tout à la fois du roman d'une vie et de celui d'une époque.

Éric Bussière

Introduction

Ne serait-ce que par l'année où il vient au monde, Jacques Laffitte (1767-1844) appartient à une génération mythique, celle des grands maréchaux de l'Empire, tels Murat, son exact contemporain, Macdonald, son aîné d'un an, Mortier (né en 1768), Lannes et Ney qui – comme Napoléon lui-même – naquirent en 1769.

Si c'est à leur bravoure que ces hommes d'origine modeste doivent la gloire qui auréole leur nom, c'est aussi aux bouleversements consécutifs aux événements de 1789 qu'ils tiennent d'avoir pu, en dépit de leur roture, devenir officiers (Murat, fils d'aubergiste et Ney, fils de tonnelier, le furent à vingt-cinq ans, respectivement en 1792 et 1794), puis, dans le contexte des guerres révolutionnaires, d'être nommés généraux avant même d'avoir atteint la trentaine. Un âge auquel, traditionnellement, un jeune aristocrate ou un fils de négociant s'émancipaient à peine en se mariant ou en créant une filiale de l'entreprise familiale.

Dans le même temps, l'émergence politique du tiers état, concrétisée en juillet 1789, donne à la bourgeoisie, jusqu'alors cantonnée dans un rôle secondaire, la conscience de son identité et le sentiment qu'elle peut, sans renier ses origines ni gommer ses codes de valeur (travail, mérite), accéder à des fonctions précédemment réservées aux deux premiers ordres de la société. Il n'est pas inintéressant de noter que c'est dans le château de Vizille (propriété du grand manufacturier et banquier Claude Perier depuis 1780) que s'était réunie, le 21 juillet 1788, sans autorisation royale, une assemblée de représentants des trois ordres qui réclama la réunion (avec doublement du Tiers) des états provinciaux et des états généraux du royaume et l'admission des roturiers à tous les emplois.

Mais l'accélération, le « gain de temps » que l'on constate dans le monde militaire n'ont guère d'équivalent tangible dans la société civile. Les clivages y restent forts et si la bourgeoisie entend profiter des avantages qu'elle a obtenus, elle n'est pas prête à accueillir en son sein des jeunes gens qui n'en sont pas issus.

C'est à cet égard que le parcours de Jacques Laffitte, fils d'un humble charpentier, est exceptionnel. Car si l'évolution de la société permettra au simple commis qu'il était de succéder directement à son patron, tant à la tête de sa maison qu'au Conseil de régence de la Banque de France, son ascension sociale – unique dans les annales –

suscitera chez les grands banquiers et manufacturiers parisiens une jalousie et un mépris qui le poursuivront tout au long de sa carrière.

Sa réussite n'est pas le fruit du hasard mais doit être considérée en corrélation étroite avec l'époque durant laquelle elle advient. En effet, Jacques Laffitte, qui n'appartenait à aucune des grandes dynasties de négociants banquiers qui s'étaient développées au XVIIIe siècle, n'a pas eu à subir le poids d'une tradition qui menait par degrés, de génération en génération, de la manufacture à la banque et de la banque à des fonctions représentatives[1].

Sans capital initial, court-circuitant en quelque sorte un processus qui semblait incontournable, il s'est trouvé en position d'envisager la circulation et la rémunération de l'argent indépendamment du commerce ou des aléas de la politique internationale. Avec une clairvoyance rare, Laffitte a fait progresser la banque vers une forme de modernité à travers le développement de l'escompte, le crédit, et, finalement, la commandite par actions.

Dans la pratique, il ne se soucia pas de se lancer individuellement dans une aventure manufacturière, comme un Delessert avec sa célèbre distillerie de sucre, mais préféra placer ses capitaux et ceux qu'on lui confiait directement dans l'industrie parisienne naissante, pariant sur un développement national qui allait effectivement faire de lui le premier banquier de France.

Parallèlement, l'évolution du métier de banquier entre la fin de l'Ancien Régime et celle de l'Empire, la transformation des rapports entre la finance et la politique durant la même période et la modernisation radicale des finances publiques (avec le recours à l'emprunt) dès le début de la Restauration, ont largement contribué à sa prospérité et à la notoriété qu'il en a retirée.

La seconde partie de la vie de Laffitte s'inscrit dans le cadre de l'évolution de la classe bourgeoise française sous la Restauration, dans la mesure où cette évolution a rendu possibles l'intégration et la progression d'un individu qui n'en faisait pas originellement partie.

C'est pendant les Cent-Jours que Laffitte se voit confier son premier mandat législatif. Quoique élu comme simple « représentant du commerce » (c'est-à-dire de la banque), il n'en accède pas moins à la notabilité et aurait pu en rester là comme la presque totalité de ses confrères. Mais sa connaissance approfondie des finances publiques, doublée d'une conception novatrice de la manière de les gérer, vont faire de lui non seulement le premier des régents de la Banque de France à en devenir gouverneur, mais aussi le membre de la Commission royale des

---

[1] Voir Annexe II.

finances grâce auquel les grands emprunts des années 1817-1818 seront un succès et permettront la liquidation de la dette nationale et la libération du territoire.

La troisième partie de sa vie montre enfin comment un homme parti de rien, devenu le premier banquier de France et une figure de la haute société bourgeoise, éprouva le désir de dépasser le rôle influent que son mandat de député lui donnait sur la société pour se pencher sur les destinées de la collectivité entière.

Le rôle que joua Laffitte dans l'établissement de la dynastie d'Orléans transforma son statut d'homme politique en celui d'homme d'État (quelle qu'ait été la brièveté de son mandat de président du Conseil). Ce fut l'ultime étape de sa carrière, celle que seule la IIIe République permettra à un bourgeois de dépasser, avec l'accession d'Adolphe Thiers à la présidence de la République.

Mais le grand bourgeois de fait que fut Laffitte resta un homme du peuple dans l'âme. Fier de son origine et fidèle à l'idéal de sa jeunesse, il franchit toutes les étapes de son ascension en *outsider*. Dédaignant les codes sociaux, les contournant pour mieux les dépasser, il s'attira l'inimitié de ses pairs, ces « loups-cerviers » qui n'eurent de cesse que de tenter de l'abattre.

Ainsi, à l'aube d'une carrière prometteuse, refusa-t-il un mariage qui lui aurait permis d'entrer dans la bonne bourgeoisie pour s'unir à une jeune fille sans éducation ni fortune mais maria, en grande pompe, sa fille au prince de la Moskowa, le fils aîné du maréchal Ney.

Seul régent à accéder au siège de gouverneur de la Banque de France (à l'exception de J.-C. Davillier, qui occupa quelques mois, en 1836, le siège du comte d'Argout devenu ministre), il se permit d'en refuser le traitement et le somptueux logement de fonction.

Propriétaire du château « royal » de Maisons, il n'hésita pas, après avoir fait faillite, à en lotir le parc pour rétablir sa fortune. Enfin, après avoir placé, dans le scepticisme général, un « roi bourgeois » sur le trône, il en devint le plus farouche opposant jusqu'à se voir qualifier de « révolutionnaire ».

Jusqu'à un certain point, son rapport à l'argent fut celui d'un bourgeois qui considérait sa fortune comme l'expression de sa réussite et sa faillite comme la conséquence d'une sous-évaluation des risques auxquels il s'exposait comme tout entrepreneur de son époque.

Mais l'égalité d'humeur dont il fit preuve lors de sa faillite le distingue de ses contemporains, par exemple d'un Isaac Thuret qui, ruiné à la même époque et dans des circonstances comparables, considéra que la perte de la moitié des vingt millions dont il s'enorgueillissait le mettait sur la paille, et en perdit la raison.

Puisque la fortune était aux yeux de Laffitte la preuve de ses capacités et de son mérite, la ruine n'était qu'un incident de parcours auquel il pouvait être remédié. C'est ainsi que, en dépit de l'hostilité générale, il parvint à se rétablir et même à créer, à 70 ans, un type de banque nouveau, préfiguration des grandes sociétés en commandite par actions du Second Empire, le Crédit mobilier des Pereire, la Réunion financière des Rothschild, qui ouvrit la voie à la « banque moderne ».

Jacques Laffitte avait souhaité que ses *Mémoires* soient publiés vingt-cinq ans après sa mort. Ils ne le furent qu'en 1932, presque quatre-vingt-dix ans plus tard. Dans l'intervalle, le temps fit son œuvre réductrice et, de la personnalité du « roi des banquiers et banquier des rois », on n'a retenu qu'une immense vanité, une soi-disant légèreté en affaires et une fantastique myopie politique.

Cette image caricaturale, la réticence qu'inspirèrent aux historiens l'auto-satisfaction avouée de Laffitte et son approche, souvent anecdotique, des événements, contribuèrent à déprécier ses *Mémoires*. On négligea le fait qu'ils avaient été rédigés – avant tout – pour sa famille, et dans l'intention de lui laisser une trace des temps forts de sa vie, notamment celle des journées de Juillet 1830, une « épopée » à laquelle il consacre 80 pages qui semblent écrites d'un seul jet.

Certes, Laffitte fut vaniteux et « vantard comme un Gascon ». Mais il eut les qualités de ses défauts : l'optimisme, une inépuisable énergie, une confiance sans faille en ses capacités, une générosité et une probité que nul ne contesta. Il y a en lui quelque chose des personnages de Molière, dans son aversion pour l'hypocrisie et dans sa capacité à percevoir, dans les instants les plus solennels, l'aspect comique d'une situation. À une époque dont il dénonce la « pruderie », qui d'autre que lui aurait osé raconter qu'il avait vu sourire Robespierre, menacé Talleyrand des huissiers, proposé à Napoléon de lui créer un empire au Mexique ou de s'être présenté en pantoufles devant Louis-Philippe pour lui offrir un trône ?

C'est la vie exceptionnelle de cet homme simple que nous avons tenté de retracer.

Première partie

Itinéraire d'un *self-made-man*

Chapitre 1

Naissance (1767) et enfance à Bayonne.
Apprentissage chez Formalaguès (1781-1787).

C'est pour ses petits-enfants Églé et Napoléon-Joseph Ney de La Moskowa, respectivement âgés de douze et sept ans, que Jacques Laffitte entreprend la rédaction de l'histoire de sa vie. Il est alors dans sa soixante-dix-septième année et, se retournant sur son passé, contemple son extraordinaire carrière avec une vanité enfantine. Il est conscient de ce défaut et le tempère par une bonhomie joviale à travers laquelle se devinent ses origines gasconnes :

> Pierre le Grand, d'empereur qu'il était, est descendu à devenir charpentier ; moi, de simple apprenti charpentier que j'étais, je suis parvenu à fonder une dynastie nouvelle.

Cette dynastie nouvelle est-elle la sienne, car dans les veines de ses petits-enfants coule le sang du maréchal Ney, le « brave des braves », fils de tonnelier devenu duc d'Elchingen et prince de La Moskowa ? Ou plutôt celle des Orléans que lui, Jacques Laffitte, a installée sur le trône en 1830 ? Les deux sans doute. Toujours est-il que l'histoire de celui qui se laisse volontiers surnommer « le roi des banquiers et le banquier des rois » commence comme un conte de fées.

Il était une fois... « un pauvre charpentier qui avait pour toute fortune dix enfants à nourrir »[1]. Nous sommes à Bayonne, à la fin du règne de Louis XV. Pierre Laffitte, né aux alentours de 1725 et son épouse Étiennette Rogère qui a dix ans de moins que lui, forment un couple uni, fécond, honnête et bon chrétien, c'est-à-dire bon catholique, à mille lieues des idées subversives que répandent les « prétendus Réformés », nombreux en Béarn, et, par ailleurs, totalement ignorant des discours sur la tolérance, l'égalité, et le progrès économique ou social que développe la franc-maçonnerie. Ils habitent le faubourg du Saint-Esprit, sur la rive droite de l'Adour où vit, sans avoir le droit de franchir le pont qui le relie à la ville haute, une importante communauté juive originaire

[1] Sauf mention particulière, toutes les citations sont tirées des *Mémoires* de Jacques Laffitte.

d'Espagne et du Portugal[2]. Lorsque Jacques vient au monde, le 24 octobre 1767, sa mère a passé la trentaine. En treize ans, elle a déjà donné le jour à quatre filles et un fils, Pierre. Deux autres, Martin et Jean-Baptiste, suivront.

Le nouveau-né est baptisé quelques heures après sa naissance. Est-il de complexion fragile, ou manifeste-t-il une vivacité précoce ? Sa mère, qui se charge de l'éducation de sa tribu d'enfants, semble avoir pour lui une affection particulière et, dès qu'il en a l'âge, lui fait donner des leçons d'orthographe et de grammaire. Le fait mérite d'être souligné car la pratique de l'écriture et de la lecture reste particulièrement faible à Bayonne à la fin de l'ancien Régime : deux tiers des ménages à peine sont capables de signer leur acte de mariage[3]. Ces leçons coûtent deux francs par mois et, en dépit de la modestie de la somme, l'enfant a conscience du sacrifice financier qu'elles impliquent. Pendant quatre ans, il travaille dur, sans prendre une semaine de vacances.

Son père est alors quinquagénaire ; reçu Maître charpentier dix-sept ans plus tôt, en 1762, il veut, selon les coutumes du système corporatif, s'adjoindre un de ses fils. Puisque l'aîné a été placé chez un commerçant, c'est le puîné qui le rejoindra comme apprenti. Étiennette a beau tempêter, rien n'y fait. À douze ans, Jacques doit abandonner sa plume et son abécédaire. Sa voie semble toute tracée.

C'est alors que, comme dans tout bon conte de fées, le Destin intervient. En glissant sur un toit, le gamin manque de se rompre le cou ; madame Laffitte saisit l'occasion pour lui faire « quitter sur le champ veste, scie et rabot, prendre un habit » et le placer comme troisième clerc, c'est-à-dire saute-ruisseau, chez un notaire. Deux ans s'écoulent, au terme desquels la « bonne étoile » de Jacques le fait entrer chez un commerçant nommé Pierre Formalaguès, homme excellent qui a la passion d'enseigner les arcanes de son métier à ses commis mais le défaut de les rosser pour les leur faire entrer dans la tête. La méthode a cependant l'avantage de susciter chez ces tout jeunes gens une certaine émulation et quelques rivalités. Jacques est le plus jeune, le plus pauvre, « par conséquent très fier » : il refuse d'abord de se laisser battre. Il compense son aspect chétif par sa prétention à être le plus savant. Un jour, il découvre qu'un de ses camarades reçoit les leçons d'un juif pour apprendre les changes. « Quelle humiliation pour moi d'en savoir moins que lui ! », écrit-il. « J'en serais mort de chagrin, et la vanité triompha de l'amour-propre ». Il rend secrètement visite à Formalaguès et sollicite

---

[2] Environ 2 500 personnes, soit 1/5e de la population. La famille Laffitte ne semble pas avoir eu de liens particuliers avec cette communauté. Cf. G. Nahon, *Communautés espagnoles et portugaises en France (1492-1992)*, Paris, Liana Levi, 1992, p. 126.

[3] J. Pontet, « La vie cultuelle à Bayonne au XVIIIe siècle », *Regards sur l'histoire de Bayonne...*, Bayonne, Société des lettres, sciences et arts de Bayonne, 2002, p. 235.

des leçons particulières... assaisonnées, s'il faut en passer par là, de coups de bâton !

Formalaguès trouve, paraît-il, le trait « sublime », mais juge que son élève doit procéder par étapes et d'abord assimiler les principes arithmétiques de base dits *de la règle conjointe* (une sorte de règle de trois). Pour les changes proprement dits, on verra plus tard...

Mais le petit Laffitte ne l'entend pas de cette oreille : il veut tout savoir, et tout de suite ! En un rien de temps, il apprend la règle conjointe, puis, secrètement, armé d'un *Ruelle*[4], il s'entraîne aux opérations de change, d'autant plus ardues que les diverses monnaies de l'époque ont des subdivisions différentes et qu'aucune n'est décimale. Il s'essaie à convertir des florins en livres tournois, des marks en livres sterling, jongle avec les écus, les deniers, les gros, les sous, multiplie, divise et pose les résultats. Puis, le cœur battant, il fait la contre-épreuve, une fois, deux fois, trois fois : les résultats le prouvent, il maîtrise le mécanisme des changes ! Comme il le raconte avec humour, il en perd la tête et « devenu fou, comme Archimède courant dans les rues de Syracuse » se précipite chez son maître, qui l'accueille froidement : il ne s'agit que de l'application d'un principe !

Cependant, c'est probablement ce jour-là que le jeune commis, enivré par sa découverte, pressent la voie qui sera la sienne. Il faut rappeler qu'en cette fin du XVIIIe siècle, négoce et banque sont indissociables. Mais si tous les négociants ne deviennent pas banquiers, tous les banquiers ont été et restent négociants et fondent une grande partie de leur activité sur le commerce des denrées, voire, comme Formalaguès, sur celui des assurances maritimes qui s'y rattache.

Mais si l'on imaginait, en s'appuyant sur la maîtrise des changes monétaires, de sauter l'étape « commerce » et d'orienter, peu à peu, l'activité du *merchant banker* vers le négoce de l'argent sans passer par celui des denrées, ne gagnerait-on pas en temps, donc en potentialité ? Certes, le négoce resterait le fondement sur lequel le banquier assied son activité, mais la circulation de l'argent ne lui serait plus soumise. En d'autres termes, la clientèle du nouveau banquier ne se limiterait plus aux négociants mais pourrait s'élargir bien au-delà de la catégorie.

Le développement – alors exponentiel – des lettres de change, fonde un tel raisonnement. Bien qu'elles correspondent généralement à des échanges commerciaux réels, elles peuvent également reposer sur des combinaisons purement fiduciaires.[5] De plus, une juste appréciation des commissions perçues sur leur endossement, une parfaite connaissance

---

[4] Joseph René Ruelle, *Traité d'arbitrages de la France avec les principales places d'Europe*, Lyon, chez l'auteur, 1768.

[5] Cf. E. de Waresquiel, *Talleyrand le prince immobile*, Paris, Fayard, 2003, p. 88.

des changes et la pratique de l'arbitrage (qui tire profit des différences de cours entre deux places pour une même monnaie) permettent de les faire endosser successivement dans cinq ou six places sans souci des frontières politiques. Bayonne est, à cet égard, idéalement située !

Redescendu sur terre, Laffitte se lance dans l'étude méthodique des livres de compte de la Maison Formalaguès puis, fort confiant dans ses capacités, s'emploie, par un coup d'audace, à améliorer ses appointements. « Sans montrer trop de vanité », il se présente à un négociant qui cherche un premier commis auquel il offre douze cents francs par an. Le négociant n'en revient pas ! Quoi ! Ce petit gars malingre, qui n'a pas dix-sept ans, que l'on surnomme *Mademoiselle Laffitte*, prétend passer de la position de troisième à celle de premier commis, avec les « plus forts appointements de la ville », soit le double de ce qu'il gagne alors et l'équivalent de ce que la Convention allouera à un instituteur ! Néanmoins, il soumet Jacques à un interrogatoire en règle et, impressionné par ses réponses, accepte de l'engager, sous réserve de l'accord de Formalaguès.

Ce dernier comprend qu'il a perdu la partie ou, du moins, la première manche : pour garder son commis, il lui versera douze cents francs par an mais, de façon à reprendre l'avantage, il propose en sus de le faire rétroactivement pour l'année qui s'achève ! Avec un certain panache, il ajoute : « Vous êtes l'artisan de votre fortune, et je ne vous blâme point de chercher à l'améliorer ».

Cette petite phrase donne des ailes à notre *self-made-man* en herbe. Non qu'il manque d'assurance, mais parce qu'elle vient en conforter une autre, de sa mère à son père, entendue un soir par hasard : « Voilà celui qui nous remplacera et qui dirigera les autres ».

Pierre Formalaguès semble avoir possédé une bibliothèque exceptionnelle pour un négociant bayonnais du XVIIIe siècle, tant par son importance que par son contenu : elle est l'une des deux seules actuellement recensées où l'on trouve des ouvrages de littérature[6]. Jacques y puise sans retenue et jouit là d'un privilège appréciable dans une ville qui ne paraît pas avoir de cabinet de lecture et ne publie pas de journal. Il étudie la grammaire, l'histoire puis se passionne pour la littérature et dévore Bossuet, Fénelon, Corneille, Racine, La Fontaine, Voltaire, Rousseau et surtout Molière qu'il prétendra connaître par cœur. Il y trouve également les ouvrages susceptibles de l'aider à élargir ses connaissances commerciales et, parallèlement, s'exerce à des travaux pratiques.

---

6 J. Pontet, *op. cit.*, pp. 235-237 et ci-dessous, p. 84, note 6.

Le plus sérieusement du monde, il raconte dans ses *Mémoires* qu'il a alors fondé une Académie Pratique de Commerce ! La « Méthode Laffitte » qui mènera les cinq « académiciens » à la tête de maisons à Paris, Amsterdam, Madrid, Marseille et Libourne, est simple. Le dimanche, à la promenade, les jeunes gens s'exercent à toutes les opérations de négoce, de spéculation, d'assurance et de banque qu'ils peuvent imaginer. Chacun a pris le nom d'une grande maison de banque européenne et tous ensemble étudient les opérations qu'elle peut mener pour son compte, pour celui d'autrui ou en participation. On commence par le début, réception d'une lettre, enregistrement au Grand Livre, puis viennent la comptabilité, le change, les arbitrages, la correspondance ; suivent les décisions, les spéculations dans divers domaines et l'on termine par les difficultés, les contestations, les procès pour lesquels les jeunes gens se muent en avoués ou en juges et discutent jurisprudence.

Étonnant Jacques Laffitte qui invente, à son propre usage, la technique pédagogique des jeux de rôles, dont la pratique permettra aux étudiants des grandes écoles de commerce du XXe siècle de synthétiser des informations glanées au cours de leurs lectures, d'en éprouver l'efficacité et de les mémoriser durablement !

Bayonne possède, depuis 1726, une chambre de commerce autour de laquelle gravitent Basques, Béarnais et Navarrais. Port de pêche actif, c'est aussi une ville de corsaires et une ville d'armateurs. Toute proche de l'Espagne, qui est alliée à la France depuis 1761, Bayonne est une place bancaire importante, grâce à un commerce terrestre prospère et un commerce maritime qui bénéficie de l'ouverture du port sur l'Atlantique. C'est sur la route des Antilles et non plus en Méditerranée que les négociants du XVIIIe siècle font fortune. Jacques Laffitte peut y réussir mais, bien qu'il soit persuadé « depuis l'enfance que le Pactole ne coulait que dans les ports de mer » et que chaque navire qu'il voit s'élancer des rives de l'Adour « reviendrait chargé d'or », il ne peut que constater, au travers des affaires de Formalaguès, l'incidence négative de la guerre d'Indépendance américaine et, à l'issue de celle-ci (1783) la menace que l'Angleterre continue à faire peser sur elles : alliée ou ennemie, c'est d'elle que dépend le commerce atlantique. Ce n'est donc pas dans la vieille ville fortifiée par Vauban ni grâce au commerce maritime que Jacques Laffitte réalisera ses ambitions : pour quinze sous par semaine, il prend des leçons d'élocution et s'applique à faire disparaître son accent gascon.

C'est faire preuve de lucidité. La comparaison de la carrière de Jacques Laffitte et de celle de son compatriote Martin Garat en apporte la preuve[7]. Ce dernier est issu d'un milieu comparable – un père maître menuisier chargé de onze enfants dont Martin est le neuvième – et est placé à quatorze ans chez un commerçant. Il réussit fort bien et peut, huit ans plus tard, s'associer avec « la plus forte maison de commerce » de Bayonne, ce que n'aura pas l'opportunité de faire Jacques Laffitte. Car Martin Garat a dix-neuf ans de plus que lui et développe son activité dans un contexte très favorable. Il a ainsi le temps d'accumuler des capitaux pendant une douzaine d'années, avant de se lancer, seul, en 1782-1783, dans une opération vers l'Amérique qui lui rapporte gros. Lorsqu'arrivent les années de récession, Martin frise la quarantaine, tandis que Jacques n'en a pas vingt, et c'est en homme expérimenté qu'il quitte Bayonne pour Paris. Sa trajectoire bifurque alors vers les finances publiques puisqu'il entre comme commis au Trésor royal ; il sera directeur de la Banque de France dès sa création, en 1800 et jusqu'à son propre décès en 1830. L'ironie des choses fait qu'il sera, jusqu'en 1806, sous les ordres de Perregaux, président du Conseil de régence, puis, de 1814 à 1820, sous ceux de Jacques Laffitte devenu gouverneur « provisoire ».

Nous sommes en 1785 et, bien qu'il soit consul des Provinces Unies, l'excellent M. Formalaguès est victime de la crise qui frappe le commerce atlantique. Deux ans plus tard, l'état de ses affaires est tel qu'il doit se séparer de son commis, et cherche à le placer chez l'un de ses correspondants à Cadix, à Barcelone ou à Paris. Jacques Laffitte, nous l'avons vu, est prêt à quitter Bayonne, mais doit convaincre sa famille. Son argument est stupéfiant :

> Je ne pouvais pas espérer trouver douze cents francs à Bayonne. Pitt était Premier Ministre d'Angleterre à l'âge de vingt-deux ans, mais je n'avais pas encore vingt ans et personne ne pensait que si jeune je pouvais occuper une place de douze cents francs.

Passons sur la construction hasardeuse de la phrase pour éclairer son raisonnement : puisque William Pitt – qui n'a que huit ans de plus que Jacques et dont le nom est sur les lèvres de tous les négociants de Bayonne en raison du traité de commerce qu'il vient de signer avec la France – était chancelier de l'Échiquier à vingt-deux ans et Premier ministre à vingt-trois, pourquoi lui, le petit Jacques, ne pourrait-il prétendre à douze cents francs d'appointements ? Soit !

La valeur n'attend pas le nombre des années... Le blanc-bec en est convaincu et il a raison : des propositions d'embauche arrivent. Mais Formalaguès se laisse prendre aux rêves de gloire de son poulain et demande maintenant pour lui une rémunération supérieure. C'est alors

---

[7] Cf. H. de Clairval, « Martin Garat, (1748-1830), directeur de la Banque de France », *Revue du Souvenir napoléonien*, n° 415, oct.-nov. 1997, pp. 48-58.

que la Fortune, qui aime les audacieux, donne au jeune Jacques un coup de pouce décisif : son destin se joue sur une vague promesse du correspondant parisien de Formalaguès. Jean-Frédéric Perregaux lui écrit : « Si votre jeune homme est tel que vous le dites, qu'il se fie à moi et qu'il parte, je sais reconnaître le mérite et le récompenser ». Il n'en faut pas plus : puisque Jacques a du mérite, il aura la récompense : « À vingt ans, on ne doute de rien, surtout quand on a le bonheur d'être né en Gascogne ».

La tribu Laffitte s'affole : laisser ce candide, ce naïf, pur comme une jeune fille, s'engloutir dans le gouffre de Paris où il ne connaît personne ? Tout le monde pleure en cachette, évoque la solitude, l'hostilité, les périls de la grande ville. Bien que secrètement ébranlé, Jacques persiste, jusqu'à une scène pathétique, édifiante comme un tableau de Greuze. La nuit qui précède son départ, il est réveillé par les sanglots de sa mère, à genoux au pied de son lit :

– Je ne puis vivre sans toi, si tu pars, je meurs.
– Je reste, mais que deviendrons-nous ? Bayonne est sans ressources.
– Eh ! bien, pars, je ne te retiens plus, j'en mourrai peut-être, mais tu feras le bonheur de toute la famille.

L'humble femme, qui mourra effectivement trois mois après le départ de son fils, ajoute : « J'ai connu M. de Laborde commis comme toi à Bayonne et tu sais ce qu'il est devenu ; tu vas à Paris, fais comme lui ». L'anecdote, probablement réelle puisque Mme Laffitte devait être, par sa grand-mère maternelle, une petite cousine du grand financier, a une connotation prophétique bien dans la sensibilité du temps : rappelons-nous le « Tu seras plus que reine » prédit à Joséphine Tascher de la Pagerie par une chiromancienne martiniquaise déguenillée. Bien que, depuis longtemps, les princes n'épousent plus de bergères, on croit – ou l'on fait hypocritement semblant de croire – que les réussites exceptionnelles doivent davantage au Destin qu'à l'ambition... Avant que les *Success Stories* à l'américaine n'en reprennent le poncif, Jacques Laffitte le fait sien et affirmera avoir toujours cru aux paroles « prophétiques » de sa mère.

Car à Paris, Jean-Joseph de Laborde (1724-1794) est une célébrité. Sa réussite fulgurante à la tête d'une compagnie maritime dont il a hérité d'un de ses cousins à Saint-Jean-de-Luz a fait oublier sa naissance médiocre dans l'échoppe d'un négociant de Jaca en Aragon. La fortune qu'il a amassée grâce au « commerce triangulaire » (export de matières premières vers les Indes occidentales, import de produits exotiques et de piastres, traite des Noirs) lui a permis d'acquérir une charge de Fermier général, de devenir l'un des banquiers de Louis XV puis de Louis XVI et de s'enrichir encore en finançant successivement les Guerre de Sept ans et d'Indépendance américaine. Anobli, très ouvert aux idées de son temps, il s'est ensuite attaché à réaliser autour du château de Méréville près d'Étampes « le modèle le plus accompli du jardin nouveau ». L'architecte Bélanger, les peintres Joseph Vernet et Hubert Robert l'ont orné de ruines à l'antique, de cascades, de grottes tapissées de feuilles d'or et de *fabriques* anglo-chinoises : un véritable tableau dont le coût (16 millions de livres) a défrayé la chronique. À Paris, Laborde a aussi spéculé sur des terrains proches de la Chaussée d'Antin et s'est réservé un hôtel de la rue d'Artois... qui deviendra la rue Laffitte en 1830, après que Jacques ait acquis la demeure du financier, dans le bureau duquel, au soir de sa vie, il rédige ses *Mémoires* !

CHAPITRE 2

Arrivée à Paris, entrée à la banque Perregaux.
La clientèle anglaise de la banque.
Première promotion (1787-1790).

La légende veut que Jacques Laffitte ait été éconduit par Jean-Frédéric Perregaux lorsqu'il s'est présenté à lui et que le banquier se soit ravisé en voyant le jeune homme, sur le point de quitter sa demeure, ramasser une épingle égarée entre deux pavés de la cour. Quelle belle histoire ! Combien est édifiant le contraste entre la modestie de l'objet et le luxe de l'hôtel de la rue de la Chaussée d'Antin ! Quelle acuité de vue chez le jeune Basque et quelle intuition chez l'homme d'affaires ! Voici annoncée « la morale en action », une formule que l'on retrouvera sur les portraits populaires de Jacques Laffitte un demi-siècle plus tard[1].

Dans ses *Mémoires*, Jacques Laffitte ne dit mot de l'anecdote qui semble avoir été inventée et colportée tardivement dans son entourage, notamment par Charles de Bussy. Ce jeune homme, qui fréquentait le salon du banquier dans les années 1840, avait publié un vaudeville à l'âge de dix-sept ans sous le pseudonyme de Charles Marchal. C'est sous le même nom qu'il fit paraître, quelques mois après la disparition du banquier, des *Souvenirs de J. Laffitte, racontés par lui-même et puisés aux sources les plus authentiques* où figure l'anecdote, amplement diffusée par la suite[2].

En réalité, Jacques Laffitte était attendu chez Perregaux à l'épouse duquel il apportait d'ailleurs un de ces épagneuls dont elle raffolait. L'entrevue est pittoresque. Le commis se présente vêtu d'une culotte jaune serin, d'un gilet brodé de soie verte, d'un habit écarlate, les cheveux poudrés « à la Maréchale » et coiffé d'un chapeau *à l'androme*. Un peu *Cadet Roussel*, comme il le dit lui-même, mais assuré d'être charmant. Face à ce cacatoès prétentieux, le banquier, qui n'a rien du protestant froid et austère qu'imaginait le jeune bayonnais, ne résiste pas ; il le reçoit fort obligeamment puis, *tongue in the cheek*, lui sert un discours,

1 Cf. BNF. Estampes, séries N 2, vol. 947 à 950 ; N 3 ; DC 178a, V ; Na 47 rés. Fol. ; Microfilm D 180 260.

2 On doit à Marchal plusieurs ouvrages sur Charles X, Louis-Philippe, Renan, le christianisme social, diverses physiologies et une dizaine de dictionnaires.

élégamment pimenté de cynisme et de libertinage, sur les mœurs parisiennes...

De son côté, Mme Perregaux, une jolie femme à la mode, s'amuse aux dépens du petit provincial gourmé. À son arrivée, elle a refusé de le saluer et de le remercier de son présent, ce dont il a été très vexé. Quelques jours plus tard, elle dénonce publiquement l'ingratitude du petit chien, pourtant cajolé et bourré de massepains, qui fait fête à son ancien maître. Les témoins de la scène sont le comte de Saint-Martin (un théosophe fort à la mode que l'on surnomme *le Philosophe inconnu*) et le poète Évariste de Parny dont le charme créole contribue au succès de ses *Poésies érotiques*. Ce public de qualité stimule Jacques qui fait son *Figaro*. Il ose répliquer :

> Cela ne prouve pas son ingratitude. Ces petits animaux sont fort intelligents, celui-ci se souvient de tous les soins que je me suis donnés pour lui pendant un très long voyage, pour lui procurer le bonheur de vous appartenir, et il cherche toutes les occasions de me prouver sa reconnaissance.

Parny apprécie, Mme Perregaux rend les armes : le lendemain le *joli garçon arrivé de Bayonne* aura l'honneur de tailler ses plumes ! Fin de l'escarmouche. Ce marivaudage devait sembler bien démodé sous Louis-Philippe et l'on comprend que, de son vivant, le « roi des banquiers » ait préféré laisser circuler l'édifiante anecdote de l'épingle.

Pour l'instant le jeune commis travaille avec acharnement : il pense à sa famille, il veut gagner de l'argent et surtout réussir. Il ne manque pas une occasion de se faire remarquer. Il se mêle de tout : enregistrement, correspondance, comptabilité, rend des services et cherche à être distingué, tant par Mme Perregaux auprès de laquelle il fait « l'homme de société » que par son époux pour lequel il est « plus homme d'affaires ». Le banquier l'apprécie ; au bout de six mois, sa rémunération passe de douze cents à deux mille francs, ce qui le place immédiatement derrière les trois chefs de bureau. Belle promotion pour un jeune provincial qui, semble un peu grisé de sa réussite et « en redemande ». Mais Perregaux n'est pas né de la dernière pluie, et, jouant le jeu, le paie de mots : un jour, il laisse traîner une lettre dans laquelle il évoque la possibilité d'en faire son associé ; une autre fois, à la veille d'un départ en Suisse, il lui demande de veiller à sa maison pendant son absence... C'est habile et il n'en faut pas plus pour que le jeune homme rêve.

Une mésaventure manque de faire échouer ce double manège. Imprudemment, Jacques prête quatre mille francs, toutes ses économies, à un camarade qui promet de les rembourser à trois mois. Naturellement, rien ne vient et le voilà obligé d'avouer, tête basse, sa légèreté à Perregaux. Le banquier se fait paternel et avance la somme en disant simplement : « Vous êtes jeune, mais vous serez comme moi banquier un jour ;

rappelez-vous de ne jamais accepter sans provision ». Il a marqué un point : « Quelle générosité et quel encouragement ! » écrit Jacques, éperdu de gratitude, et dès lors dévoué à son patron pour la vie : quelques mois après avoir perdu le sien, disparu en septembre 1789, il a retrouvé un père auquel il saura, le moment venu, prouver sa reconnaissance !

Jean-Frédéric Perregaux (1744-1808) est alors âgé de quarante-cinq ans. C'est un bel homme, grand et blond, au profil aquilin et aux yeux bleus. Il est issu d'une ancienne famille de la bourgeoisie de Neuchâtel dont plusieurs membres ont été officiers au service de la France. Après quelques années d'apprentissage à Mulhouse, Amsterdam et Londres, il s'est installé à Paris en 1765, dans la mouvance de Jacques Louis de Pourtalès (1722-1814), neuchâtelois comme lui, qui a fait une fortune considérable dans le négoce et dans la banque. Le champ d'action du « roi des négociants », comme Pourtalès se surnomme lui-même, s'étend des Indes françaises à la Louisiane mais la vieille Europe et Paris en demeurent le pivot. Il s'installe d'ailleurs complètement dans la capitale en 1789, tout en restant sujet du roi de Prusse, prince de Neuchâtel, et jouissant de la nationalité anglaise à cause de ses propriétés dans l'île de Grenade.

Dans l'orbite de Pourtalès, probablement aussi comme chargé d'une partie des affaires du banquier bernois Isaac Panchaud dont nous reparlerons plus loin, Perregaux accumule suffisamment de capitaux pour ouvrir sa propre maison en 1781[3]. Cinq ans plus tard, il s'associe à Jean-Albert Gumpelzhaimer, un Allemand de Ratisbonne qui avait fait carrière dans la prestigieuse banque Bethmann de Francfort, à laquelle sa prospérité, fondée sur le commerce des marchandises, avait permis de devenir la banque des Habsbourg en 1778.

Lorsque Jacques Laffitte arrive à Paris, Perregaux est marié depuis dix ans à Adélaïde de Prael de Surville (1757-1794), une jeune fille de bonne noblesse normande qui lui a donné deux enfants, Hortense (1779-1867) et Alphonse (1785-1841)[4]. Depuis 1786, le couple vit dans un hôtel somptueux, 9, rue de la Chaussée d'Antin (rebaptisée rue du Mont-Blanc sous la Révolution et l'Empire), dont les jardins s'étendent jusqu'à l'actuelle rue Scribe (l'Opéra Garnier les recouvre en partie). Surnommé le *Temple de Terpsichore*, c'est l'un des plus célèbres de Paris. Il a été construit en 1772 par Claude-Nicolas Ledoux pour

---

[3] Il apparaît alors dans l'*Almanach royal*.

[4] Un mystère entoure cependant la naissance d'Adélaïde, fille de Bernardin de Prael et de Louise Dalie Geffriée. Son acte de mariage (Longpont, 20. 01. 1779) indique qu'elle vivait à l'époque chez un tuteur à Paris, ses parents n'assistèrent pas à la cérémonie, et, selon le *Nobiliaire* de La Chesnaye des Bois, XVI, col. 296, son père n'avait pas de postérité !

Melle Guimard, une danseuse aussi renommée pour son talent que pour son libertinage. Le maréchal de Soubise, son protecteur en titre, l'a fait décorer par Fragonard. Le jardin est orné d'un temple dédié à Vénus et le péristyle de l'hôtel est surmonté d'une sculpture représentant *Apollon couronnant Terpsichore*, d'où son surnom. Au-dessus de la porte d'entrée, la Guimard a fait aménager un théâtre particulier de 500 places où se produisent les meilleurs artistes de la Comédie-Française, de la Comédie-Italienne et de l'Opéra. Mais au début des années 1780, le maréchal de Soubise, ruiné par la banqueroute de son gendre le prince de Guéménée, abandonne la danseuse. Elle a passé la quarantaine et, sans ressources, doit mettre son hôtel en vente. À cette fin, elle organise une loterie pour laquelle sont distribués 2 500 billets d'un montant total de 300 000 francs. C'est grâce à l'achat d'un unique billet que la comtesse du Lau (« la bien nommée », dira-t-on alors) se retrouve propriétaire de l'hôtel, aussitôt revendu à Perregaux[5].

L'hôtel mitoyen appartient à Jacques Necker qui l'a fait construire. Ce calviniste genevois est alors ministre pour la seconde fois. Lui aussi a débuté très jeune dans la banque, chez Thélusson et Vernet, dont il est devenu associé à l'âge de vingt-quatre ans. Huit ans plus tard, il est Syndic de la Compagnie des Indes (orientales) et l'artisan de son redressement, ce qui lui permet d'amasser une fortune considérable, et de se retirer des affaires à quarante ans.

De l'autre côté de l'hôtel Perregaux viendront bientôt s'installer les frères Mallet, banquiers d'origine normande, réfugiés en Suisse lors de la Révocation de l'Édit de Nantes et revenus en France en 1713. Un peu plus loin demeurent le prince de Ligne, « l'homme le plus spirituel d'Europe » et son épouse, née Françoise de Lichtenstein, le sculpteur Clodion, Jacques Perier, l'inventeur des pompes à incendie de Paris, et Julie Carreau, une ancienne courtisane qui loue un appartement à Mirabeau et épousera Talma.

À deux pas du boulevard des Italiens, où se succèdent théâtres, cercles et cafés à la mode, la rue de la Chaussée d'Antin est donc un des lieux où se font les affaires et la politique. On ignore où habite alors Jacques, sans doute une modeste chambre dans un immeuble proche, mais son bureau jouxte celui de Jean-Frédéric Perregaux qui lui fait toute confiance. Il n'a pas failli à l'attente de sa mère : grâce à lui, Pierre, son frère aîné, a trouvé une place chez un négociant de Saint-Quentin, Martin est devenu capitaine de la marine marchande, Jean-Baptiste est venu le rejoindre chez Perregaux. L'aînée de ses sœurs est

---

5 R. Szramkiecwicz indique cependant que l'hôtel ne fut payé (100 000 francs) qu'en 1791 à une Mme de Desquelbeck. Cf. *Les Régents et censeurs de la Banque de France...*, Genève-Paris, 1974, p. 317.

religieuse chez les Visitandines de Dax, la seconde est mariée à un chirurgien de Bayonne, une autre est fiancée. Il n'en reste que deux à aider, puisque la sixième décède prématurément en 1789. Jacques les fera d'ailleurs venir à Paris après la chute de Robespierre.

Dans ses *Mémoires*, Jacques Laffitte relativise l'importance de Perregaux dans le monde de la banque parisienne en 1789 et ne le croit « pas fort riche ». Officiellement, le capital de la maison n'est que de 400 000 livres, dont un quart a été apporté par Gumpelzhaimer, mais en réalité Perregaux, secondé par son frère François-Louis, traite une partie de ses affaires depuis la Suisse où il se rend fréquemment et où il cachera bientôt le gros de sa fortune. Il est cependant vrai que sa maison de Paris n'a pas l'envergure internationale que Pourtalès a donné à la sienne et il est probable que Gumpzelhaimer, dont Perregaux se dit souvent insatisfait, ne lui a apporté ni le carnet d'adresses ni les relations qu'il en attendait. On en verra pour preuve que, à l'arrivée de Jacques Laffitte, l'établissement ne pratique pas l'arbitrage sur les changes, qui n'est possible que grâce à un réseau international de relations professionnelles et, par là même, une pratique réservée aux maisons de premier rang.

Laffitte reste muet sur d'éventuelles opérations de négoce. Selon lui, la principale activité de la banque Perregaux consiste à « faire des paiements à des Anglais fort riches, qui, seuls alors, venaient à Paris ». Naïveté ou louable discrétion ? Jacques ne peut ignorer que le principal de ces clients, William Eden, Lord Auckland, qui a négocié le traité commercial de 1786 entre la France et l'Angleterre, est un ami personnel de Perregaux et certainement la source d'informations fort utiles[6]... D'ailleurs, on trouve, parmi les huit commis de la maison, un jeune anglais nommé Jean Charles Clarmont, possiblement un cadet de bonne famille, qui n'est pas là par hasard. D'autre part, Laffitte lui-même raconte que, vers la fin de 1789, Perregaux offre un séjour d'un an à Londres à l'estimable Formalaguès dans l'idée qu'il « apprenne à comprendre l'anglais » et devienne son correspondant outre-Manche (ce qui n'aboutira pas, le négociant ne semblant pas avoir dépassé le *God-dam* de Figaro et préféré bâtir de chimériques châteaux en Espagne plutôt qu'affronter la réalité quotidienne).

Des sommes très importantes circulent donc entre Paris et Londres, transitant éventuellement, à l'instigation de Laffitte, par les Provinces-Unies, l'Allemagne, la Prusse ou l'Italie (la fameuse pratique de l'arbitrage qui permet de gagner quelques fractions de pourcentage sur chaque opération de change). Les premiers mois de la Révolution

---

[6] Cf. une lettre du général anglais, sir Henry Dalrymple, à Perregaux, 7 mai 1786, in J. Lhomer, *Le banquier Perregaux...*, Paris, Cornuau, 1926, pp. 11-13.

n'entravent pas ce flux, le chancelier Pitt gardant vis-à-vis de la France une bienveillante neutralité. Mais à partir de novembre 1789, la situation évolue. La confiscation des biens du clergé, proposée par Talleyrand, trouble les cours catholiques et la création des assignats, gagés sur ces mêmes biens et destinés à payer les dettes de l'État, inquiète les places bancaires établies en pays protestants. C'est avec une certaine appréhension que l'ensemble de l'Europe politique et financière se met à suivre les travaux de l'Assemblée constituante.

Jacques Laffitte, lui, est enchanté. Avec l'enthousiasme de la jeunesse et la confiance que lui donne sa réussite, il assiste aux réunions de sa section[7] et s'inscrit au club des Jacobins. Il y aperçoit le prince Louis-Philippe d'Orléans dont la personnalité le frappe ; il en deviendra le banquier et le partisan en 1814. Jean-Frédéric Perregaux, de son côté, considère l'évolution de la situation avec la complaisance d'un bourgeois arrivé qui voit se consolider la position de sa classe, mais aussi avec la satisfaction d'un protestant attaché aux idées libérales du siècle des Lumières. Bien que citoyen suisse, il accepte patriotiquement un poste de commandant dans la Garde nationale de Paris, commandée par La Fayette. Cependant, lorsque, à l'occasion de la fête de la Fédération, arrive une adresse de félicitations des Grenadiers de province à laquelle il est chargé de répondre, le voilà quelque peu embarrassé : saura-t-il trouver les tournures adéquates ? Il prie Laffitte de faire la preuve de ses talents, ce dont, on s'en serait douté, le jeune homme se tire avec brio.

Ayant ainsi décroché la « palme du style » Jacques se fait bientôt remarquer par un mémoire de douze pages traitant de l'influence de la création des assignats sur les opérations de banque. Il s'agit de répondre aux inquiétudes d'un correspondant. Gumpelzhaimer a été chargé du pensum mais en repousse la rédaction de jour en jour. Laffitte, provoqué par les commis de la maison mais ravi de l'exercice, se substitue à lui. Son mémoire ne nous est pas parvenu, mais ce qu'il a dit de la question à la fin de sa vie reflète sans doute son opinion d'alors : la préférence donnée à

> l'argent avec sa valeur réelle, non fictive et illusoire comme celle d'un papier monnaie destiné à durer – encore que le gouvernement qui l'avait créé l'ait acquis un prix proportionnellement très élevé, et la République elle-même en souffrit par la déconsidération que cette émission de papier fit rejaillir sur elle[8].

---

7 En mai 1790, Paris est divisé en 48 sections. Celle de Jacques, qui semble demeurer près des boulevards, est probablement la 7e, dite de la Grange-Batelière.

8 Cf. Ch. Marchal, *Souvenirs de Jacques Laffitte...*, Paris, Comptoir des imprimeurs-unis, 1844, I, p. 48.

C'est le point de vue d'un technicien et non d'un politique : elle satisfait Perregaux et son associé et voilà comment Laffitte, qui n'a pas le triomphe modeste, devient « le phénix des commis » !

Son ambition est évidente pour tous : succéder à Gumpelzhaimer comme associé de Perregaux que la passivité du gros Allemand agace au plus haut point. Jacques Laffitte nous en donne un portrait

> impartial [...] sans charge et tout à fait ressemblant. Il ne faisait rien, mais il ne nuisait pas à qui voulait faire, du moins par l'intention, car il n'en avait ni de mauvaises ni de bonnes pour ou contre personne [...] Quand il ne dormait pas, il était toujours engourdi, espèce de machine qui passait sa vie à gratter ses sourcils ou à tailler des plumes. Il avait l'air de penser, il ne pensait pas ; vous lui parliez, il ne vous répondait pas ; tout son travail consistait à signer les lettres sans les lire.

Malgré sa froideur et son apathie, Gumpzelhaimer n'est pas un imbécile ; sa situation lui convient parfaitement, il touche un traitement confortable (5 000 livres par an), vient de recevoir, au terme de son premier contrat avec Perregaux, un quart des bénéfices de la banque et il n'a nulle intention de céder sa place au « Petit Basque ». Contre vents et marées – et quitte à passer quelques temps à la Conciergerie – il est et entend rester l'unique associé. Jacques Laffitte devra attendre quatorze ans et le décès du gros homme pour le remplacer...

Il l'ignore encore et s'applique à marquer peu à peu des points. La situation politique va l'y aider.

CHAPITRE 3

Les banquiers, financiers et fournisseurs des armées dans les années 1790.
Activités de la banque Perregaux.
La Terreur : dénonciations et perquisitions ; comparution de Perregaux devant le Comité de Salut public ; Laffitte sauve Perregaux à plusieurs reprises (1793).
La Grande Terreur (1794).

Des années-lumière séparent la banque de la fin du XVIIIe siècle et la banque « moderne », celle qui se développe à partir de 1850. Parallèlement, les rapports de la banque et de l'État, comme la gestion des finances publiques se transforment complètement.

Jacques Laffitte a été le témoin, puis l'un des acteurs et finalement le promoteur de ces transformations. La « bataille du crédit » qu'il engage à partir de 1816, s'inscrit dans la logique de cette évolution. Pour le comprendre, il faut évoquer ce qu'est la banque lorsqu'il y fait ses premiers pas.

Sous l'Ancien Régime, un banquier *stricto sensu* est celui qui se charge d'honorer les lettres de change de ses clients. Celles-ci, sorte de chèques avant l'heure, connaissent un développement prodigieux dans les années 1780. Ignorant les frontières, elles permettent en effet de faire circuler des liquidités à peu près n'importe où dans le monde sans transporter de numéraire. C'est le banquier qui, par l'intermédiaire de ses correspondants, effectue les compensations et les opérations de change qu'elles impliquent. Ce sont des opérations assez routinières, sans grands risques pour celui qui connaît les marchés commerciaux et maîtrise les techniques d'arbitrage : elles sont génératrices de profits rapides quoique modérés. La maison Mallet Frères, réputée la plus ancienne banque de Paris, est un bon exemple d'une activité financière de ce type. Jacques Laffitte la développera chez Perregaux, propulsant ainsi la maison dans le premier cercle de la banque parisienne.

Tous les banquiers pratiquent le négoce, les grands réseaux commerciaux étant à peu près les mêmes que ceux le long desquels circulent les flux monétaires. Pour certains, tels Jacques Louis de Pourtalès, le négoce des denrées reste l'activité principale, celle de banquier étant une sorte de service rendu aux fournisseurs et aux clients. Pour d'autres, ainsi Claude Perier, dit Perier-Milord et le premier d'une dynastie qui, en quatre générations atteindra la présidence de la République, les deux activités se développent parallèlement : d'un côté, une manufacture de papiers peints et une d'indiennes, de l'autre une société de banque qui pourra être temporairement mise en sommeil sans affecter l'activité industrielle et commerciale. Un Le Couteulx de Canteleu, héritier de cinq générations de banquiers rouennais, pratique parallèlement, depuis son hôtel de la place Vendôme à Paris, des négociations commerciales avec le Nouveau Monde *via* Cadix et une activité manufacturière. Autre cas, celui de la banque André de Gênes (ultérieurement André, Cottier et Cie) : le commerce n'est plus tant celui des denrées, coloniales ou autres, que celui de produits financiers, à savoir l'assurance soit des bateaux soit de leur chargement (« des corps et des capacités »).

Mais, quelle que soit leur spécialité, tous ces *merchant bankers* sont tributaires de leurs réseaux et de la rapidité avec laquelle ils font circuler les informations économiques ou politiques. Dans ce sens, les troubles sociaux et les conflits politiques leur sont très préjudiciables.

Ce n'est pas le cas des financiers, souvent des spéculateurs fonciers qui, fortune faite, se contentent de prêter de l'argent à l'État, ni des riches fermiers généraux qui lui avancent le produit des impôts indirects dont ils assurent ensuite eux-mêmes la perception. Les guerres sont pour eux, si l'on peut dire, période bénie, car leur appui permet aux gouvernements d'éviter le recours à l'emprunt public ou l'augmentation de la ponction fiscale directe. Jean-Joseph de Laborde, précédemment évoqué, en est un exemple typique.

Cependant, les distinctions que nous établissons ici sont encore floues à l'époque et ne constituent en aucun cas des cloisons étanches. Il est significatif que, des quinze premiers régents de la Banque de France (fondée en 1800), huit soient qualifiés de banquiers et six de négociants, et que Le Couteulx et Perier figurent dans la seconde catégorie. Ce premier Conseil de la Banque de France, préfiguration de ce que l'on appellera sous la Restauration la Haute Banque et de ce que sera ultérieurement la banque moderne, compte aussi en son sein un notaire. Preuve, s'il en faut, que les régents ont grand besoin d'informations croisées sur la qualité du « papier » qui leur est soumis ; preuve aussi de la discrétion dont ils entourent l'exercice de leur profession[1]. La décennie révolutionnaire voit naître deux autres catégories de manieurs d'argent. D'une part, les spéculateurs sur les biens nationaux, les propriétés industrielles ou foncières confisquées au clergé et aux émigrés.

---

[1] Sur la définition et les contours de la Haute Banque, Cf. B. Gille, *La banque et le crédit en France de 1815 à 1848*, Paris, PUF, 1959, pp. 52-57 et M. Lévy-Leboyer, *les banques européennes et l'industrialisation internationale dans la première moitié du XIXe siècle*, Paris, PUF, 1964, pp. 418-427.

Émergent ainsi les Hainguerlot, les Hamelin qui constituent en peu de temps des fortunes considérables, mais l'on retrouve aussi des noms connus tel Perier qui, ayant temporairement liquidé sa banque, met la main sur les mines de houille d'Anzin, précédemment propriété du marquis de Cernay.

D'autre part, les fournisseurs des armées. À côté de Gabriel-Julien Ouvrard, génial aventurier des finances, parti de rien, devenu millionnaire et qui, à la suite d'opérations complexes, se trouvera devoir à l'État 141 millions de francs en 1806, ou de Jean Pierre Collot que nous retrouverons plus loin, on peut en citer des dizaines qui savent profiter des guerres successives de la Révolution et du Directoire pour faire fortune en organisant – ou spéculant sur – l'approvisionnement des troupes.

Parallèlement, le gouvernement révolutionnaire fait appel à toutes sortes de traitants, banquiers, fournisseurs et intermédiaires divers pour financer l'approvisionnement de la population civile. Il s'agit essentiellement d'acheter du blé sur divers marchés européens et de le faire livrer en France. Certains voient là une source de profits faciles, d'autres sont plus réticents car la dévaluation de l'assignat inquiète. Un séjour à la Conciergerie, une amende conséquente auront le plus souvent raison de leurs hésitations. Mais la Convention n'acceptant de verser que des commissions insignifiantes, ces traitants doivent jouer sur les taux de change, ce qui requiert une grande habileté. Il leur arrive également souvent d'être priés d'avancer l'achat des céréales, sans réelle garantie de remboursement. La chute du cours de l'assignat, qui tombe en 1795 à 3 % de sa valeur nominale, en ruinera bon nombre ; les autres seront victimes de la loi Ramel qui, deux ans plus tard, réduira à un tiers de son montant la dette de l'État envers eux.

Ce tiers, connu sous le nom de Tiers consolidé, n'est pas remboursable, mais produit un revenu de 5 % par an : c'est la fameuse Rente qui deviendra bientôt le baromètre de la confiance dans l'État et la cause de bien des soucis pour les bourgeois. Nous en reparlerons souvent.

Jusqu'à l'automne 1793, Jean-Frédéric Perregaux semble poursuivre assez tranquillement ses affaires. Il fait partie de ces banquiers qui ont ouvert un crédit au gouvernement pour effectuer des achats d'armes ou de grains et ceci lui permet de se rendre officiellement et régulièrement en Suisse. Ce n'est pas inutile quand on connaît sa clientèle privée : anglaise, nous l'avons vu, mais aussi française. Cette dernière a commencé à émigrer massivement en 1791 et, par l'intermédiaire de Perregaux, elle se fait virer des fonds dans les pays étrangers, notamment à Coblence qui devient, autour du comte de Provence, le principal centre de l'émigration. Jusqu'en 1792, c'est encore légal, mais les événements du début de l'année 1793 modifient considérablement la situation. Après la mort du roi, la déclaration de guerre à l'Angleterre et la création du Tribunal révolutionnaire, il est à craindre que les Jacobins n'arrivent à quelques conclusions fâcheuses s'ils découvrent que Perregaux avait fait passer 200 000 francs à Coblence pour le compte de Monsieur, frère du roi, ou qu'il a reçu du comte de Fersen un demi-million avant la fuite de la famille royale et 700 000 francs ultérieurement... Sans parler de ses affaires avec Lord Salisbury, Lord Auckland, Lord Leitrin, Lord Moira, grand-maître de l'artillerie et gouverneur des Indes, avec le comte de Buckinghamshire, James Hamilton, et quelques autres...[2]

Les commissaires du peuple voient des espions partout. À la fin de l'été 1793, ils s'intéressent à une certaine « citoyenne Pitt », qui passe pour être l'épouse du ministre et son agent. Ce n'est en fait qu'une courtisane, plus banalement nommée Marie-Madeleine Soinville, mais elle est entretenue par un anglais, Smith Barey, et une lettre trouvée chez elle prouve que sa pension lui est versée par la banque Perregaux. Le 7 septembre, perquisition et pose de scellés rue du Mont-Blanc. Le premier commis est retourné en Suisse et le second, Clarmont, est incarcéré en tant qu'anglais. Jacques Laffitte est donc forcément présent. Il n'ignore rien des secrets de la maison et aide probablement Perregaux à rédiger un long mémoire qui le disculpe. Les scellés sont levés et grâce à un don patriotique à la section des Piques (surnom de celle de la place Vendôme), l'affaire est rapidement classée.

Bien entendu, Perregaux a un joker dans sa manche et Laffitte saura le sortir en temps voulu. Cette carte secrète, c'est que la banque Perregaux gère les cinquante millions que les banquiers, contraints et forcés, ont avancés au gouvernement : Jean-Frédéric Perregaux est donc, *de facto*, le banquier du Comité de Salut public (créé le 6 avril 1793, trois semaines après le Tribunal révolutionnaire).

Cela ne l'empêche pas de craindre le zèle d'un quelconque « ami du peuple » et il a fait dissimuler dans la muraille de sa chambre une armoire de fer. Il y cache le Grand Livre de la banque dans lequel sont notés le nom des clients et le détail de leur compte. Cette initiative inquiète son précieux commis : depuis la découverte de l'armoire du roi et de la correspondance qu'elle contenait, l'existence d'une cachette de ce type peut être considérée comme un aveu implicite d'intelligence avec les « ennemis de la République ». Jacques Laffitte redoute la dénonciation d'un des nombreux artisans qui ont travaillé à l'installation de l'armoire.

---

2 Cf. O. Blanc, *Les espions de la Révolution et de l'Empire*, Paris, Perrin, 1995, pp. 70, 92, 146-148, 151, 169, 211 ; L. Bergeron, *Les Rothschild et les autres*, Paris, Perrin, 1991, pp. 23-24 ; J. Lhomer, *op. cit.*, pp. 10 sq.

Il a vu juste : mi-novembre 1793, trois membres du Comité révolutionnaire de la section des Sans-culottes (surnom de celle du Jardin des Plantes, dont dépendaient sans doute les artisans) se présentent rue du Mont-Blanc, parfaitement informés de l'existence de l'armoire, et en exigent l'ouverture. Fort opportunément, deux heures plus tôt, Jacques Laffitte a convaincu son patron d'en retirer le Grand Livre, remplacé par quelques bibelots, mis, dit-il aux sans-culottes, à l'abri de la maladresse des domestiques à la veille d'un voyage en Suisse...[3]

L'alerte a été chaude mais Perregaux ne peut remettre son départ : il doit, en effet négocier à Bâle un achat de grains pour le compte de la République ; il doit également rencontrer Jacques Louis de Pourtalès à Neuchâtel pour lui remettre une invitation du Comité de Salut public à se rendre à Paris afin de « conférer sur les sujets qui peuvent intéresser et les citoyens français et les citoyens des États-Unis »[4]. Cette lettre est signée, entre autres, par le Conventionnel Robert Lindet, ancien évêque de Lisieux, auteur du rapport sur les « crimes de Louis Capet » et responsable du Comité des subsistances.

Un personnage redoutable et dont Perregaux peut craindre le pire, s'il s'avisait de profiter de sa mission pour attendre en Suisse des temps meilleurs, ce qu'il a sérieusement envisagé. Il ne fait pas tellement bon être banquier à Paris à cette époque : Étienne Delessert a été arrêté dès 1792, les frères Mallet et François André le sont dans les premiers jours de septembre 1793, Le Couteulx de Canteleu le 3 décembre ; Jean-Conrad Hottinguer s'est enfui au début de l'année, Perier est retiré en Savoie. La position de Perregaux est d'autant plus dangereuse qu'il joue double et même triple jeu : non content d'être le banquier du Comité de Salut public, il a conservé sa clientèle royaliste et s'offre, effectivement, le luxe de financer les agents anglais infiltrés par son vieil ami Lord Auckland... Bien entendu, sa correspondance est chiffrée, mais des dénonciations arrivent : certains agents, qui ont reçu des fonds de lui, sont arrêtés et retournés par le ministère, ainsi Samuel Baldwyn et Richard Ferris. On sait qu'il a pour client James Crawfurd, directeur de l'espionnage anglais[5], Robert Woodford, directeur du War Office, son compatriote l'imprimeur Fauche-Borel qui appartient aux réseaux britanniques.

Jacques Laffitte est inquiet. Que se passerait-il si Clarmont était interrogé par le Comité de Sûreté générale, tandis que Perregaux est en

---

3 Nous suivons ici la chronologie suggérée par J. Laffitte. Selon J. Lhomer, *op. cit.*, pp. 36-37, une (seconde ?) perquisition eut lieu le 22 nivôse an II-11 janvier 1794.

4 R. Cramer, *Les Pourtalès 1300-2000*, St-Pierre de Vassols, Éditions familiales, s.d., p. 47.

5 Neveu de Quintin Crawfurd qui fournit à la famille royale la berline avec laquelle elle s'enfuit.

Suisse ? Ne risquerait-il pas de livrer des informations fatales au banquier ? Est-ce pour prévenir ce danger ou, tout simplement parce que, comme l'écrit Laffitte dans ses *Mémoires*, « M. Clarmont grillait de sortir de prison », qu'il se présente au comité révolutionnaire avec une pétition en faveur de son ami ? Toujours est-il que, miraculeusement, le lendemain, Clarmont est libre et s'enrôle immédiatement pour se mettre en sûreté. On peut penser que la maison Perregaux jouit de certaines protections...

Mais le pire est encore à venir. Après trois semaines d'absence, Perregaux annonce son retour. Nous sommes le 14 décembre et le duc du Châtelet, un des hommes les plus riches de France, vient d'être guillotiné. En arrivant à l'hôtel Perregaux, Jacques Laffitte trouve la maison cernée du dehors comme du dedans par un régiment de piques et, dans la cour, deux comités révolutionnaires qui assistent un commissaire de police porteur d'un mandat d'arrêt à l'encontre du banquier et de « ses associés » (ce qui semble impliquer les commis). Gumpzelhaimer est conduit à la prison de La Force, des scellés sont posés une nouvelle fois.

Jacques Laffitte s'active et apprend, sous le sceau du secret, que le duc du Châtelet a essayé de soudoyer un gardien en lui offrant deux cent mille francs à toucher sur un prétendu compte de six millions ouvert chez Perregaux (alors qu'en réalité, il est son débiteur pour 24 000 francs depuis 1791). Le mandat d'arrêt émane du Comité de Sûreté générale auquel il a été demandé par Fouquier-Tinville : si Perregaux et Gumpelzhaimer comparaissent devant lui, c'en est fait ! Tandis que Perregaux se cache chez son caissier Mongellas, Laffitte se présente à Robert Lindet, membre du Comité de Salut public et chargé des subsistances. La fermeture de la banque, lui explique-t-il, empêchera que les traites des fournisseurs de la République soient honorées et, partant, les livraisons effectuées. Le Conventionnel perçoit la menace : si le Comité de Sûreté se saisit du prétexte pour marquer un point contre le Comité de Salut public, lui, Lindet, risque de le payer très cher. Il va donc tenter de parer le danger en faisant au plus tôt comparaître Perregaux devant le Comité de Salut public présidé par Robespierre, en présence des Comités des finances et de Sûreté générale.

À une heure du matin, le banquier et son commis sont aux Tuileries, « frémissants ». Tandis qu'ils attendent d'être appelés à comparaître, Dalbarade, le ministre de la Marine, qui passe devant eux, rassure Perregaux à voix basse. Et ce dernier, relativement réconforté, expose bien sa cause tout en feignant d'ignorer le motif de son arrestation. Il est éloquent, il a des amis dans la place et il gagne la première manche : le voilà à l'abri du Tribunal révolutionnaire. Robespierre n'est pas dupe : Laffitte affirme avoir vu *l'Incorruptible* sourire avant d'ordonner, pour satisfaire les Comités, une vérification de ses papiers et de passer à l'affaire suivante.

C'est Pierre Joseph Cambon, le député de l'Hérault, un homme intègre et très compétent en matière de finances qui est chargé de la tâche. Assisté de deux collègues, en présence du Comité révolutionnaire et sous la surveillance de vingt-cinq hommes armés de piques, il passe huit heures à vérifier les livres de caisse, les Journaux, les Grands Livres, les registres principaux et auxiliaires, les copies de lettres, les balances. Puis il dicte un procès-verbal de dix pages, d'une traite, sans correction. Les scellés sont levés, Gumpzelhaimer est libéré et Perregaux sauvé. En réalité, toute l'affaire est une mascarade. Laffitte a été le seul à répondre aux questions de Cambon, il a présenté un registre pour un autre, et, tout en courant du haut en bas de l'hôtel, falsifié les chiffres et les noms compromettants. Cambon le sait bien. Pour sauver les apparences, il attire l'attention de son collègue sur le fait que, si Perregaux a bien passé sa fortune en Suisse, il n'a pas spéculé sur la dévaluation des assignats, dont lui, Cambon, est chargé de maintenir le cours. L'autre n'y voit que du feu et ne conteste pas le rapport de Cambon à la Convention[6] : toute l'affaire est pure invention et seul un ci-devant noble comme le duc du Châtelet pouvait imaginer semblable calomnie contre un homme aussi honnête que M. Perregaux !

Celui-ci, ne se faisant guère d'illusions sur la protection dont il a bénéficié, court se réfugier en Suisse.

L'année 1794 est restée marquée d'une pierre noire dans la mémoire de Jacques Laffitte. À cinquante ans de distance, le souvenir de la « grande Terreur » lui donne encore des sueurs froides. Il s'est compromis chez Formalaguès en prenant publiquement le parti des Girondins devant le tout-puissant Tallien qui l'a traité d'aristocrate. Depuis la chute des députés modérés, le qualificatif est dangereux et une partie de ses relations évite le jeune homme : au printemps de l'an II, on ne saurait en effet être trop prudent.

De jour en jour, la tension entre les « factions » montagnardes s'intensifie et le Grand Comité de Salut public, présidé par Robespierre, craint autant une agression des Enragés menés par Hébert qu'un complot des Indulgents qui suivent Danton et Camille Desmoulins. Bien qu'en charge de la diplomatie, du contrôle des armées et de l'inspection des départements, ses membres savent parfaitement que si le second comité, celui de Sûreté générale, vient à les déclarer « suspects », ils seront directement envoyés devant le Tribunal révolutionnaire, dont les jugements sont sans appel... Tallien est un bon exemple de la sourde rivalité des deux Comités. Membre de celui de Sûreté générale depuis

---

[6] 3 nivôse an II-25 décembre 1793. Repr. in J. Lhomer, *op. cit.*, pp. 31-34.

1792, il est accusé par Robespierre, en juin 1794, de corruption et de conspiration et c'est pour sauver sa tête qu'il fera tomber celle de l'Incorruptible un mois plus tard.

À l'évidence, Jacques Laffitte n'est pas un personnage assez important pour être directement impliqué dans l'escalade sanglante du printemps 1794. Mais, dans le petit Paris de la banque et de la politique, il est plus connu qu'il ne le laisse entendre dans ses *Mémoires*. Sans en avoir le titre (le terme n'existe, d'ailleurs, pas à l'époque), il est en réalité le fondé de pouvoir de Jean-Frédéric Perregaux et assure seul le fonctionnement de la banque, Gumpzelhaimer, claquemuré dans sa maison de Chaillot, se contentant de recevoir chaque soir le rapport du jeune homme. Bien que la maison Perregaux semble en sommeil, le Comité de sûreté générale l'a à l'œil : on n'y a pas oublié comment son fondateur avait, quelques mois plus tôt, échappé de peu au Tribunal révolutionnaire, grâce à l'intervention de Robert Lindet, ce membre du Comité de Salut public personnellement sollicité par Jacques Laffitte.

Celui-ci est donc un pion d'une certaine valeur dans la partie feutrée qui se joue entre les comités de Salut public et de Sûreté générale. Se saisir de lui permettrait peut-être de déstabiliser Lindet. Notre commis va bientôt en avoir la preuve :

> Traversant un soir les boulevards, je rencontrai une personne qui me demanda si je rentrais chez moi. Je compris que c'était un avertissement de n'y pas rentrer et je pris des informations en conséquence. J'appris que quatre citoyens, dont je faisais partie, devaient être arrêtés dans la nuit ; mais que trois membres du Comité révolutionnaire [de Salut public] avaient obtenu l'ajournement en ce qui me regardait.

Ajournement, mais pour combien de temps ? Laffitte se sent traqué. Quelques jours plus tard, devant Gumpzelhaimer estomaqué, il lui prend « fantaisie, en passant place Louis XV, de monter sur l'échafaud... Comme il est certain, explique-t-il, que nous irons tous un jour, j'ai voulu faire un expérience pour n'être pas surpris lorsque j'y serai conduit ; je ne veux point y paraître intimidé ».

Bien qu'il n'en souffle mot dans ses *Mémoires*, Laffitte qui, par fidélité envers ses frères et sœurs ne veut ni quitter la France ni s'enrôler pour échapper aux poursuites, a de bonnes raisons de trembler. En effet, pour maintenir la prééminence du comité de Salut public qu'il préside, Robespierre est passé à l'attaque. Le 24 mars, tous les Hébertistes ont été condamnés à mort et exécutés ; le 6 avril, c'est le tour des Indulgents. Un décret, promulgué l'avant-veille, a empêché Danton, dont on craint l'éloquence et la popularité, de se défendre. Mais ses papiers ont été saisis, ainsi que ceux d'un certain nombre d'individus accusés de spéculation et condamnés en même temps que lui. Or, il y a dans ces papiers de quoi envoyer dix fois Perregaux, son associé et son fidèle commis à la guillotine. Et notamment chez Danton une lettre, partiellement codée, d'un agent du Foreign Office à Perregaux[7]. Elle est datée du 13 septembre 1793 et prouve que le banquier travaille pour les Anglais, probablement de mèche avec le tribun (pourquoi, sinon, se trouverait-elle chez lui ?)

Dans la lutte sans merci qui l'oppose à Danton, Robespierre doit faire vite. Peu importe l'éventuelle vénalité de son adversaire ; pour le faire périr il suffit de l'accuser de trahison. On connaît son amitié pour Dumouriez, on soupçonne ses liens avec les Hébertistes, on suppose des relations avec l'étranger, voilà de quoi l'envoyer à l'échafaud. On ne prend même pas le temps d'examiner ses papiers. C'est fort heureux pour Perregaux et Laffitte... car même Robert Lindet, qui a refusé de signer l'acte d'accusation de Danton, n'aurait pu les sauver ! Près de trente personnes sont exécutées chaque jour, la Terreur est à son apogée. Désormais, chacun joue pour soi.

Le 1er ou le 2 thermidor, Laffitte et Formalaguès qui se promènent sur les boulevards croisent Tallien. « Avant huit jours, annonce ce dernier au vieux négociant basque, le tyran sera terrassé ». Il est bien placé pour le savoir, puisqu'au cœur du complot qui va provoquer la chute de Robespierre, mettant ainsi brutalement un terme à la spirale fatale dans laquelle sont engagés les Comités...

---

7 J. Lhomer, *op. cit.*, pp. 37-38.

CHAPITRE 4

Le Directoire (1795-1799). Reprise des affaires.
Les projets de Talleyrand.
Réorganisation des finances publiques.
Seconde promotion de Laffitte (1795).
Mariage d'Hortense Perregaux et du général Marmont.
Mariage de Jacques Laffitte (1801).

Les émigrés qui sont rentrés en France dans les mois qui suivent l'exécution de Robespierre ont tous constaté avec plus encore d'étonnement que de nostalgie combien Paris avait changé depuis 1790. Tout ce qui, à leurs yeux, faisait le charme de l'Ancien Régime – le plaisir de la conversation au sein d'un cercle choisi, le raffinement des mœurs, la grâce des femmes et l'élégance des demeures – a disparu. Une fois passés les excès de la réaction thermidorienne, on aspire surtout à la paix. Comme l'écrit Talleyrand,

> Il y a beaucoup de mauvaises gens qui se mêlent encore des affaires, mais il y a aussi une tendance générale de l'opinion vers la justice qui annonce le moment où la Révolution va se fixer ou au moins se reposer[1].

La bourgeoisie, plus ou moins constituée en classe sur les bases du tiers état de 1789, et grossie d'un certain nombre de petits ou moyens nobles qui ont rejoint ses rangs, affirme son identité. Une société nouvelle voit le jour, dans laquelle politique et finance sont étroitement liées.

La rue du Mont-Blanc est le noyau autour duquel gravitent tous ceux qui, de près ou de loin, entendent jouer un rôle. Des femmes influentes s'y installent, comme la belle Teresa Cabarrus, surnommée « Notre Dame de Thermidor » ou « Notre Dame de la Délivrance » et devenue madame Tallien, ou la citoyenne Beauharnais qui emménage bientôt à deux pas, dans un petit hôtel de la rue Chantereine. Des personnalités y font construire, tel Joseph Lakanal, député du Finistère au conseil des Cinq-Cents, qui bâtit trois hôtels dont l'un est vendu au général Moreau, le rival de Bonaparte. On verra aussi s'y installer François Barthélemy,

---

[1] Lettre à Olive, 15 février 1796, citée par M. Poniatowski, *Talleyrand et le Directoire*, Paris, Perrin, 1982, p. 543.

membre du Directoire en 1797, ou le banquier Jacques Récamier et sa toute jeune épouse Juliette qui acquièrent l'hôtel Necker.

Les affaires reprennent, grâce à la paix, signée avec la Toscane, puis avec la Prusse, la Hollande et l'Espagne. L'argent qui se cachait se montre, Jean-Frédéric Perregaux aussi. Il a considérablement prospéré depuis cinq ans[2] et son salon est l'un des plus recherchés de Paris. Son épouse Adélaïde est décédée en janvier 1794, sa fille Hortense est pensionnaire chez la célèbre Madame Campan à Saint-Germain-en-Laye et il peut, sans manquer aux convenances, recevoir les plus jolies femmes de Paris. Elles lui empruntent de l'argent le jour, ornent ses salons le soir et le distraient le reste du temps. Ce sont des chanteuses comme la Dagranville chez laquelle il avait caché de l'argent au début de la Révolution, des danseuses comme la Duthé, la Montansier, la Dugazon, la Carline, la Clairon, Sara Lescot ; des actrices comme la Raucourt, la Vestris, Louise Contat. On croise aussi rue du Mont-Blanc Joséphine de Beauharnais qui vient en voisine, Catherine Grand, « la belle Indienne », espionne et future princesse de Talleyrand, et bien sûr, ceux qu'elles fascinent : Barras, le premier des Directeurs, qui protège Joséphine mais rêve de Mme Tallien, Ouvrard qui lui succédera dans les faveurs de la célèbre espagnole, Rœderer qui est sorti de la clandestinité, et bientôt Talleyrand lui-même dont la maîtresse, Mme de Staël, la fille de Necker, a obtenu qu'il soit radié de la liste des émigrés...

« M. de Taleyrand-Périgord *[sic]*, ci-devant évêque d'Autun, émigré privilégié », comme le nomme *Le Courrier républicain*, est rentré à Paris, via Hambourg, le 21 septembre 1796. Depuis les États-Unis, où il vient de passer deux ans après avoir été expulsé d'Angleterre, il a suivi de près les événements de France. À ses yeux, la constitution de l'an III ne donne ni suffisamment de « garantie » aux Conseils (celui des Cinq-Cents et celui des Anciens) ni de pouvoir à l'exécutif. C'est la porte ouverte à tous les coups d'État et ce qu'il appelle « la foucade du mois d'octobre » (le coup de force de Barras contre la Convention qui a fait connaître Bonaparte comme le « général Vendémiaire ») n'en a été que le prélude[3]. Talleyrand compte bien peser sur l'avenir ; par ailleurs, il s'intéresse aux finances publiques autant qu'à la diplomatie et il brûle de devenir ministre.

Emmanuel de Waresquiel a remarquablement mis en valeur les compétences de l'ex-abbé de Périgord dans ce domaine. En tant qu'agent général du clergé (1780-1785), il avait, en effet, été conduit à y réfléchir longuement et était devenu le disciple enthousiaste du banquier-

---

[2] En l'an IV, il verse 600 000 francs à l'emprunt forcé. Cf. R. Szramkiewicz, *op. cit.*, p. 316.

[3] Cf. P. Gueniffey, *Le Dix-huit Brumaire*..., Paris, Gallimard, 2008, pp. 100 sq.

armateur bernois Isaac Panchaud. Ce dernier, l'un des rares théoriciens, sous l'ancien Régime, de la banque et de la finance internationale, avait fondé, en 1776, la Caisse d'amortissement de la rue Vivienne (destinée à provisionner les échéances de la dette) puis avait été, en 1782-1783, l'un des réorganisateurs de la Caisse d'escompte, avec, entre autres, Étienne Delessert[4].

Talleyrand, comme Dupont de Nemours et l'abbé Louis, futur ministre des Finances, a été profondément influencé par Panchaud et son engagement inconditionnel en faveur du libre-échange. Ainsi s'est-il fait l'ardent propagandiste du traité de commerce de 1786 qui instaurait des droits de douane réduits entre l'Angleterre et la France, pour le plus grand profit de la seconde. La guerre y ayant mis un terme, Talleyrand rêve d'une nouvelle alliance politique et commerciale qui ferait de l'axe franco-anglais l'aiguille de la balance du monde. Depuis octobre 1796, des négociations de paix sont en cours et, quoique interrompues à maintes reprises, elles sont au centre des préoccupations de tout ce que Paris compte de diplomates et de financiers. Perregaux en fait partie. C'est un anglophile convaincu, comme l'indique l'inventaire de sa bibliothèque. Il connaît bien Panchaud pour avoir été son correspondant en 1780-1781 et a été consulté par son ami Eden lors de l'élaboration du traité de 1786. On voit donc souvent Talleyrand à ses réceptions. Les hôtes du banquier l'intéressent autant que son rôle d'intermédiaire entre le Directoire et le gouvernement anglais. Perregaux connaît aussi fort bien les circuits parallèles et les réseaux d'espionnage : Talleyrand en fera le banquier secret de son ministère dès son accession aux Relations extérieures. Jacques Laffitte, auquel Perregaux a donné la signature sociale deux ans auparavant, n'ignorera rien des combinaisons des deux hommes.

Les banquiers qui fréquentent l'hôtel de la rue du Mont-Blanc ont également de grands projets. La situation les y incite, car, sur le plan des finances publiques, l'héritage de la Convention est désastreux. La suppression des impôts indirects et la disparition des Fermiers généraux chargés de les collecter ont mené l'État au bord de la faillite ; les contributions « patriotiques » ou « volontaires » dont tous les citoyens sont redevables se révèlent notoirement insuffisantes. La vente des biens du clergé (le premier propriétaire foncier du royaume) n'a pas empêché la dégringolade de l'assignat dont ils étaient le gage. Enfin, la disparition de la Caisse d'escompte, créée à l'initiative de Louis XVI pour limiter la dépendance de l'État vis-à-vis de ses créanciers privés et supprimée en 1793, met à nouveau le Trésor à leur merci.

---

4 E. de Waresquiel, *op. cit.*, pp. 95-97.

La réorganisation des finances publiques est à l'ordre du jour, les banquiers ont une chance d'y jouer un rôle. Jean-Barthélémy Le Couteulx de Canteleu, dont Perregaux devient bientôt l'allié fidèle, en est convaincu. De deux ans le cadet de Perregaux, il représente la septième génération d'une famille de marchands et armateurs rouennais qui a, de longue date, élargi son champ d'action ; si son père a été conseiller au Parlement de Rouen et Premier Président de la Cour des Comptes de Normandie, son arrière grand-oncle a créé, en 1670, à Paris, une banque qui existe toujours. Jean-Barthélémy a débuté à Cadix dans un des comptoirs de l'entreprise familiale, il a conservé de fortes attaches en Normandie (député du Tiers pour la ville de Rouen en 1789) mais est, depuis lors, installé à Paris d'où il mène ses nombreuses affaires. Il a été rapporteur du Comité des Finances à la Constituante et est sans illusion sur l'issue de la crise financière que traverse le Directoire. Il n'ignore pas qu'il y a beaucoup d'argent en France, tant chez ceux qui ont spéculé sur la vente des biens nationaux, que dans le commerce auquel la disparition des corporations et la suppression des droits de douane à l'intérieur du pays ont donné un nouvel élan.

Le Couteulx est donc fort bien placé pour défendre l'idée d'une banque forte qui puisse à la fois assurer des avances régulières à l'État et permettre aux banquiers de réaliser des profits faciles tels que commissions sur placement d'emprunts ou intérêts sur prêts à court terme. Cette banque, conçue comme semi-publique, conserverait par ailleurs des liens étroits avec le commerce. Mais le projet, quoique soutenu par les Directeurs et le ministre des Finances, est refusé par les Conseils en janvier 1796. Les deux établissements qui voient alors le jour sont le fruit d'initiatives privées.

Le premier, la Caisse des Comptes Courants ouvre en juin 1796. Deux négociants, Monneron et Godard, en sont à l'origine. Ils sont bientôt rejoints par Le Couteulx et Perregaux, puis par des financiers tels Hainguerlot et enfin par la plupart des banquiers de la place de Paris. La Caisse est dotée d'un capital de cinq millions de livres divisé en mille actions. Ses activités se développent rapidement et dès novembre, les actionnaires décident de créer un papier « libre et réalisable à volonté » et d'émettre pour 8 millions de francs de coupures de 500 et 1 000 francs qui circulent chez les négociants parisiens.

Le second établissement, la Caisse d'Escompte du Commerce, est fondé en novembre 1797. Le taux de l'escompte est limité à 6 % l'an (soit 0,5 % par mois, ce qui est modéré puisque les banquiers privés pratiquent alors des taux trois à six fois plus élevés). Les actionnaires sont des négociants et des manufacturiers parisiens. Perregaux sera chargé avec Jean-Pierre Germain, un des administrateurs de la Caisse des Comptes Courants et l'associé d'Étienne Delessert, de mettre en place une alliance entre les deux établissements.

Jacques Laffitte n'intervient pas personnellement dans le fonctionnement de ces deux établissements qui seront à l'origine de la Banque de France. Cependant, en tant que premier commis de Perregaux et parce qu'il se passionne pour l'amélioration des techniques bancaires, il suit de très près leur évolution. On ne peut douter que pendant ces années, il n'analyse, compare, réfléchisse aux difficultés, aux voies à développer, aux liens entre le commerce, la banque et l'État. Son accession aux différentes fonctions qui seront les siennes à partir de 1808 s'éclaire des compétences qu'il acquiert dès cette époque.

Il n'en oublie pas pour autant sa propre carrière. À vingt-huit ans, gratifications comprises, il gagne cinq mille francs par an, ce qui bien loin de ce que lui rapporterait l'association si souvent promise par Perregaux et toujours différée. Pour accélérer les choses, Jacques Laffitte refait le « coup » qui lui avait si bien réussi douze ans plus tôt auprès de Formalaguès et menace de partir : « On » me propose de fonder ma propre maison avec un associé et trois commanditaires qui apportent un million de marks. J'aurai la raison sociale et un tiers des profits. Si vous ne faites pas de moi votre associé, je vous quitte ». Laffitte ne donne pas de noms, mais Perregaux comprend qu'il ne parle pas en l'air. Le projet émane en effet d'un certain Lehoc, qui est le chargé d'affaires français à Hambourg où il a trouvé la commandite, et qui y associerait son gendre Henri-François Jannot, dit Lançon, commis à la banque Perregaux... La commandite est considérable, Laffitte et Lançon connaissent tous les rouages du métier, Hambourg est le premier port d'Europe, en liaison régulière avec l'Amérique.

Tout en pleurant, Perregaux fait une offre... et, à nouveau, beaucoup de promesses. Un huitième des profits, doublé *si* la paix est signée avec l'Angleterre ; la signature sociale ; un siège d'associé *si* Gumpzelhaimer meurt ou se retire ; la moitié du capital, partagé avec les enfants Perregaux *si* le banquier meurt ou se retire. Une demi victoire mais Laffitte, qui voit sa fonction officialisée par la signature sociale et peut désormais compter sur des revenus annuels de 25 à 40 000 francs, s'en contente car cette promotion le propulse dans la bourgeoisie. Il est convaincu de remplacer bientôt Gumpelzhaimer ou – il n'est pas nécessaire d'être devin pour le penser – de pouvoir épouser Hortense Perregaux dont le frère est alors beaucoup trop jeune pour assurer l'avenir de la banque. Bien entendu, il ne souffle mot de ces rêves dans ses *Mémoires*, pas plus qu'il n'évoque les affaires de la maison, bien qu'il y soit étroitement mêlé : la discrétion est la règle du métier.

Par contre, d'autres silences, quelques allusions, une certaine manière d'écrire sont révélateurs. Ainsi :

> Après ses immortelles victoires d'Italie, le petit Caporal revint à Paris pour préparer sa campagne d'Égypte. Son aide de camp Marmont épousa Melle Perregaux ; M. Perregaux me présenta à son gendre comme son associé quoique je ne le fusse pas encore.

Quelle concision ! Quel raccourci pour décrire l'ambiguïté de sa position et l'échec de ses projets matrimoniaux !

L'union est pour lui un camouflet et une menace latente. En effet, Bonaparte, qui est général de division depuis un an, apparaît comme l'incarnation possible de l'avenir et attire le regard des banquiers. La gloire dont il est auréolé rejaillit sur la cohorte de jeunes militaires qui l'entourent et notamment sur Auguste Viesse de Marmont, l'aide de camp qu'il affectionne particulièrement et qu'il a chargé de le précéder à Paris, pour porter au Directoire les drapeaux d'Arcole et de Rivoli. La jeune Hortense Perregaux le rencontre à cette occasion et croit voir en ce grand gaillard au visage rouge, dont les sourcils noirs barrent le front d'une ligne presque continue, l'incarnation du dieu Mars. Il a vingt-deux ans, elle en a dix-sept et jure de n'épouser jamais aucun autre que lui.

Malgré la réticence initiale de leurs parents respectifs – Marmont est un séducteur et Hortense est née protestante – le mariage est célébré à la mairie du 2e arrondissement, 3, rue d'Antin, le 12 avril 1798, avec une pompe telle que certaines gazettes s'offusquent de la publicité qui lui est faite. Perregaux n'en a cure : sa fille a convolé, dans le salon même où Bonaparte avait épousé Joséphine deux ans plus tôt, avec le premier aide de camp du général. Elle entre dans la noblesse et, deux mois exactement après son mariage, elle deviendra Mme la générale Marmont... Perregaux se soucie moins encore des menaces de démission de Laffitte qui craint que le brillant artilleur ne troque son sabre contre une plume de banquier et ne lui souffle la place d'associé[5].

Il ne répond, semble-t-il, même pas à la lettre que lui adresse le jeune homme. À un moment où la bourgeoisie, constituée en classe depuis 1789, se stratifie, il aspire à intégrer la catégorie la plus élevée, celle de l'aristocratie de l'argent. Il ne va donc certainement pas céder au chantage d'un commis à peine sorti de la classe populaire et risquer de ruiner sa tentative d'élévation par une association avec le fils d'un charpentier.

Il faudrait d'abord que Jacques gravisse un échelon et intègre, par exemple par un mariage judicieux, la moyenne bourgeoisie. Perregaux est tout prêt à l'y aider et à lui « faire épouser une jeune fille riche ». Il ne songe certainement pas à l'une des anciennes pensionnaires de Mme Campan, l'élite de leur génération, dont l'une, Adèle Macdonald de Tarente, deviendra sa belle-fille, d'autres duchesses ou maréchales, mais

[5] Ainsi qu'en témoignerait une lettre à Perregaux publiée dans *L'Amateur d'autographes*, 1862, p. 73 et reproduite par J. Lhomer.

à la fille d'un agent de change ou d'un gros négociant. Ainsi, le plus jeune frère de Jacques vient-il d'épouser Antoinette Lefebvre-Desnouettes, fille d'un marchand de drap du Pont Neuf.

Jacques Laffitte est atrocement humilié et répond, avec une arrogance qui en donne bien la mesure, à la suggestion de Perregaux. Il est significatif que, dans ses *Mémoires*, il relate les circonstances de son propre mariage immédiatement après avoir évoqué celui d'Hortense Perregaux, comme s'il y avait une quasi-simultanéité et, en tout cas, une relation de cause à effet entre les deux événements. Or, trois ans les séparent. Cette contraction du temps, sorte de *lapsus* chronologique, est révélatrice de son dépit. Il n'a pu obtenir la main d'Hortense, il ne veut pas s'abaisser à briguer celle d'une quelconque bourgeoise pour satisfaire à des conventions qu'au fond de lui-même il méprise.

Il va donc trouver seul « une femme comme il y en a peu, jeune, jolie, des talents, beaucoup d'esprit, sage, douce et surtout fort modeste ». Ce n'est pas dans les bals, clame-t-il, qu'il trouvera ce « phénix », et un ami le découvre pour lui au fin fond du Marais. Marine-Françoise Laeut est la fille d'un obscur négociant originaire de Bayonne et établi au Havre, qui est plus ou moins engagé dans les fournitures pour la marine et le trafic des piastres dans le golfe de Gascogne. Elle a à peine dix-sept ans, la moitié de l'âge de Jacques, et semble paralysée de timidité. Il fait sa cour, elle reste muette, il finit par se déclarer et découvre – mais trop tard – que la belle a toutes les qualités « les talents exceptés » ! Aucune culture, aucun esprit, elle est imprésentable ! Jacques Laffitte fait contre mauvaise fortune bon cœur, d'autant qu'il n'est pas à l'aise dans le monde et que les qualités domestiques de sa toute jeune femme le satisfont pleinement. Perregaux, lui, est furieux de cette mésalliance (Jean-Baptiste Laeut fera d'ailleurs faillite deux ans plus tard) et, bien qu'il co-signe l'acte de mariage, le 14 mai 1801[6], il bat froid son fondé de pouvoir.

C'est donc dès ce moment que Jacques Laffitte choisit son camp : homme du peuple il est, homme du peuple il restera. Sa fortune ne changera rien à l'affaire : elle ne sera que le symbole de sa capacité et de son mérite ; elle ne l'empêchera pas de conserver et de défendre toute sa vie un certain idéal, celui d'un jeune homme qui avait « sucé avec enthousiasme le lait de la Révolution ».

Il n'en reste pas moins que son mariage est une erreur stratégique sur le plan social et qu'il eut été préférable qu'il s'abstienne de le justifier publiquement. En effet, louer le désintéressement et la discrétion de son épouse est une chose : mais se vanter de ce qu'elle ne demandera jamais ni diamants, ni voiture, ni loge au théâtre, ne l'accompagnera au bal

6 A.N. MC IX-862, 24 Floréal an IX.

qu'une seule fois dans sa vie, « préférant une vie d'intérieur et de famille » ; dire que son seul défaut sera d'avoir outrageusement gâté leur fille unique, en est une autre et une manière de provocation à l'égard de la société dans laquelle Laffitte cherche quand même à s'élever. La haute bourgeoisie, qui hésite alors entre deux modes de vie, une oisiveté aristocratique ou une activité « roturière » compensée par l'acquisition de titres et de dignités autrefois réservés aux nobles (Perregaux est sénateur depuis le 25 décembre 1799), ne lui pardonnera jamais d'afficher ainsi ses racines plébéiennes, de rejeter les manifestations de sa sociabilité (le théâtre, le bal) et les insignes de sa réussite (les diamants). Pire encore, de contester la valeur de l'image que ces grands bourgeois souhaitent offrir d'eux-mêmes à travers l'éducation très sévère donnée à leurs enfants.

La solidarité ne jouera donc pas à l'heure de la chute et de la faillite de Jacques. Mais par contre, la distance qu'il prend, dès 1801, vis-à-vis d'une bourgeoisie plus gourmée et plus soumise au pouvoir politique qu'elle ne veut l'avouer, lui donnera une liberté exceptionnelle : celle de pouvoir jouer, sans se soucier du qu'en dira-t-on, des rapports d'interdépendance entre le pouvoir et la banque, en faveur de cette dernière. Les événements politiques qui bouleversent la France depuis dix-huit mois en sont d'ailleurs la première manifestation.

CHAPITRE 5

Le Consulat : le 18 Brumaire et le rôle des banquiers.
La création de la Banque de France (1800).
Les contrats de services de fonds (1800-1805).
La Compagnie des Négociants Réunis.

Au soir du 10 novembre 1799, le Directoire a succombé, remplacé par le Consulat. Le coup d'État du 18 Brumaire an VIII (qui, en réalité, se déroule sur deux jours, les 18 et 19) est un tournant dans l'histoire de la France[1]. La période révolutionnaire, durant laquelle les changements de régime avaient lieu sous la pression des masses populaires, s'achève ce jour-là. Le Consulat a une tout autre genèse et son installation a été longuement concertée par un groupe restreint d'hommes déterminés à imposer un système politique qui accompagne leurs intérêts personnels.

Talleyrand en a été l'un des instigateurs, avec la complicité de deux des cinq Directeurs, Barras et Sieyès (qui prépare une nouvelle constitution) ; avec l'appui du ministre de la Justice Cambacérès ; avec le soutien implicite du Conseil des Anciens et celui de la fraction modérée du Conseil des Cinq-Cents.

Le coup d'État est dirigé contre les anciens Jacobins qui sont nombreux aux Cinq-Cents. Ils restent puissants et constituent une menace pour les conjurés. Ceux-ci ont donc besoin de s'assurer le soutien de l'armée. Napoléon Bonaparte est « l'épée » qu'ils cherchent : il vient – opportunément – de rentrer d'Égypte et, hormis Jourdan et Augereau, tous les généraux lui sont acquis.

Le coup d'État se déroule en deux temps. Le premier jour (le 18 Brumaire), on isole les Conseils en les transférant à Saint-Cloud, loin des foules parisiennes et l'on nomme Bonaparte commandant de la division militaire de Paris. Le lendemain, Lucien Bonaparte, le président du Conseil des Cinq-Cents, est chargé d'imposer aux représentants de la nation l'idée d'une nouvelle constitution, tout en sauvegardant une apparence de légalité. Mais lorsque son frère se présente à ses côtés devant l'assemblée, il est pris à partie par les députés de gauche qui réclament sa mise « hors-la-loi ». Si Lucien parvient à éviter cette extrémité, il ne peut imposer le général Bonaparte.

---

[1] Cf. P. Gueniffey, *op. cit.*, pp. 243 sq.

Les conjurés font alors appel à la force armée : les représentants sont chassés de la salle et dispersés. C'est véritablement là que se place le coup d'État, prélude au Consulat et à l'Empire que bien des contemporains considéreront, non sans raison, comme des dictatures militaires.

Toutefois, l'affaire n'a pu réussir qu'avec l'appui financier des banquiers. Fait inédit dans l'histoire de la France, pour la première fois – et pas la dernière – les représentants du commerce, de l'industrie et de la finance, fer de lance de la bourgeoisie, sont intervenus de manière déterminante dans le processus d'installation d'un régime politique.

Cette implication est, à proprement parler, une révolution. Dix ans plus tôt, en 1789, l'agriculture était encore, de loin, la principale richesse de la France ; l'industrie, quasi inexistante, accusait un retard d'une vingtaine d'années sur l'Angleterre. Quelques jours après l'ouverture des États généraux, le Tiers avait obtenu, grâce à Sieyès, la substitution du vote par tête au vote par ordre, doublant ainsi l'audience de la classe bourgeoise. Cependant cette classe n'était guère plus qu'un levier, certes puissant puisqu'il permit toutes les réformes sociales, fiscales et juridiques de la Révolution, mais encore fragile (la chute de la Gironde l'a montré) et sans assise financière réelle (d'où l'échec du fédéralisme). Or, en 1799, cette même bourgeoisie, qui tient alors les rênes de l'économie via le négoce et le développement des techniques bancaires, est devenue le moteur sans lequel les politiques ne peuvent réussir.

Officiellement, les 500 000 francs nécessaires à la préparation du coup d'État – impression de placards qui seront affichés dans Paris, location de voitures et de chevaux pour les conjurés, etc. – ont été avancés par Jean-Pierre Collot qui a été l'un des fournisseurs de l'armée des Alpes en 1793 et celui de l'armée d'Égypte en 1796, grâce à quoi il a fait la connaissance de Bonaparte. En fait, il a fallu beaucoup plus (on parle de deux millions) pour convaincre certains hommes politiques, notamment Barras. On sait que plusieurs banquiers se dissimulent derrière Collot : Le Couteulx de Canteleu que Bonaparte apprécie et fréquente assidûment depuis son retour d'Italie, Perregaux qui, comme lui, sera nommé sénateur six semaines plus tard, Récamier chez qui ont eu lieu plusieurs tractations, et peut-être quelques banquiers languedociens établis à Paris (Bastide, Sabatier, Sévène) avec lesquels Cambacérès a des liens de famille et d'affaires.

Même si le projet de coup d'état, plusieurs fois différé, est devenu, début novembre, un secret de Polichinelle sur lequel Joseph Fouché, le ministre de la police récemment nommé par Barras et Sieyès, ferme provisoirement les yeux, il faudra bien un jour le dédommager : Bonaparte devra lui avancer deux millions de livres sur sa cassette personnelle pour s'assurer de son appui.

Mais en se liant au nouveau pouvoir la bourgeoisie en est devenue dépendante. En effet, elle ne maîtrise pas le cours de la rente sur l'État (le fameux « tiers consolidé » de 1797) qui fluctue au rythme des événements et de l'évolution politique. Un mot de Talleyrand rapporté par Molé illustre parfaitement la situation : À Bonaparte, qui souhaitait embarrasser son ministre en lui demandant publiquement : « Savez-vous que vous passez pour avoir fait fortune ? » ce dernier répondit : « Ce n'est pas sans raison, citoyen Premier consul, j'ai mis tout ce que je possédais en tiers consolidé la veille du 18 Brumaire »[2]. Précisons que le cours de la rente (cotée 11 francs le 17 Brumaire) monta à 22,5 francs le 20 : Talleyrand avait doublé sa mise en quatre jours !

Mais revenons aux rapports de la banque et de l'État, avec une constatation intéressante : le décret concernant la création de la Banque de France est l'un des premiers que signe le Premier consul, le 13 février 1800, dix semaines après l'installation du nouveau régime. Alors que le Projet de Code de commerce n'est arrêté qu'en 1803 et ne sera définitivement adopté qu'en septembre 1807 ; alors que la refonte du Code civil (qui portera ultérieurement le nom de Code Napoléon) date de 1804 et que le Code pénal n'est promulgué qu'en 1810, l'institutionnalisation des relations entre l'État et le monde des banquiers et négociants parisiens apparaît comme un des actes fondateurs et, pourrait-on dire, un symbole de l'ère qui s'ouvre. Une période, nous le savons, qui est celle de l'avènement de la bourgeoisie capitaliste.

Le projet émane d'un groupe de banquiers conduits par Le Couteulx et Perregaux qui voient dans l'installation du Consulat l'occasion de concrétiser leur vieux rêve d'une banque protégée par le gouvernement qui pratiquerait l'escompte, le dépôt et l'émission de billets à vue ou à ordre. Certes, la Caisse des Comptes Courants et la Caisse d'Escompte du Commerce, à la fondation desquelles tous deux ont concouru, respectivement en juin 1796 et en novembre 1797, sont assez prospères (bien que la première ait vu l'un de ses fondateurs, Monneron, se volatiliser avec 2,2 millions de francs !), mais elles n'ont pas l'envergure nécessaire pour venir en aide à l'État. Le Couteulx et Perregaux ont soutenu le coup d'État, le Premier consul les écoute et l'affaire est menée tambour battant.

Le 6 janvier 1800, le conseiller d'État Crétet propose de fonder un nouvel établissement, la Banque de France, au capital de trente millions de francs divisé en actions d'une valeur mille francs. Le 13 février, les statuts sont approuvés par l'Assemblée générale des actionnaires, au nombre desquels le Premier consul, sa mère, les Beauharnais, Murat, etc. Huit régents et un censeur ont été choisis, dont les noms figurent

---

[2] Cf. E. de Waresquiel, *op. cit.*, p. 317.

dans les statuts fondateurs. Le 16 février, la Caisse des comptes courants est absorbée, sept régents et deux censeurs complémentaires sont nommés. Le 20, la Banque ouvre ses guichets à l'hôtel de Massiac, place Notre-Dame des Victoires. Son directeur est le bayonnais Martin Garat, successeur de Monneron à la tête de la Caisse des Comptes Courants en 1798, dont nous avons évoqué plus haut la trajectoire. Il restera en fonction jusqu'en 1830.

Le Conseil de la Banque est ainsi composé de quinze régents et de trois censeurs, pour moitié banquiers et pour moitié négociants[3]. Leur nomination ne doit rien au hasard. Perregaux et Le Couteulx-Canteleu (respectivement 1er et 2e régents) ont soutenu le coup d'État de Brumaire, Claude Perier (5e régent) a rédigé les statuts de la Banque, Journu-Auber (2e censeur) représente le négoce bordelais, Hugues-Lagarde (8e régent) celui de Marseille et Sabatier (1er censeur) le groupe des banquiers montpelliérains. Les deux derniers sont protestants, tout comme Sévène (13e régent), Perregaux, Soehnée (3e censeur) et Mallet. Tous entretiennent des liens privilégiés avec les pays « du refuge » (Suisse, Prusse et Pays-Bas) où se sont établies leurs familles depuis la Révocation de l'Édit de Nantes. D'autres régents ont été administrateurs ou actionnaires de la Caisse des Comptes Courants : Doyen (6e régent), Récamier, Germain, Carié, Basterrèche, Sévène, Barillon et Ricard (9e à 15e régents).

Le premier Conseil de régence de la Banque réunit donc des hommes d'origine et de sensibilité diverses. Leur formation ne l'est pas moins, puisque certains sont issus de vénérables dynasties de banque (Le Couteulx, Sabatier et Mallet, qui doit à l'ancienneté de sa maison son siège de 3e régent) alors que d'autres (Perregaux, Récamier, Carié, Basterrèche, Barrillon, Bastide et Sévène) jouissent de fortunes récentes, amassées sous le Directoire.

Les aspirations des uns et des autres divergent également. L'État a grand besoin d'un papier-monnaie solide, dont la circulation soit aisée, sûre et évite la concentration dans la capitale d'espèces métalliques de toute façon rares parce que dissimulées. Les banquiers sont à la recherche de profits faciles tels que commissions sur le placement d'emprunts ou intérêts sur des prêts à court terme ; ils souhaitent, par ailleurs, exercer pleinement, et avec profit, leur activité proprement bancaire, essentiellement le change, l'escompte et les dépôts. Les négociants sont soit des parisiens qui aspirent à voir faciliter l'escompte du papier commercial, soit des provinciaux qui réclament tout simplement la reprise de l'activité commerciale, en chute libre depuis 1793.

---

[3] Cf. Annexes I et II.

On comprend que face à ces paramètres difficilement conciliables, la toute jeune Banque de France ait eu quelque peine à voir le jour. D'autant qu'aucun des protagonistes ne possédait les outils intellectuels ou le recul nécessaires à la conception d'un tel établissement : pas plus Bonaparte, dont on sait le peu d'intérêt pour les mécanismes financiers, que les négociants-banquiers qui restaient tous, chacun dans leur domaine, des hommes du XVIIIe siècle. L'ensemble des mesures qui accompagnent les débuts de la Banque de France paraît aujourd'hui confus, peu cohérent, soumis aux aléas de la politique et de l'économie. Il gagne en clarté si, selon l'heureuse expression de Michel Bruguière, on le considère comme une sorte de création continue qui, en deux phases, aboutira au concept définitif[4].

Dans une première période (1800-1803), la Banque bénéficie du soutien appuyé du Premier consul. Dès le 18 janvier 1800, elle a reçu cinq millions de francs soustraits à la toute nouvelle Caisse de Garantie et d'Amortissement, le 6 mars les fonds de réserve de la loterie nationale, le 19 ceux de l'octroi de Paris. En août, elle se voit confiée la charge de payer en numéraire les rentes et pensions de l'État et un an plus tard elle est à même de consentir au Trésor ses premières avances.

L'année 1803 est fondamentale dans l'histoire de la Banque de France. La création (28 mars) d'une nouvelle unité monétaire, le franc-germinal, accrochée à l'argent-métal est l'occasion ou le prétexte pour accorder à l'établissement le privilège exclusif d'émission de billets de banque à Paris pendant quinze ans. Il doit en échange porter son capital de 30 à 45 millions de francs, garantir un dividende de ses actions de 6 % minimum et améliorer l'escompte dans la capitale. Par voie de conséquence, la Caisse d'Escompte du Commerce peut être absorbée, et le Premier consul l'obtient en intervenant directement (23 septembre).

La Banque de France devient alors un établissement puissant qui regroupe les principaux banquiers privés de la capitale et leur donne une situation de monopole, sous la protection de l'État. Le rêve de Le Couteulx de Canteleu s'est réalisé et il démissionne à cette époque du Conseil de régence pour se consacrer à ses affaires personnelles, dans l'industrie et le négoce. Il n'imagine pas que la rupture de la paix d'Amiens (16 mai 1803) va ébranler dans ses fondements la jeune institution.

Avant d'aborder la seconde phase de l'histoire initiale de la Banque de France et celle de la crise qui faillit l'emporter (1805-1806), il faut retourner en arrière.

---

4 Cf. M. Bruguière, « la Banque de France », *Dictionnaire Napoléon*, sous la direction de J. Tulard, Paris, Fayard, 1989, pp. 158-159 et G. Antonetti, « les Crises économiques », *idem*, pp. 552-560.

Lors de son accession au pouvoir, le Premier consul n'a trouvé dans les caisses du Trésor que 167 000 francs, autrement dit pratiquement rien. Les 60 millions arrachés en juillet par Robert Lindet, alors commissaire des finances, pour moitié aux fournisseurs de l'armée et pour moitié à un syndicat de banquiers regroupant Germain, Barillon, Perregaux, Sévène, Mallet et Fulchiron se sont envolés[5].

On imagine donc la réticence des six hommes lorsqu'ils sont convoqués, le 24 novembre 1799, au palais du Luxembourg. Bonaparte réunit ce jour-là les vingt plus gros banquiers et négociants de Paris (dans l'ordre : Perregaux, Le Couteulx, Mallet, Récamier, Barillon, Fulchiron, Germain, Sévène, Doyen, Bastide, Seguin, Martigny (pour Carié-Bézard), Enfantin frères, Jubié et Basterrèche, Limoges, Michel jeune, Roger frères, Solier fils et Delorme, Ouvrard) et, en présence de Gaudin, ancien commissaire de la Trésorerie nationale devenu ministre des Finances le 19 Brumaire, exige d'eux un prêt de douze millions de francs, remboursable sur une hypothétique « subvention de guerre », tout juste créée.

Pour leur donner confiance, Gaudin annonce la naissance d'une nouvelle administration, la Direction des contributions directes. Mais les banquiers peu convaincus, Perregaux et Germain en tête, avancent toutes sortes d'arguments pour refuser le prêt. Plus Bonaparte s'impatiente, plus ils font les pieds de plomb, suscitant l'ire consulaire. Lorsque éclate la tempête, ils font mine de s'incliner... mais s'arrangeront pour n'avancer que trois millions. Le solde sera apporté d'un côté par le financier Michel, un ami personnel du Second consul Cambacérès, de l'autre par une loterie. Cette première association, dite des *Vingt négociants réunis*, est dissoute au bout de neuf mois, le 16 septembre 1800.

Cet emprunt, imposé, est donc un demi-échec. Il contraint Bonaparte à recourir à une pratique largement utilisée sous l'Ancien Régime et le Directoire, celle des contrats de services de fonds. Laissant de côté leurs réserves envers un régime qui n'a pas encore fait les preuves de sa solidité, les banquiers et négociants qui entrevoient là une source possible de profits rapides, acceptent ce cadre pour participer aux opérations de financement de l'État.

Ils se regroupent selon les contrats : en mars 1800, les *Dix négociants réunis* (la première moitié de la liste précédente) avancent plus de trois millions de francs aux armées d'Italie et du Rhin.

Entre octobre 1801 et septembre 1802, alors que la perspective de la paix avec l'Angleterre se précise, *l'Association des Banquiers du Trésor*

[5] M. Bruguière, *Gestionnaires et profiteurs...*, Paris, Orban, 1986, pp. 136, 147-148.

public (Perregaux, Mallet, Fulchiron, Récamier et Doyen) avance plus de trente millions au taux de 1,1875 % par mois (soit 14,25 % l'an) contre la remise d'obligations des receveurs généraux garanties par la Caisse de Garantie et d'Amortissement, créée en novembre 1799 pour atténuer la dette publique.

Nous sommes en pleine crise agricole et, pour assurer l'approvisionnement en grains de la capitale, Bonaparte qui craint par-dessus tout les émeutes de la faim, leur fait accorder 2 % de plus. Une marge très confortable, qui suscite d'autant plus de convoitises que les *Banquiers du Trésor Public* ne vont pas donner satisfaction. Ainsi Perregaux se contente-t-il, à titre personnel, de fournir Paris avec des vins achetés dans toute la France.

En mars 1802, le renouvellement du contrat est à l'ordre du jour. Pour l'obtenir, les *Nouveaux Banquiers du Trésor public* acceptent de réduire leur commission. Ils se nomment Barillon, Bastide, Desprez et Naurissart ; à leurs côtés Fulchiron et Récamier, qui viennent de l'ancienne association. S'ils acceptent des conditions moins intéressantes, c'est probablement parce que la signature de la paix d'Amiens leur permet, parallèlement, de relancer leurs activités de négoce en Méditerranée et avec le Nouveau Monde : ainsi retrouve-t-on Barrillon, Bastide, Desprez et Récamier associés deux à deux dans une demi-douzaine de sociétés.

Mais, alors que la disette menace à nouveau, ces *Nouveaux Banquiers* ne reprennent pas les contrats de fourniture de grains, contraignant le gouvernement à solliciter, en dépit des réserves du Premier consul, le célèbre – et dangereux – Gabriel-Julien Ouvrard. Contre 2 % du montant d'achats effectués dans les ports britanniques et hollandais (la paix d'Amiens est tout juste signée), Ouvrard et son associé Vanlerberghe sauvent la capitale de la famine.

Une année s'écoule et nous en arrivons à l'époque de la reprise de la guerre avec l'Angleterre (mai 1803). Financièrement, Bonaparte est dans une situation délicate. Même aidé par la Banque de France, le Trésor, n'a, en effet, pas suffisamment de numéraire pour financer l'approvisionnement des armées[6], tandis que les négociants avec lesquels il a passé contrat déplorent la diminution de leur activité commerciale. Du moins officiellement, car, dans la réalité, un certain nombre d'entre eux – comme à peu près la moitié des Régents de la Banque de

6 En dépit d'un engagement, signé le 18 août 1802, par un comité de douze receveurs généraux représentant les trois quarts de leurs collègues, selon lequel l'Agence des receveurs généraux s'engageait à verser, début 1803, la somme de 53 millions dans les caisses du Trésor au lieu et place des Banquiers du Trésor. Cf. P.-F. Pinaud, *Les Receveurs Généraux des Finances, 1790-1814*, Droz, 1990, p. 47.

France ! – pratique plus ou moins discrètement la contrebande des denrées coloniales et des piastres mexicaines.

C'est autour du régent Médard Desprez, qui avait succédé à Claude Perier, décédé en octobre 1801, que va se nouer la crise financière la plus grave de l'Empire. Ancien commis de la banque Cottin et Jauge, Desprez est administrateur de la Caisse des Comptes Courants en l'an VII, agent de change en l'an VIII puis banquier. C'est à ce titre qu'il est l'un des fondateurs des *Nouveaux Banquiers du Trésor public* et va devenir l'un de ceux de la *Compagnie des Négociants Réunis* qui récupérera le contrat venu à échéance en 1804. À ce titre également, il est l'intermédiaire entre le ministre du Trésor, Barbé-Marbois et la Banque.

Les *Négociants Réunis*, ce sont Ouvrard et son associé Vanlerberghe, les banquiers Michel aîné et Seguin, tous des protégés de Cambacérès. Ouvrard est depuis le Directoire le plus riche des munitionnaires, raison pour laquelle Bonaparte l'a fait arrêter en janvier 1800. Mais, ses comptes et contrats n'ayant révélé aucune irrégularité, il a été bientôt libéré et s'est depuis lors révélé incontournable, tant son réseau d'affaires est étendu. Bonaparte a recommandé de ne faire appel à lui qu'en dernier recours, mais il est le seul capable de fournir l'armée d'Italie à la veille de la bataille de Marengo, une victoire capitale puisqu'elle apporte au Premier consul la confiance de la Nation. Ouvrard est aussi l'homme qui a ravitaillé la France en blés en 1802 et celui auquel on confiera bientôt l'approvisionnement du camp de Boulogne. Il joue le rôle qui avait été celui de Samuel Bernard auprès de Louis XIV ou de Laborde auprès de Louis XV !

Dans l'organisation complexe du réseau Ouvrard, Desprez est chargé de l'escompte des valeurs du Trésor. Il jouit de la confiance aveugle du ministre du Trésor Barbé-Marbois et profite de la situation pour obtenir de celui-ci que la Banque de France prenne à l'escompte des traites de complaisance tirées par les *Négociants Réunis* les uns sur les autres : « cavalerie » pour laquelle la Banque de France met en circulation du papier-monnaie pour un montant qui atteint 225 millions de francs en octobre 1805, soit cinq fois le montant de son capital.

Le discrédit inévitable des billets de banque provoque une série de faillites : tout d'abord celles des banquiers Récamier et Bastide (et, bien entendu, celle de Desprez), puis celles de grandes maisons de commerce, parisiennes et provinciales. Il entraîne un début de panique dans le public, que la victoire d'Austerlitz vient opportunément calmer puisqu'elle permet à Napoléon d'imposer à l'Autriche une contribution de deux cents millions. Mais la crise a mis en péril l'existence même de la Banque de France et conduira à la réforme de 1806. Les banquiers reconsidéreront alors leurs rapports avec l'État.

Chapitre 6

Perregaux 1er régent de la Banque de France.
Impatience de Laffitte. Évolution de sa situation en 1804.
Sa vie, sa famille.
Laffitte associé de la banque Perregaux & Cie (1806).
L'affaire Ouvrard. Réforme de la Banque de France.
Mort de Perregaux. Laffitte chef de maison de la banque Perregaux, Laffitte & Cie (1808)

Officiellement, la situation de Jacques Laffitte à la banque Perregaux n'a pas évolué depuis 1795. La brièveté de la paix d'Amiens a sans doute été pour le banquier un prétexte pour ne pas, comme il en avait été convenu, doubler la part de son premier commis (1/4 au lieu de 1/8 des profits), mais celui-ci ne l'a pas réclamée car son ambition est provisoirement satisfaite : *de facto*, c'est lui qui mène la maison. Gumpzelhaimer se désintéresse des affaires et Perregaux est tout à son nouveau rôle de sénateur. De plus, il a vieilli, ses fréquentations féminines ont affecté sa santé et il est terrifié par l'homme qu'il a contribué à porter au pouvoir le 18 Brumaire.

Moins d'un mois après l'exécution du duc d'Enghien, la dignité impériale et héréditaire est offerte à Napoléon Bonaparte. Elle a fait l'objet d'un plébiscite dont le résultat lui est présenté à Saint-Cloud par le Sénat le 18 mai 1804. Perregaux, qui, à son habitude, avait chargé son précieux scribe de rédiger le texte de son adhésion personnelle de sénateur, en revient outré. La désinvolture avec laquelle le futur empereur a reçu le premier des corps constitués, la rapidité avec laquelle il mène l'affaire – le sénatus-consulte qui entérine le changement de régime est publié le soir même – l'effarent. À son retour rue du Mont-Blanc il déclare à Laffitte : « Il faut tout préparer pour liquider la maison ; il n'y a plus de sûreté dans ce pays ».

Les honneurs et les faveurs dont Perregaux est l'objet, notamment son élévation au grade de commandeur de la Légion d'honneur dès le 14 juin, le font bientôt revenir sur sa décision, mais pas sur ses craintes. Laffitte rapporte dans ses *Mémoires* qu'en décembre 1805, il refuse de se charger du recouvrement de la contribution autrichienne qui lui aurait rapporté une commission d'un million et l'occasion d'augmenter considérablement sa clientèle : « L'Empereur ne croit pas aux honnêtes gens : il pourrait me soupçonner d'avoir gagné sur les changes ». Et Laffitte, agacé de sa pusillanimité, ajoute : « Il a ainsi manqué mille occasions ». De fait, Perregaux ne semble plus guère se soucier du développement de sa maison, alors que l'Empire rayonne du soleil d'Austerlitz et que l'élargissement des frontières fait rêver les commerçants.

C'est un personnage important et très bien en cour. Son fils, auditeur au Conseil d'État sera bientôt chambellan de l'Empereur ; sa fille est intimement liée à la reine Hortense et fait partie, avec une douzaine de ses anciennes condisciples de la pension Campan (les futures duchesses d'Elchingen, de Massa, de Frioul, de Plaisance, de Rovigo, les futures maréchales Davout et Reille), de l'escadron de jolies femmes qui papillonnent aux Tuileries.

Jean-Frédéric Perregaux est le premier régent du premier siège du conseil de la Banque de France. Il a également, succédé à Le Couteulx à la présidence du Comité central en 1801. Sénateur depuis décembre 1799, et autorisé par la constitution de l'an XI à porter l'épée, il a le sentiment de se rapprocher de l'ancienne noblesse dont plusieurs membres intègrent le Sénat à cette époque. Il possède d'ailleurs, à Viry-Châtillon, l'indispensable château entouré de vastes terres qui assied sa position sociale. Son précédent propriétaire n'était rien moins que le comte de Sartine, le célèbre lieutenant général de la police sous Louis XV, qui avait émigré à la Révolution.

On comprend donc qu'un « si grand personnage » supporte mal l'omniprésence de son vaniteux commis. Un employé jaloux, entré rue du Mont-Blanc une dizaine d'années plus tôt, attise les braises de la discorde, répétant que Laffitte considère Perregaux comme un incapable et se targue de mener seul la maison.

Il est vrai que l'arrogance du fondé de pouvoir dépasse les bornes. Désireux d'obtenir du ministre de l'Intérieur Champagny une (seconde) charge d'agent de change pour ses frères, il se fait inscrire à l'audience sous le nom du sénateur Perregaux, ce qui est d'autant plus invraisemblable pour l'huissier qu'il porte bottes et redingote au lieu de l'habit de cour de rigueur. Dans le bureau du ministre, il doit s'expliquer et se prétend l'associé du banquier. Très courtoisement, mais à juste titre, Champigny émet quelques doutes sur sa fonction et, estomaqué, s'entend rétorquer :

> Monseigneur, j'ai eu l'honneur de vous répondre affirmativement la première fois que vous m'avez adressé cette question ; si j'avais supposé que vous puissiez y revenir une seconde fois, j'aurais pris la précaution de mettre mon contrat de société dans ma poche !

Il va sans dire que sa requête restera sans suite, en dépit de la légendaire politesse du ministre qui met cérémonieusement le faquin à la porte.

Un autre jour, il prétend envoyer les huissiers à Talleyrand. L'anecdote, longuement développée dans les *Mémoires* de Laffitte, mérite d'être rapportée.

Début 1800 il a, dit-il, vendu à Talleyrand pour 150 000 francs le petit hôtel Mondeville, rue d'Anjou Saint-Honoré. (En réalité, l'hôtel appartient à un américain, Richard Codman, et Laffitte n'a fait que garantir un prêt de 110 000 francs consenti à Talleyrand par un certain Jean-Marie d'Aigremont). Quatre ans plus tard, et malgré trois lettres de relance, Talleyrand n'a versé ni le principal, ni les intérêts que le banquier en « gentilhomme », lui compte à 5 %, sans commission. Notre Gascon, furieux, ose alors menacer le tout-puissant ministre :

> Monseigneur, j'ai eu l'honneur de vous écrire trois fois depuis trois ans, non pour vous emprunter de l'argent mais pour vous rappeler que vous m'en deviez et je n'ai pas la moindre réponse. Cela m'étonne et je dois vous prévenir que si je ne suis pas plus heureux dans huit jours je chargerai mon huissier de la suite de ma correspondance. Ce sera un grand scandale, je le sais d'agir ainsi contre un si grand personnage, mais nous sommes dans un temps assez malheureux pour que les lois ne reconnaissent que des débiteurs et des créanciers.

Quelques jours plus tard, le ministre vient le voir, « s'approche en clopin-clopant et va s'asseoir sur l'angle de ma table à écrire, entame la conversation sur la politique générale de l'Europe » puis fait mine de repartir. Le banquier ne bronche pas. À l'instant de passer le seuil de la porte, Talleyrand se dévoile :

> – À propos ! Voulez-vous m'ouvrir un compte à l'anglaise ?
> – Volontiers.
> – Ni intérêts pour moi, ni commission pour vous ?
> – C'est entendu.
> ...Il allait à son but : pour ouvrir un compte à l'anglaise, il fallait auparavant solder le compte à la française ; mais il fallait le faire sans en parler, et c'est ce qu'il fit. Il faillit tomber en s'accrochant au bouton de la porte, et tirant de sa poche un gros paquet de billets de banque, il me dit :
> – Tenez, faites mettre cela à mon compte.
> – Combien y a-t-il ?
> – Trois cent mille francs.
> – Attendez la quittance.
> – Ce n'est pas nécessaire. Au revoir !
> Depuis lors, nous avons toujours été bons amis, disant, lui toujours du bien de moi, moi de lui.

Admirable conclusion qui en dit long sur l'état d'esprit du commis en frac noir...

Perregaux va bientôt le remettre vertement à sa place. La mort de Gumpzelhaimer lui en fournit le prétexte. Nous sommes à l'automne

1804 et Laffitte rappelle à son patron la promesse faite neuf ans plus tôt de l'associer à cette occasion. La réponse claque, glaciale : sans même le recevoir, Perregaux lui fait dire que son statut ne change pas et que, de plus, il doit désormais partager la signature sociale avec les deux autres principaux commis, Jean Charles Clarmont et Henri Lançon qui sont comme lui intéressés aux bénéfices. Ainsi Perregaux, qui a entre-temps racheté la part de Gumpzelhaimer à ses héritiers, entend-il reprendre la main sur sa maison ; mais il veut également garder son susceptible commis et lui fait la promesse – une de plus – de doubler son intérêt à partir du 1er janvier 1806, de lui donner alors la seule signature et de lui léguer ultérieurement la moitié de la maison en association avec son fils Alphonse.

Si Laffitte continue à rêver de diriger un jour la banque, il ressent le partage de la signature comme une injure intolérable et offre – une fois de plus – sa démission. Perregaux la refuse hautainement et s'enferme dans un silence de marbre. De son côté, Laffitte reste imperturbable. Huit jours se passent, au terme des quels le banquier, furieux de la résistance de son commis, quitte Paris pour s'installer à Viry.

Laffitte sait qu'il joue quitte ou double... Mais après quelques semaines de tergiversations et de consultations diverses, il emporte la mise : le banquier cède, à condition de ne pas avoir à revenir sur la parole qu'il a donnée à ses deux commis : que Laffitte se débrouille avec eux pour la signature ! La négociation qui suit est délicate et menée sans élégance : ayant échoué à persuader ses collègues, Laffitte use de « quelques menaces » grâce auxquelles il finit par leur arracher une procuration. Après tout, l'accord ne courant que pour une grosse année, chacun pourra alors renégocier sa position... Il le découvrira lui-même, à ses dépens !

En attendant, il vit bourgeoisement : il a acquis ses premières actions de la Banque de France en septembre 1800 et dès 1802, figure à titre personnel sur la liste des deux cents plus gros actionnaires ; il fait ainsi partie des privilégiés invités aux assemblées générales annuelles. Il y devance de six ans son compatriote Martin Garat, pourtant de près de vingt ans son aîné : le voici vraiment devenu l'un des notables de la capitale ![1]

Il n'oublie pas pour autant ses origines, héberge le vieux Formalaguès[2] et continue de soutenir sa famille sans compter. Son frère aîné,

---

1 Cf. L. Bergeron, *Banquiers, négociants et manufacturiers parisiens du Directoire à l'Empire*, 1974.

2 Formalaguès semble mourir vers 1803. Sa vente après-décès, le 12 février 1804, révèle un fin collectionneur d'estampes, la plupart avant la lettre, reproduisant des œuvres célèbres, de Raphaël à David en passant par Rubens, van Dyck, Gainsborough, Reynolds, etc., des portraits, des scènes de genre de Greuze, Schall, Drolling,

Pierre, un temps négociant à Saint-Quentin, est venu le rejoindre à la banque. Il a offert aux cadets, Martin et Jean-Baptiste, une charge d'agent de change qu'ils gèrent avec plus ou moins de succès. Jacques se montre généreux à leur égard, n'hésitant pas à débourser un jour 120 000 francs pour compenser leurs pertes. Son frère Jean-Baptiste a convolé quelques mois avant lui. Il a épousé la fille d'un richissime Maître drapier parisien, Antoinette-Louise Lefebvre-Desnouettes, qui est la sœur cadette du futur général, et Jacques lui a constitué une sorte de dot en s'engageant à assurer l'entretien du jeune couple pendant cinq ans, à raison de 3 000 francs par an. Trois de ses sœurs vivent de sa charité : deux sont restées célibataires et il les a accueillies chez lui, rue Neuve des Mathurins, la troisième, religieuse avant la Révolution, a quitté son couvent et est venue les rejoindre.

Jacques impose à sa famille une vie discrète, sans ostentation : Mme Laffitte se consacre à l'éducation de leur fille unique, Albine, née en 1803 et il s'enorgueillira longtemps de ne pas posséder de voiture ni de chevaux et de circuler en fiacre.

Enfin ! Enfin arrive la date tant attendue du 1er janvier 1806 qui doit faire de Jacques Laffitte l'associé de Jean-Frédéric Perregaux. Mais, curieusement, ce dernier ne parle de rien. Il faut pourtant signer un contrat, modifier la raison sociale, revoir les statuts, préciser la part aux bénéfices des deux hommes, déterminer la durée de la nouvelle société et prévoir l'avenir si elle venait à être dissoute par anticipation. Autant de points qui doivent maintenant être couchés noir sur blanc puisqu'ils ont déjà été débattus maintes fois. Les deux hommes ont certainement un mauvais souvenir de leur affrontement de 1804 : tous deux en sont sortis insatisfaits et se savent incapables de discuter sereinement. Ainsi laissent-ils passer les jours et les semaines.

Finalement, le 22 février, Perregaux envoie Laffitte chez son notaire prendre connaissance du projet de contrat. Or, caprice d'un homme malade poussé par sa famille ou revanche personnelle sur un employé qu'il ne supporte plus, Perregaux en a fait profondément modifier le contenu. Au lieu de laisser, à terme, Jacques Laffitte diriger seul la banque, avec ses deux enfants pour commanditaires, il a décidé d'y introduire ses neveux Charles et Auguste de Meuron comme associés gérants.

Jacques Laffitte s'incline. Il imagine sans doute pouvoir négocier un jour avec eux. Peut-être aussi le notaire lui fait-il comprendre que, cette fois-ci, Perregaux ne reviendra pas sur sa décision, et que, en dépit de ses promesses, il est prêt à se séparer de son commis. Toujours est-il

---

etc. En tout, près de 5 000 feuilles accompagnées de quelques meubles, de porcelaines et de différents tableaux dont deux pastels par Mme Vigée-Lebrun.

que, dès le lendemain, le contrat est signé. La nouvelle raison sociale est « Perregaux & Cie » (là encore, on ménage la susceptibilité du vieux banquier), la société doit se poursuivre six ans.

Dans les faits, Laffitte devient dès cet instant le seul gestionnaire de la banque et reçoit la moitié des bénéfices.

Mais il n'a guère le temps de s'appesantir sur sa situation. La Banque de France traverse la crise la plus grave de sa jeune existence. À l'automne 1805, l'escompte immodéré de traites de complaisance l'a mise aux abois, le régent Desprez est totalement discrédité, le ministre Barbé-Marbois sur la touche. C'est alors qu'éclate « l'affaire Ouvrard ». On se rappelle que le munitionnaire, fondateur avec Desprez du syndicat des *Négociants réunis*, a la haute main sur l'approvisionnement des armées, et est même chargé du service du Trésor public auquel l'Agence des receveurs généraux ne peut suffire.

Ouvrard, dont le goût pour les spéculations est sans limites, conçoit à cette époque un projet d'une ambition inouïe. Au cours d'un voyage en Espagne et à la suite de plusieurs rencontres avec le tout-puissant ministre Godoy, en automne 1804, il a imaginé d'obtenir le monopole du transfert des piastres mexicaines en Europe et celui du commerce avec l'empire espagnol d'Amérique. Pour cela, il a pris à sa charge les 36 millions que l'Espagne doit à la France (pour prix de sa neutralité) et passé, à titre personnel, un traité d'association commerciale avec le roi.

En contrepartie, il s'engage à réorganiser la banque de San Carlos (dirigée par le bayonnais Francisco Cabarrus, père de Mme Tallien, à l'époque la maîtresse d'Ouvrard), à ouvrir plusieurs banques en province, à liquider les dettes de l'État espagnol et à créer une caisse d'amortissement. Des emprunts souscrits en Hollande et surtout une spéculation à grande échelle sur les piastres devraient lui permettre de financer ces projets. En tant que fondateur de syndicat des *Négociants réunis*, il entend également profiter des facilités que cet afflux de monnaie métallique donnerait à l'État pour rémunérer ses fournisseurs.

La bataille de Trafalgar (21 octobre 1805), qui assure à l'Angleterre la suprématie maritime dans l'Atlantique, met à bas ce beau château de cartes. Malgré le soutien des banquiers anglo-hollandais Hope et Baring et l'utilisation de navires « neutres », Ouvrard échoue à faire entrer en France les piastres qui pourraient le sauver.

Lorsque Napoléon, vainqueur des coalisés continentaux à Austerlitz découvre l'affaire, il entre dans une colère restée célèbre. Il renvoie Barbé-Marbois, contraint Médard Desprez à abandonner tous ses biens et exige d'Ouvrard et de ses autres associés le remboursement de leur « débet » (dû), évalué à 141 millions de francs.

Il décide surtout de réformer la Banque de France qui « n'appartient pas seulement aux actionnaires mais aussi à l'État puisqu'il lui donne le privilège de battre monnaie ». On en retire la direction aux régents pour la confier à un gouverneur et deux sous-gouverneurs nommés par l'État et trois receveurs généraux entrent au conseil, réduisant d'autant le nombre de sièges alloués aux banquiers et négociants. L'Empereur exige, d'autre part, la création de succursales provinciales pour mettre fin à l'hégémonie de l'établissement parisien ainsi que la baisse du taux d'escompte qui descend de 6 à 4 %. En contrepartie, le capital est doublé et le privilège d'émission est prorogé jusqu'en 1843.

Jean-Frédéric Perregaux perd ainsi son siège de président du Comité central. Selon Laffitte, Napoléon lui aurait proposé celui de gouverneur, qu'il refusa au motif qu'il lui aurait alors été interdit de présenter du papier à l'escompte, en réalité parce qu'il ne se sentait plus les capacités intellectuelles pour l'assumer. C'est donc au conseiller d'État Emmanuel Crétet, un fidèle de Bonaparte depuis le 18 Brumaire, que revient la charge de mettre en place les nouvelles structures de la Banque, pour équilibrer les pouvoirs entre les représentants de l'État, le conseil des régents et censeurs et l'assemblée des deux cents plus forts actionnaires. Il est secondé par les banquiers Thibon (précédemment régent) et Rodier.

Plusieurs nouveaux régents sont alors nommés : le négociant Vital Roux et le receveur général Gibert en remplacement de Récamier et de Doyen, faillis ; Pierlot (receveur général) au siège de Thibon, devenu sous-gouverneur ; Muguet-Varange (receveur général), Guitton et Ollivier (négociants) à la place de Desprez, Bastide et Sévène, compromis dans l'affaire Ouvrard.

Un an s'écoule, durant lequel la santé de Perregaux se dégrade inexorablement. Corvisart, son médecin qui est aussi celui de l'Empereur, ne peut que lui prescrire des cures à Bagnères, qu'il entrecoupe de séjours en Suisse. Laffitte profite d'un de ses derniers moments de lucidité pour obtenir qu'il substitue ses enfants à ses neveux Meuron dans le partage futur de la société. Ceux-ci sont dédommagés à hauteur de 200 000 francs et un accord est signé fin décembre 1807. Perregaux meurt le 17 février 1808 et, avec l'approbation du comte Jaubert, nouveau gouverneur de la Banque de France et du banquier Charles-Martin Doyen qui est un très vieil ami de Perregaux, la nouvelle société est confirmée.

La maison « Perregaux, Laffitte et Cie » aura une durée de vie de dix ans (jusqu'au 1er janvier 1818). Le capital, deux millions, est apporté par les commanditaires, Alphonse Perregaux et sa sœur, Hortense Marmont, chacun pour une moitié. Laffitte, lui, apporte son savoir-faire. Il recevra

50 % des bénéfices, comme gérant et chef de maison, et ses commanditaires 25 % chacun.

Pour la première fois dans l'histoire de la banque française, un commis succède directement à son patron.

L'Empereur n'est pas ingrat envers la famille de celui qui avait contribué à le porter au pouvoir. Le 15 avril, le général Marmont, alors en Illyrie dont il est gouverneur, est fait duc de Raguse, probablement à l'instigation d'Hortense, dont Napoléon apprécie la présence à la cour. Le 15 juin, Charles Perregaux, le frère de Jean-Frédéric, est anobli et fait duc de Neuchâtel ; le 28 octobre, Alphonse est nommé chambellan ; il est fait comte de l'Empire le 21 décembre et sera de la promotion de pairs de juin 1815. Mais Napoléon a surtout manifesté de manière éclatante sa reconnaissance à Jean-Frédéric Perregaux en le faisant inhumer au Panthéon, parmi les tout premiers des dignitaires de l'Empire.

CHAPITRE 7

Le Conseil de régence et l'assemblée des actionnaires de la Banque de France en 1808.
Laffitte régent de la Banque de France (1809) et successeur de Dupont de Nemours à la présidence de la Chambre de commerce (1810).
Son activité bancaire : une approche nouvelle.
Sa famille.

Au moment de la mort de Perregaux, le conseil de régence de la Banque de France est encore sous le coup de la récente modification de ses statuts et cherche par tous les moyens à limiter l'ingérence de l'État dans son gouvernement.

Depuis sa création, sa composition s'est profondément transformée : on a vu qu'un certain nombre de régents proches d'Ouvrard ont été écartés au profit de receveurs généraux ou de négociants nouveaux venus. Certains des fondateurs, Récamier, Carié et Ricard ont fait faillite et ont été remplacés. D'autres sont décédés, tel Claude Perier, dès 1801 ou Jean-Pierre Germain, en 1803. Quant à Le Couteulx de Canteleu qui avait porté le projet à ses débuts, il s'est retiré des affaires. Bref, en 1807, il ne reste plus que deux des régents d'origine : le banquier Guillaume Mallet, dont les descendants occuperont le même siège sans interruption jusqu'en 1936 et le négociant en indiennes Jean-Michel Soehnée qui est 3e censeur et plus ou moins le « faux nez » de Jacques Louis de Pourtalès.

Les négociants « montpelliérains », qui formaient un groupe représentatif d'hommes illustrant la transition entre le *merchant banker* provincial du XVIIIe siècle et le banquier parisien moderne, ont presque tous disparu. Et avec eux une forte représentation protestante au sein du conseil de régence. Celle-ci s'enrichit cependant de l'entrée de deux nouveaux régents, Benjamin Delessert (1802) et Jean-Conrad Hottinguer (1803), dont la renommée et l'envergure sociale apportent à la Banque un prestige considérable. Les deux hommes incarnent bien la nouvelle banque, ouverte à l'industrie et aux grands chantiers.

Benjamin Delessert est issu d'une famille calviniste du canton de Vaud établie à Lyon dans les années 1730 pour y faire le commerce de la soie. Sa mère appartient à une importante famille de banquiers neuchâtelois ; son père, devenu banquier à Paris en 1774, a été l'un des fondateurs de la Caisse d'escompte en 1781, un proche ami de Benjamin Franklin et de Jean-Jacques Rousseau et l'initiateur d'une des plus belles collections de tableaux de l'époque. Banquier à la suite de son père (1795), Benjamin fonde en 1801, à Passy, une raffinerie dans laquelle il développe, pendant le Blocus, la fabrication du sucre de betterave. Botaniste, naturaliste averti, collectionneur à la suite de son père, Benjamin Delessert est également un grand philanthrope, fondateur en 1800 des soupes populaires qui distribuent quatre millions de repas durant les disettes de 1802-1803.

Jean-Conrad Hottinguer descend d'une ancienne famille zurichoise d'humanistes et de théologiens qui s'est tournée vers le négoce au milieu du XVIIIe siècle. Il a débuté à quinze ans comme apprenti dans une manufacture d'indiennes de Mulhouse, continué à la banque Passavent et Candolle à Genève avant d'entrer, en 1784, chez Le Couteulx et Cie à Paris. Brièvement associé à Denis de Rougemont (1786-1790), il a ensuite conservé seul la raison sociale. Réfugié aux États-Unis en 1793, il y a rencontré Talleyrand dont il deviendra le financier à leur retour à Paris en 1796. La maison qu'il fonde alors représente l'industrie zurichoise, dont elle facilite les exportations vers l'Amérique. Son fils épousera une nièce de Benjamin Delessert. Ses descendants siégeront au Conseil de régence de la Banque de France jusqu'en 1936, avec une seule interruption durant le second Empire.

Jacques Laffitte est donc un banquier hors normes : il est l'un des rares qui ne s'appuie sur aucun réseau d'alliances familiales, il n'est pas l'héritier d'un patrimoine industriel ou commercial ; il est le seul à avoir gravi, en une vingtaine d'années, tous les degrés de l'échelle professionnelle et sociale.

En 1808, la tête du groupe des plus forts actionnaires de la Banque de France est composée de financiers qui ont su, grâce à leur prudence, traverser la période révolutionnaire sans trop de dommages. Les neuchâtelois sont particulièrement actifs : Jacques Louis de Pourtalès, son neveu Paul Gabriel de Pourtalès et son associé Soehnée détiennent à eux seuls 1 105 actions, Perregaux-Laffitte (Alphonse Perregaux, la banque et Jacques Laffitte) en ont 814, Delessert et Mallet (les Mallet, par mariage, ont des liens avec la banque neuchâteloise) 913. Ils cumulent ainsi plus de 4 % du capital et devancent l'ensemble des actionnaires hollandais qui contrôlent 2 600 actions. L'Empereur est, avec 1 000 actions, le troisième actionnaire de la Banque[1].

---

[1] Les Mallet détiennent 615 actions, les Delessert 298, Hottinguer 225. Cf. L. Bergeron, *Banquiers, négociants et manufacturiers parisiens du Directoire et de l'Empire*, Paris, La Haye, New York, 1978, p. 123.

Avec un crédit intact et un capital de deux millions, la maison Perregaux, Laffitte et Cie est donc en position avantageuse. Parrainée dès sa naissance par le comte Jaubert, conseiller d'État et gouverneur de la Banque de France, et par l'ancien régent Charles-Martin Doyen, auquel la Cour des Comptes vient précisément de donner quitus pour la manière dont il a géré le Trésor public de 1792 à 1794, elle peut aussi faire valoir qu'elle n'a aucun lien avec Ouvrard. Le fait de lui avoir cédé, en septembre 1805, trois mois avant la chute du munitionnaire, la *Régie des Droits réunis*[2] qu'elle avait acquise à sa création sept mois plus tôt (avec Récamier et Doyen), ne l'implique pas dans ses spéculations.

La maison jouit de discrètes protections : celle de Talleyrand, dont on ne parle pas, et celle de Jacques Louis de Pourtalès. Le « roi des négociants », alors largement octogénaire, décide cette année-là de ne pas renouveler sa société mais de placer sa fortune dans des commandites : Louis Bergeron considère, non seulement qu'il devient presque une banque d'affaires à lui tout seul, mais aussi qu'il parvient alors à réussir la greffe du capitalisme moderne sur le capitalisme commercial traditionnel[3]. Pourtalès et son parent Greffulhe qui a monté une banque à Londres soutiennent Jacques Laffitte : « M. de Pourtalès, le premier des industriels et M. Greffulhe, un des forts capitalistes, furent mes deux trompettes qui entraînèrent les autres ».

Ainsi Jacques Laffitte réussit-il son entrée dans un monde qui, quoique considérant les affaires comme un moyen plutôt qu'une fin et leur préférant les carrières administratives, reste très fermé. Deux nominations viennent le confirmer de façon éclatante : « La banque de France me témoigna aussi de bienveillantes dispositions. Je fus nommé Régent. On me nomma aussi président de la Chambre de Commerce ».

Contrairement à ce que l'on peut croire, la première nomination de Laffitte, le 19 janvier 1809, ne coulait pas de source. Pour remplacer Perregaux, les régents ont le choix entre plusieurs candidats, dont ils évaluent soigneusement les compétences et l'expérience. Par ailleurs, dans la lutte feutrée qui, depuis 1806, oppose la Banque à l'État, ce choix est déterminant car garant de sa liberté. Le gouvernement pourvoit en effet à six des vingt et un sièges du conseil (celui du gouverneur, des deux sous-gouverneurs et de trois régents choisis parmi les receveurs généraux). Il lui suffit donc de gagner cinq voix pour acquérir la majorité absolue.

On comprend que les négociants et les banquiers regardent à deux fois avant d'accueillir un nouveau venu parmi eux et s'assurent qu'il ne

---

2 La Régie regroupait les impôts sur le timbre, les cartes à jouer, les voitures publiques, l'or, l'argent et le tabac.

3 L. Bergeron, *Banquiers...*, *op. cit.*, p. 189.

leur manquera pas. Sur ce point, Jacques Laffitte offre toutes les garanties : il usera de tous les stratagèmes pour limiter à trois (Lyon, Rouen et Lille) le nombre de succursales provinciales dont l'Empereur exige l'ouverture et, le moment venu, il sera le premier à réclamer l'abrogation de la loi de 1806 qui avait modifié le statut de la Banque dans un sens favorable à l'État.

Sa nomination à la présidence de la Chambre de commerce de Paris, le 2 mai 1810[4], résulte, pour partie, d'une volonté d'autonomie comparable. Elle consacre aussi le poids de Laffitte dans le monde de la manufacture (il semble notamment avoir soutenu dès cette époque le grand cotonnier qu'est Richard-Lenoir, failli en 1814 et qui lui devra encore deux millions en 1830) ; ce poids qui sera confirmé par sa nomination comme juge au Tribunal de commerce en 1813.

À sa création, en 1803, la Chambre de commerce a reçu pour mission d'« accroître la prospérité du commerce » et de dénoncer « les causes qui en arrêtent le progrès ». Samuel Dupont de Nemours, l'un des fondateurs, en a été le premier secrétaire et occupe depuis 1807 le siège de président. C'est un homme âgé et une autorité dans son domaine. Il est célèbre pour avoir préparé le traité d'indépendance des États-Unis (1783) et pour avoir rédigé le traité de commerce avec l'Angleterre en 1786. Il a très rapidement manifesté son opposition à la politique commerciale de l'Empire et publié, en 1806, un mémoire sans équivoque sur les fonctions de la Banque de France. Napoléon a très mal pris cet « appel à l'opinion » et fait interdire à la Chambre de commerce toute publication. Cela n'empêche pas l'institution de s'exprimer par le biais de lettres au ministre de l'Intérieur qui exaspèrent Napoléon : « Je n'ai pas besoin du radotage ni des leçons de M. Dupont de Nemours et de quelques négociants »[5]. Il faut donc une personnalité forte pour succéder au septuagénaire dont la carrière a débuté sous Turgot et dont les ouvrages d'économie politique sont renommés des deux côtés de l'Atlantique. En élisant Jacques Laffitte, les membres de la Chambre, qui, depuis 1809, contestent la politique commerciale de Napoléon, espèrent conforter leur position. « Cette nomination, dira Laffitte, flatta plus vivement encore mon orgueil que mon titre de régent de la banque ; car j'étais appelé à succéder à un homme connu par ses lumières, sa probité et sa vertu, et c'était un acte de confiance auquel je fus sensible »[6].

---

[4] Il siège jusqu'au 14 mai 1811.

[5] Napoléon, Lettre à Fouché, 28 juillet 1809, cité par P. Lenormand, *Une Chambre pour la capitale...*, Le Cherche Midi, 2004, p. 31.

[6] Ch. Marchal, *op. cit.*, I, p. 109.

Voilà donc le « fils de charpentier » de Bayonne devenu une personnalité parisienne. Chef d'une maison de banque qui porte son nom et est la plus importante de la place de Paris, il est, à quarante et un ans, l'un des plus jeunes régents de la Banque de France et, à travers la présidence de la Chambre de commerce, le porte-parole des négociants de la capitale. Nous le voyons ainsi défendre énergiquement les intérêts des fabricants ainsi que celui du contrôleur de la ferme des tabacs, Jacques-Laurent Robillard (négociant, ancien régent devenu censeur de la Banque de France en 1806), face au comité des finances impérial qui entend instaurer un monopole susceptible de rapporter quarante millions à l'État[7].

Les plus anciens portraits que nous connaissons de lui sont un peu postérieurs. Néanmoins, ces gravures reflètent parfaitement sa personnalité. D'une taille que l'on devine médiocre[8], plutôt râblé, l'homme ne peut nier ses origines béarnaises : le visage ovale, les maxillaires puissants, il a une chevelure abondante, brune et frisée quoique coupée court et, selon la mode du temps, soigneusement arrangée. Le nez long et busqué, la bouche petite, ferme et bien dessinée, il possède le teint coloré des basques et d'étonnants yeux gris en amande, presque espagnols, sous des sourcils qui semblent dessinés au pinceau. Il n'a pas la beauté aristocratique d'un Benjamin Constant ou d'un Chateaubriand mais une assurance, une force plébéienne, une intelligence claire qui se lit dans son regard déterminé.

Le monde ne l'intéresse pas, il n'y est d'ailleurs pas reçu car il reste un nouveau venu, un parvenu sans ascendance et il n'est pas envisageable que son nom figure sur la liste des banquiers que Napoléon, pour les amadouer, fera « barons malgré eux » en 1810. Disons qu'il est un peu jeune... Mais enfin, quelle doit être sa fierté lorsque, une fois l'an, le dernier jeudi de janvier, il siège en sa qualité de premier régent, au haut bout de la Galerie dorée de l'hôtel de La Vrillière que la Banque de France a acquis en 1808, à côté du gouverneur et face à l'assemblée des actionnaires ! Le voilà vengé des années d'attente, des humiliations, des promesses toujours différées de Perregaux ! Par ses revenus, il appartient à la « bonne bourgeoisie » parisienne, à une *upper middle class* très aisée. Il ne lui reste qu'à faire vraiment fortune pour intégrer l'aristocratie de la finance !

C'est à sa manière, en *outsider*, qu'il va s'y employer. Depuis 1805, les subsides et contributions exigées des pays vaincus permettent à Napoléon de financer ses armées et de récompenser ses généraux sans

---

7 J.-A. Sers, *Souvenirs d'un préfet de la monarchie. Mémoires du baron Sers, 1786-1862*, Paris, Fontemoing, 1906, pp. 67-68. Il en rapporte vingt dès 1810.

8 Nous savons par son passeport qu'il mesurait 1,62 m.

faire appel au Trésor. Les énormes sommes versées au Domaine extraordinaire et à la Caisse d'amortissement, les réserves de métaux précieux dissimulées en divers lieux permettent d'éviter le recours à l'emprunt et de se passer des banquiers. C'est donc assez naturellement que ces derniers vont explorer de nouvelles voies et poser – Laffitte est l'un des tout premiers – les bases du capitalisme moderne.

Pour convaincre ses commanditaires de placer dans la maison les deux millions de capital qu'il leur demandait, Laffitte s'est engagé à multiplier les profits par quatre. Promesse de Gascon ? Que non point ! Au grand étonnement d'Hortense et d'Alphonse Perregaux, il atteint son objectif en trois ans (en 1811), sans effort apparent :

> Mes moyens pour atteindre ce résultat étaient tout simples : il s'agissait de recevoir les capitaux oisifs qui venaient s'offrir et de les prêter ensuite à l'industrie qui en a toujours besoin, en retenant une prime pour la garantie du risque que je pouvais courir.

C'est, en quelque sorte, la mise en œuvre de l'intuition qu'il avait eue, adolescent, lorsqu'il pressentait que l'argent pourrait être un objet de transactions indépendantes du négoce. Avec une clairvoyance remarquable, il accompagne l'essor d'une industrie naissante, promise à une expansion rapide grâce à l'introduction de la science, et particulièrement de la chimie, dans les procédés de fabrication traditionnels. Ne bénéficiant pas, comme les Delessert, Ternaux ou Perier de capitaux familiaux provenant de manufactures ou d'exploitations minières, il place ceux qui lui sont confiés. Ces « capitaux oisifs » étant exigibles à tout moment, il n'effectue que des prêts à court terme : la première banque de dépôt est née.

Ceci ne l'empêche pas, quoiqu'il se montre d'une discrétion exemplaire sur le sujet, d'avoir certainement, par le biais de ses correspondants, de gros intérêts dans le commerce des denrées coloniales et une clientèle d'aristocrates très fortunés à laquelle il rend volontiers service.

Jacques Laffitte emménage à cette époque 10, rue de Grammont, une adresse élégante, conforme à sa situation, à mi-chemin entre la Banque de France et l'hôtel Perregaux rue du Mont-Blanc où est demeurée la banque. Il continue à vivre discrètement, mais comme à l'accoutumée, ses frères bénéficient de ses largesses : avec son aide, Martin laisse à Jean-Baptiste la totalité des revenus de la charge d'agent de change et monte sa propre entreprise de négoce à Rouen. Il semble être mêlé dès cette époque à plusieurs affaires de contrebande à Bordeaux et il n'est pas impossible que Jacques Laffitte touche ainsi les dividendes de sa générosité. Quant à Pierre, l'aîné mais le moins brillant de la famille, il reste à la banque et se voit offrir par son cadet 1/16e de ses propres bénéfices (une moyenne de 60 000 francs par an). C'est une façon élégante de le rémunérer, mais Pierre est humilié de sa position, accuse le ciel d'injustice à son égard et manifeste une rancœur tenace à l'égard de son frère.

CHAPITRE 8

Le Blocus continental. La crise de 1810-1811. L'emprunt sur la Saxe. Laffitte et l'ambassadeur du tsar.

À partir de 1810, l'économie française marque le pas car les effets pervers du Blocus continental commencent à se faire sentir.

Mis en place par une série de décrets échelonnés sur plusieurs années et dont le plus important est celui de Trianon, du 5 août 1810, le Blocus a pour objectif de lutter à outrance contre l'industrie et le commerce britanniques tout en favorisant la navigation des Américains, de démanteler les réseaux de contrebande et de monopoliser en faveur des ports français l'importation en Europe de produits coloniaux. Par ailleurs, tout un arsenal de mesures concernant les prohibitions, les taxations et les attributions de licences d'importation vise à obliger l'ensemble de l'Europe, y compris les pays neutres, à faire transiter le négoce international par la France et à favoriser son industrie.

Cependant, il apparaît assez rapidement que le système est peu cohérent et n'a pas été pensé dans son ensemble : la juxtaposition de mesures dont on n'a pas prévu les conséquences conduira directement à la crise économique de 1811. Ainsi, l'élévation des droits de douane amène-t-elle une dramatique réduction d'activité dans les ports français, tandis que la fermeture du marché britannique aux nations continentales prive peu à peu ces dernières des revenus qui leur aurait permis de s'approvisionner en France.

Le développement du grand brigandage sur les routes rend prohibitif le coût des denrées qui doivent être protégées tout au long de leur acheminement alors que, dans le même temps, la confiscation des denrées acquises en contrebande ruine, un peu partout en Europe, nombre de négociants qui les ont achetées très cher et ne peuvent payer les amendes et les droits pour les récupérer et les écouler.

Enfin, pendant que la contrebande explore de nouvelles voies, la spéculation sur les denrées coloniales s'amplifie, soutenue par les banques, notamment en France, en Hollande et dans les villes hanséatiques. On sait la réponse que Jacques Louis de Pourtalès avait faite, quelques années plus tôt, à Napoléon qui l'interrogeait sur le secret de sa réussite : « Acheter cher et vendre bon marché ! »[1]. Il faut comprendre : acheter cher par rapport à un cours *x* et vendre bon marché lorsque ledit cours aura suffisamment monté pour permettre un bénéfice substantiel. On apprécie d'autant plus la répartie si l'on sait qu'il dominait le marché des indiennes fabriquées en Alsace à partir de toiles blanches en provenance des Indes et tenait une place non négligeable dans le commerce des denrées coloniales (dont il était lui-même producteur dans l'île de Grenade), deux secteurs que Napoléon souhaitait précisément contrôler !

Une première vague de faillites a lieu dès mai 1810. Une autre, déclenchée par celle de la banque Rodde de Lübeck, suit à l'automne et affecte durement la place de Paris : seize maisons, dont celle de l'ancien régent Charles-Martin Doyen qui avait déjà été éprouvée par la crise bancaire de 1805, ferment alors. Ces déconfitures ont une conséquence directe sur l'industrie dont l'activité ralentit, provoquant une montée du chômage. Pour comble, de mauvaises conditions climatiques ruinent la récolte dans plusieurs provinces. Napoléon tente d'en adoucir l'effet sur les populations les plus démunies en décrétant un maximum pour le prix du pain, mais le laisse à l'appréciation des préfets. Il advient alors que les régions riches en grains les expédient vers celles qui en sont privées mais où le maximum est le plus élevé, dans des proportions telles que les départements fournisseurs finissent par se trouver eux-mêmes en situation de disette ! Voilà prouvées par l'absurde les limites et l'incohérence d'une politique par trop dirigiste !

En décembre 1810, le tsar Alexandre rompt le Blocus continental et ouvre ses portes aux vaisseaux « neutres », c'est-à-dire au commerce anglais. Napoléon est acculé : pour reprendre la main, il faut lancer une nouvelle campagne, et pour la préparer il faut de l'argent. Or les caisses se vident : l'Italie ne rapporte plus, la guerre d'Espagne qui s'enlise coûte une fortune, le Trésor de l'armée, qui est alimenté par l'Extraordinaire, ne peut faire face, l'économie nationale est en ruines. L'Empereur s'obstine : « Si je suis obligé d'entreprendre une nouvelle guerre, ce sera sans doute par quelque grand intérêt politique. Mais ce sera aussi dans l'intérêt de mes finances et précisément parce qu'elles présentent quelques premiers symptômes d'embarras »[2].

C'est un cercle vicieux car les « alliés » (la Pologne, le Wurtemberg, la Saxe) sont exsangues, consécutivement aux indemnités précédemment exigées par Napoléon. Comment alors, mettre sur pied cette Confédération du Rhin, sans laquelle on ne peut battre la Russie ? Le roi Frédéric-Auguste de Saxe en particulier a versé à la France plus de sept

---

1 R. Cramer, *op. cit.*, p. 47.

2 F.-N. Mollien, *Mémoires d'un Ministre du Trésor...*, Paris, H. Fournier, 1837, III.

millions de thalers (32 millions de francs) en 1807 et demande des subsides pour équiper ses forteresses et ses troupes.

Napoléon imagine alors de faire intervenir les banquiers et, malgré le mépris que leur porte Mollien, son ministre du Trésor, il l'envoie chez le premier et le plus puissant d'entre eux. L'idée est d'émettre un emprunt de douze millions – non pas en France, l'Empereur s'y refusera toujours – mais sur la Saxe (garanti par les revenus des mines de sel de Wielizka), et Laffitte est prié de se charger de l'émission.

Tout comme le ministre, il sait que, même en garantissant un revenu de 7,5 % (ce qui est considérable pour l'époque, le taux de la rente étant de 5 %), l'opération est irréalisable. Pour se tirer de cette impasse, le banquier argue des réticences de la Banque de France, le président de la Chambre de commerce des embarras de la profession. Rien n'y fait : Napoléon tient à son projet et cherche à lui forcer la main :

> Il me semble [écrit-il à Mollien] que, sans rien démasquer, il serait convenable de verser sans délai un million. Vous en feriez l'avance et vous vous concerteriez avec Laffitte pour faire croire que c'est lui qui a rempli ce million... Je désire donc que le programme de cet emprunt soit, sur le champ, publié et que Laffitte dise qu'il a assez de demandes pour assurer un million[3].

Laffitte fait mine d'obtempérer mais ne bouge pas. Les semaines passent. En juin, Napoléon, exaspéré, lui fait remettre pour plus de trois millions de mandats et d'obligations sur la cour de Saxe et le contraint à avancer l'argent. Bien que l'emprunt soit alors coté fictivement en Bourse, le banquier manifeste toujours la même inertie et aucun souscripteur ne se présente. Afin de ne pas perdre la face vis-à-vis du roi de Saxe, l'Empereur est contraint de puiser secrètement dans la caisse de l'Extraordinaire et de souscrire la totalité de l'emprunt. L'opération est un fiasco complet.

Jacques Laffitte n'y a rien perdu, mais il a compris la leçon. Il ne soutient pas la politique impériale à laquelle il ne croit plus et adopte une position attentiste. Ainsi renonce-t-il à exploiter les licences d'importation qu'il a acquises et qui permettent, sous certaines conditions, le commerce de marchandises diverses. Il n'est pas le seul puisqu'on constate qu'à peine plus de 40 % des 2 319 licences personnellement délivrées par Napoléon sous la pression de la nécessité, entre l'automne 1811 et la fin de 1812, furent utilisées[4].

---

3 Napoléon à Mollien, 20 avril 1811. A.N. AF IV 1089 A. cité par M. Brun, *Le banquier Laffitte*, Abbeville, Paillart, 1997, p. 96-97.

4 Cf. R. Dufraisse, « Le Blocus continental », *Dictionnaire Napoléon*, *op. cit.*, pp. 219-235, et particulièrement pp. 229-230 et 234. Le système des licences a été imaginé en

A-t-il, dès cette époque, noué des contacts particuliers avec la Russie dans le cadre ou en marge des relations commerciales que Napoléon souhaitait voir développer depuis 1808[5] ? Certains propos, tenus à la fin de sa vie, le laisseraient entendre[6] et le fait serait corroboré par le crédit incontestable dont il jouira, en 1815, dans l'entourage du tsar. Un curieux passage de ses *Mémoires* en serait une trace discrète mais explicite pour qui saurait décoder son galimatias. Nous sommes à la veille de la guerre :

> La Russie avait pour ambassadeur le prince Kourakine, que Napoléon avait demandé à Alexandre pour qu'il ne connût pas ses desseins, et le joli fin Grec [c'est-à-dire le tsar, nouvel Ulysse qui va utiliser son représentant comme un cheval de Troie] le lui envoya afin de les dérober.

Voilà discrètement dénoncée, par l'allusion au vers fameux de Virgile (*Timeo Danaos et dona ferentes*), la naïveté de Napoléon, convaincu de pouvoir abuser le diplomate dont il a sollicité la nomination et connaît la francophilie. Le prince « qui voyageait avec son harem comme le Grand Seigneur » escorté d'une tribu d'enfants et de domestiques, amuse la galerie pendant quatre ans mais, le moment venu, fait discrètement acheter les plans de la campagne de Russie par son attaché militaire ! Lorsque Napoléon découvre qu'il a été dupé, il décide de faire arrêter la légation tout entière et d'en détenir les membres comme prisonniers d'État. L'incident diplomatique est évité de peu car Kourakine parvient à quitter Paris *in extremis* grâce à un sauf-conduit signé de Cambacérès. Laffitte l'y a-t-il aidé ? Peut-être. Il conclut de manière équivoque : « Hélas ! Le pauvre ambassadeur quitta bientôt Paris ; la guerre fut déclarée. Il me fit ses adieux la mort dans l'âme. Ce n'était cependant pas pour son pays qu'elle devait être désastreuse ».

1809. La Chambre de commerce lui est hostile car il favorise les négociants fortunés au détriment des autres.

5 Note à Crétet, ministre de l'Intérieur, 13 janvier 1808.

6 Ch. Marchal, *op. cit.*, I, pp. 118 et 119.

Chapitre 9

1813 : spéculations diverses. Campagne d'Allemagne. Fronde des députés. 1814 : campagne de France. Défection de Marmont : l'influence de Laffitte. Abdication de Napoléon.

En dépit de la débâcle de Russie, la crise économique est surmontée et les affaires reprennent : en 1813, le Blocus n'est plus qu'une fiction et l'Angleterre devient le premier fournisseur de la France dans le trafic des marchandises[1]. Le commerce sous licence reprend et, pour les banquiers et les négociants, c'est l'occasion de fructueuses spéculations. Dès le 11 janvier, Jacques Laffitte, parmi d'autres, se voit accorder une licence qui lui permet d'importer de la porcelaine (de Saxe ? le fameux « or blanc » ?) d'une valeur de plus de deux millions de francs. Le même jour, son frère Martin, négociant au Havre et sans doute son prête-nom, reçoit l'autorisation de faire entrer en France pour plus d'un million de francs de peaux tannées[2]. On ignore comment il les a écoulées, mais il n'est pas interdit de supposer qu'elles étaient destinées à équiper les quelques 400 000 recrues que Napoléon lance dans la campagne d'Allemagne en mars-avril.

L'Empereur désire faire oublier les désastreux échecs essuyés en Russie et en Espagne ; le prestige de la Grande Armée est fortement entamé et seule une victoire éclatante pourrait remonter le moral des troupes. Celles de Lützen et de Bautzen n'y suffisent pas car des revers leur succèdent. La situation s'enlise ; à l'automne, elle paraît désespérée : une victoire des alliés précipiterait l'issue fatale, un succès de l'Empereur ne ferait que la repousser.

Le public, les banquiers le sentent, et Laffitte va en profiter pour spéculer sur la monnaie anglaise dont le pair est à vingt-cinq francs : « Le Blocus continental avait fait baisser la livre sterling à dix-sept francs. J'achetai quatre cent mille livres sterling me disant que vainqueur ou vaincu l'Empereur ferait la paix et que la paix relèverait la livre de sa chute ». Il les vend en une matinée et à un seul acquéreur, le comte de Peyronnet (futur garde des Sceaux dans le ministère Villèle)

---

1 R. Dufraisse, *op. cit.*, p. 235.

2 L. Bergeron, *Banquiers…*, *op. cit.*, p. 284.

avec un bénéfice moyen de près de 3,50 francs par livre, soit, pour une transaction de 9, 375 millions, un profit de 1, 375 million ! Mais si la livre retrouve sa valeur nominale, Peyronnet encaissera encore davantage...

L'événement, on s'en doute, fait quelque bruit, tant à Paris qu'à Londres ce qui enchante notre vaniteux banquier. Ce n'est certainement pas son seul « coup » car il fait une année excellente. Lorsqu'il verse sa part des bénéfices à la duchesse de Raguse, la fille de Perregaux et sa commanditaire, qui avait craint les effets de la crise, elle ne contient ni sa surprise ni sa joie : « Malheureux ! Pour nous donner autant de profit vous avez donc détroussé quelque coche ! »

Mais le 1er régent de la Banque de France auquel s'adresse cette savoureuse exclamation a d'autres soucis en tête. Il assiste à toutes les réunions du Conseil général, dont les décisions sont le plus souvent de routine. Quoique en opposition larvée avec l'Empereur depuis la réforme de 1806, le Conseil ne peut valablement s'élever contre les instructions du ministre Mollien. La campagne de Russie a été un gouffre financier et le ministre a exigé de la Banque de France des prêts au profit du Trésor dont le montant cumulé affole : on a atteint 94 millions au printemps 1813.

Il faut donc émettre du papier sans se soucier des réserves métalliques ni de l'atonie de la Bourse[3]. On risque là encore d'entrer dans un cercle vicieux car la Bourse (fondée le 28 ventôse an IX : 19 mars 1801) englobe alors trois institutions distinctes : la bourse de change (négociation des lettres de change et fixation des cours), la bourse de commerce (négociation en gros sur les marchandises) et la bourse des valeurs (valeurs mobilières). Les deux premières subissent encore le contrecoup de la crise de 1810-1811 et ont un volume de transactions insignifiant.

Quant à la troisième, elle se trouve dans une situation critique. Elle ne compte que trois sociétés cotées, la Compagnie des Ponts, au capital de 1 700 000 francs, fondée le 24 ventôse an IX (15 mars 1801) pour construire et exploiter trois ponts parisiens à péage (les ponts des Arts, d'Austerlitz et d'Iena), la Compagnie des fonderies de Vaucluse, fondée en 1807 (capital 2 400 000 francs) et la Banque de France dont le capital nominal est plus de vingt fois supérieur à celui des deux autres.

Ce sont donc les transactions sur la rente d'État, le 5 % consolidé, qui alimentent le marché. Son cours a atteint un sommet en août 1807 (93,4 pour un nominal de 100) et sa capitalisation a représenté alors environ neuf fois celle de la Banque de France ; depuis, le cours de la rente s'est maintenu autour de 80 francs mais il commence à chuter à

[3] Cf. G. Antonetti, « la Bourse », *Dictionnaire Napoléon*, *op. cit.*, pp. 290-293.

partir de septembre 1813. Il tombera à 45 francs six mois plus tard, correspondant à un taux de 11 %. Les porteurs n'ont plus confiance, vendent massivement et, dans l'attente du dénouement, conservent précieusement leur numéraire. À son tour la Banque de France est placée sur la sellette, les porteurs de ses billets viennent se faire rembourser en or... dont les réserves s'amenuisent.

La campagne d'Allemagne tourne au cauchemar. L'éphémère victoire française de Napoléon à Dresde fin août n'empêche pas ses généraux – Ney, Macdonald, Oudinot, Vandamme – d'être tour à tour défaits. La bataille de Leipzig sonne le glas de l'épopée impériale. Au terme de trois jours de combat acharné (15-18 octobre 1813), les Français doivent battre en retraite sous le feu de l'ennemi. Le 19, le prince Poniatowski, que l'on surnomme « le Bayard polonais » se noie en traversant l'Elster, dont le seul pont a été canonné ; il avait reçu le bâton de maréchal le 16. À Mayence, le typhus décime les débris d'armée que Napoléon ramène en France. Mi-novembre, il propose l'ouverture d'un congrès pour la paix auquel les alliés répondent le 4 décembre par la Déclaration de Francfort, dans laquelle ils affirment ne pas faire la guerre à la France mais au seul Napoléon et énoncent leurs propositions.

Le 19 décembre, le Corps législatif est convoqué en session extraordinaire et le 22 une commission est nommée pour examiner les documents diplomatiques des négociations de Francfort par lesquels les frontières de la France seraient ramenées aux Pyrénées, aux Alpes et au Rhin. Le député de la Gironde Joseph Lainé, connu pour son attitude critique à l'égard du régime, en est le rapporteur. Il en profite pour demander davantage de libertés constitutionnelles. La Chambre applaudit bruyamment, le texte est adopté par 223 voix contre 51 et l'impression en est ordonnée. Pour la première fois depuis quinze ans, les députés osent formuler des critiques contre l'Empereur qui, furieux, fait interdire la publication du rapport.

Une semaine plus tard, le même Lainé présente le rapport de la commission des Finances qui exprime les inquiétudes de la bourgeoisie d'affaires et ose de timides suggestions. C'est l'explosion : l'Empereur ajourne le Corps législatif et, en recevant les députés le 1er janvier, les apostrophe avec violence :

> Qui êtes-vous pour m'attaquer ? C'est moi qui suis le représentant de la Nation. S'en prendre à moi, c'est s'en prendre à elle. J'ai un titre et vous n'en avez pas. Mr. Lainé, votre rapporteur est un méchant homme qui correspond avec l'Angleterre...[4]

---

[4] Rapporté par F. Guizot, *Mémoires pour servir à l'histoire de mon temps*, Paris, Michel Lévy, 1858-1867, I, pp.22-23.

Le « méchant homme » se retire à Bordeaux, sa ville natale. Le 12 mars 1814, il y accueillera le duc d'Angoulême qui le nommera préfet de la Gironde. Mais Napoléon s'est définitivement mis la bourgeoisie à dos. Les rentiers voient leur fortune fondre, les commerçants et les banquiers aspirent à la paix. Ils se croisent et se côtoient quotidiennement à la chambre de commerce présidée par Jean-Conrad Hottinguer de 1811 à 1813 et au tribunal de commerce où Laffitte et Mallet sont nommés juges le 6 novembre 1813[5] en remplacement de Delessert, Ollivier et Davillier, et dont la présidence est assurée par un autre banquier, Martin fils d'André. Tous sont régents de la Banque de France et tous connaissent parfaitement la situation : en 1812 et 1813, le tribunal de commerce de Paris a jugé près de 60 000 affaires. Quelle que soit leur importance, c'est un bon observatoire ! Il est clair que les commerçants sont las, qu'ils ne considèrent plus la guerre et la victoire comme le meilleur moyen de gouverner ni de remplir les caisses de l'État. L'argent n'a pas plus de couleur que d'odeur : les banquiers vont désormais jouer pour leur propre compte.

Il est entendu que Laffitte n'est pas un mémorialiste, mais l'on peut tout de même s'étonner de la manière simpliste dont il rapporte les événements du printemps 1814. Qui croit-il convaincre ? Ou abuser ? Rappelons les faits.

À la suite de la désastreuse campagne d'Allemagne et de sa défaite à Leipzig, Napoléon a été contraint de repasser le Rhin début novembre 1813 avec les débris de la Grande Armée. L'Europe entière, à l'exception du Danemark et de la Turquie, est coalisée contre lui et l'invasion de la France décidée. Le 1er janvier 1814, Schwarzenberg franchit le Rhin avec une armée austro-russe de 200 000 hommes, que renforce celle de Blücher qui en compte 65 000. Face à elles, Napoléon ne dispose, selon les estimations de Clausewitz, que de 78 000 hommes (en réalité, probablement 10 % de moins)[6]. Cette armée de campagne est divisée en quatre corps commandés respectivement par les maréchaux Mortier, Victor, Marmont et Macdonald.

Quelle que soit leur position respective, aucun d'entre eux n'est en mesure de livrer combat : en six jours, les coalisés atteignent la Meuse et la Saône et trois semaines plus tard les maréchaux français sont contraints de se replier sur la Marne où les rejoint Napoléon, avec l'intention d'arrêter l'avance alliée. Durant le mois de février, victoires et défaites alternent – Brienne, La Rothière, Champaubert, Montmirail,

[5] Et non en 1809, comme l'écrit R. Szramckiewicz. Archives Générales du Tribunal de commerce de Paris, 1792-1819, vol. I, fol. 419. Information aimablement communiquée par M. Étienne Regnard, greffier en chef honoraire, que nous en remercions.

[6] Clausewitz, *Campagne de 1814*, Paris, Champ Libre, 1972.

Montereau –, bousculades et manœuvres diverses se succèdent en vain. L'arrivée de nouveaux conscrits, dont certains ne savent même pas armer un fusil, ne compense pas les pertes. Le doute, insidieusement, s'installe. Pourquoi Eugène de Beauharnais s'obstine-t-il à demeurer en Italie alors qu'il a reçu l'ordre formel de se porter sur Lyon pour soutenir Augereau ? Pourquoi ce dernier reste-t-il inactif ? Murat a-t-il vraiment trahi ? On en a la confirmation le 20 février, lorsqu'il fait occuper Rome par ses troupes napolitaines pour le compte des alliés.

Un instant, les nuages s'éclaircissent : des divergences de vues chez les coalisés permettent à Napoléon de remporter une victoire à Méry-sur-Seine et d'entrer triomphalement dans Troyes. L'ennemi amorce sa retraite. Mais, très vite, le ciel redevient plus sombre que jamais ; les coalisés regroupés marchent sur Paris : le 27 février, Oudinot est battu à Bar-sur-Aube et le 28 Macdonald essuie un échec à La Ferté-sur-Aube. De leur côté, Marmont et Mortier, qui se sont réunis à Meaux, amorcent une lente retraite défensive vers la capitale. C'est sous ou dans ses murs que se livrera la dernière bataille.

Si le peuple de Paris s'apprête à organiser la résistance et à faire face à l'occupation de la ville, il n'en va pas de même de la bourgeoisie. Las de la guerre, craignant pour leurs biens, les commerçants, les rentiers veulent la paix. Une paix qui ne serait pas issue de la défaite mais provoquée par le départ anticipé de l'Empereur. Les banquiers, les agioteurs, Talleyrand lui-même spéculent à la Bourse, en misant sur le retour des Bourbons. Mais leur retour n'est possible que si Napoléon accepte de mettre un terme à la désastreuse campagne de France. Il faut en convaincre les maréchaux. Ils ont, pour cela, un ambassadeur idéal en la personne d'Alphonse Perregaux.

Beau-frère de Marmont, gendre, depuis le 20 novembre, du maréchal Macdonald, il est aussi, avec sa sœur, commanditaire de la banque Perregaux, Laffitte & Cie, dont il reçoit, chaque année, un quart des bénéfices. Il est, par ailleurs, auditeur au Conseil d'État, chambellan de Napoléon et comte de l'Empire, un personnage en vue donc, dont on ne peut imaginer qu'il trahisse comme un quelconque quidam.

C'est ainsi que, le soir du 28 février, Marmont reçoit, dans la ferme où il bivouaque pour la nuit, la visite de son beau-frère accompagné de « quelques amis ». Nous ignorons le contenu exact de la conversation qui s'engage alors. Dans ses *Mémoires*, Marmont rapporte simplement que Perregaux parla « très haut sur la nécessité de se débarrasser de Napoléon » et « du retour des Bourbons comme du salut de la France ». Marmont, égoïstement, craint d'être victime de la réaction anti bonapartiste que susciterait le retour de l'ancienne dynastie : les maréchaux, répond-il « perdraient le fruit des travaux de vingt campagnes » et ajoute : « ce qui fait notre gloire serait pris à crime ».

Alphonse Perregaux a certainement reçu de Talleyrand quelques assurances sur le sujet, tant pour lui-même (n'oublions pas que son père avait été, aux côtés de l'ex-évêque d'Autun, l'un des artisans du 18 Brumaire) que pour ceux qu'il est chargé d'approcher. Ainsi peut-il rétorquer d'un ton péremptoire : « Macdonald et toi, vous serez certainement dans l'exception ! », avant de remonter en voiture avec ses « amis ».

Le second acte se joue un mois plus tard. La campagne de France s'achève, l'ennemi est en vue de Paris. Marmont et Mortier sont chargés de le contenir pour laisser à Napoléon le temps d'arriver et de soulever la capitale. Le 30 mars au matin, le dispositif est en place et à la tête de 10 000 hommes Marmont tient le plateau de Romainville. Vers le milieu de la journée, la situation lui est favorable et il pense alors pouvoir résister jusqu'au lendemain. Dans le même temps, le roi Joseph, auquel Napoléon a confié la lieutenance générale de l'Empire et qui, depuis la Butte Montmartre suit la situation à la lunette, décide d'abandonner Paris. Il fait adresser à Marmont et à Mortier une double lettre : « Si M. le duc de Raguse [Marmont] et M. le duc de Trévise [Mortier] ne peuvent plus tenir leurs positions, ils sont autorisés à entrer en pourparler avec le prince de Schwarzenberg et l'empereur de Russie qui sont devant eux. Ils se retireront sur la Loire ». Au reçu de cette missive, Marmont se précipite à Paris mais Joseph Bonaparte s'est replié sur Rambouillet. Le maréchal retourne donc sur le front. Il tient toujours Belleville et peut attendre la suspension d'armes que Mortier, pour gagner du temps, fait demander au prince de Schwarzenberg.

Puis, sans explication, vers quatre heures de l'après-midi, Marmont décide d'utiliser l'autorisation de Joseph et envoie trois parlementaires à l'ennemi, proposant de capituler. La négociation qui s'engage est difficile : Marmont offre Paris mais refuse de désarmer ses troupes, Mortier veut encore combattre, les représentants du tsar exigent une capitulation sans conditions. Comme la nuit tombe, ces derniers s'en vont quérir de nouvelles instructions, tandis que Marmont rentre chez lui, rue de Paradis, dans l'hôtel que Perregaux avait offert en dot à sa fille. La maîtresse de maison est absente, partie rejoindre la cour à Rambouillet, mais les salons de l'hôtel bruissent de monde. Laissons parler le maréchal.

> Je dois rendre compte ici d'une conversation qui eut lieu chez moi, pendant la soirée, et qui est une peinture fidèle de l'opinion de l'époque. Un grand nombre de mes amis s'étaient réunis chez moi. On parla avec abandon de la situation des choses et du remède à y apporter. En général, tout le monde semblait d'accord sur ce point, que la chute de Napoléon était le seul moyen de salut. On parlait des Bourbons, la voix la plus énergique en leur faveur, celle qui me fit le plus d'impression, fut celle de M. Laffitte. Il se déclarait hautement leur partisan, et quand je renouvelai les arguments adressés

quelques temps avant à mon beau-frère, il me répondit : « Eh ! Monsieur le maréchal, avec des garanties écrites, avec un ordre politique qui fondera vos droits, qu'y a-t-il à redouter ? » Quand je vis un homme de la bourgeoisie, un simple banquier, exprimer une pareille opinion, je crus entendre la voix de la ville de Paris tout entière.[7]

Soulignons au passage la dernière phrase avant de donner la version de Laffitte :

Je me rendis à huit heures du soir chez le duc de Raguse, la mort dans l'âme. Il était à table, il me pria de l'attendre, ayant à me parler. Nous passâmes ensuite dans son cabinet.
– C'en est donc, fait, me dit-il, les ennemis vont entrer demain dans la capitale.
– Hélas !
– Que désire la population de Paris ?
– La paix, dis-je ! Elle est fatiguée depuis longtemps de la guerre.
– La paix ! Il le faut bien ; mais qui la signera ?
– Je l'ignore.
– Le Corps législatif et le Sénat auraient pu seuls s'en occuper ; mais je n'y ai pas grande confiance. Le pays ne peut-il donc rien ?
– Le despotisme impérial l'a mis en poussière.
– Mais, dit Marmont, vous, vos amis, ne pouvez-vous donc rien ? Ne pouvez-vous émettre une opinion ?
– Vous le savez bien, je suis en dehors de toute l'affaire. Le duc et la duchesse d'Angoulême sont en marche avec les Anglais sur Bordeaux, le comte d'Artois est en Franche-Comté ; il n'y a que deux partis à prendre, les Bourbons ou la Régence.
– Les Bourbons ? S'écria Marmont. Quelle honte et quelle humiliation ! Notre sang versé pour la patrie à leurs yeux serait un crime ! La Régence, à qui la donnerait-on ? L'Empereur est le seul homme qui puisse gouverner la France.
– Il y a, dis-je, une réunion d'hommes chez M. de Talleyrand ; je ne connais pas leurs intentions ; mais je n'y ai pas grande confiance, ce ne sont là que des mécontents.
[....] Ce que je dois ajouter, c'est que M. Perregaux, sortant de chez le duc de Raguse après moi, me demanda de le laisser à la porte de M. de Talleyrand.

Marmont à nouveau :

[...] Les magistrats de la ville vinrent chez moi, avant d'aller faire leur soumission.[8] Mais un homme bien marquant dans cette circonstance s'y présen-

---

7 *Mémoires du maréchal Marmont, duc de Raguse, de 1792 à 1841*, Paris, Perrotin, 1857, VI, pp. 249-250.

8 Le conseil municipal de Paris, qui n'est autre que le conseil général de la Seine, a été limité par le Consulat à 24 membres, nommés par lui. Ce sont des banquiers, des notaires, des industriels et des propriétaires, humiliés parce qu'ils ne jouent aucun rôle,

ta aussi pour plusieurs motifs. M. de Talleyrand fit demander à me voir seul, et je le reçus dans ma salle à manger. Il prit pour entrée en matière, le prétexte de savoir si je croyais les communications encore libres ; il me demanda s'il n'y avait pas déjà quelques cosaques sur la rive gauche de la Seine [c'est-à-dire au sud de Paris, barrant la route vers Fontainebleau où s'est replié Napoléon]. J'en convins avec lui mais sans dire un mot sur le remède à employer. Il cherchait de me faire une ouverture ; mais quoique je pressentisse d'étranges événements, il ne pouvait pas me convenir d'y concourir ; et, dès lors, un secret m'eût été à charge. Je voulais faire loyalement mon métier, et attendre du temps et de la force des choses la solution que la Providence y apporterait. Le prince de Talleyrand ayant échoué dans sa tentative, se retira.

Peu importent les atermoiements de Marmont : en réalité, Talleyrand a gagné. Le 31 mars, le conseil municipal livre Paris au tsar. Le lendemain, Talleyrand, qui héberge Alexandre dans son hôtel de la rue Saint-Florentin, convoque le Sénat qui vote la déchéance de Napoléon et élit un gouvernement provisoire. Talleyrand le préside.

Depuis Fontainebleau, l'Empereur veut toujours marcher sur Paris. L'armée lui reste fidèle ; il peut compter sur les douze mille hommes de Marmont, supposés se retirer sur la Loire mais cantonnés à Essonnes d'où ils le couvrent. Pour empêcher Napoléon de livrer une nouvelle bataille sous les murs de Paris, il faut convaincre Marmont. Ce n'est pas difficile car « la Providence » dont le maréchal attend une solution se présente sous l'aspect d'un envoyé secret du prince de Schwarzenberg ; le 4 avril la trahison est consommée. Laffitte qui sait parfaitement à quoi s'en tenir note laconiquement : « M. Perregaux vint m'annoncer, le lendemain de l'entrée de l'ennemi, que Marmont avait passé du côté de Talleyrand avec douze mille hommes... ». Le 13, Napoléon abdique, sans conditions.

Manipulées par « le diable boiteux », l'armée et la bourgeoisie d'affaires, qui s'est laissée facilement convaincre, renversent le régime qu'elles avaient porté au pouvoir quinze ans plus tôt... De même que le 18 Brumaire avait été un élément décisif dans la montée en puissance des financiers et leur avait permis de prendre officiellement place dans la gestion des finances publiques, la période charnière que constituent la première Restauration et les Cent-Jours va être pour les banquiers – et particulièrement Jacques Laffitte, unanimement reconnu comme le premier d'entre eux sur la place de Paris – l'occasion d'accéder à une

---

ni dans les débats sur le budget, ni dans les orientations municipales. Le conseil se venge en 1814, anticipant sur la position du Sénat, par une proclamation, affichée dans les rues de Paris le 1er avril, informant les Parisiens qu'il renonce « à toute obéissance à Napoléon Bonaparte » et forme des vœux pour le rétablissement du gouvernement légitime.

fonction représentative qui leur permette, dans le cadre parlementaire, de peser sur les décisions gouvernementales. La grande bourgeoisie attachera dès lors le plus grand prix à cette notabilité qu'elle considérera comme une consécration.

DEUXIÈME PARTIE

ROI DES BANQUIERS ET BANQUIER DES ROIS

Chapitre 10

Laffitte banquier de la famille royale.
Banquier de l'État : l'emprunt de 1814.
Gouverneur de la Banque de France.
Banquier de Napoléon.
Les Cent-Jours. La Conspiration du Nord
Laffitte et Fouché.
Laffitte face à Napoléon.
Laffitte député du Commerce.

Dans ses *Mémoires*, Jacques Laffitte reste évasif sur l'enchaînement des faits qui font de lui, en 1814, un homme incontournable. À l'en croire, il n'y est pour rien, tout s'est déroulé en dehors de lui et l'on ne saurait, sans médire, le comparer à tel ou tel de ses contemporains. Se rallier, trahir ? Quels méchants mots, surtout sous la plume d'un aïeul dont les petits-enfants sont aussi ceux du maréchal Ney ! Non, il n'a fait qu'être porté par la volonté souveraine du roi et de l'empereur et puis, surtout, par une popularité dont il n'explique pas l'origine, mais dont il est extrêmement flatté :

> Lorsque le 8 mai [1815], je fus nommé député par le collège électoral de Paris que je ne savais pas assemblé [...] j'étais déjà l'homme le plus populaire de France et cette popularité à travers les événements n'a fait que s'accroître depuis.

De quoi s'agit-il ? On peut supposer qu'il fait allusion à son rôle dans le monde de l'industrie et du commerce, car pour lui comme pour beaucoup de ses contemporains, « la France », c'est Paris, d'où partent et où convergent les richesses. Aider financièrement les entrepreneurs parisiens revient donc à irriguer indirectement une bonne part de l'industrie nationale et, en contribuant à la prospérité des premiers, gagner une notoriété non négligeable auprès de la seconde. Cette notoriété aurait eu, en retour, un effet amplificateur certain sur les « généreuses » avances que Laffitte devra consentir à l'État en juillet 1815 et au printemps 1816, préparant ainsi son entrée en politique et sa position, presque accidentelle selon lui, à la tête du parti libéral.

> Les Bourbons avaient envie de faire de moi, je crois, le banquier de toute la famille. Ce qu'il y a de certain du moins, c'est que Louis XVIII me donna à

garder quatre millions, le duc d'Angoulême deux cent soixante-dix mille francs, et la duchesse sept cent mille francs.

Comment la transaction a-t-elle été préparée ? Quelles garanties le banquier a-t-il fournies ? Aucune explication : c'est une décision du prince et le sujet n'a qu'à l'accepter. Nous n'en saurons pas plus.

Par contre, pour décrire sa première entrevue avec celui qu'il contribuera, seize ans plus tard, à porter sur le trône, le bon bourgeois qu'est M. Laffitte trempe sa plume dans une toute autre encre. Le duc d'Orléans n'arrive à Paris qu'en mai. La visite qu'il lui rend est pour notre mémorialiste l'occasion d'un étonnant passage qui justifie le futur par le passé et la prééminence des sentiments personnels sur les intérêts politiques ou financiers :

> M. le duc d'Orléans arriva le dernier. Du premier mot, il me mit tout à fait à mon aise. Il me pria d'aller le voir à l'hôtel Grange-Batelière où il était descendu. À la manière dont il me reçut, vous vous seriez donné au diable pour y reconnaître un prince. Il me rappela tout à fait celui que j'avais vu en 1792 à la société des Jacobins, qu'il quitta, comme moi, après la fameuse journée du dix août, moi parce que je trouvais qu'ils allaient trop loin, lui pour aller servir dans les armées de la République. Il était porteur d'une lettre de crédit de quinze mille livres sterling tirée sur moi par mes amis, les fameux banquiers Thomas Coutts et Cie de Londres. Il me replaça tout de suite en 1789, et dès ce moment, je l'adorai. Quelle différence avec les autres !

Le plus ancien biographe de Laffitte, L. Laborde, dit que la transaction a été faite sur la base de la parité de change[1], ce dont il n'apporte pas la preuve. Mais il ressort clairement de cet extrait que Laffitte ouvre grand ses coffres au prince dont il partage les convictions de jeunesse et en l'avenir duquel il croit.

Le banquier de la famille royale est également celui de l'État. Il n'en dit rien dans ses *Mémoires*, une omission curieuse alors que les témoins de l'époque considèrent qu'il a, en la circonstance, joué un rôle déterminant.

Lorsque Talleyrand prend la tête du gouvernement provisoire, le 1er avril 1814, et quoiqu'il affirme le contraire dans ses *Mémoires*, il a besoin d'argent. Les armées victorieuses occupent Paris, le tsar loge chez lui, rue Saint-Florentin, les royalistes relèvent la tête et refusent d'obéir aux fonctionnaires, nommés par le régime impérial abhorré ; les conflits se multiplient, les autorités civiles sont débordées. L'armistice n'est pas encore signé, la situation menace de dégénérer.

---

1 L. Laborde, *Portraits politiques, Jacques Laffitte*, Bayonne, Impr. Nouvelle, 1887, p. 11.

Le baron Louis est alors « commissaire provisoire pour les Finances et le Trésor ». Cet ancien ecclésiastique avait connu Talleyrand en 1781, lorsque ce dernier était agent général du clergé. Tous deux avaient bénéficié des leçons d'économie financière d'Isaac Panchaud et étaient depuis lors restés proches. Sur ordre de Talleyrand, Louis fait saisir les bijoux de la Couronne, dix millions en or trouvés dans les caves des Tuileries, onze autres millions en numéraire. Mais cela ne suffit pas et il sollicite la banque parisienne en la personne de Jacques Laffitte. Dès le 3 avril, un emprunt de six millions est négocié avec le banquier et Jacques-Louis de Reiset, receveur général à Rouen[2].

Cet emprunt ne va pas seulement donner au gouvernement le temps de parer au plus pressé ; il va également offrir au baron Louis, bientôt confirmé dans ses fonctions, le moyen de mettre en œuvre sa politique d'assainissement des finances publiques. Le baron Sers le souligne : « Les finances reprirent vie à dater de ce moment. Le baron Louis les a fait rentrer depuis dans la voie où elles sont restées, celle du crédit et du respect scrupuleux à tenir les engagements contractés par le gouvernement ». Le dernier membre de phrase de ce commentaire renvoie, entre autres, à une loi votée le 23 septembre suivant, qui garantit aux créanciers de l'État tant le paiement des intérêts promis que le remboursement du capital à une date donnée. Elle permet de restaurer la confiance publique et sa violation, dont nous reparlerons, sera la cause de la dissolution de la Chambre « introuvable » fin 1816.

Laffitte, bien que toujours pas officiellement rallié aux Bourbons, est immédiatement récompensé de son soutien : « Louis XVIII me créa aussitôt gouverneur de la Banque de France [6 avril 1814] et ensuite, le 20 décembre 1814, membre de la Légion d'honneur ». On admirera au passage le « aussitôt » : sa nomination a lieu le jour même où Louis XVIII est proclamé roi des Français par le Sénat !

Laffitte avait été, sous l'Empire, de ceux qui demandaient la suppression du poste de gouverneur de la Banque de France, confié, de 1807 à 1814, au conseiller d'État Jaubert. S'il accepte, dès l'installation de Louis XVIII, de le remplacer à titre provisoire, c'est parce que la situation est critique et – n'exagérons pas son patriotisme – parce que les finances publiques le passionnent.

---

2 J.-A. Sers, *op. cit.*, p. 113. Selon Pasquier, alors préfet de la Seine et resté à Paris aux côtés de Talleyrand, le gouvernement provisoire aurait obtenu le double, mais Pasquier ne donne pas de noms (brouillon d'un billet à Maret, *Histoire de mon temps : Mémoires du chancelier Pasquier*, Paris, Plon, 1894-1896, II, p. 288, cité par E. de Waresquiel, *op. cit.*, pp. 451 et 704 n. 3). Dans son discours à la Chambre, le 12 mai 1819, Laffitte déclarera avoir prêté à l'État cinq millions en mai 1816, deux autres un mois plus tard et 700 000 francs en décembre.

Certaines voix s'élèvent contre sa nomination, comme celle de Le Couteulx de Canteleu qui réapparaît soudain pour défendre l'indépendance de l'établissement qu'il a créé et prépare un projet de loi dans ce sens. Laffitte et le baron Louis parviennent à le faire repousser jusqu'à la session de mai 1815. Autant dire qu'il ne sera pas voté.

Au sein même du Conseil de régence, d'autres (dont Benjamin Delessert, exaspéré par Laffitte, ce « parvenu » qui décidément monte trop vite) l'accusent d'utiliser à des fins privées le surcroît de prestige que lui apporte sa fonction. Celui-ci soumet donc son acceptation à trois conditions. D'abord, il refuse tout traitement (et perd ainsi, précise-t-il dans ses *Mémoires*, 100 000 francs par an pendant les sept que dure son mandat, ce qui est une contre-vérité[3]) ; ensuite il exige de conserver sa qualité de régent et, enfin demande de ne pas être astreint à habiter l'hôtel de La Vrillière. Il se donne ainsi une grande indépendance vis-à-vis des autres régents.

Le baron Louis, avec lequel Laffitte entretient d'excellents rapports – tandis qu'il était au plus mal avec son prédécesseur, Mollien, depuis l'affaire malheureuse de l'emprunt de Saxe – s'empresse d'accepter ces conditions. Dans un contexte financier délicat, il préfère un gouverneur issu de la société civile plutôt que du Conseil d'État, un interlocuteur unique à une commission de Régents et, tout comme Talleyrand qui n'est certainement pas étranger à la nomination de Laffitte, il apprécie de trouver face à lui un banquier qui ne se soit pas compromis avec le régime napoléonien. Car le ministre a besoin de l'appui de la Banque pour soutenir le crédit de l'État.

Or la situation monétaire de la Banque de France est préoccupante : il ne reste dans la caisse que 9 millions de francs en or alors que le total des billets en circulation en représente près de 16. L'établissement a, sur le Trésor, une créance qui est échue depuis quinze mois et dont le montant, principal et intérêts confondus, s'élève à 54 millions de francs. Le baron Louis tient à la rembourser mais est d'autant moins à même de le faire qu'une partie des obligations, souscrites par des Receveurs des départements « étrangers », ne peuvent être recouvrées puisque la France est réduite à ses frontières de 1792. Qu'arrivera-t-il si les porteurs continuent à se présenter ?

Les quelques millions demandés à Laffitte et à Reiset ne suffiront pas à les satisfaire. Le ministre projette un emprunt dont la moitié du

3 Le traitement du gouverneur de la Banque de France est de 61 000 francs/an et Laffitte n'exerce son mandat que pendant six ans, ce qui réduit son « sacrifice » de 700 000 à 366 000 francs. Il est, par ailleurs, intéressant de noter que le traitement du gouverneur équivalait à 10 % de la masse salariale de l'établissement et le fait que Laffitte y ait renoncé a pu jouer en sa faveur, notamment dans l'esprit de Martin Garat, son compatriote et qui était la véritable cheville ouvrière de la Banque.

montant serait affecté au remboursement de la dette du Trésor envers la Banque de France. En contrepartie, il demande au nouveau gouverneur de continuer à payer en or les billets à vue, afin de ne pas détruire le crédit de l'État, qui est lié à celui de la Banque.

Fort heureusement, l'installation du nouveau régime et le calme relatif dans lequel elle a lieu rassurent les bourgeois : la rente remonte de 45 à 66 francs, la Banque de France conserve son encaisse et les demandes de remboursement diminuent significativement. La catastrophe est évitée !

Le gouverneur « provisoire » peut alors reprendre les projets de réforme des statuts de la Banque qu'il réclame depuis qu'il est régent ; il s'agit, sommairement, de rendre au Conseil de régence un rôle de direction en réservant à l'État la surveillance de l'établissement, de réduire d'un tiers le capital devenu trop élevé par rapport à son objet et de supprimer les comptoirs de province. Les gouverneur, sous-gouverneurs et régents seraient nommés par l'Assemblée générale des actionnaires pour trois ans, rééligibles après un an d'intervalle et exerceraient leurs fonctions gratuitement. Les candidats aux fonctions de censeur seraient choisis par l'Assemblée et nommés par le roi[4].

Mais depuis quelques semaines, le baron Louis, pourtant si ouvert aux désirs du Conseil de la Banque, a fait volte-face et déclaré aux régents indignés qu'il s'opposait à leur indépendance et s'apprêtait à nommer un nouveau gouverneur[5]. Les propositions de Laffitte, devenues projet de loi, sont cependant discutées et amendées par les Pairs mais leur présentation à la Chambre des députés est ajournée. Le retour de Napoléon, qui rappelle Mollien, leur enlève toute chance d'aboutir.

Laffitte a franchi un pas de plus dans l'échelle sociale : il fait maintenant partie de l'aristocratie financière et en est même, par sa fortune comme par sa fonction, le premier représentant. Il déménage donc pour avoir une adresse conforme à sa position et jette son dévolu sur la rue du Mont-Blanc. Il semble emménager d'abord dans l'hôtel Perregaux (au n° 9), avant de s'établir, fin 1814, dans la maison voisine (n° 11), l'ancien hôtel de Pernon, qu'il loue au général Arrighi, duc de Padoue, oncle de Napoléon. La famille Laffitte habite le premier étage de cette

---

4 *Discours prononcés à l'assemblée générale des actionnaires de la Banque de France, le 15 novembre 1814, par M. Laffitte, ... au nom du Conseil général, et M. le chevalier Martin, fils d'André... au nom de MM. Les censeurs. Projet de statuts.* S.l.n.d.

5 Lettre de Jaucourt à Talleyrand, 30 septembre 1814. Archives du ministère des Affaires étrangères, *Mémoires et documents*, vol. 681, fol. 18-19. citée par A. Plessis et M. Bordogna, « Laffitte gouverneur de la Banque de France », Actes du colloque *Le banquier Jacques Laffitte, 1767-1844*, 13 octobre 2007. *Bulletin de la Société des Amis du Château de Maisons*, 3, 2008, pp. 48-49.

vaste demeure, dans des appartements décorés avec simplicité. Le rez-de-chaussée est à peine meublé[6], les bureaux de la banque en occupent une partie. C'est un agencement courant à l'époque et fort commode pour rencontrer discrètement certains clients.

Fidèle au rôle d'observateur qu'il se donne dans ses *Mémoires*, Laffitte se veut apolitique et reçoit qui désire le voir : l'argent n'a pas de couleur et peu importe la cocarde. Pour le prouver, il cite trois de ses visiteurs. D'abord, deux fidèles serviteurs de l'ex-empereur : Savary (ancien ministre de la Police) et Lavalette (ancien directeur général des Postes et responsable du bureau de censure, le fameux « cabinet noir »). Ils projettent une expédition à l'île d'Elbe et sollicitent à mots couverts le concours du financier pour affréter un vaisseau. Laffitte ouvre alors un compte au nom de l'Empereur et Lavalette y dépose 400 000 francs, provenants de fonds secrets qui lui ont été confiés un an plus tôt[7]. Jusqu'alors, Napoléon gérait sa fortune propre sans avoir recours aux services d'un banquier et la faisait fructifier assez simplement par des prêts personnels au Trésor. N'étant plus en mesure de le faire, il choisit un banquier parisien, sur sa réputation puisqu'il ne l'a jamais rencontré, sans s'arrêter au fait que Laffitte est également le banquier de la famille royale. Une situation extraordinaire sur laquelle notre homme a le bon goût de ne pas s'étendre.

Quelques jours plus tard, il reçoit la visite du comte Thibaudeau avec lequel il a un long entretien. Ce personnage complexe, ancien Montagnard et régicide, préfet des Bouches-du-Rhône sous l'Empire, « se retrempa de nouveau sous les Bourbons », comme dit Laffitte. Au cours de leur conversation, Thibaudeau évoque la possibilité de faire passer sa fortune en Belgique, puis, après quelques échanges, hélas non rapportés par le banquier, s'exclame qu'« on ne peut faire d'omelette sans casser d'œufs », d'où notre subtil Laffitte déduit qu'il a « d'autres projets que ceux concertés avec l'île d'Elbe ».

De quoi s'agit-il et pourquoi Laffitte choisit-il de mettre en scène ce personnage secondaire si ce n'est, comme il l'avait fait en évoquant le prince Kourakine, pour laisser à la postérité une trace discrète de ses contacts secrets ? Après avoir été chassé de Marseille en avril 1814, Thibaudeau s'est, en effet, rapproché de Joseph Fouché qui lui-même semble avoir conclu une alliance secrète avec Talleyrand dans le courant du mois d'août. Conscients de l'impopularité croissante des Bourbons, les deux hommes rêvent d'instaurer une régence de l'impératrice Marie-

[6] Ch. de Rémusat, *Mémoires de ma vie, 2, La Restauration ultra-royaliste, la Révolution de Juillet : 1820-1832*, Paris, Plon, 1959, p. 120.

[7] P. Branda, « Laffitte et Napoléon », colloque *Le banquier Jacques* Laffitte, *op. cit.*, p. 34. Sources non citées.

Louise, régence dont le Conseil serait présidé par Eugène de Beauharnais, Murat ou le duc d'Orléans, selon les circonstances, mais dans laquelle tous deux joueraient un rôle de premier ordre. Metternich ne serait pas hostile à ce plan.

Tandis que Talleyrand part pour Vienne, Fouché, qui joue au *gentleman farmer* dans son domaine de Ferrières quand il ne complote pas dans son hôtel de la rue d'Artois (l'actuelle rue Laffitte !), tisse sa toile. La visite de Thibaudeau à Laffitte pourrait s'inscrire dans ce contexte.

Le 1er mars 1815, Napoléon débarque à Golfe-Juan. Par la route des Alpes, il monte vers Paris. La première confrontation avec les troupes du roi venues l'arrêter a lieu un peu au sud de Grenoble : en quelques phrases, « l'Aigle » les rallie à lui et continue son vol. Le 10, il est à Lyon, le 15 à Autun, le 16 à Avallon, le 17 à Auxerre. C'est au tour de La Bédoyère puis de Ney de le rejoindre : rien ni personne ne peut arrêter Napoléon, quoique fassent ses adversaires, quoique inventent les politiciens de tout bord.

La « Conspiration du Nord » est l'une des manœuvres tortueuses qui sont alors imaginées. On sait aujourd'hui que ce complot, qualifié par Chateaubriand de « mi-impérial, mi-révolutionnaire », a été fomenté par Fouché dont l'arrivée de Napoléon bouleverse les plans[8]. L'ancien ministre a toujours plusieurs fers au feu. Il sait que le mécontentement gronde dans l'armée du Nord et que quatre généraux (Drouet d'Erlon, Daumesnil, Lefebvre-Desnouettes et Lallemand) sont prêts à marcher sur Paris. Leur soulèvement pourrait être le point de départ d'un mouvement d'insurrection populaire, qui amènerait la constitution d'un gouvernement d'union nationale, lequel, avec ou sans Napoléon, préluderait à la fameuse régence qui est la marotte de Fouché... Secrètement, sans révéler le débarquement de Napoléon, Fouché donne son feu vert aux quatre généraux.

Les 7-8 mars, Lefebvre-Desnouettes et Lallemand, respectivement cantonnés à Cambrai et à Laon, marchent sur La Fère, dans l'Aisne, avec l'intention de s'emparer du parc d'artillerie de cette garnison. Ils doivent ensuite faire leur liaison avec Drouet d'Erlon, venu de Lille à la tête de ses troupes, et se diriger vers Paris. Mais ils échouent à La Fère et le complot est dévoilé le lendemain. Reconnaissant de leur tentative[9], Napoléon élève les deux généraux à la pairie ; ils combattront à Waterloo à la tête des chasseurs à cheval de la Garde, à la suite de quoi Lefebvre-Desnouettes sera proscrit par Louis XVIII (ordonnance du 24 juillet 1815).

---

[8] Cf. Jean Tulard, *Joseph Fouché*, Paris, Fayard, 1998, pp. 306-320.

[9] Tous deux figureront sur son testament.

Fouché avait-il informé Jacques Laffitte du complot ? Rien ne permet de le dire. Par contre, ce dernier connaissait bien Lefebvre-Desnouettes pour une raison fort simple : son frère Jean-Baptiste avait épousé, vers 1801, la sœur du général ! Par ailleurs, ce dernier habitait, à deux pas de la rue du Mont-Blanc, dans l'hôtel de la rue de la Victoire où Bonaparte avait organisé le coup d'État du 18 Brumaire, hôtel qu'il lui avait offert lors de son mariage avec sa petite cousine, Stéphanie Rolier-Benielli. La générale recevait beaucoup et brillamment, les frères Laffitte faisaient sans doute partie de sa société. Ceci au moins expliquerait que le banquier ait été sollicité pour obtenir au proscrit un passeport qui lui permette de quitter la France. « Le général Lefebvre-Desnouettes était caché ; je le connaissais, il était exposé aux plus grands périls » se contente-t-il d'écrire, mais il se rend immédiatement chez l'ambassadeur de Russie, qu'il connaît personnellement car il est son banquier. Pozzo di Borgo le rassure : Lefebvre peut s'embarquer, La Bédoyère, Ney et Lavalette supporteront seuls « la vengeance » de Louis XVIII.

Les liens étroits de Laffitte et de Fouché nous sont incidemment confirmés par le banquier lui-même. Le 26 mars, six jours après l'arrivée de l'Empereur à Paris, un commis de la banque viennoise Arnsteiner & Eskeler se présente à lui pour lui remettre une lettre de crédit de cent cinquante mille francs payable sur la maison Baguenault. Cette visite intrigue Laffitte : non seulement les communications entre Vienne et Paris fonctionnent parfaitement, via la Suisse, mais par ailleurs, le porteur de la lettre s'annonce un dimanche, le matin de Pâques de surcroît, alors que les guichets de la banque sont fermés[10].

Interrogé, l'homme explique qu'il vient voir Laffitte sur instructions personnelles de Metternich... pour obtenir une entrevue avec Fouché ! Le banquier s'autorise donc à presser son visiteur et apprend que le duc d'Otrante a reçu, caché dans le boîtier d'une montre, un morceau de carte sur lequel était inscrit : « Tout excepté Bonaparte », entouré des signatures de Hardenberg, Nesselrode et Metternich. Puis le Viennois avoue que la lettre de crédit qu'il a en main contient une dépêche rédigée à l'encre sympathique, dans laquelle on demande à Fouché d'envoyer un agent à Bâle pour traiter à l'insu de l'Empereur !

Pas plus que quiconque, Laffitte n'ignore la duplicité de Fouché. Ce n'est pas pour autant qu'il participe à ses combinaisons, mais enfin ! On vient de lui offrir 150 000 francs pour mener le messager chez celui qui est redevenu ministre de la Police depuis cinq jours... Il se rend donc rue d'Artois, tout en pensant : « La paix sans Bonaparte et sans les Bour-

---

10 Sur toute cette affaire, voir A. Thiers, *Histoire du Consulat et de l'Empire*, Paris, Paulin, 1845-1862, XIX, pp. 488 sq.

bons, cela aurait bien pu s'arranger, mais il ne fallait pas s'adresser au duc d'Otrante » et faute de trouver « Son Excellence », lui laisse un mot relatant l'arrivée du Viennois et donnant son adresse. Il rentre ensuite tranquillement chez lui, sans imaginer que, quelques heures plus tard, l'Empereur sera informé de toute l'affaire... Sans imaginer non plus ce qui, indirectement, en résultera pour lui.

Alphonse Perregaux est alors chambellan de l'Empereur. Est-ce lui – comme l'écrit Jean Tulard en s'appuyant sur les *Mémoires* du chancelier Pasquier[11] – qui informe Napoléon de la visite qu'a reçue Laffitte rue du Mont-Blanc ? Est-ce plutôt le préfet de police, Réal, qui est secrètement chargé de surveiller Fouché ? Toujours est-il que le billet laissé par Laffitte est immédiatement intercepté et le Viennois, interrogé, jeté en prison[12].

Le lendemain matin, Laffitte préside paisiblement une audience au Tribunal de Commerce lorsqu'il reçoit un billet du grand maréchal Bertrand, l'invitant, à la demande de l'Empereur, à se rendre à 14 heures au palais de l'Élysée. Il y a foule dans la grande galerie et l'on se presse autour du roi Joseph qui vient d'entrer. Un bruit se répand : un message adressé à la maison Laffitte est arrivé la veille de Vienne ! Nul ne reconnaît le banquier mais sans doute blêmit-il, sachant ce que lui coûterait une accusation de conspiration avec l'ennemi.

Quelques instants plus tard, il est introduit. L'entrevue dure une demi-heure. Quoique succinctement rapportée dans les *Mémoires* de Laffitte, elle reste passionnante. En fin stratège, Napoléon prépare son attaque. Après avoir accueilli le premier banquier de France, dont il a ébranlé l'assurance en lui faisant comprendre à point nommé qu'il n'ignorait rien des faits de la veille, il arpente le salon.

C'est d'abord un assaut à fleuret moucheté :

– Vos grandes liaisons avec l'étranger, vos anciens rapports avec les différentes cours, vous tiennent au courant de l'opinion. Que vous écrit-on ? Croyez-vous que l'Europe fera la guerre ?
– Malheureusement, Sire, je n'en doute pas, toutes les puissances sont contre vous, l'Autriche la première.

Puis vient une attaque plus précise sur un autre sujet capital : la modification de la Constitution.

---

[11] J. Tulard, *op. cit.*, pp. 329-330. Les *Mémoires* de Pasquier sont très postérieurs à ceux de Laffitte, qui n'apparaît pas dans sa version des faits. Pasquier date la révélation de Perregaux de la fin avril, alors que, dès le 27 mars, l'arrivée du Viennois était connue du public et Laffitte convoqué à l'Élysée. Nous préférerons donc suivre sa version des faits. A. Thiers, *op. cit.*, dit que c'est Caulaincourt qui informa Napoléon.

[12] Dans les jours qui suivent, Napoléon envoie son secrétaire, Fleury de Chaboulon, mener des investigations à Bâle.

La présence des Bourbons, répond habilement le banquier en reprenant son souffle, a suffi à réveiller tous les sentiments de liberté ; vous la reléguez pour l'exercice de ce droit dans les antichambres des administrations et dans les cuisines des juges de paix. Bien des gens regardent cela comme une injure.

L'allusion au conflit qui a opposé les députés à Napoléon en décembre 1813 est on ne peut plus claire et celui-ci riposte :

[...] Cette misérable Chambre ? De quoi se compose-t-elle ? De conseillers, de juges, de maires, de procureurs impériaux ! Qu'est-ce que tout cela représente ? Ma volonté. Mais où est l'entraînement, l'influence sur les masses ? Il n'y en a point.

Puis, Laffitte ayant assuré l'Empereur de son dévouement « à la vie à la mort », celui-ci tente une feinte :

Vous, au contraire, vous entraînez vos correspondants. Combien en avez-vous ? Trois mille, quatre mille, cinq mille ? Quand vous paraîtrez à la tribune, tout ce monde y montera avec vous ; la confiance qu'ils ont en vous s'étendra aux affaires du pays : ce sont là des faits, non de vaines théories.

Laffitte pare le coup en faisant mine de ne pas comprendre qu'on lui offre un siège de député dans la nouvelle Chambre et continue à développer ses idées sur l'indépendance du Corps législatif. Il s'agit surtout de gagner du temps, d'éviter absolument le sujet pour lequel il pense avoir été convoqué.

Mais l'Empereur, qui a déjà décidé de faire enquêter personnellement sur les manigances de Fouché et leurs ramifications, change de sujet et s'intéresse maintenant aux millions que Louis XVIII a emportés dans sa fuite.

Vous aviez de l'argent au Roi ?
– J'avais, Sire, quatre millions.
– Quatre millions seulement ? Il est arrivé ici avec six, il en a donc mangé deux. Qu'avez-vous fait de ces quatre millions ?
– Je les lui ai rendus. Votre Majesté, j'espère, ne m'en fait pas un reproche.
– Pas du tout, c'était à lui.

En réalité, Napoléon sait parfaitement que les deux millions manquants, dont Louis XVIII avait demandé à Laffitte qu'il les lui fasse passer à Londres en contrepartie d'espèces sonnantes et trébuchantes remises à Paris, ont été confisqués sur son ordre au profit du Trésor dans les heures qui suivirent le départ du roi et avant d'avoir pu être déposées dans les coffres du banquier. Les deux lettres de crédit signées par Laffitte n'ont donc pas été honorées et les partisans de Louis XVIII se vengent en faisant courir le bruit que le banquier a détourné les millions.

L'entrevue s'achève sur cet échange et Laffitte, qui ignore tout de l'art de l'escrime, quitte le palais éberlué, mais convaincu que l'Empereur est « un excellent homme » ! Nous sommes loin du « secret sentiment de haine envers l'homme assez perfide pour avoir lui-même asservi son pays » qui l'aurait soi-disant assailli lors de la proclamation de l'Empire ![13]

Les députés libéraux rassemblés autour de Laîné qui est alors président de la Chambre des représentants, la presse, la bourgeoisie en général, veulent profiter du changement de régime pour obtenir une constitution plus libérale que la Charte promulguée par Louis XVIII l'année précédente[14]. De leur côté, les corps constitués font quotidiennement parvenir à l'Empereur des adresses qui réclament davantage de libertés dans tous les domaines. Pour contenir la poussée jacobine, Napoléon doit donc faire quelques concessions aux libéraux qu'il considérait précédemment comme ses adversaires. Habilement, et sans s'arrêter au fait que, le 19 mars encore, le publiciste le comparait à Attila[15], il demande à Benjamin Constant de préparer un projet de constitution.

Napoléon désire souligner qu'il ne s'agit pas d'une rupture mais d'une évolution qui s'inscrit dans la continuité de son règne. Le texte est donc simplement intitulé *Acte additionnel aux constitutions de l'Empire*. Il garantit les droits individuels des citoyens, l'inamovibilité des juges, la suppression des tribunaux d'exception, la liberté de culte et celle de la presse, censurée depuis 1805. L'hérédité de la pairie assure aux membres de la première Chambre une certaine indépendance vis-à-vis du pouvoir ; ceux de la seconde voient leur nombre augmenté (629) et l'âge d'éligibilité abaissé à vingt-cinq ans ; comme précédemment, ils sont élus pour cinq ans.

L'*Acte* est ratifié par le conseil d'État le 22 avril et immédiatement soumis, selon la tradition napoléonienne, à un plébiscite populaire. Mais, trop libéral pour les uns et pas assez pour les autres, il passe mal. La bourgeoisie, quant à elle, déplore qu'on ne donne à la Chambre des représentants aucune garantie quant à ses possibilités d'action législative et qu'on la maintienne sous la menace permanente d'une dissolution.

Sept millions de citoyens sont appelés à s'exprimer, sur registres ouverts ; deux millions à peine le font. Cette abstention écrasante est en elle-même un rejet : sans attendre le dépouillement du scrutin (il y aura

---

[13] Cf. Ch. Marchal, *op. cit.*, I, p. 103.

[14] Sur Napoléon et la Chambre, voir D. de Villepin, *Les Cent-Jours*, Paris, Perrin, 2001, pp. 278-321.

[15] *Journal des Débats*, 19 mars 1815. Pour tout ce qui suit, cf. E. de Waresquiel et B. Yvert, *Histoire de la Restauration, 1814-1830*, Paris, Perrin, 2002, pp. 116 sq.

plus de 25 % d'opposants), Napoléon décide d'organiser les élections législatives. En principe, elles n'auraient dû avoir lieu que lorsque la position de la France vis-à-vis de l'Europe serait réglée, mais l'échec du plébiscite populaire ne lui permet pas d'attendre : il faut que les Chambres réunies entérinent au plus vite la Constitution.

Les collèges électoraux sont convoqués pour les 8 et 22 mai. Une nouvelle fois, l'Empereur se heurte à un désaveu : dans les départements, près de 62 % des grands électeurs s'abstiennent ; à Paris même, ils ne sont que 113 sur 216. Ils ne tiennent guère compte des instructions venues d'en haut et la composition de la nouvelle Chambre confirme le basculement de l'opinion. Elle est de nuance libérale à 80 %, et l'on n'y dénombre qu'une quarantaine d'anciens conventionnels et seulement 80 députés bonapartistes ; les royalistes sont restés à l'écart.

L'élection de Jacques Laffitte s'inscrit dans un contexte particulier. Il n'entre en effet pas à la Chambre comme représentant du peuple, mais comme l'un des 23 députés représentants « l'industrie et la propriété commerciale et manufacturière » prévus par l'*Acte additionnel*[16]. C'est une première en France et elle justifie un mode de scrutin particulier : ces 23 hommes représentant treize grands arrondissements commerciaux créés pour l'occasion, sont en effet choisis sur des listes établies par les Chambres de commerce. Ces listes proposent soixante personnalités éligibles par arrondissement et cent vingt pour celui de Paris avec quatre sièges à pourvoir. Ce sont les collèges (censitaires) de départements (celui de la Seine ne couvrant que Paris *intra-muros*) qui procèdent à l'élection.

L'élection de Laffitte, ancien président de la Chambre de Commerce et membre du tribunal est donc parfaitement justifiée, mais ce qu'il en dit est ambigu. Il reconnaît en effet avoir été élu du fait du prince[17], mais se flatte en même temps de l'avoir été dès le premier tour, haut la main (par 83 voix sur 113), devant Benjamin Delessert, Jean-Conrad Hottinguer et Jean-Antoine Chaptal (président-fondateur de la société pour l'encouragement de l'industrie nationale et alors directeur général de l'agriculture et du commerce), comme s'il n'y avait pas eu de coup de pouce impérial[18]. Dans ce cas, on peut supposer qu'il aurait bénéficié des voix des gros manufacturiers parisiens concentrés autour du Marais et du quartier des Halles qui faisaient partie de sa clientèle, alors que Delessert et Chaptal auraient été desservis par le fait que leurs entre-

---

16 Article 33 et Annexe 2.

17 *Mémoires*, p. 70 : « *J'étais redevable à Napoléon de mon entrée à la Chambre. Je ne faisais même pas partie des électeurs, lorsque le 8 mai je fus nommé député par le collège électoral de Paris que je ne savais pas assemblé* ».

18 Cf. A.V. Arnault *et alii*, *Biographie nouvelle des contemporains...*, Paris, Librairie historique, 1821, IV, p. 311.

prises se trouvaient dans des villages périphériques (Passy, Grenelle, les Ternes), qui faisaient alors partie du département de Seine-et-Oise et étaient rattachés à l'arrondissement commercial de Troyes[19].

Quoiqu'il en soit, ce beau score montre bien que Laffitte est alors le premier des représentants de l'industrie et du commerce parisiens qui, avec lui, entrent par la grande porte dans l'arène parlementaire et politique. Il sera le seul d'entre eux à être réélu en 1816, après la dissolution de la « Chambre introuvable » ; Delessert ne le sera qu'en 1817. Quant aux douze représentants de la Seine qui ont siégé à la Chambre des Cent-Jours, aucun, à l'exception d'Antoine Roy le futur ministre des Finances, ne poursuivra de carrière parlementaire.

Les résultats du plébiscite sont proclamés le 1er juin lors d'une grande cérémonie au Champ-de-mai ; le public les accueille avec une froideur glaciale. Le 3, la Chambre des représentants manifeste clairement son hostilité à Napoléon à travers l'élection d'un bureau entièrement libéral et, dans l'adresse qu'elle lui fait parvenir quelques jours plus tard, elle réclame ouvertement la révision de l'*Acte additionnel.* La réforme constitutionnelle est un échec complet.

---

[19] Cf. J. Mavidal et E. Laurent, *Archives parlementaires de 1789 à 1860...*, Paris, P. Dupont, 1904-1908. 2e série, XIV, p. 385.

Chapitre 11

La Chambre après Waterloo.
Seconde entrevue avec Napoléon : Laffitte dépositaire de la fortune de l'Empereur.
Nouveaux prêts à l'État : Laffitte « sauveur de la France ».
Laffitte à la Commission consultative du budget : le plan de finances de 1817. Dissolution de la Chambre introuvable.

Cependant, Napoléon prépare la campagne de Belgique. Le rappel des hommes sous les drapeaux commencé mi-avril s'achève le 30 mai. Le 14 juin, l'ensemble des troupes est concentré à la frontière belge et le 15, l'Empereur passe la Sambre. La disproportion des forces (presque du simple au double), une série de malchances, de maladresses et de trahisons font échouer ses plans. Le 18 juin, il est battu à Waterloo ; le 22, il est contraint d'abdiquer.

Cette abdication met fin à l'existence légale de la Chambre des représentants. Elle n'aura duré que dix-neuf jours ! Dans les faits, les députés, qui espèrent conserver la maîtrise de la situation, restent en fonction jusqu'au 8 juillet. Suffisamment longtemps pour que Laffitte, confondant un peu ses différentes casquettes – banquier privé, gouverneur de la Banque de France et député –, abandonne son rôle passif et se croit appelé à un destin politique. En réalité, il n'est, comme ses collègues, qu'un pion dans le jeu de Fouché, qui le manipule à sa guise.

Le duc d'Otrante préside la commission de gouvernement provisoire qui est nommée le 23 par les Chambres. À ses côtés siègent le baron Louis avec le portefeuille des Finances, le maréchal Davout à la Guerre et le comte Bignon aux Affaires étrangères. Fouché est en position de capter à son profit le pouvoir de députés dont beaucoup sont nouveaux venus en politique, et dont le principal souci est de préparer une nouvelle constitution[1].

Il faut d'abord écarter les meneurs. Une première commission de cinq députés, conduite par La Fayette et Sébastiani, est envoyée à Haguenau négocier la paix avec Metternich et Nesselrode. Ceux-ci cherchent à gagner du temps, pour permettre aux troupes de Wellington et de Blücher d'atteindre Paris. Ils contestent donc à la fois la légitimité

[1] Cf. A. Thiers, *op. cit.*, t. XX, pp. 435 sq.

de la commission et le choix de ses chefs, deux généraux trop marqués l'un par la Révolution, l'autre par l'Empire.

Une seconde délégation est désignée, qui doit rencontrer Wellington à Estrées près de Compiègne les 29 et 30 juin. Jacques Laffitte en fait partie. Mais ce n'est qu'une manœuvre pour l'éloigner de Paris car Fouché a déjà négocié avec les puissances alliées le retour de Louis XVIII pour le 18 juillet[2]. Il le dit brutalement au banquier venu quérir ses instructions. « Il y avait consenti pour ne pas perdre trois de nos plus belles provinces. Il aurait pu ajouter que c'était aussi pour conserver sous les Bourbons sa place de ministre de la Police », écrit notre apprenti diplomate dépité.

Il est d'autant plus troublé qu'au même moment, Jacques Manuel, un jeune avocat aixois que Fouché a fait élire dans les Basses Alpes, obtient de la Chambre des représentants unanimes la reconnaissance de Napoléon II, avec pour seule réserve qu'elle aura la faculté, si nécessaire, de le déposer. Toujours le double ou triple jeu de Fouché...

Laffitte ne semble finalement pas s'être rendu à Estrées : s'il avait rencontré Wellington, il l'aurait certainement raconté dans ses *Mémoires*. D'ailleurs, dans l'évolution très rapide des événements de ces derniers jours de juin, la présence de l'un des plus grands banquiers d'Europe est plus utile à Paris. Les 29 et 30 juin, Wellington rend public le résultat de ses négociations avec Talleyrand et Fouché. Il exige, en préalable à la signature d'un armistice, la mise à l'écart définitive de Napoléon et le retour de Louis XVIII. Le duc d'Otrante l'a prévu et, dès le 25, Napoléon a été relégué à la Malmaison, première étape d'un exil sur lequel on s'interroge : ni trop près, comme l'était Elbe, ni trop loin, de façon à pouvoir le surveiller. On doit aussi y mettre des formes ; on ne peut traiter l'empereur déchu comme un vulgaire hors-la-loi : il conserve des partisans qui auraient tôt fait de le déclarer martyr.

Fouché dépêche donc son ministre Bignon chez le « duc de fer » pour demander un sauf-conduit qui permette légalement à Napoléon de quitter le territoire français et de gagner l'Amérique. Napoléon a demandé que deux frégates soient mises à sa disposition, mais il n'a guère d'illusion sur la réponse et échafaude un autre plan. C'est ainsi que Laffitte est invité par le grand maréchal Bertrand à se rendre dans l'ancienne résidence de l'impératrice Joséphine, le 26 ou le 27, à la nuit tombée.

« La pompe impériale, raconte-t-il, existait encore à l'extérieur ; tout, au dedans, annonçait la douleur, le trouble, l'abattement ». Introduit par Montholon, il est reçu dans la bibliothèque du château. Sans préambule,

---

[2] En fait le 8. Il s'agit peut-être d'une erreur de transcription dans les *Mémoires* de Laffitte.

le souverain déchu, « calme et tranquille, sans la moindre altération sur sa belle figure » l'interroge : « Pouvez-vous me procurer un vaisseau pour me sauver en Amérique ? » Laffitte est statufié. Entendre « celui chez qui tous les souverains faisaient naguère antichambre, le Maître du monde presque entier » lui demander un tel service, lui confier un tel secret ! Il reste un long moment, traversé d'un « froid mortel », avant de répondre : « Oui, Sire, je vous le procurerai, dût-il m'en coûter la vie ! »

L'Empereur ouvre son secrétaire et enchaîne :

> Tenez, voici huit cent mille francs, je vous enverrai cette nuit dans un fourgon trois millions en or. M. de Lavalette et le prince Eugène vous feront remettre douze cent mille francs ; je fais remettre de plus dans votre calèche mon médailler, c'est tout ce qui me reste. Vous me garderez cela.

Deuxième secret, d'autant plus lourd que l'Empereur refuse la reconnaissance que s'apprête à rédiger le banquier :

> Et si je suis arrêté en route ? Je puis vous compromettre... Vous n'avez jamais été chaud partisan de mon système de gouvernement ; mais je vous connais, vous êtes un galant[3] homme.

Conscient de l'émoi de son interlocuteur, il s'emploie pendant près de deux heures à l'apaiser :

> Il passa en revue le présent, le passé, l'avenir, me parla de tout, sans aucun retour sur lui-même, comme en parlera l'Histoire, impartialement, sans vanité comme sans fausse modestie... Je ne me lassais pas de l'entendre et de l'admirer. Juste dans ses critiques comme dans ses éloges, toujours la pensée profonde et l'expression claire, précise, souvent pittoresque, il me tenait sous le charme.

Le temps passant, Napoléon se prend à rêver de son retour aux affaires :

> Il me paraissait croire à ce qu'on lui avait fait dire, que l'Europe serait avant cinquante ans républicaine ou cosaque, ce que lui seul pouvait empêcher.

Laffitte lui aussi chevauche une chimère :

> Vous allez en Amérique, et voici ce qui m'est venu à l'esprit : si après avoir été empereur des Français, le plus puissant souverain de l'Europe, vous alliez devenir empereur du Mexique ?

Extravagante conversation, qui prend fin comme onze heures sonnent et Laffitte rentre à Paris, les yeux baignés de larmes.

---

[3] Honnête, dans le sens qu'avait cet adjectif au XVIIIe siècle. Napoléon Bonaparte et Jacques Laffitte n'ont que deux ans de différence d'âge et sont tous deux nés sous Louis XV.

Le lendemain, il revoit brièvement l'Empereur pour lui remettre une reconnaissance, remboursable à vue, de la maison Perregaux, Laffitte & Cie et une lettre de crédit également payable à vue sur des banquiers de Philadelphie, de façon que Napoléon puisse disposer de son dépôt soit à Paris, soit à l'étranger. Il n'attend pas d'avoir reçu la totalité des sommes annoncées et ces deux documents portent sur un montant de cinq millions[4]. Or Laffitte ne recevra pas ce que Lavalette (qui est arrêté dix jours plus tard) devait lui verser et il n'aura jamais l'occasion d'en informer le souverain déchu. Il n'est plus question que celui-ci s'embarque pour le Nouveau Monde : Wellington a refusé le sauf-conduit et, quelques dizaines d'heures plus tard, le 29 juin, Napoléon et sa petite suite partent pour Rochefort, première étape du voyage à Sainte-Hélène.

Dans les jours qui suivent, Laffitte grisé de son importance, totalement dépassé par les manœuvres de Fouché, va, une fois encore, faire sans le savoir le jeu du machiavélique politicien.

Le 1er juillet, après avoir appris le départ de Napoléon pour la côte atlantique, Wellington pose une troisième condition à la signature de l'armistice : le retrait au-delà de la Loire des « restes » de l'armée impériale, soit, tout de même, 150 000 hommes, 30 000 chevaux et 750 pièces d'artillerie. Le maréchal Davout, commandant en chef, accepte à condition que Louis XVIII soit officiellement rappelé par les Chambres. Une partie des généraux s'oppose à lui : pas plus que les Chambres, ils ne veulent des Bourbons et le font savoir aux députés. Les soldats cantonnés dans Paris manifestent publiquement leurs sentiments bonapartistes. Il est urgent de trouver une issue car les armées anglaises et prussiennes sont aux portes de la capitale qui ne saurait soutenir un siège. On peut craindre qu'après avoir été envahie, elle ne soit livrée au pillage.

Une fois de plus, Fouché négocie et le 2 juillet, veille de la capitulation de Paris, il demande aux généraux alliés un délai de trois jours pour débloquer la situation et convaincre les Chambres. C'est alors que Jacques Laffitte, qui outrepasse largement son rôle de représentant du commerce parisien, fait une proposition. Pourquoi ne pas proclamer roi le duc Louis-Philippe d'Orléans et faire replier les Chambres derrière la Loire avec l'armée ?

Cette idée, totalement anachronique dans le contexte du moment, n'est pas tout à fait nouvelle[5]. Elle a, vingt ans plus tôt, été agitée quelques temps dans les cercles anglophiles dont faisaient partie certains

---

4 Lettre de Laffitte au vice-président du Tribunal de la Seine, Chrétien de Noly, 22 février 1822, publiée par *le Constitutionnel*.

5 Cf. D. de Villepin, *op. cit.*, pp. 508-510.

banquiers parisiens. En février 1796, le journaliste Jacques Mallet du Pan, par ailleurs agent de Londres et genevois d'origine, écrivait ainsi

> [qu'] un prince étranger assez riche, assez habile, assez audacieux [pourrait amener] en France une révolution semblable à celle de 1688 en Angleterre » ; que « le duc d'Orléans, si l'on n'y prend garde, réunira la grande masse des gens qui ont été pour quelque chose dans la Révolution, ceux qui y ont fait fortune, toute la classe des 400 000 individus qui ont acheté, revendu, ou sont encore propriétaires des domaines nationaux[6].

Depuis mai 1814, ce prince si simple de manières, qui a servi dans les armées de la République, qui espère être « l'instrument utile » de l'Angleterre et le champion « d'un système constitutionnel de nature à garantir tous les droits », y compris ceux des acquéreurs de biens nationaux, est devenu le héros de Laffitte, la solution aux déchirements présents, une troisième voie lumineuse vers la prospérité et le libéralisme. Antoine Jay, le député de Bordeaux qui, avec Manuel, a poussé la Chambre à réclamer l'abdication de Napoléon, lui paraît l'homme idéal pour le soutenir.

Pauvre Laffitte ! Tout à ses rêves de monarchie constitutionnelle, il occulte le fait que Jay est entièrement dévoué à Fouché, dont il a été autrefois l'élève, plus récemment le précepteur de ses enfants et pour l'heure l'un de ses plus fidèles soutiens à la Chambre ! « L'acte de courage » proposé par notre banquier est platement rejeté. Il en est d'autant plus dépité que, dès le lendemain, Fouché qui n'a cure de ses chimères, parvient à lui extorquer l'avance d'une partie de la fortune que lui a confiée Napoléon…

L'épisode, que Laffitte exploite habilement pour s'auto-proclamer « sauveur de Paris », a été largement diffusé par ses soins puis dans toutes les notices qui lui ont été consacrées. Il fait partie de sa légende.

Fouché doit régler la solde des troupes avant de les envoyer de force vers le sud. À cette fin, il fait prendre un arrêté qui l'autorise à emprunter sans délai huit millions à la Banque de France et Mollien est chargé de les obtenir de Laffitte. Le gouverneur résiste : il manque de temps, dit-il, pour convoquer le Conseil de la Banque, il ne peut disposer librement des fonds des actionnaires, etc. Mais le ministre, qui a déjà affronté l'immobilisme de Laffitte lors de l'emprunt sur la Saxe, ne se laisse pas impressionner et, le 3 juillet, contraint le banquier à lui remettre deux millions de francs en or, pris sur les réserves de sa propre banque. Une somme énorme ! Un geste généreux… qui assurera à Laffitte un surcroît de popularité considérable.

---

6 Relevé par G. Antonetti, *Louis-Philippe*, Paris, Fayard, 1994, p. 280 et pp. 427-430.

Bien que Laffitte ait, dans ses *Mémoires*, inversé l'ordre des événements, la chronologie est formelle : il y a tout lieu de croire que l'or que Laffitte sort de ses coffres provient du dépôt dont l'Empereur lui a secrètement confié la garde quelques jours plus tôt ! Laffitte ne peut se dérober puisque Fouché en connaît l'existence, les trois millions de Napoléon ayant été légalement prélevés sur la liste civile impériale et transportés chez le banquier avec son accord !

L'affaire en serait restée là si des rumeurs n'avaient commencé à circuler dans la capitale et quelques mois plus tard, le 14 mars 1816, le marquis de Blosseville, député ultra de l'Eure et membre de la Commission consultative du budget entreprend de confondre Laffitte. Mal lui en prend, car sa dénonciation, fondée sur des faits et des dates inexacts, aura un résultat inverse du but recherché ! Ne pouvant apporter la preuve de l'origine des fonds avancés par le banquier, Blosseville l'attaque par la bande et l'accuse calomnieusement d'avoir, conjointement avec Ouvrard, détourné « des propriétés particulières (3,6 millions en rente 5 %) qui reposaient sur la foi publique et qu'ils savaient ne pas appartenir à leur cédant ». Et, qui plus est, de les avoir revendues avec un profit considérable.

Dans une lettre au président de la Chambre, Laffitte réfute vigoureusement l'accusation et y joint le contrat qu'il a signé avec Mollien, le compte des opérations qu'il a effectuées et la lettre du ministre Corvetto (successeur de Mollien) qui lui en donne quittance, tous documents qui sont immédiatement publiés[7].

Effectivement, le banquier a reçu, le 4 juillet 1815, pour 200 000 francs de rente en nantissement des deux millions qu'il a versés. Mais la rente étant alors cotée la moitié de sa valeur (elle se négocie à 50 francs[8]), Laffitte est autorisé à vendre les titres quand il le jugera opportun ; il est convenu que l'éventuelle plus-value réalisée reviendra à l'État mais que, en cas de nouvelle baisse du cours, l'opération restera blanche pour lui. Il percevra, par ailleurs, un intérêt de 6 % sur son avance.

Entre le 29 septembre et le 2 octobre, il a cédé les titres au cours moyen de 59,67 francs et, le 6, a versé au Trésor le gain réalisé, défalqué de son intérêt. Autrement dit, non content d'avoir « sauvé Paris » dans un moment critique, il a fait gagner 353 248 francs à l'État, soit l'équivalent de près de trois annuités d'intérêt ! Une opération d'autant plus habile, ajouterons-nous – ce que Laffitte se garde de faire, craignant

---

7 *Réponse de M. J. Laffitte à M. de Blosseville [16 mars 1816]*, (Paris), Bossange et Masson, s.d.

8 Les 200 000 francs de rente sont l'équivalent d'un montant nominal de deux millions de francs, soit l'équivalent de l'avance faite par Laffitte au Trésor.

peut-être de se voir reprocher ce que l'on appellerait aujourd'hui un « délit d'initié » – que, quelques semaines plus tard, les conditions très dures imposées par les alliés dans le traité de Paris feront retomber le cours de la rente aux alentours de 52 francs.

Revenons aux premiers jours de juillet 1815. La publicité que Laffitte donne à son geste a une conséquence immédiate. Dès le 6 juillet, le feld-maréchal Blücher qui fait camper ses troupes autour de l'Hôtel de Ville où il s'est installé, exige le paiement immédiat de 300 000 francs pour les éloigner. Chabrol, le préfet de la Seine dont les caisses sont vides, réunit les deux cents plus gros banquiers et négociants de la capitale et leur en demande l'avance. Personne ne bouge. Et voilà Laffitte, pris au piège de son personnage, obligé de prêter à lui seul la somme... qu'il puise sans doute à la même source ! Mais – nous commençons à le connaître – il retourne la situation à son avantage.

On n'emprunte qu'aux riches ! Jacques Laffitte le sait. Il prétendra ultérieurement avoir été, deux ou trois jours plus tard, « *pris en otage* » par Blücher et menacé d'emprisonnement si la municipalité parisienne ne versait pas, dans la journée, une contribution de guerre de trente millions. C'est, ajoute-t-il, à la suite d'une démarche de son frère, que le tsar fit rapporter la mesure ! « le général Wolkonsky m'écrivit une lettre de la part de l'empereur Alexandre qui me garantissait pour l'avenir contre de semblables avanies. Il fit placer quatre grenadiers russes à ma porte pour que sa volonté fût respectée ». Nul n'est plus là pour le prouver, mais il semble que tout ceci soit largement exagéré et tende surtout à mettre en avant la faveur dont aurait joui Laffitte dans l'entourage du tsar : la tentative d'intimidation prussienne, doublée de la menace de faire sauter le pont d'Iéna et autres gracieusetés, porta sur le pauvre Chabrol, assiégé dans l'Hôtel de Ville.

Il est vrai qu'Alexandre obtint (le 10 juillet) la réduction de la contribution à dix millions, en contrepartie de la restitution des œuvres d'art exposées au Louvre, « volées par les Français en Italie, en Allemagne et dans les Pays-Bas »[9] Mais Laffitte ne semble avoir eu aucune part à ces tractations et nul, hormis son épouse, ne semble s'être ému de la présence de grenadiers rue de la Chaussée d'Antin (les Prussiens exigent au même moment que les rues parisiennes débaptisées à la Révolution retrouvent leur nom ancien).

Talleyrand est rentré à Paris dans les derniers jours de juin. Il est parvenu à neutraliser l'opposition haineuse du comte d'Artois à son égard et, grâce à Wellington, à imposer à Louis XVIII sa nomination à la tête du gouvernement. De son côté, Fouché réussit à convaincre Wellington qu'il est le seul à pouvoir assurer le rétablissement des

---

9 Cf. E. de Waresquiel et B. Yvert, *op. cit.*, p. 148.

Bourbons. Un dîner réunit les trois hommes le 6 juillet… Talleyrand, d'abord très réticent, est ébranlé et finit par offrir le ministère de la Police à l'ancien régicide. Le soir même, il le présente au roi. On sait la relation qu'en a laissée Chateaubriand : « Tout à coup une porte s'ouvre : entre silencieusement le vice appuyé sur le bras du crime, M. de Talleyrand soutenu par M. Fouché ; la vision infernale passe lentement devant moi, pénètre dans le cabinet du roi et disparaît ».

Le 8, la Chambre des représentants est dissoute et le roi reprend possession des Tuileries. Dès le 15 septembre, il écarte définitivement Fouché qui mourra proscrit à Trieste. C'en est fini de ses machinations florentines et Jacques Laffitte retourne à la vie civile.

Les quinze mois qui suivent assoient sa réputation de spécialiste des finances publiques. La Chambre qui sort des urnes début octobre 1816 est en majorité royaliste ; dans la circonscription de la Seine, aucun des députés sortants, sauf Roy, n'est réélu. La France exsangue, occupée, est déchirée par les conflits qui opposent ultras-royalistes et bonapartistes. Dans les régions à forte minorité protestante, ces conflits se superposent aux vieilles rivalités confessionnelles : à Nîmes notamment, la « Terreur blanche » dégénère en massacres que Louis XVIII disculpe mollement : la communauté réformée, qui redoute « l'alliance du Trône et de l'Autel », bascule dans l'opposition.

Les grands banquiers protestants (Delessert, Hottinguer, Mallet, André), qui se retrouvent dans le cadre du Consistoire de Paris et forment le noyau de ce que l'on appellera plus tard la Haute Banque, restent à l'écart du pouvoir. Au printemps 1816, ils ont refusé, comme d'ailleurs Baguenault et Perier, de prêter au Trésor les dix millions que leur demande le ministre Corvetto, remplaçant du baron Louis aux Finances après que le duc de Richelieu ait succédé à Talleyrand à la tête du gouvernement. Le marasme économique et la crise frumentaire, dus aux dégâts commis par les troupes d'occupation et à de mauvaises conditions météorologiques, les inquiètent autant que la situation politique.

Laffitte profite de leur frilosité pour occuper le terrain et tire gloire de prêter seul, sans commission et seulement à 5 %, la somme demandée[10]. Il prend ainsi une longueur d'avance sur ses confrères, mais entre lui et eux un fossé se creuse. Ceux qu'il commence aimablement à qualifier de « loups-cerviers » ne lui pardonnent pas d'entrer, le 10 mai, par ordonnance royale, dans la Commission consultative du budget.

[10] En fait 7,7 millions, en trois fois, selon les comptes qu'il présente à la Chambre le 12 mai 1819.

Cette commission, dont la composition est assez éclectique[11], a pour mission de trouver le moyen de payer l'indemnité réclamée par les « étrangers », à savoir 240 millions pendant cinq ans (1816 à 1820) et cent millions pendant deux ans supplémentaires. À ces sommes colossales s'ajoute un arriéré de créances, payable en 1820, et dont le montant est estimé entre 200 et 500 millions. Les membres de la commission hésitent entre deux solutions : la création d'un emprunt forcé ou la levée de nouveaux impôts, dont ils admettent que le poids serait insupportable à la population. La Chambre, qui suit le ministère, envisage implicitement de mettre l'État en situation de banqueroute et a voté, le 28 avril, une loi qui annule celle de septembre 1814, réduit les intérêts promis aux créanciers de l'État et repousse *sine die* le remboursement de leur capital. Une décision qui traduit le peu d'expérience de la chose publique des membres de la Chambre « introuvable », qui s'aliènent la confiance des prêteurs potentiels.

Laffitte propose un plan en trois points dont le premier et, à ses yeux, le principal, porte sur la restauration de la confiance publique. Il poursuit là la politique initiée par le baron Louis en 1814, politique qu'il résume en reprenant à son compte le célèbre adage : « Qui paie ses dettes s'enrichit ».

Pour ce faire, il préconise de transformer l'arriéré de créances évoqué ci-dessus en billets au porteur, dont l'intérêt, à 5 % comme la Rente, serait payable semestriellement pendant cinq ans. Au-delà, c'est-à-dire à partir de 1822, et jusqu'à 1826, le capital lui-même serait remboursé, à raison de 1/5e chaque année non pas en espèces, mais en rentes consolidées.

La seconde mesure que propose le financier viendrait conforter la première et préparer la troisième. Il s'agit de créer un fonds d'amortissement qui serait alimenté au fur et à mesure par la vente d'une partie des forêts domaniales dans des proportions qui garantissent à la fois l'intérêt de la dette et celui d'un futur emprunt. Celui-ci, et c'est le troisième point du plan, est calculé sur la base du budget estimatif de 1817 d'où ressort un excédent de recettes de 110 millions. Le montant de l'emprunt serait donc de 200 millions par an pendant cinq ans.

La Commission consultative du budget et le duc de Richelieu approuvent le projet de Laffitte[12]. Ce qui est plus important, c'est que les

---

[11] En font partie les ducs de Lévis et de Gaëte, les comtes Garnier et de La Bouillerie, le baron de Portal, Duvergier de Hauranne, Morgan de Belloy, Bertin de Vaux (journalistes), Ollivier et Ternaux (négociants). Tous sont royalistes même si certains ont exercé de prestigieuses fonctions sous l'Empire.

[12] Il l'a fait imprimer sous le titre : *Opinion d'un membre de la Commission consultative du budget.*

ambassadeurs étrangers, qui se réunissent deux fois par semaine pour conférer de la situation intérieure française et en donnent compte rendu à leurs cours, l'approuvent eux aussi : la libération du territoire, qui dépend du paiement de la dette de guerre, se profile.

Comparé à la complexité des finances d'aujourd'hui, le plan de Laffitte paraît d'une extrême simplicité. Mais à son époque, il est perçu par beaucoup comme chimérique, notamment parce que la notion d'amortissement est à peu près ignorée[13]. Les banquiers, les régents de la Banque de France, Delessert en tête, considèrent qu'un emprunt volontaire de 200 millions est « une véritable folie ». La Chambre introuvable, largement composée d'aristocrates provinciaux peu au fait des questions financières, se cramponne à son projet de banqueroute déguisée : une telle solution n'avait-elle pas permis d'assainir les finances en 1797 ? Elle redoute la montée en puissance de la bourgeoisie, ne se soucie guère de la confiance populaire et veut surtout s'imposer face au duc de Richelieu qui la dédaigne. Elle rejette le plan de Laffitte.

Le conflit entre le ministère et la Chambre est inévitable : pour protéger Richelieu, le roi se résigne à la dissolution. Laffitte qui en a fait une affaire personnelle, triomphe :

> la France ne s'en doute vraisemblablement pas, mais c'est pourtant à moi, à moi tout seul, qu'elle doit ses bonnes finances et l'ordonnance du 5 septembre qui nous délivra des Introuvables.

[13] Cf. A. Daumard, *Les bourgeois de Paris au XIX*^e^ *siècle*, Paris, Flammarion, 1970, p. 253.

CHAPITRE 12

Second mandat de député (1816). Le règlement de l'indemnité de guerre : les deux premiers emprunts avec Baring et Hope (1817). Adoption du plan de finances de Laffitte. Troisième mandat de député : Laffitte à la tête du parti libéral (1817). Discours en faveur de la liberté de la presse. Nouvelle tentative pour l'indépendance de la Banque de France. L'emprunt de 1818 et la libération du territoire. Attaques contre Laffitte, ressentiment des banquiers à son égard.

De nouvelles élections ont lieu fin septembre et Jacques Laffitte retrouve un siège à la Chambre en tant que député de la Seine. Le budget de 1817 n'est toujours pas voté et le plan de finances qu'il a proposé reste à discuter.

Mais l'urgence est ailleurs : il faut immédiatement lever un emprunt pour régler la première échéance de l'indemnité de guerre. Le duc de Richelieu est pressé car il veut limiter à sa plus courte durée l'occupation du territoire (trois à cinq ans) prévue par le traité de paix signé le 20 novembre 1815, mais la banque parisienne reste plus que réticente, malgré les sollicitations pressantes de Corvetto, le ministre des Finances.

Jacques Laffitte affirme que c'est sur ses conseils que celui-ci décide alors de faire appel à de grandes maisons étrangères. On est tenté de le croire car on imagine mal la Haute Banque parisienne proposer une telle solution. Cette « première » étonne l'Europe par son audace car les banquiers choisis pour conduire l'opération – Alexandre Baring à Londres et Hope représenté par Pierre-César Labouchère (lui-même beau-frère de Baring) à Amsterdam et Hambourg – vont donner à l'opération une ampleur internationale et placer l'emprunt aussi bien dans leur propre pays qu'en Allemagne et en Autriche : c'est ainsi toute l'Europe septentrionale qui est intéressée au rétablissement de la France.

L'opération est difficile à monter : initiée en mars 1816, elle n'aboutit qu'en janvier suivant. Laffitte invoque une histoire confuse de courrier mal adressé qui l'aurait entravée et aurait justifié l'intervention d'Ouvrard[1]. Celui-ci réapparaît, tel qu'il était dix ans plus tôt. Il a fait un

[1] Pour les détails, cf. *Mémoires de la comtesse de Boigne*, Paris, Mercure de France, 1999, I, pp. 611 sq.

long séjour en prison (de 1810 à 1813) pour avoir comploté avec Fouché à l'insu de Napoléon, mais est rentré en grâce lors de la première Restauration et a obtenu l'annulation de ses dettes envers le Trésor. Son charme, son don de persuasion réussissent mieux que jamais : il enlève alors, avec son associé Vanlerberghe, un contrat de fourniture de grains de près de cent millions de francs, puis, pendant les Cent-Jours, celui de l'approvisionnement de l'armée pour la campagne de Belgique et réussit le tour de force de rester néanmoins bien en cour après Waterloo. Au mieux avec le duc de Richelieu, au neveu duquel il mariera sa fille en 1821, il défend inlassablement ses vieux projets, dont Hope et Baring sont les protagonistes. Il semble avoir le talent de faire surgir les millions à volonté, comme par magie. Tout le contraire de Laffitte qui, furieux, se retire officiellement du projet d'emprunt... mais entre néanmoins dans le syndicat qui se monte pour en effectuer le placement[2].

On y trouve les maisons Baring et Hope, chacune pour un tiers et quatre banquiers parisiens (Greffulhe, Hottinguer, Baguenault et lui-même) qui se partagent le troisième. L'opération est un succès et dès le 11 février, le duc de Richelieu peut annoncer aux Chambres une diminution de 30 000 hommes des troupes d'occupation.

Dans le même temps, et en partie grâce au discours qu'il a prononcé la veille devant les Représentants[3], Laffitte affirme que les 2/3 de l'emprunt (soit 62 millions) sont couverts par sa seule clientèle. Qu'il gonfle ou non le chiffre, il semble qu'il ait alors pris de vitesse ses partenaires et, lorsqu'il demande l'autorisation de pouvoir placer vingt millions de plus, ces derniers s'étranglent : on ne saurait le laisser croquer seul les 9/10es du gâteau ! D'autant moins que chacun d'eux a confié une partie du placement à des banques sous-traitantes qui n'entendent pas renoncer à leur part de profit. Le refus doit avoir été particulièrement sec, puisque Laffitte écrit alors qu'il s'est senti « presque évincé » !

Le succès de son discours du 10 février vient opportunément calmer sa vanité blessée. Son intervention à la tribune – la première de sa carrière – a provoqué une émotion considérable : « Qui ne connaît pas le discours que je prononçai ? Manuel, lui-même, lorsqu'il fut exclu de la Chambre, ne produisit pas une aussi grande sensation ». Une phrase en particulier fait mouche, celle où il évoque les Anglais,

---

2 La comtesse de Boigne, fille du marquis d'Osmond alors ambassadeur de France à Londres, raconte les détails de l'affaire dans ses *Mémoires*, *op. cit.*, I, pp. 611 sq.

3 Tous les discours de Laffitte devant les Chambres sont consignés dans les *Archives parlementaires*..., *op. cit.*, XIV et suiv. Un certain nombre d'entre eux ont fait l'objet de publications indépendantes, soit par ordre du président de la Chambre (généralement lorsqu'il s'agit de questions financières), soit à l'initiative de Laffitte. On en trouvera la liste dans notre bibliographie, à la rubrique *Écrits de Jacques Laffitte*.

> redevables en grande partie de leur liberté comme de leur puissance au système de crédit sur lequel leurs finances reposent depuis la révolution qui déféra la couronne à Guillaume III en garantie de l'indépendance et de la liberté de l'Angleterre[4].

Les ultras jettent les hauts cris, insinuant que l'objectif inavoué du banquier est de porter le duc d'Orléans sur le trône pour mieux assurer le succès du crédit.

Force lui est d'avouer qu'il n'avait pas imaginé une telle interprétation et pour calmer les inquiétudes de Richelieu et de Corvetto, il fait imprimer son discours, précédé d'une préface dans laquelle il réaffirme son indépendance face au gouvernement. Douze mille exemplaires sont distribués : Laffitte y gagne une audience nationale.

Mais la bataille du crédit n'est pas gagnée, le plan de finances proposé par Laffitte n'est toujours pas adopté par la Chambre ; le Palais s'alarme, le ministère craint que le projet ne soit rejeté une nouvelle fois. À la séance du 3 mars, Laffitte est poussé à la tribune et improvise brillamment. En cinq phrases et quelques développements, il retourne la salle :

> D'après le système des emprunts, les contribuables auront à payer 70 millions pendant sept années… D'après le système des impôts, ils payeront 330 millions dans une seule année. Faut-il arracher 330 millions à l'agriculture et à l'industrie pendant une seule année ? Est-il préférable de ne leur demander que 70 millions pendant sept années ? Voilà la question réduite à ses termes les plus simples.

Les députés conquis demandent à voter immédiatement et le plan de Laffitte passe à l'unanimité moins sept ou huit voix. C'est un triomphe qui fait du banquier un véritable homme politique. Une nouvelle étape est franchie !

Le 22 juillet, un second traité relatif au paiement de l'indemnité de guerre est signé entre l'État et les banquiers. Il sera définitivement ratifié le 12 août. Baring et Hope souscrivent pour 40 % des 9 millions concernés, cinq banques françaises (les mêmes que précédemment augmentées de Delessert) se partagent le reste[5]. Le public a retrouvé confiance : le cours de la rente passe en un an de 52 à 64,50 francs.

En application de la nouvelle loi électorale votée le 5 février 1817, 1/5e des sièges sont soumis à renouvellement en septembre. La bataille

---

4 Le compte-rendu officiel des débats de la Chambre dit simplement : « depuis la révolution de 1688 ». Cf. J. Mavidal et É. Laurent, *op. cit.*

5 Cf. J.-M. Vallin, « Le siècle d'or de la rente perpétuelle française », in G. Gallais-Hamondo, *Le marché financier au XIXe siècle*, Paris, Sorbonne, 2007, II, pp. 152 sq. avec des proportions légèrement différentes de celles que donne Laffitte dans ses *Mémoires* et que nous citons ici.

que se livrent alors royalistes et libéraux amène ces derniers, jusqu'alors peu nombreux et dispersés, à se constituer en parti. Leurs objectifs leur permettent de rallier certains bonapartistes : ils réclament essentiellement la restauration des libertés individuelles, suspendues par la Chambre introuvable un an plus tôt, la suppression des cours prévôtales et l'abrogation de la loi sur les cris et écrits séditieux, autrement dit la disparition de la censure. Durant l'été, Benjamin Constant prend publiquement la défense de la liberté de la presse ; à l'automne, il élargit le débat à l'ensemble des lois d'exception précitées. Autour de lui se constitue un comité qui doit choisir les candidats du parti libéral pour toute la France. Laffitte en est l'un des ténors, avec Chauvelin (membre du conseil d'État et intendant de la Catalogne sous l'Empire), le diplomate Bignon, Dupont de l'Eure et le duc de Broglie, tout juste devenu le gendre de Mme de Staël.

À Paris, La Fayette et Manuel sont battus. Laffitte passe brillamment au premier tour et Delessert au second. Un troisième banquier, Casimir Perier, est élu après ballotage. Né en 1777, fils de Claude Perier, le grand industriel et l'auteur des statuts de la Banque de France, il a fondé, avec son frère Scipion, sa propre maison qui est très active dans le domaine de l'escompte. Homme de belle prestance, fier de ses origines et conscient de la puissance que lui donne sa fortune, il est d'une éloquence incisive et se montre volontiers agressif. Il s'est violemment opposé, dans deux brochures remarquées, aux emprunts, trop onéreux à ses yeux, qu'a contractés le gouvernement, mais, sur le plan politique, il est plutôt favorable à la Charte. De dix ans le cadet de Laffitte, il ne se présente pas encore comme son rival mais représente assez bien la génération montante de cette bourgeoisie libérale modérée qui rêve d'une monarchie à l'anglaise et entend jouer un rôle dans les affaires publiques.

Les élections de 1817 sont un succès pour les libéraux. Ils ont acquis douze sièges et comptent désormais une vingtaine de députés à la Chambre. En novembre, lors de la discussion du projet de loi de censure sur la presse qui vise à limiter le nombre de quotidiens libéraux qui fleurissent alors, ils font entendre leur voix. Le 17 décembre, Laffitte y va d'un long discours de dix-neuf pages[6], dont les premiers mots sont reproduits au bas d'une gravure qui le représente : « Citoyens, vous considérez la liberté de la presse comme un de vos droits les plus chers. Députés, vous la considérez comme une des plus sûres garanties de l'État ». Pour asseoir son image de *leader* de l'opposition, il développe ensuite l'idée que la liberté de la presse relève, comme le soutien du

[6] Comme de nombreux discours prononcés pour ou contre la loi, celui de Laffitte a été publié. Cf. Bibliographie, *Écrits de Jacques Laffitte*.

crédit public et le nouveau mode de scrutin, de la confiance que le ministère doit accorder aux citoyens et conclut, de façon lapidaire : « Que l'on ne fasse plus entendre sous un gouvernement représentatif le langage du pouvoir absolu ».

Gouverneur de la Banque de France, il a toujours à cœur l'autonomie de l'établissement. Brouillé avec le baron Louis depuis le différend qui les a opposés en 1814, il profite de la nomination de Corvetto pour relancer son projet de modification de la loi de 1806. Il l'avait déjà repris en 1816, mais la dissolution de la Chambre introuvable en avait empêché la présentation aux députés, répétant ainsi l'échec de 1814. Corvetto se veut rassurant et laisse entendre que le projet est soumis à l'approbation du Conseil des ministres[7] ; mais il y est amendé au point de perdre toute substance et sa présentation aux Chambres est différée *sine die*. C'est un nouvel échec, qui ne semble pas vraiment affecter les régents.

L'année 1818 est fondamentale dans l'histoire de la Restauration puisqu'elle va s'achever sur le départ total et définitif des troupes d'occupation et sur la fin de l'ingérence étrangère dans la politique intérieure. Mais pour parvenir à ce magnifique succès, le duc de Richelieu doit, encore et toujours, trouver de l'argent.

La banque française ne semble pas encore à même de couvrir seule le reste des trois cents millions requis. Il faut à nouveau faire appel à Baring. Laffitte, à la fois comme membre de la Commission du budget et comme *leader* de la finance parisienne, entend diriger seul les opérations avec le banquier anglais, sans consulter le ministère ; son objectif est que la répartition de ce troisième emprunt se fasse par cinquièmes entre les associés : Baring, Hope, Laffitte, Delessert et un nouveau venu installé à Paris seulement depuis peu, James de Rothschild.

Mais, dès qu'il en est informé, Richelieu s'oppose à l'accord oral qui a été conclu entre les cinq maisons de banque. Deux raisons l'y poussent : la première est que, pour atteindre son objectif, il doit encore donner des gages aux représentants des quatre puissances et que ces derniers se méfient de la banque parisienne, trop libérale à leurs yeux. La seconde raison est que ni lui ni Corvetto ne veulent accroître la dépendance financière de l'État vis-à-vis de celui qui est considéré comme le chef de l'opposition parlementaire. L'accord est donc revu : avec l'assentiment de Baring et de Labouchère (représentant de Hope) qui se seraient laissés faire une douce violence par le ministère, Laffitte et Delessert n'auront chacun que 1/12e, Rothschild le quart d'1/12e ; le reste ira aux banques anglo-hollandaises, pour leur plus grand profit.

---

7 Procès-verbal du Conseil général de la Banque de France, 12 février 1818.

L'emprunt est couvert neuf fois, la rente remonte à 80 francs, c'est l'euphorie. Laffitte, est d'autant plus dépité qu'il n'en a obtenu qu'une portion congrue et ne dissimule pas sa mauvaise humeur. Dans ses *Mémoires*, il décrit les spéculations boursières et le brutal réajustement qui suivent comme une grave crise financière. Elle est en réalité assez brève mais lui fournit l'occasion d'exprimer son acrimonie et de peaufiner son image devant la Chambre en se présentant, une fois de plus, comme l'unique défenseur de l'État et la victime des « loups-cerviers »[8]. Entre la Haute Banque et lui, les hostilités sont publiquement ouvertes.

Dans le même temps, au congrès d'Aix-la-Chapelle, le duc de Richelieu fait merveille : il obtient à la fois l'évacuation du territoire et une réduction de 500 millions du montant de la dette. Mais ce succès diplomatique qui permet à la France de reprendre rang parmi les grandes puissances a des répercussions sur la politique intérieure. La disparition de la contrainte que les représentants permanents de la sainte Alliance faisaient peser sur elle profite aux libéraux qui remportent un franc succès aux élections d'octobre 1818. Ils ont alors un peu plus de 40 sièges à la Chambre où entrent notamment La Fayette, Manuel et Benjamin Constant. Sans être encore véritablement un parti, les libéraux constituent une minorité de blocage dont l'existence contribue à redessiner le paysage politique.

Durant cette période, les divergences qui séparent Richelieu et Decazes, son principal ministre, chargé de la police, s'accentuent insensiblement. Au premier qui veut protéger les ultras et maintenir intactes les prérogatives royales, le second, pourtant favori de Louis XVIII, oppose une politique appuyée sur le centre gauche et tendant à la libéralisation du régime. Durant le mois de décembre, les rivalités s'exacerbent, les alliances se défont à peine conclues, les tentatives de formation d'un nouveau ministère échouent les unes après les autres. La crise éclate le 21 décembre lorsque Richelieu et quatre ministres remettent leur démission. Le roi la refuse et renvoie Decazes, pensant ainsi crever l'abcès. Mais dès le 26, Richelieu ayant échoué à constituer un nouveau gouvernement, le favori redevient maître du jeu. Sous la présidence du général Dessolle, il constitue un ministère dans lequel il s'attribue le portefeuille de l'Intérieur et donne celui des Finances au baron Louis qui succède au comte Roy, lequel a brièvement (du 8 au 29 décembre) remplacé Corvetto, malade et démissionnaire.

Roy, qui vient d'être élu député pour la quatrième fois, est nommé ministre d'État et membre du Conseil privé. Chargé du rapport sur les arriérés des années 1815-1817, il attaque violemment (février 1819) la

---

8 Cf. son intervention du 14 mai 1819 avec communication de ses lettres à Baring et au ministre des Finances.

gestion du baron Louis et ses relations avec la Banque de France. Laffitte, appuyé par l'ancien ministre avec lequel il se réconcilie alors, en expose le détail devant la Chambre et apporte la preuve que Corvetto les a ultérieurement approuvées[9]. Roy accuse ensuite le gouverneur de la Banque d'avoir provoqué la récente crise de la Bourse en facilitant les opérations d'escompte des commerçants, ce qui s'avère être absurde. Furieux, il lance alors une nouvelle attaque : Laffitte aurait fourni 27 millions à un négociant hollandais nommé Beerenbrock sans vérifier la qualité de son papier « créé par lui de concert avec plusieurs maisons de banque de Paris ». L'accusation est grave car Beerenbrock fait partie du réseau Ouvrard, mais Laffitte n'a aucune peine à en démontrer la gratuité[10].

Est-ce une antipathie personnelle qui pousse le comte Roy à s'acharner sur Laffitte ? On l'ignore, mais il est clair pour tous les députés que si l'ancien ministre des Finances retrouve son portefeuille le gouverneur de la Banque de France ne pourra se maintenir.

Pour Jacques Laffitte, l'année se termine donc sur un bilan contrasté : un incontestable succès politique et une popularité à son zénith d'un côté mais, de l'autre, la défaveur du roi dont la jolie formule « La Maison des Bourbons est en guerre avec la Maison Laffitte » occulte aux yeux du banquier l'agacement méprisant qu'il suscite, et surtout une animosité, un ressentiment à son égard que la Haute Banque ne cache plus.

> Ceux parmi les banquiers qu'on appelle les loups-cerviers [...] avaient pour me haïr des raisons plus personnelles. Je n'étais pas du bois dont on les fait. Et puis vous savez que l'aristocratie de l'argent est la plus méprisante. Ils m'avaient connu petit commis, j'avais grandi, leurs maisons allaient disparaître devant la mienne ; je passais pour le père du Commerce secondaire ; ma bonne réputation m'avait fait nommer gouverneur de la Banque de France de préférence à tous les gros bonnets de leur ordre. Il n'en fallait pas davantage pour me faire détester, d'autant plus que j'étais assez fort pour les obliger à ronger leur frein en silence.
>
> Le grand retentissement de mon premier discours à la Chambre, qui fit de moi le fondateur du crédit public, mit le comble à cette animosité. Ils résolurent de s'en venger : l'occasion s'en présenta en 1830. Mais je fis bonne contenance jusque-là, c'est la plus belle partie de mon histoire ».

---

[9] Chambre des députés. Discours du 12 mai 1819.

[10] René Beerenbroek était employé par Vanlerberghe, l'associé d'Ouvrard. Isaac Thuret, un banquier hollandais établi à Paris depuis 1809 et chargé d'achat de blés à l'étranger pour le compte du gouvernement français durant l'hiver 1815-1816, fit officiellement appel à lui pour cette opération. Cf. note précédente.

CHAPITRE 13

Création de la banque Jacques Laffitte & Cie (1817).
Position du banquier dans la société parisienne.
Acquisitions du château de Maisons et de l'ancien hôtel de Laborde.

Ce que Jacques Laffitte considère comme « la plus belle partie de [son] histoire », ce sont les années 1819-1830, durant lesquelles il atteint effectivement le sommet de sa carrière de banquier. Mais lorsqu'il entreprend la rédaction de ses *Mémoires*, il en repousse l'évocation, au profit de celle des événements ultérieurs : la révolution de 1830, sa propre apothéose politique, sa faillite et son redressement, dont il veut laisser une version très détaillée à sa descendance. La mort ne lui laissera pas le temps de rédiger les chapitres intermédiaires[1]. Les mémorialistes de son temps ayant peu parlé de lui, ce n'est qu'à travers des sources indirectes et éparses que nous évoquerons ces années qui sont celles de son apogée, dans une approche qui, tout en respectant la chronologie, sera plus thématique que les pages qui précèdent.

À la fin de l'année 1817, la société que Jacques Laffitte a formée avec les enfants de Perregaux arrive à expiration. Le banquier a alors cinquante ans et, avec plus de 200 000 francs de rente, il peut songer à se retirer. Mais l'excellence de sa santé, son goût des affaires et le revenu substantiel qu'elles lui procurent – un demi-million net par an – le poussent à continuer. Une nouvelle société, dont le capital est porté de deux à six millions de francs fournis en parts égales par Jacques Laffitte et Alphonse Perregaux, est constituée le 6 décembre, pour cinq ans. La nouvelle raison sociale, « Jacques Laffitte & Cie », comble la vanité du banquier tout en reflétant sa place au sein de la maison : celle de chef et de gérant principal avec 50 centimes du franc social. Le comte Perregaux est commanditaire pour 30 centimes ; Pierre Laffitte, établi banquier 79 rue Saint-Lazare et Jean Charles Clarmont, qui est dans la maison depuis plus de quarante ans, sont associés et cogérants pour chacun 10 centimes, mais n'apportent que leur industrie et seront affranchis en cas de pertes.

L'apport de la duchesse de Raguse n'apparaît pas officiellement dans l'acte de société, dissimulé qu'il est dans celui de son frère. En effet,

[1] Ses *Mémoires* reprennent en juillet 1830.

lassée des infidélités du duc, inquiète de le voir engloutir à perte des sommes colossales dans l'installation, sur la propriété de sa famille à Châtillon-sur-Seine, d'un ensemble industriel comprenant raffinerie, tuilerie, brasserie, forges et d'une bergerie à trois étages qui abrite 2 000 moutons, vêtus de redingotes de laine supposées les protéger des maladies[2], Hortense souhaiterait divorcer. Mais le divorce ayant été abrogé en 1816, elle doit se contenter d'une convention privée avec le maréchal. Selon les termes de ce « traité d'honneur », elle conserve le château de Viry, l'hôtel de la rue de Paradis, les maisons de rapport parisiennes et deux manoirs en Suisse qui lui viennent de son père. Par contre, la commandite de la banque reste dans la communauté conjugale. La duchesse, comme Jacques Laffitte, a donc intérêt à l'occulter car on peut craindre les créanciers de Marmont dont les revenus personnels, pourtant considérables, fondent comme neige au soleil.

Même si ce tour de passe-passe est moralement justifiable, il viendra un jour porter inopinément atteinte à la réputation du banquier. Nous y reviendrons.

Pour l'heure, il jouit de sa notoriété et en prend la mesure quotidiennement dans son salon. Ses soirées, dites « ordinaires », relèvent d'un nouveau mode de sociabilité qui se développe à partir de 1816 et que l'on pourrait qualifier de « transversal » puisqu'il permet de s'affranchir partiellement de la rigidité des codes mondains. Les députés prennent en effet l'habitude de se retrouver le soir, selon leurs affinités politiques, pour coordonner leurs interventions à la Chambre. Différentes des commissions parlementaires, très techniques, ces « réunions » se situent à mi-chemin entre le groupe de travail et la réunion mondaine.

Elles prennent le nom du député chez lequel elles ont lieu et l'on en compte une douzaine dans Paris. Chez le comte Roy se retrouvent les partisans du duc de Richelieu, chez Voyer d'Argenson les bonapartistes, chez Piet les ultras. Chateaubriand est un assidu de la « réunion Piet » mais, pair de France, il a conscience d'y fréquenter une société mêlée : il laissera, dans les *Mémoires d'outre-tombe*, une description en demi-teinte de ces soirées et se défendra d'y avoir appris quoique ce soit, sans aller cependant jusqu'à oser dénoncer la pusillanimité reconnue de son hôte. La « réunion Ternaux », un industriel qui a fait fortune dans le textile, est plus gaie : la jeunesse danse tandis que les députés libéraux du centre gauche discutent. Ils sont là une cinquantaine, soit la moitié du groupe parlementaire dont le reste (les indépendants) se retrouve chez Laffitte.

La « réunion Laffitte » semble avoir été la plus attrayante. Point de femmes, mise à part l'épouse du banquier, « grosse femme de charge

[2] *Mémoires de la comtesse de Boigne*, *op. cit.*, II, pp. 161 sq.

qui ne savait que dire », mais on y voit régulièrement ses frères, et quantité d'avocats (dont Manuel, qui devient un de ses intimes), de journalistes (ainsi Jay, qui avait fondé *Le Constitutionnel* pendant les Cent-Jours et relance alors *Le Mercure*, future *Minerve*), de célébrités dont le général Sébastiani, le marquis de Grammont, beau-frère de La Fayette, Benjamin Constant et diverses personnalités telles le baron Louis, Benjamin Delessert, etc. La conversation est vive « sans être ouvertement révolutionnaire » et séduit la jeunesse.

Le jeune Charles de Rémusat qui tient par sa mère (née Vergennes) à l'ancienne noblesse de cour mais doit, par suite de la ruine de ses parents, se faire une situation, reste très attaché aux salons aristocratiques tout en étant séduit par celui de Jacques Laffitte. Il a laissé un joli portrait du banquier.

> Laffitte était causeur ; il s'écoutait un peu parler et parlait avec une lenteur élégante, sa figure agréable et fine, ses gestes simples, sa diction facile, son accent léger et distingué donnaient à sa conversation une valeur plus apparente que réelle. Cependant il était aimable, et sa vanité, qui au fond était énorme et qui le perdit, se cachait sous un extérieur de bon goût. On pouvait s'y tromper, car il avait de la bonhomie, de l'affabilité, de la facilité, un air de confiance qui plaisait[3].

L'influence politique et la fortune du banquier lui permettent donc d'accéder à une certaine forme de mondanité, mais pas d'entrer pleinement dans ce que l'on appelle « le monde »[4].

« Le monde », ce sont en fait environ deux mille personnes, divisées en trois groupes nommés selon les quartiers où résident majoritairement leurs membres. Le premier de ces quartiers est le faubourg Saint-Germain, dit aussi « le noble faubourg » ou tout simplement « le Faubourg ». C'est celui des courtisans, des pairs et, *grosso modo*, de ceux que l'on surnomme « les ultras ». On rêve d'y ressusciter les habitudes de l'Ancien Régime autour d'un cercle restreint de femmes cultivées qui tiennent salon, pratiquent l'art de la conversation et évitent autant que faire se peut de frayer avec la noblesse d'Empire et les nouvelles fortunes.

De l'autre côté de la Seine, c'est le Faubourg Saint-Honoré, une société également en majeure partie aristocratique mais de tendance plus libérale. On y trouve de nombreux députés, ainsi que des diplomates et une part non négligeable de la société impériale. Les Rémusat en font partie, Mme de la Briche, la belle-mère de Molé, y a un salon très couru, le comte Roy y vit.

---

[3] Ch. de Rémusat, *op. cit.*, p. 83.

[4] Sur tout ce qui suit, voir A.M. Martin-Fugier, *La vie élégante et la formation du Tout-Paris, 1815-1848*, Paris, Fayard, 1990.

Le troisième quartier est celui de la Chaussée d'Antin, un quadrilatère bordé par les rues de l'Arcade à l'ouest et du faubourg Montmartre à l'est, le boulevard des Italiens et la rue Saint-Lazare. La plupart des grands financiers et industriels y demeurent : Laffitte, Perier, Delessert, Hottinguer, Davillier, Ternaux, Aguado, Rothschild, etc. C'est aussi un quartier habité par quelques femmes très fortunées, la marquise d'Osmond, belle-sœur Mme de Boigne, le comtesse de Lariboisière et la marquise de Talhouet, toutes deux filles du comte Roy, et par des acteurs et des artistes célèbres (Talma, Melle Mars, Horace Vernet, Paul Delaroche, Ary Scheffer). Quartier d'élection de la haute bourgeoisie, la Chaussée d'Antin attire une société plus vivante et plus mêlée que les deux autres. Mais les clivages culturels y sont particulièrement rigoureux : les femmes dénuées d'instruction, les hommes sans culture en sont subtilement mais impitoyablement tenus à la frange.

Jacques Laffitte ne peut espérer reproduire chez lui le modèle aristocratique du salon qui y a cours, avec jours de réception, dîners placés, concerts et autres divertissements. Il donne, chaque dimanche, de petits bals pour distraire sa fille et pendant la « saison », en janvier-février, de grandes réceptions brillantes et solennelles[5]. On y voit beaucoup d'étrangers, notamment ceux qui gravitent autour de l'ambassade d'Angleterre, des célébrités comme le chansonnier Béranger, d'anciens hauts dignitaires de l'Empire, des financiers et, plus généralement, tous ceux que sa puissance et sa fortune attirent[6] ; mais Laffitte sait bien qu'« aller chez les banquiers » ce n'est pas « aller dans le monde »[7]. Il lui faut donc imaginer d'autres moyens de le faire venir à lui et de s'y faire admettre. L'un – l'achat du château de Maisons – est bien connu. Le second – l'activité de Laffitte comme collectionneur et « mécène » – ne l'est pas et fera l'objet d'un chapitre particulier.

Dès le début de la Restauration, la bourgeoisie parisienne commence à diversifier ses placements[8] et à afficher sa réussite à travers l'acquisition de propriétés de campagne, un phénomène de mode dont Jacques Laffitte se saisit immédiatement. Mais il ne s'agit pas d'acheter une de ces charmantes demeures du XVIIIe siècle dont il existe quantité aux abords de l'Oise ou de la Marne. La résidence d'été de Laffitte doit être prestigieuse, comme pour compenser le fait qu'il n'est pas issu d'une lignée reconnue et il la veut somptueuse afin qu'elle devienne, comme Méréville pour Laborde, le reflet de sa réussite. Bref, il lui faut un château historique. Avec une ostentation à la mesure de sa vanité, il

---

5 Ch. de Rémusat, *op. cit.*, p. 120.

6 *Notes journalières du général Foy, 1820-1825*. Compiègne, s.d. (1925).

7 Balzac, *Splendeur et misère des courtisanes*.

8 Cf. A. Daumard, *op. cit.*, pp. 268-271.

va, d'emblée, dépasser tous les banquiers et industriels de sa génération. Seuls Sommier par l'achat de Vaux-le-Vicomte en 1875 et Cahen d'Anvers par celui de Champs-sur-Marne vingt ans plus tard, parviendront à l'égaler.

Le 13 novembre 1818, Jacques Laffitte signe l'acte d'achat du domaine de Maisons : 476 hectares comprenant un château, un parc, un moulin, l'île de la Couvée, des bois et des prés. Située au nord-ouest de Paris, la propriété, qui sera ultérieurement agrandie, s'étend le long d'une boucle de la Seine qui enserre la forêt de Saint-Germain. Le terrain est sablonneux, ce qui explique la superficie importante du domaine : au XVIIe siècle, toute « terre » se doit d'être auto-suffisante, d'autant plus vaste que son rendement est plus faible.

Le château a, en effet, été construit par Mansart entre 1643 et 1651, pour René de Longueil, Président à mortier du Parlement de Paris et surintendant des Finances en 1650, et l'on s'enorgueillit d'une machine hydraulique antérieure à celle de Marly, qui permet d'arroser les jardins à la française. En 1732, le domaine de Maisons passe par héritage à la famille de Soyécourt qui ne s'y intéresse guère et cherche à le revendre. La marquise de Pompadour puis la comtesse du Barry essaient, sans succès, de se le faire offrir par Louis XV et, en 1777, le domaine est acquis par le comte d'Artois, alors âgé de vingt ans.

En 1797, le château, vidé de son mobilier et des tableaux qu'il contenait est vendu comme bien national à un certain Lanchère (fort bien nommé puisqu'il l'emporte sur les autres adjudicateurs en soumissionnant pour la totalité du domaine qui était proposé par lots !) qui le céde, en 1804, au maréchal Lannes, duc de Montebello, pour 450 000 francs. Ce dernier fait compléter les décors, laissés inachevés par Bélanger (l'architecte de Bagatelle) lorsque le comte d'Artois s'est désintéressé de Maisons, puis aménager le parc. Après la mort du maréchal, décédé en 1809 de la suite de blessures reçues à la bataille d'Essling, sa veuve éprouve quelques difficultés à entretenir le château, et décide, au bout de quelques années, de s'en défaire.

Ses cinq enfants étant encore mineurs, il lui faut attendre la majorité du quatrième de ses fils pour que puisse être signé l'acte définitif (1824), et celle de sa fille (1826) pour toucher le produit de la vente (1 050 000 francs), augmenté des intérêts à 5 %. Ce sont donc 1 267 775 francs que débourse Jacques Laffitte, qui a reçu la jouissance de la propriété dès 1818. Notons en passant que la transaction reste très bénéficiaire pour la maréchale et que le délai de paiement dont profite le banquier (quoique, dans le cas précis, induit par l'âge des enfants de Lannes) est monnaie courante à une époque où le crédit immobilier n'existe pas.

Le château a été édifié sur une colline dont le sommet est couronné par le petit village de Maisons et dont le flanc descend jusqu'à la Seine. Conformément à la tradition française, la cour d'honneur s'ouvre sur le village et il faut traverser le château pour découvrir les jardins. Il n'y a pas, à cet endroit, de pont sur la Seine et, en venant de Paris, on doit faire le détour par Saint-Germain. On raconte que Napoléon, toujours pressé, déplore le fait, un jour qu'il vient rendre visite au maréchal Lannes. Un des premiers soins de Jacques Laffitte, qui va faire de Maisons le lieu de brillantes réceptions, est donc de construire un pont, exactement dans l'axe de la façade sur jardin du bâtiment[9]. La route qui le prolonge pendant environ cinq kilomètres permet aux visiteurs éblouis d'apercevoir le château dès Houilles. Après avoir franchi le pont, il faut contourner le parc et traverser le village pour accéder à une grande cour flanquée de magnifiques écuries puis pénétrer dans la cour d'honneur. À un député ultra qui s'exclame en la découvrant : « C'est la demeure d'un grand seigneur ! », le propriétaire des lieux qui n'attendait que cela répond : « Non, c'est la demeure d'un grand citoyen ! ». L'anecdote, que Laffitte lui-même répète complaisamment, fait le tour de Paris…

Lors de la cession, la maréchale Lannes a vendu le bétail du domaine (notamment les moutons mérinos que son époux avait fait venir d'Espagne) et emporté le mobilier du château. Seuls subsistent les décors. Ceux qu'avait conçus Bélanger pour le salon de jeux et la salle à manger du comte d'Artois (transformés respectivement en salle à manger et salon de billard), au rez-de-chaussée, sont conservés par Laffitte ; ils servent de cadre à un riche mobilier d'acajou et de bois doré qui est connu par l'inventaire après-décès du banquier mais a aujourd'hui disparu. À côté du salon de billard, Laffitte s'est fait aménager une chambre assez sobre qu'il semble avoir affectionnée, bien qu'il en ait une autre au premier étage, à côté de celles de sa femme et de sa fille. À gauche du hall d'entrée, on trouve une grande bibliothèque dont les nombreux volumes, inventoriés en 1844, sont conservés dans de grandes armoires d'acajou aux portes vitrées.

Le premier étage abrite, outre les appartements privés du ménage Lannes qui sont devenus ceux de la famille Laffitte, la « chambre du roi » et un merveilleux petit « cabinet aux miroirs » contemporain de la construction du château, une spectaculaire galerie « à l'italienne » au plafond voûté, également d'origine, dans laquelle le banquier reçoit somptueusement. Il en a partiellement transformé le décor en rempla-

---

9 L'ingénieur, A.-R. Polonceau utilise la technique originale d'arcs en fonte creux qu'il reprendra dix ans plus tard pour le pont du Carrousel à Paris. Cf. F. de La Roncière, « Jacques Laffitte en son domaine de Maisons de 1818 à 1844 », colloque *Le banquier Jacques Laffitte…*, *op. cit.*, pp. 143-170.

çant les hauts miroirs qui alternaient avec les fenêtres par des toiles peintes italianisantes. Deux sont dues au pinceau de Jean-Victor Bertin, un paysagiste fort apprécié de la bourgeoisie de la Restauration, qui illustre la transition entre le classicisme historique et le romantisme. Deux autres ont été réalisées par Jean-Joseph Bidault, qui, dans l'esprit du XVIIIe siècle, anime ses paysages de nombreux petits personnages et rencontre un grand succès. Le choix de ces peintres trouve un écho dans la collection parisienne de Jacques Laffitte, qui contient deux peintures de Bertin et trois de Joseph Vernet, celui-là même qui avait poussé Bidault à faire le voyage d'Italie.

Louis XIV a séjourné à Maisons avec la cour lors de l'inauguration du château en 1651 et à nouveau en 1671 lors du décès du duc d'Anjou ; Louis XV y a accompagné ses favorites en 1747 et en 1770 ; le comte d'Artois, futur Charles X (dont Laffitte précipitera la chute !), en a été le propriétaire pendant vingt ans. C'est donc véritablement une demeure « royale » que s'offre Jacques Laffitte et il fait d'énormes frais (pour plus d'un million) afin de l'embellir encore : vers 1824, une rivière artificielle vient agrémenter le jardin. Malheureusement, Bélanger, qui avait dessiné pour Laborde le merveilleux parc de Méréville, est mort et les transformations effectuées pour Laffitte n'en ont pas la subtilité. Maisons fait très nouveau riche ! Néanmoins, Charles X manifeste le désir de racheter la propriété dont Laffitte (qui n'a pas encore achevé de la payer) demande maintenant cinq millions ! L'affaire en reste là.

À la belle saison, Maisons est le théâtre de grandes réceptions. Le général Foy y est invité de temps à autres ; un soir, il loge même dans la grande chambre de parade, celle peut-être où Voltaire, qui fit de longs séjours à Maisons, composa *La Henriade*. Foy, tout ému, énumère les invités de Laffitte : quantité de députés, beaucoup d'anglais dont le duc et la duchesse de Strafford, lord Holland, lord Russel. Il cite aussi Talleyrand et son protégé le duc de Dalberg, le baron Louis et le général Sébastiani qui sont des habitués ; des hommes politiques tels Molé ou Lameth, Manuel qui, à partir de 1825, vit à Maisons ; puis des banquiers, des personnalités à la mode comme Saint-Simon, des relations diverses, dont Alphonse Perregaux.

La société du Faubourg Saint-Germain boude Maisons ; par contre, les deux autres « quartiers », la Chaussée d'Antin et le Faubourg Saint-Honoré s'y retrouvent, y paradent, y concoctent des alliances : la fille du maître des lieux et le fils du maréchal Soult sont promis l'un à l'autre…

La jeune fille « est peu élevée, mais ne manque pas d'esprit », écrit le général Foy. Son père est extrêmement fier d'elle et la compare à Mme de Staël, ce qui fait grincer le vieux militaire : « dans une seule phrase il trouvait le moyen de se mettre à côté de M. Necker et sa fille qui est presque un enfant, à côté de la femme la plus remarquable peut-être des temps anciens et modernes »[10]. Elle est avant tout l'une des plus riches héritières de France et chacun le sait, lorsqu'elle apparaît pour la première fois dans le monde, en janvier 1821, alors qu'elle n'a pas encore dix-huit ans...

Le maréchal Soult a été banni en 1816 mais autorisé à rentrer en France en 1819. Au cours de ses campagnes, en Espagne et en Allemagne, il a amassé une énorme fortune et veut maintenant jouer un rôle politique. Il a deux enfants à marier, ce dont se charge son épouse, une énergique bourgeoise prussienne. Pour Hortense, elle rêve du fils du richissime comte de Sommariva, dont nous reparlerons plus loin. Pour Napoléon, elle veut Albine Laffitte. Le général Foy écrit :

> 14 janvier 1821. Bal chez M. Laffitte... Il y avait beaucoup de monde, surtout des étrangers. La maréchale Soult m'a demandé en arrivant : « Où est Mademoiselle Laffitte ? » Je parie que le maréchal pense à ce mariage pour son fils et qu'à cette pensée se lient des vues politiques.

Trois mois plus tard, les jeunes gens sont fiancés et, fort épris l'un de l'autre, flirtent lors des *parties* de Maisons, sous l'œil attendri de l'assistance. Le mariage projeté sera rompu, probablement à cause de la grave maladie qui affectera Albine dix-huit mois plus tard, peut-être aussi à cause des exigences, « exorbitantes » dit Rémusat, du maréchal. Il s'inscrit cependant dans une série d'alliances entre l'ancienne noblesse de mouvance libérale ou la haute société impériale et l'aristocratie de la finance parisienne : le général-comte de Castellane avec Cordélia Greffulhe, Nathalie de La Fayette avec Adolphe Perier, Charles de Rémusat avec Fanny Perier, la fille de Sébastiani avec le marquis de Praslin, etc. Laffitte a atteint son objectif !

Le château de Maisons incarne dans la pierre le rêve d'un parvenu qui est devenu, en dix ans, le premier banquier de France et s'est plus ou moins fait admettre par la haute bourgeoisie. Mais il reste un homme sans racine et n'a pas pris pied dans cette vieille bourgeoisie parisienne qui s'enorgueillit, quel que soit son niveau de fortune, d'être propriétaire dans le quartier qu'elle habite, où elle a vécu, travaillé et prospéré depuis plusieurs générations. Les circonstances vont donner à Jacques Laffitte l'opportunité de devenir un « vrai parisien », en même temps que l'occasion de tenir la promesse hautement symbolique faite à sa mère trente ans plus tôt. En 1819, le général Arrighi, qui a passé les premières années de la Restauration en Lombardie, rentre en France. Il désire récupérer la jouissance de son hôtel, loué à Laffitte depuis 1814. Et celui-ci va parvenir à acheter la demeure que Jean-Joseph de Laborde s'était fait construire sur une partie des terrains dont il avait réalisé la viabilisation au début des années 1770.

---

10 Général Foy, *op. cit.*, I, p. 108, II, p. 96.

À l'angle des rues d'Artois et de Provence, deux voies qui ont été ouvertes à cette fin, l'hôtel de Laborde (actuel 27, rue Laffitte) est vaste mais en piètre état. Il avait été pillé la nuit du 10 août 1792 au moment où, après que la déchéance de Louis XVI ait été prononcée, les Tuileries étaient mis à sac, puis il a été un temps confisqué lorsque Laborde a été guillotiné avec vingt-six autres fermiers généraux (8 mai 1794). Depuis, la demeure du financier a été vendue et transformée en hôtel garni. Mais, en 1822, les nouveaux propriétaires n'en on pas encore entièrement acquitté le prix d'achat. C'est donc à la duchesse de Mouchy, fille de Laborde et épouse de Charles de Noailles, que Laffitte remet, en quatre versements échelonnés de 1822 à 1825, l'essentiel des 850 000 francs que vaut l'hôtel[11]. Une somme d'autant plus importante que de gros travaux doivent être envisagés pour pouvoir y installer les bureaux de la banque et les appartements privés de son propriétaire[12].

Ceux-ci n'ont plus la simplicité de sa précédente demeure. Une partie du mobilier est signée Jacob-Desmalter, l'ébéniste de Napoléon ; d'autres pièces, d'ébène ou de bois doré, sont garnies de brocard de Lyon rebrodé d'or et disposées sur des tapis d'Aubusson « de très-riches dessins ». En sus de la collection de tableaux qui sera décrite dans le chapitre suivant, on peut y admirer des marbres antiques dont plusieurs proviennent de la collection du cardinal Fesch[13], des vases de porphyre, de marbre et de bronze, des porcelaines de Chine, des pendules diverses. Une série de bustes d'empereurs romains voisine avec ceux de Mirabeau et de Voltaire par Houdon. Des girandoles, des candélabres et des lustres en cristal et cuivre doré éclairent le tout[14].

Les réceptions rassemblent des invités prestigieux : Talleyrand, « hôte princier et épiscopal » que le maître de maison traite « tout à fait sans façon » et « qui conte des anecdotes avec charme », lord Hamilton, ambassadeur d'Angleterre, le baron de Rothschild, le duc de Bassano, Talma qui « dit le songe de Macbeth », Melle Mars, etc. et, enfin ! quelques pairs…[15]

Rue d'Artois, Laffitte, qui est au faîte de sa carrière, triomphe, au cœur d'une sorte de « triangle d'or ». L'hôtel voisin a été acquis par le banquier protestant Jean-Louis Greffulhe, époux de Marie-Françoise de Vintimille dont le grand-père était un fils naturel de Louis XV ; le

---

[11] AN MC X, Michel Aumont notaire. Un premier versement de 500 000 francs le 2 novembre 1822, trois autres de 100 000 francs chacun, les 1er septembre 1823, 1824 et 1825.

[12] Il semble s'y être installé durant l'été 1823. Cf. Général Foy, *op. cit.*, II, p. 337.

[13] Vendu aux enchères à Paris du 6 au 13 août 1824.

[14] Catalogue de la vente Laffitte, 15 décembre 1834, lots 77 à 140.

[15] Général Foy, *op. cit.*, nombreuses citations, notamment, II, p. 26.

suivant appartient à James de Rothschild qui y a succédé à Fouché...[16] Comment résumer mieux certains rapports inattendus entre la naissance, la politique et l'argent ?

[16] Respectivement, aujourd'hui, 21-25 et 19, rue Laffitte. Ces hôtels ont été démolis.

CHAPITRE 14

Laffitte collectionneur et mécène.
L'art et la philanthropie comme moyens d'ascension sociale et d'opposition politique.

Le 24 avril 1818, jour anniversaire de la rentrée du roi Louis XVIII sur le sol français, est inauguré à Paris un nouveau musée, baptisé Musée royal des artistes vivants.

On lui a affecté les salles du Palais du Luxembourg qui abritaient jusqu'alors trois grands de cycles de peintures (les vingt-quatre Rubens commandés par Marie de Médicis, les quinze *Vues des ports de France* de Joseph Vernet et les vingt-deux toiles de la *Vie de saint Bruno* par Eustache Lesueur) désormais installés au Louvre pour remplacer les œuvres d'art prélevées par Napoléon dans les cours étrangères et dont les puissances alliées ont exigé la restitution.

Le jeune musée a pour mission de montrer au public des œuvres susceptibles d'affermir le nouveau régime. Sollicités par le gouvernement, les artistes répondent favorablement car ils ont tout a y gagner. Le pouvoir, quant à lui, trouve par ce biais le moyen d'exercer un certain contrôle sur la production artistique et de proposer des exemples propres « à diriger le goût plutôt que de le corrompre ».

L'impulsion donnée à l'art vivant vient donc de haut et différents membres de la famille royale y participent à titre personnel[1]. Dès 1816, le duc d'Orléans double sa collection de portraits français dont les plus anciens datent du XVIe siècle d'une autre, constituée de peintures modernes acquises dans les Salons, ces expositions biennales qui se tiennent au Louvre depuis le milieu du XVIIIe siècle. Le duc de Berry, qui a collectionné en Angleterre des peintures hollandaises et flamandes, commence, à son retour en France en 1816, une collection de peintures contemporaines que sa veuve poursuit après son assassinat et expose dans le pavillon de Marsan du château des Tuileries où elle réside[2].

---

1 Pour tout ce qui suit, cf. C. Harmand, *Manuel de l'amateur des arts dans Paris pour 1824...*, Paris, Hesse (s.d.), pp. 213 sq. Également : M.C. Chaudonneret, *L'État et les artistes : de la Restauration à la Monarchie de Juillet*, Paris, Flammarion, 1999.

2 Cf. M.-C. Chaudonneret et F. Macé de Lépinay, « La galerie de tableaux modernes de la duchesse de Berry », catalogue de l'exposition *Entre cour et jardin, Marie-Caroline, duchesse de Berry*, Sceaux, Musée de l'Ile-de-France, 2007, pp. 76-85.

Jacques Laffitte comprend immédiatement le parti qu'il peut tirer de la situation, sans prendre le risque de se poser en rival des grand collectionneurs privés parisiens, tels que le comte James de Pourtalès qui a commencé en 1792, grâce à la fortune amassée par son père Jacques Louis, une collection faite d'objets d'art et de tableaux anciens des trois écoles (italienne, nordique et française). Collection de type aristocratique que Pourtalès s'enorgueillit d'avoir montrée au roi de Prusse en 1814 et dont il fait les honneurs au duc et à la duchesse de Berry en 1818.

Jacques Laffitte ne peut non plus concurrencer les frères Delessert qui héritent, en 1816, de la collection entreprise par leur père Étienne une vingtaine d'années plus tôt et la complètent avec des peintures de l'école du Nord, dans l'esprit de ce que recherchait la bourgeoisie des talents du XVIIIe siècle.

Il décide donc de se consacrer exclusivement à l'art vivant, dessinant ainsi l'image d'un type nouveau d'amateur et de mécène. L'idée pourrait lui en être venue d'un de ses voisins, le « comte » de Sommariva, qui a fait de son mécénat un instrument au service de sa fortune et de son ascension sociale. L'homme, né à Lodi en 1760 dans une famille très modeste, est devenu, grâce au soutien de la noblesse locale, un avocat dont la rapide prospérité a quelque peu entaché la réputation. Puis Bonaparte, dont il a fait la connaissance à Milan en 1796, l'a nommé Directeur de la seconde République cisalpine. Entre 1800 et 1802, le poids des impôts qu'il a levé pour les Français et les spéculations douteuses qu'il a réalisées à titre personnel l'ont fait haïr au point que, en 1804, il a dû se réfugier à Paris. Devenu propriétaire de l'hôtel de Montmorency, à l'angle des rues Basse-du-Rempart et de la Chaussée d'Antin, il y a constitué la plus grande collection de peintres français vivants de l'époque : Prud'hon, Gérard, David, Girodet, Guérin ; elles côtoient les sculptures de Canova dont il est le mécène attitré. Il possède quelques tableaux anciens, dont deux Titien, un Guido Reni et une *Sainte Famille* par Andrea del Sarto, et le public fasciné voit dans sa « galerie » la résurrection des grandes collections artistiques de l'Ancien Régime. La presse l'encense, son nom apparaît régulièrement dans les catalogues des Salons, soit parce qu'il y prête des œuvres soit parce qu'il en achète.

Sans l'étude que lui a consacrée Francis Haskell[3], Sommariva serait aujourd'hui oublié car l'érotisme froid de la plupart des tableaux de sa collection la déprécia totalement à l'époque romantique. Mais jusque 1824-1825, l'homme qui écrivait cyniquement : « C'est vrai, c'est une

[3] F. Haskell, « Un mécène italien de l'art néoclassique français », in *De l'art et du goût jadis et naguère*, Paris, Gallimard, 1989, pp. 106-144.

chose dispendieuse que de cultiver les beaux-arts ; mais le capital reste toujours et parfois il même il augmente. De plus, cela nous rapporte beaucoup d'honneurs », fut une référence pour les amateurs[4]. On relève d'ailleurs dans la collection de Laffitte deux tableaux qui renvoient directement à celle de Sommariva : une étude pour le *Pygmalion* que le collectionneur italien avait commandé à Girodet[5] et une *Allégorie* de Prud'hon[6] très proche par sa facture de ceux qu'il possédait.

Le catalogue de la vente de sa collection à laquelle Laffitte, ruiné, dut se résoudre en 1834[7], insiste sur le fait qu'elle a été constituée en majeure partie d'acquisitions faites dans les Salons, ou directement aux artistes. Faute de précisions complémentaires, il n'est pas possible de les dénombrer[8]. Mais l'image que veut donner de lui le collectionneur est révélatrice : c'est un homme moderne qui vit avec son temps et qui est parfaitement intégré socialement. Il peut, dans cet esprit et comme cela se fait alors assez couramment, demander à un artiste une copie d'un tableau acheté par un grand collectionneur auquel son nom se trouvera ainsi associé par ricochet. C'est peut-être le cas pour *Les Guérillas* d'Horace Vernet, dont la première version aurait été acquise au salon de 1819 par le duc d'Orléans, pour *La Sortie du bétail* de Demarne et pour *La Bénédiction nuptiale* de Malet[9], toiles bien médiocres mais dont les originaux ont été achetés par le richissime prince Nicolas Demidoff[10].

Toujours au Salon de 1819, Laffitte fait une acquisition remarquée, le célèbre *Couronnement d'Inès de Castro morte* d'Auguste de Forbin ; un tableau qui participe à la mode « troubadour » naissante et dont l'auteur, le comte de Forbin, est à la fois un ancien élève de David, un

---

4 Giambattista Sommariva mourut en 1826. La vente de sa collection, en 1839, fut un fiasco. Les œuvres que son fils avait emportées dans la villa que possédait le mécène au bord du lac de Côme s'y trouvent toujours.

5 N° 47 de la vente Laffitte, acquise à la vente d'atelier de Girodet en 1825 (n° 46).

6 *La Sagessse élevant le Génie des arts jusqu'au séjour céleste*, acquis à la vente Varric et Lafontaine en 1821, aujourd'hui au Louvre.

7 Consécutive à sa faillite, elle se déroule en quatre vacations, du 15 au 18 décembre 1834, rue Vivienne dans les salons du Musée-Colbert. On notera que, malgré la célébrité du banquier, l'orthographe de son nom fluctue au long du catalogue : « Lafitte » sur la couverture, « Laffite » à la première page de l'*Avertissement*, « Laffitte » en tête du détail des vacations.

8 Le dépouillement des catalogues des Salons, entre 1817 et 1834, n'a pas apporté d'informations significatives. Cf. P. Sanchez et X. Seydoux, *Les Catalogues des Salons des Beaux*-Arts, Paris, Échelle de Jacob, 1999.

9 Respectivement n° 29, 50 et 59 de sa vente.

10 Célèbre pour ses excentricités autant que pour son inépuisable fortune, il est le descendant d'un simple forgeron remarqué par Pierre le Grand et chargé de développer l'industrie métallurgique dans les immenses terres de l'Oural que lui offre le tsar à cette fin.

des nombreux amants qu'a comptés la princesse Pauline Borghèse, l'actuel directeur des Musée Royaux et un membre influent du jury du Salon...[11]

Outre la publicité que suscite ce genre d'acquisition, le fait d'acheter au Salon ou dans les ateliers offre trois avantages : le premier est la relative modicité des prix (qui ne pourront que monter, Sommariva le dit clairement) ; le second est d'échapper au risque d'acquérir des faux et de se ridiculiser aux yeux des connaisseurs (on dénombre à cette époque une demi-douzaine de *Jocondes* « authentiques »). Enfin, puisque les artistes sont consacrés par leur présence au Salon, il devient secondaire de s'interroger sur leur talent réel.

Laffitte n'a pas un bon « œil » et sans doute le sait-il. Ses premiers achats, au Salon de 1819 (*Henri IV et Catherine de Médicis* par Mme Ancelot et *Petite fille tenant une colombe* par Melle Ledoux) sont atterrants. Sa collection n'est d'ailleurs pas mentionnée dans le *Manuel de l'amateur des arts dans Paris pour 1824* publié par C. Harmand alors que celles des frères Delessert et de Casimir Perier y apparaissent. Cette omission tient vraisemblablement au fait que les tableaux anciens restent la référence, raison pour laquelle Perier en acquiert alors, nonobstant son intérêt pour l'école moderne.

Au début des années 1820, Laffitte peaufine son image. Il s'agit maintenant d'apparaître comme un mécène qui met sa fortune au service de la société par le biais de la philanthropie. Ce rôle, qui était traditionnellement réservé à la haute aristocratie, aurait l'avantage complémentaire de légitimer une fortune très récente, ce que le journaliste Lacretelle sous-entendra perfidement en évoquant, en 1835, la complaisance avec laquelle le banquier se laissait comparer aux Médicis…

La Société des Amis des Arts de Paris est le premier cadre dans lequel Laffitte s'y essaie. Dissoute pendant la Révolution elle renaît en 1817 et a son siège au Louvre[12]. Son objet est d'« encourager les arts et le dessin... procurant aux membres de la société des objets d'art qui sortiraient des ateliers des artistes ». Le nombre de membres est indéfini ; ils peuvent acheter autant d'actions (à 100 francs l'une) qu'ils le souhaitent. Les fonds recueillis vont, pour trois quarts, à l'achat de tableaux, dessins, bronzes, vases, etc. et pour le reste, après déduction des frais administratifs, à l'acquisition de gravures reproduisant des tableaux. Des tirages au sort annuels permettent de répartir les œuvres

---

11 Le tableau entrera ensuite dans la collection Pourtalès, il est aujourd'hui au musée Bonnat à Bayonne.

12 Les Sociétés des Amis des Arts avaient été fondées un peu partout en France en 1788 pour venir en aide aux artistes nécessiteux. Supprimées pendant la Révolution, elles refleurissent alors.

entre les actionnaires. Pour dire la vérité, les achats de la société sont médiocres et les actionnaires se lassent assez vite. Jacques Laffitte, qui en fait partie dès l'origine, lui reste fidèle et s'en flatte. On peut lire dans le catalogue de la vente de sa collection, sous le n° 62 (un tableau de Le Saint représentant les ruines d'une ancienne abbaye), le commentaire suivant :

> La Société des amis des Arts fit cette acquisition au peintre en 1822 ; et M. Laffitte, un des actionnaires qui a résisté le plus longtemps au découragement survenu dans cette bienfaisante institution, le *[sic]* gagna dans un lot qui lui échut ».

Un second volet de la « philanthropie » de Jacques Laffitte est beaucoup plus politique. La « cause grecque » est alors à la mode. Apporter un soutien moral et financier aux nationalistes hellènes qui se soulèvent contre les Turcs est pour les uns – le Faubourg Saint-Germain, les banquiers protestants – l'occasion de soutenir le christianisme et pour les autres – les libéraux – celui de défendre le principe des nationalités. Après les massacres perpétrés dans l'île de Chio et la défaite de Missolonghi, les écrivains (Constant, Chateaubriand, Byron) et les peintres (Delacroix, Scheffer) s'engagent. On crée des comités, on organise des concerts, des quêtes et, en 1826, une grande « Exposition au profit des Grecs ». La manifestation, payante, a lieu dans la célèbre galerie Lebrun et connaît un énorme succès car de grands mécènes, dont les noms sont publiés, ont prêté des tableaux. Laffitte est du nombre (avec trois toiles, dont son *Inès de Castro*), aux côtés des ducs d'Orléans et de Fitz-James, du comte de Pourtalès et de Casimir Perier. L'année suivante, il prête au Salon une œuvre d'Ary Scheffer, le jeune peintre qui monte, dont le sujet est *Les Débris de la garnison de Missolonghi*.

Mais la philanthropie parisienne reste mondaine : l'exposition de 1829, « pour l'extinction de la mendicité », soulève moins d'enthousiasme, les prêteurs se raréfient et envoient surtout des petites scènes de genre. Laffitte en profite pour se mettre en avant et envoie *L'enlèvement de Rebecca, sujet tiré d'Yvanhoe*, de Léon Cogniet[13] : « une privation momentanée, dit le catalogue de sa vente, dont M. Laffitte a toujours su faire le sacrifice, comme dans toutes les occasions où l'obligeance et la générosité pouvaient se réclamer de lui ». Le tableau est de nouveau prêté au Salon de 1831, et le nom de Laffitte mentionné dans le catalogue, ce qui est le but recherché.

---

[13] Cf. M.C. Chaudonneret, « Collectionner l'art contemporain... », Actes du colloque *Collections et marché de l'art en France 1789-1848*, Paris, 4-6 décembre 2003. Rennes, Presses universitaires de Rennes/Paris, Institut national d'histoire de l'art, DL, 2005, pp. 273-281.

En 1824, le Salon se politise. Cette année-là, l'exposition simultanée du *Vœu de Louis XIII* d'Ingres, symbole du classicisme, et des *Massacres de Scio* de Delacroix, manifeste du modernisme (le terme de Romantisme ne sera consacré qu'en 1827), amène le public et les artistes à prendre parti. Ces derniers, et notamment Léon Cogniet, Ary Scheffer, Xavier Sigalon et Léopold Robert, qui sont considérés comme les chefs de file de la jeune école, trouvent alors un soutien inattendu auprès de certains particuliers, plus ou moins ouvertement désireux de contester la politique officielle en matière artistique.

Jacques Laffitte, qui a perdu son siège de député au printemps, en est évidemment et ne va pas laisser passer une si belle occasion. Le comte de Forbin, directeur des Musées royaux, a remarqué deux tableaux qu'il souhaite faire acheter par l'État : le *Massacre des Innocents* de Cogniet et la *Locuste*[14] de Sigalon. Cette dernière a également retenu l'attention du jeune critique d'art qu'est alors Thiers et il est vraisemblable qu'il en a fait l'éloge devant Laffitte chez lequel Manuel l'a introduit, avant même de publier dans la presse son compte rendu du Salon[15]. Il est alors facile pour le banquier de se poser en « protecteur libéral »[16] de ces jeunes artistes qui vivent dans le dénuement et de « souffler » à l'État les deux toiles dont il offre généreusement 6 et 7 000 francs, probablement le triple de ce qu'aurait payé la Maison du roi.

Forbin n'est pas dupe et, dans la lettre qu'il adresse à son supérieur hiérarchique, Sosthène de La Rochefoucauld, pour le presser d'acheter *Les Massacres de Scio*, il épingle les « particuliers qui [s'établissent] en protecteurs des arts »[17]. De fait, ce n'est pas pour des raisons esthétiques que Laffitte acquiert les deux œuvres : à peine lui sont-elles livrées qu'il les restitue à leurs auteurs dont il reçoit en échange *L'Enlèvement de Rebecca* précité et un *Bacchus et Ariane* plus avenant que la sinistre *Locuste*[18].

C'est à cette époque que la sourde rivalité qui oppose Laffitte à Benjamin Delessert s'étend au domaine de l'art. En 1821, ce dernier a commencé à manifester de l'intérêt pour la peinture moderne. Il a alors acquis d'Horace Vernet un tableau que l'on appelle *L'Apothéose de Napoléon*. L'allégorie, qui représente l'Empereur mourant allongé sur

---

14 Le titre complet est : *Locuste remettant à Narcisse le poison destiné à Britannicus en fait l'essai sur un jeune esclave*. Il est inspiré de la tragédie de Racine, *Britannicus*, acte IV scène 4.

15 *Le Constitutionnel* du 30 août et *Le Globe* du 30 sept.

16 Il parviendra à imposer cette image que Th. Thoré, le grand critique d'art, évoquera dans son écrit *Le Salon de 1846*.

17 Cité par Chaudonnet, *L'État...*, *op. cit.*, p. 138.

18 Le tableau est cédé par Sigalon au musée des Beaux-Arts de Nîmes qui vient d'être créé. Il en devient un des fleurons avec le *Cromwell* de Paul Delaroche.

un rocher battu par les flots et recevant les adieux du général Bertrand et de sa famille tandis que les ombres de ses anciens compagnons morts s'apprêtent à l'accueillir dans l'au-delà, est immédiatement gravée et devient célèbre. Et Laffitte s'est empressé d'en commander à Vernet une seconde version, payée le même prix et livrée moins de trois mois plus tard[19].

Mais en 1824, Delessert achète à Étienne Ternaux, le frère du député libéral, l'ancien hôtel d'Uzès, rue Montmartre. Construit par Claude-Nicolas Ledoux en 1768 pour François-Emmanuel de Crussol, duc d'Uzès, le premier des ducs par l'ancienneté de son titre et l'un des hommes les plus riches du royaume, l'hôtel a fasciné les contemporains par son architecture novatrice, ses dimensions et son luxe. Bien que confisqué à la Révolution et attribué un temps à l'administration des douanes, il a conservé le magnifique décor de boiseries sculptées et dorées dessinées par Ledoux et reste un des plus prestigieux hôtels de la capitale.

Les Delessert en rehaussent encore l'éclat en y faisant aménager une longue galerie à éclairage zénithal (une nouveauté à l'époque) pour présenter leur collection de tableaux. Un musée privé dans lequel un magnifique rassemblement de peintures hollandaises et flamandes du XVIIe siècle (Cuyp, Hobbema, van Ostade, Ruysdaël, Steen, Terborch, Rubens, van Dyck, Teniers et un Rembrandt, aujourd'hui désattribué) côtoie le célèbre *Bélisaire* de Gérard, un exceptionnel portrait par Greuze, plusieurs paysages de Vernet et quantité de tableaux plus familiers comme les aime la bourgeoisie de l'époque.

Pour Laffitte, c'est une sorte de défi : sa collection d'art vivant paraît bien légère à côté de celle des Delessert et il comprend qu'il lui faut acquérir quelques œuvres anciennes de référence qui en élèvent la qualité. C'est ainsi qu'il acquiert, entre autres, pour la peinture française, une paire de panneaux de Joseph Vernet, *La Tempête* et *Le Calme*, qui viennent de la collection du duc de Choiseul et sont contemporains de ceux que l'on vient de transporter au Louvre ; une *Jeune fille en buste* de Greuze qui passera ultérieurement dans la collection de Lord Hertford, le plus grand collectionneur du siècle[20] ; et le superbe *Portrait de Pie VII et du cardinal Caprara* par David qui a été acquis de l'artiste par Firmin Didot et entrera ensuite dans la collection Pourtalès[21]. Pour les écoles du Nord, une *Tentation de saint Antoine* de David Teniers et

---

19 Elle se trouve aujourd'hui à Londres, à la Wallace Collection.

20 Londres, Wallace Collection.

21 Aujourd'hui au Philadelphia Museum of Art.

un *Paysage* de Pynacker qui ont fait partie de l'énorme collection[22] du receveur général de la Seine Jean-Joseph Lapeyrière.

Le « clou » de la collection de Jacques Laffitte (et le n° 1 de sa vente) est une *Vierge et son Fils au milieu de plusieurs saints personnages* par Andrea del Sarto. C'est un panneau exceptionnel, mentionné par Vasari, et dans le catalogue de la vente Laffitte, le commentaire (iconographie, historique, bibliographie, etc.) se développe sur plus de trois pages[23]. L'exemplaire que nous avons étudié[24] est annoté. Un amateur anonyme a inscrit le prix d'adjudication, 40 000 frs., et ajouté : « pas d'enrichissement »[25]. On ne saurait exprimer plus laconiquement l'état d'esprit dans lequel le « Tout-Paris » a suivi la vente !

Nous nous attacherons plutôt aux premières lignes de la notice :

> Avant d'expliquer le sujet de ce chef-d'œuvre du peintre florentin... il est convenable d'annoncer que c'est encore un acte de dévouement patriotique qui rendit M. Laffitte possesseur de ce tableau. Il faisait partie de la collection de M. Lapeyrière, ancien receveur-général, et y était regardé comme un des morceaux d'une telle rareté et d'un si haut prix, qu'il devait, selon le préjugé assez ridiculement accrédité, devenir le patrimoine de l'étranger. La foule d'admirateurs qui assistaient à la vente déplorait avec raison la perte de ce chef-d'œuvre et craignait qu'envié par les cours étrangères il ne put plus rester en France ; l'enchère allait bientôt déposséder le pays d'une de ses notabilités en peinture, lorsque M. Laffitte la défendit avec calme et dignité, et se rendit acquéreur du tableau pour qu'il restât en France. C'est alors que des applaudissements retentirent dans la salle ; on s'y réjouissait comme autrefois à la lecture d'un paragraphe du bulletin de la grande-armée annonçant la prise d'une redoute, et ce trophée d'une victoire sans victime fut constamment mis à la disposition des curieux qui l'ont admiré, et à celle des artistes, qui en l'étudiant on su y rencontrer d'heureuses inspirations.

Par ce coup d'éclat, Laffitte pense sans doute entrer dans le cercle fermé des grands collectionneurs. Mais il va bientôt s'apercevoir que sa fortune ne suffit pas à lui ouvrir certaines portes, notamment celle du baron Gérard, surnommé « le peintre des rois et le roi des peintres » et alors au faîte de sa gloire. Contrairement à ce que l'on a écrit, Gérard ne

---

22 Plus de huit cents tableaux dispersés en sept vacations entre 1817 et 1832. Lapeyrière fit banqueroute en 1823.

23 Également connu sous le nom de *Retable de Sarzana*, ce grand tableau (228 x 185 cm.) est mentionné l'édition des *Vies* de Vasari de Charles Weiss, Paris, Dorbon-aîné, 1926, comme se trouvant à Berlin. H. Séchère (« Le marché des tableaux italiens sous la Restauration... », Actes du colloque *Collections et marché de l'art en France...*, *op. cit.*, p. 196, note 116) indique qu'il était au Kaiser Friedrich Museum et fut détruit en 1945.

24 Au département des Estampes de la Bibliothèque nationale de France.

25 Laffitte l'aurait acquis pour 48 000 francs. Cf. H. Séchère, *op. cit.*, p. 175.

semble pas avoir reçu le banquier dans son salon, l'un des plus célèbres de la Restauration, qui « brillait, non par le luxe de l'ameublement ou l'éclat des toilettes, mais par la réunion des différentes conditions d'intérêt et de curiosité que la conversation offrait à l'esprit » et accueillait gens du monde, diplomates, savants, peintres et musiciens. Une lettre de Thiers, datée du 14 février 1826, et à laquelle Gérard ne paraît pas avoir donné suite, le démontrerait :

> Monsieur,
>
> Me voici encore à votre porte, pour voir Daphnis et Chloé[26]. Elle n'a pas besoin de nouveaux adorateurs, mais je suis pressé néanmoins de lui en procurer. Hier, à table, chez M. Laffitte, il en fut parlé, et d'une manière qui aurait fait rougir la modestie de la petite Chloé. M. Laffitte m'exprima un vif désir de la voir. Je lui promis d'y venir, et je viens vous demander la permission de nous rendre chez vous, mercredi, à midi, ou un autre jour et à une autre heure, si vous le préférez. M. Laffitte me demande vivement aussi si vous consentiriez à lui faire le Philopœmen[27] ; je lui ai répondu que le nouveau tableau du Sacre [de Charles X] et les pendentifs [de la coupole du Panthéon] allaient vous occuper. Si, cependant, cette négociation ne vous était pas désagréable, dites-le-moi, et M. Laffitte vous prierait de lui exécuter ce grand sujet que vous avez si bien conçu.
>
> Votre dévoué, Thiers.[28]

À partir de là, Laffitte, probablement blessé dans sa vanité, cesse de s'intéresser à la peinture. Au Salon de 1827, il se contente de prêter deux tableaux qui lui appartiennent, sans en acquérir de nouveaux. Lorsque que, une dizaine années plus tard, il décide de faire faire son portrait, il ne s'adresse pas à Ary Scheffer qu'il connaît depuis longtemps et que le Salon de 1831 a consacré, mais à son frère cadet Henry dont la renommée est bien moindre[29].

---

26 Peint pour le duc d'Orléans en 1824. Aujourd'hui au Louvre.

27 Défenseur de la Grèce menacée par l'avance romaine qui avait inspiré à Gérard le projet d'un tableau.

28 *Correspondance de François Gérard, peintre d'histoire avec les artistes et les personnages célèbres de son temps*, publié par M. Henri Gérard son neveu et précédé d'une notice sur la vie et les œuvres de Gérard par M. Adolphe Viollet-le-Duc. Paris, Laîné et Havard, 1867, pp. 355-356.

29 Le tableau est conservé au château de Maisons-Laffitte. Il en existe une belle gravure au Cabinet des Estampes de la Bibliothèque nationale de France.

Péristyle de l'hôtel de Melle Guimard, rue de la Chaussée d'Antin. Cl. Nicolas Ledoux architecte (1770-1773). L'hôtel fut racheté par le banquier Perregaux. C'est là que débuta J. Laffitte et dans la cour de cette maison que se situe la fameuse anecdote de l'épingle.

Hôtel de La Vrillière. Fr. Mansart architecte (1635-1650). Acquis en 1808 par la Banque de France qui s'y installa en 1811. Gravure M. Byrne, 1829.

Hôtel de La Vrillière, la galerie dorée. Elle accueillait une fois l'an l'assemblée des 200 plus forts actionnaires de la Banque. Laffitte y siégea en tant que Régent de 1809 à 1830 et la présida comme gouverneur de 1814 à 1820. © Amis de Sceaux, droits réservés.

J. Jacques Flatters. *Buste de Jacques Laffitte* (1824). Leader de l'opposition parlementaire, le banquier est alors au faîte de sa carrière professionnelle. Château de Maisons. © V. Monnier.

J. Baptiste Guérin. *Auguste Viesse de Marmont*, maréchal de France. Gendre du banquier Perregaux, la destinée de Marmont croisa plusieurs fois celle de Laffitte : lors des événements de 1814, lors du procès qui les opposa en 1828 et lors des journées de juillet 1830.

P. Paul Prud'hon. *Charles Maurice de Talleyrand*. C'est à travers Laffitte que Talleyrand s'assura de l'appui de la grande bourgeoisie parisienne, notamment lors de la chute de l'Empire et de la Révolution de 1830.

Martin Drolling. *Le député J. Antoine Manuel* (1822). Député libéral originaire des Basses-Alpes, ami intime de Laffitte, Manuel fut exclu de la Chambre en 1823 pour s'être opposé à l'expédition d'Espagne souhaitée par le parti ultra. 100.000 parisiens suivirent son convoi funèbre en 1827.

Le général Maximilien Foy. Brillant militaire, devenu député de l'Aisne en 1819, le général Foy mit son talent oratoire au service du parti libéral. Il fréquenta assidument le salon de Laffitte. Ses funérailles, en 1825, furent l'occasion d'un immense rassemblement populaire.

P. Jean Béranger. Ce chansonnier célèbre fut un proche de Manuel et de Laffitte qui soutint financièrement les deux hommes et les fit inhumer côte à côte au cimetière du Père Lachaise.

Perelle. *Le château de Maisons, côté Seine*. Construit par Mansart pour le Président de Longueil (1643-1651), le château fut, avant la Révolution, la propriété du comte d'Artois puis, en 1804, celle du maréchal Lannes. Jacques Laffitte l'acquit en 1818.

Château de Maisons, côté cour. Les écuries qui se trouvaient à main gauche furent détruites lors du lotissement du parc en 1834. © V. Monnier.

Château de Maisons. Salle à manger du comte d'Artois par Bélanger, l'architecte de Bagatelle. © V. Monnier.

Château de Maisons. Chambre de Jacques Laffitte. © V. Monnier.

Château de Maisons. Laffitte fit remplacer les grands miroirs de la galerie par des toiles peintes de Bertin et de Bidault qui représentent des paysages italiens. © V. Monnier.

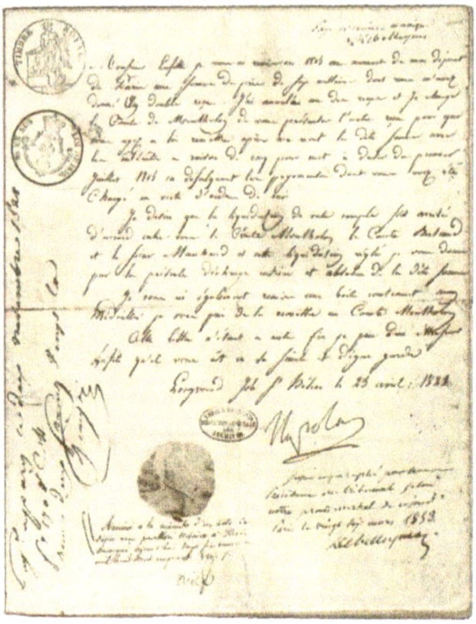

L’empereur Napoléon à J. Laffitte. « *Longwood, Isle de Ste-Hélène, le 25 avril 1821. Monsieur Laffitte, je vous ai remis en 1815, au moment de mon départ de Paris, une somme de près de six millions, dont vous m’avez donné un double reçu.* » Le règlement de la succession de Napoléon durera douze ans.

Jacques Laffitte vers 1830.

Le château de Souvilly. En 1829, Laffitte acquiert la forêt de Breteuil, 7 500 ha de bois, une forge et une maison « vieille et commode » qu’il transforme ainsi.

Anonyme. Le duc d'Orléans à l'Hôtel de Ville. 31 juillet 1830. Musée Carnavalet. © V. Monnier.

Louis-Philippe 1er, roi de Français. Miniature. © V. Monnier.

Le marquis de La Fayette. D'après Ary Scheffer. Considéré comme le père de la démocratie, La Fayette, quoique âgé de 73 ans, joua un rôle déterminant dans l'avènement de Louis-Philippe qui le nomma commandant de la Garde nationale. Il fut, avec Laffitte, membre de l'éphémère loge maçonnique des Trois Jours (1831-1832).

Benjamin Delessert. Banquier, industriel, philanthrope, botaniste renommé et collectionneur, Delessert, qui était issu d'une vieille famille réformée fut, assez naturellement, plus que réservé à l'égard du « parvenu » qu'était Laffitte.

Louis Hersent. *Casimir Perier*. Héritier d'une ancienne famille de négociants et industriels grenoblois, banquier et homme politique, Perier portait une jalousie haineuse à Laffitte. Il lui succéda comme Président du Conseil mais mourut du choléra un an plus tard.

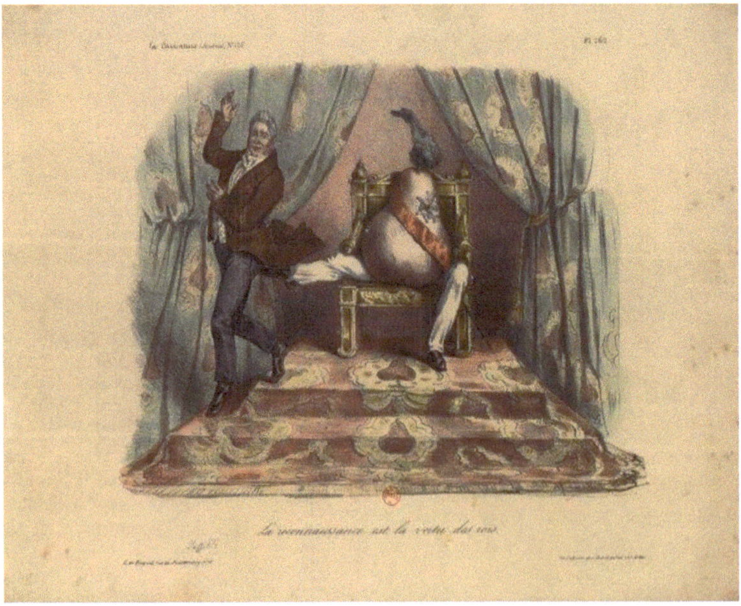

Auguste Desperret. *La reconnaissance est la vertu des rois*. Lithographie coloriée. *La Caricature*, n° 126, 4 avril 1833. Louis-Philippe, caricaturé en poire, chasse Laffitte d'un coup de pied.

Chapitre 15

Assassinat du duc de Berry.
Gaudin remplace Laffitte comme gouverneur de la Banque de France (1820).
Laffitte et la Charbonnerie.
Laffitte brasseur d'affaires : les compagnies d'assurances, le Nouveau quartier Poissonnière, les canaux, les mines, les Messageries générales.
Laffitte et le saint-simonisme.

Lorsque le duc de Berry est assassiné, à la sortie de l'Opéra, dans la nuit du 13 au 14 février 1820, les ultra-royalistes voient immédiatement ressurgir avec une angoisse d'autant plus grande que le crime avait été plus ou moins annoncé par quelques illuminés, le fantôme du 21 janvier 1793[1]. Persuadés que Louvel, le meurtrier dont le but avoué est d'éteindre la dynastie des Bourbons, ne peut avoir agi seul, ils imaginent, derrière la mort tragique du prince, un complot orchestré par les libéraux. La longue agonie du duc, le pardon accordé à son assassin, l'annonce de l'état de grossesse de la duchesse sont autant d'éléments qui, dans une vision pré-romantique du drame, permettent de noircir d'autant les « jacobins » révolutionnaires et le ministre pro-libéral Decazes auquel on fait porter la responsabilité morale du meurtre.

La réaction du roi qui veut sauver son favori de la fureur des ultras ne se fait pas attendre. Dès le 15 février, il décide de rétablir les lois d'exception de la Chambre introuvable sur la liberté individuelle et celle de la presse qui ont été abolies l'année précédente par le garde des Sceaux, Hercule de Serre dans un souci de libéralisation de la Charte ; on y ajoute une nouvelle loi électorale qui, par le biais d'un double vote des électeurs les plus imposés (au-dessus de 600 francs), devrait laminer le parti libéral. Decazes, en tant que président du Conseil, les présente aux Chambres et concentre ainsi sur sa tête l'opposition générale : celle des ultras qui veulent son renvoi et celles des libéraux scandalisés par les projets de lois. Le 20, il est officiellement remplacé par Richelieu qui semble le seul homme capable de calmer le jeu et de rassurer les cabinets étrangers.

---

1 E. Fureix, « Présent, passé, futur : la mort et le temps politique (1820-1830) », *Revue d'histoire du XIXe siècle*, 2002-25, *Le temps et les historiens.*

Le duc, qui n'accepte aucun portefeuille pour bien marquer sa volonté de contrôler l'ensemble du gouvernement, souhaite inscrire sa politique dans la continuité de celle de Decazes. Il approuve les lois présentées par son prédécesseur et conserve ses principaux ministres : Pasquier aux Affaires étrangères, Latour-Maubourg à la Guerre et Roy qui est revenu aux Finances en novembre précédent.

Ce dernier ne va pas attendre longtemps pour frapper Jacques Laffitte, qui lui a tenu tête en mai 1819. Faute d'archives, on ignore les raisons exactes et la date même à laquelle la décision a été prise de révoquer le gouverneur « provisoire » de la Banque de France. On peut simplement dire qu'elle est antérieure au 6 avril 1820, date à laquelle Gaudin, ancien ministre des Finances de Napoléon par lequel il avait été élevé à la pairie et fait duc de Gaëte, est nommé à sa place par ordonnance royale. Il est installé le 13, lors de la réunion hebdomadaire du Conseil de régence et, dans le discours qu'il prononce, réussit la prouesse de ne pas citer une seule fois son prédécesseur. Tout se passe comme si Laffitte n'avait pas existé et seule une allusion à la loi de 1806, selon laquelle le banquier n'aurait pas dû être autorisé à renoncer à son traitement (un traitement que lui, Gaudin, a déjà accepté), évoque ses six années de gouvernement. À la demande du sous-gouverneur Rodier et du régent Perier, le Conseil vote des remerciements à Laffitte pour son zèle et son désintéressement. Puis on passe à l'ordre du jour… Laffitte est redevenu un régent parmi d'autres.

Depuis 1814, il avait désiré réduire les réserves de la Banque de France, peu rémunératrices et devenues trop importantes par rapport à leur objet. Il en avait développé l'idée à plusieurs reprises, proposant, notamment lors des deux dernières assemblées générales de la Banque et lors d'une réunion secrète à la Chambre[2], de partager une partie du capital de la Banque entre les actionnaires. C'est comme simple député qu'il en défend à nouveau le principe le 19 juin 1820[3] et qu'il parvient enfin à faire voter la mesure. Un mince succès, qui contribuera surtout à faciliter les rapports du Conseil de régence avec le nouveau gouverneur et qui sera, avec la fermeture définitive des trois comptoirs provinciaux de la Banque de France, l'unique qu'il ait finalement obtenu.

Après la révocation de Laffitte – le seul banquier qui l'ait jamais gouvernée –, il ne sera plus jamais question de réformer la loi de 1806 ni de rendre son autonomie à la Banque de France.

Comme prévu, la nouvelle loi électorale votée en juin 1820 porte un coup aux libéraux qui sortent perdants des élections partielles de dé-

---

2 Le 26 mars 1819. Texte publié, cf. Bibliographie, *Écrits de Jacques Laffitte*.

3 Pour un montant de 13,7 millions.

cembre : ils n'ont plus que 80 sièges et leurs interventions à la Chambre débouchent systématiquement sur des débats stériles.

Dans un contexte politique qui se tend : censure de la presse, suppression de journaux libéraux (ne restent que *Le Constitutionnel* et *Le Courrier* ; les autres, dont *La Minerve*, *La Bibliothèque historique*, *Le Censeur*, *La Renommée*, disparaissent), les manifestations de rue se multiplient provoquant incidents et interventions à la Chambre. Laffitte y prend la parole à plusieurs reprises : le 5 juin à propos de la mort d'un étudiant, tué la veille par un soldat de la garde royale, à nouveau le 7, puis le 10, longuement et avec véhémence, au sujet de violences commises par la troupe aux abords de la porte Saint-Denis sans que la garde nationale soit présente pour assurer l'ordre[4].

Les faits et gestes des leaders de l'opposition, soupçonnés à tort (Perier, Foy, Benjamin Constant) ou à raison (La Fayette, Manuel) d'être affiliés à la Charbonnerie, sont surveillés à partir de 1821[5]. Laffitte l'est également, sans que l'on ait pu, jusqu'à ce jour, déterminer s'il avait réellement appartenu à cette société secrète. Il s'en est hautement défendu à la Chambre et l'on en a conclu qu'il était resté à l'écart des complots fomentés durant l'hiver 1821-1822. Ce n'est pas tout à fait exact, comme il l'avoue lui-même dans la dernière partie de ses *Mémoires*[6], après, sans doute, qu'il ait appris l'existence d'une lettre anonyme le mettant en cause. Tout en affirmant n'avoir « *jamais été carbonaro* [ni] *fait partie d'aucune conspiration* », il raconte avoir prêté au général Berton les 4 000 francs dont ce dernier avait besoin pour s'armer, tout en l'adjurant de renoncer à son projet de soulèvement de la garnison de Saumur (22 février 1822). Pourquoi a-t-il accepté d'aider Berton, comment a-t-il été informé de son plan, si ce n'est par La Fayette ou, à tout le moins, Manuel, qui dirigent la Charbonnerie[7] ?

Les rapports de police révèlent que Laffitte sait aussi manifester publiquement – et impunément – son opposition au régime. En 1820, un article de l'avocat et journaliste Léon Thiessé, hostile au fait que le 21 janvier (date de la mort de Louis XVI) devienne jour de deuil officiel, a valu à son auteur un procès en cours d'assise[8] pour atteinte à l'inviolabilité de la personne royale. Or, l'année suivante, Laffitte donne deux bals, l'un le 14 janvier, au cours duquel sa fille paraît pour la

---

4 *Archives parlementaires*..., *op. cit.*, XXVIII.

5 A. N., fonds F7, dossiers 6778 à 6784.

6 P. 133.

7 E. de Waresquiel et B. Yvert, *op. cit.*, pp. 340 et 343. Sur Berton dont l'échec le conduira à l'échafaud, cf. G. Six, *Dictionnaire biographique des généraux et amiraux de la Révolution et de l'Empire*, Paris, Saffroy, 1934, I, p. 90.

8 Depuis les lois sur la presse de 1819, dites « lois de Serre » les procès de presse ne sont plus jugés en correctionnelle mais aux assises.

première fois dans le monde, et le second le 21… Si la démonstration est d'un goût douteux, elle n'est pas anodine et ne passe pas inaperçue : 2 000 invités, dit le rapport de police. Même si le chiffre est gonflé, il confirme que le banquier, à défaut de recevoir le « noble Faubourg », ne manque pas de relations, qui préfèrent l'éclat de l'une des plus belles réceptions de la saison mondaine au souvenir du roi martyr…

À partir de cette époque, les affaires de Laffitte se diversifient et l'on constate, à travers celles dont nous avons trace – car les sources documentées sont rares et lacunaires –, qu'il est le noyau d'une petite galaxie d'hommes d'affaires particulièrement entreprenants[9], soit en lançant des projets financiers soit en soutenant significativement ceux auxquels il choisit de s'associer pour en permettre le développement.

Les compagnies d'assurances, dont les plus anciennes (assurance maritime et assurance contre l'incendie) sont nées respectivement à Gênes et en Angleterre à la fin du XVIIe siècle et ont trouvé un certain développement en France (avec, notamment, la Compagnie royale des assurances sur la vie) dans les années 1780, ont été interdites en 1793 comme spéculatives ou immorales. Au début de la Restauration, leur nécessité, au titre de soutien du développement industriel et commercial, apparaît clairement à un certain nombre d'hommes d'affaires. Celle de l'assurance vie en particulier, qui n'est pas le « produit financier » d'aujourd'hui mais une garantie pour les héritiers d'un entrepreneur qui décéderait, de pouvoir rembourser ses emprunts et de poursuivre son œuvre, est évidente. Les banquiers voient également dans le placement de contrats d'assurance une occasion d'élargir leur champ d'action au-delà des opérations traditionnelles.

C'est ainsi qu'en 1816, sous l'impulsion de Benjamin Delessert et avec le concours de Jacques Laffitte, est créée la *Compagnie royale d'assurances* au capital de 40 millions, avec deux branches, l'une pour les risques maritimes, l'autre contre l'incendie. La plupart des banquiers leur emboîtent le pas : en 1818, Martin d'André fonde la *Société Anonyme des Assurances Générales* qui regroupe les trois secteurs et en 1819, un groupe d'hommes d'affaires et de banquiers, en tête desquels Laffitte pour 24 millions, fondent la *Compagnie contre l'incendie Le Phénix*.

En 1820, *la Royale* est réorganisée. Devenue *Compagnie Royale d'assurances contre l'Incendie*, quoique ayant conservé son activité maritime et s'étant adjoint un secteur vie, elle réunit autour de Laffitte, qui en sera le président et le 1er administrateur jusqu'en 1830, dix-sept banquiers (dont six régents de la Banque de France) parmi lesquels J.C.

9 Cf. H. Bonin, « Jacques Laffitte banquier d'affaires… », colloque *Le banquier Jacques Laffitte*, *op. cit.*

Davillier, Hottinguer, Dominique André, Barillon, Callaghan, Scipion Perier, Odier, Pillet-Will et Cottier. En 1829, enfin, on compte Laffitte parmi les fondateurs de *L'Union*[10].

Ces compagnies sont dites « à cotisations fixes » par opposition aux mutuelles qui voient le jour à la même époque et dont les cotisations varient selon la masse des dommages remboursés. Ce qui revient à dire que nos banquiers ont constitué un capital de garantie, lui-même susceptible de se valoriser. Ils le font à titre personnel et non comme représentants de leur maison de banque ; cela explique que leurs descendants resteront administrateurs de ces compagnies jusqu'à leur nationalisation en 1946.

C'est également en son nom propre que Laffitte s'implique dans le plus important des projets d'urbanisation de la capitale qui voient alors le jour : celui de l'enclos de Saint-Lazare. Il ne s'agit pas de lotir comme le fait le receveur général de la Seine Lapeyrière avec la Nouvelle Athènes à partir de 1817 ou comme l'entreprendra l'agent de change Dosne (le futur beau-père de Thiers) place Saint-Georges en 1824, mais simplement de viabiliser un ancien verger dépendant du couvent des Lazaristes avant la Révolution. L'espace est immense (au-delà du boulevard, il s'étend entre les actuelles rues du Faubourg-Poissonnière, de Dunkerque, du Faubourg-Saint-Denis et de Chabrol) : treize rues rayonnant à partir de la future église Saint-Vincent-de-Paul sont dessinées. La *Société du Nouveau quartier Poissonnière* qui est créée en 1821 doit en assurer l'éclairage, le pavage, les travaux d'écoulement des eaux et la construction de trottoirs selon des normes définies par l'administration. Les banquiers Dominique André et François Cottier en sont les promoteurs et c'est à ce titre qu'ils assureront ensuite la vente des terrains. Ils possèdent un tiers du capital (de six millions), les deux autres tiers étant apportés par Hugues-Bernard Maret, duc de Bassano et Jacques Laffitte. La spéculation immobilière est à la mode, le démarrage est spectaculaire et ne subit pratiquement pas le contrecoup de la récession qui intervient quatre ans plus tard : en 1825, les quinze hectares non encore vendus sont estimés plus de huit millions ! Les actionnaires reçoivent statutairement un dividende de 6 %, que Laffitte touchera jusqu'à sa faillite, mais sa fille restera actionnaire jusqu'à la liquidation de la société en 1860[11].

Dans la foulée, Jacques Laffitte s'associe, en 1822, avec Auguste Constantin, l'architecte du quartier Saint-Georges et de la Nouvelle Athènes, pour créer une scierie de « pierres de France, marbres, granits,

---

10 B. Gille, *op. cit.*, pp. 191-195.

11 Cf. V. Monnier, *Édouard André, un homme, une famille, une collection*, Paris, Éd. de l'Amateur, 2006, pp. 59-61.

roches en dalles » à Montrouge, un peu plus tard au négociant bayonnais Barthélémy Cabarrus dans la *Compagnie française pour l'éclairage par le gaz*, puis soutient, en 1828, la compagnie de gaz Pauwels[12].

Le développement de Paris implique le percement de quelques canaux qui permettent de réguler les eaux entrantes, d'assainir certains quartiers, ou d'améliorer le réseau d'évacuation des eaux usées. La banque Laffitte (et non plus Jacques personnellement) est partie prenante dans la *Compagnie des canaux de Paris*, montée en 1818, dans la mesure où le financement des canaux de l'Ourcq, de Saint-Denis puis, en 1821, du canal Saint-Martin, est assuré en bonne partie par des bons obligataires émis par la Ville et destinés à être placés par les banques auprès de leur clientèle.

Mais c'est surtout dans le réseau des canaux provinciaux qu'une compagnie montée par Laffitte avec les principales maisons de banque parisiennes investit des sommes considérables à partir de 1822-1823. Un programme lancé par l'État a été mis en adjudication par le directeur des Ponts et Chaussées Louis Becquey. Sa finalité est de créer un réseau navigable et standardisé entre les grands fleuves, complété par des canaux parallèles aux cours d'eau qui ne sont pas navigables. Pour éviter toute situation de monopole, il est fractionné en plusieurs opérations. La *Compagnie des Quatre Canaux* est jugée apte à réunir les fonds nécessaires à l'achèvement des canaux de Bretagne, du Nivernais, du Berry et à la construction du canal latéral de la Loire (entre Digoin et Briare) qui fasse communiquer les deux derniers. L'apport des banquiers est publié par *Le Moniteur universel*[13] : près de douze millions de francs dont plus de la moitié pour le seul canal de Bretagne.

Le financement du plan Becquey est novateur pour l'époque et a fait l'objet de vives discussions à la Chambre[14] : l'État est le maître d'œuvre et le maître d'ouvrage ; il finance les travaux grâce à l'apport de compagnies financières, auxquelles il verse des intérêts. À terme (50 ou 99 ans), les compagnies deviendront concessionnaires des canaux qu'elles ont financés, en assureront l'entretien et en percevront les revenus. La responsabilité initiale de l'État limitant les risques d'échec, les financiers s'engagent d'autant plus volontiers qu'ils tireront ultérieurement un énorme profit du trafic par voie d'eau de la houille, des minerais, des matériaux de construction et des produits agricoles.

---

12 B. Gille, *op. cit.*, p. 196.

13 8-9 avril 1822, cité par H. Bonin, *op. cit.* et par B. Gille, *op. cit.*, p. 195.

14 2-3 juillet 1821 et 9-10 juillet 1822. Les banquiers concernés sont : André & Cottier, Ardoin, Hubbard & Cie, Hentsch, Blanc & Cie, J. Laffitte & Cie, Lapanouze, J. Lefebvre & Cie, Pillet-Will & Cie, Perier frères, Paravey & Cie, tous banquiers à Paris, Bodin frères, banquiers à Lyon et trois députés du Bas-Rhin qui ont déjà obtenu en 1821 la concession du canal *Monsieur*, Humann, Saglio et Renouard de Bussières.

On prévoit que l'amélioration ainsi apportée au transport des matériaux lourds stimulera l'industrie. Il y a donc une certaine logique à trouver Jacques Laffitte associé au banquier de Mons Fontaine-Spitaels et à Rothschild dans une compagnie (capital 3,5 millions) qui exploite leurs mines respectives dans le Hainaut, en Haute-Loire et dans le Puy-de-Dôme.

Il est également normal qu'il s'intéresse à la création d'un réseau ferroviaire. Avec Ternaux, il propose au gouvernement un emprunt de 100 millions destiné à en jeter les bases, promouvant ainsi le développement industriel du pays. Mais en haut lieu, on s'inquiète de l'ampleur du projet et de la position de monopole qui en résulterait pour ses promoteurs : il est purement et simplement enterré[15].

Laffitte se rabat donc sur le transport des personnes. Il développe à cette époque, autour de l'ancienne entreprise de diligences Caillard et Cie, les *Messageries générales de France* (autrement connues sous le nom de Laffitte, Caillard et Cie au capital de 6 millions de francs). Son frère Jean-Baptiste et l'homme d'affaires alsacien Javal jeune en deviennent comme lui actionnaires ; il est, par ailleurs, le banquier de la compagnie.

Les relations d'amitié semblent jouer un certain rôle dans les prises de participation de Laffitte : en 1823, il commandite une maison de commerce et de banque fondée par son ami de longue date le banquier Vital Roux, qui est par ailleurs le directeur de *la Royale*. Les autres commanditaires sont Hottinguer, Chaptal fils et Adolphe Thibaudeau, le fils de l'ancien préfet des Bouches-du-Rhône dont il a été question plus haut. En 1826, nous retrouvons Roux et Thibaudeau gérants des *Verreries de Choisy-le-Roi*, une petite entreprise de cristallerie de luxe au capital de cinq cents mille francs qui s'installe dans un bourg auquel la construction d'un pont sur la Seine donne un certain essor industriel, et dont Laffitte est commanditaire.

Le regard de Laffitte sur le développement économique est celui d'un banquier, non d'un philosophe. S'il rejoint Saint-Simon dans l'idée que l'expansion de l'industrie permettra l'amélioration de la condition ouvrière, il ne partage pas ses utopies socialisantes sur la réorganisation de la société ni sa dénonciation des classes dominantes (rentiers et capitalistes). Pour Laffitte, le crédit est le moteur qui permettra l'expansion de l'industrie. Il doit être réorganisé, mieux rémunéré. C'est la condition *sine qua non* pour drainer vers les grands emprunts d'État ou les entreprises privées l'argent oisif qui pourra être utilisé à irriguer l'industrie. Or si les saint-simoniens admettent la nécessité du crédit, ils considèrent le remboursement ou la rémunération de ces capitaux

---

15 *Le Journal du Commerce*, 9 juin 1825 et B. Gille, *op. cit.*, pp. 109-110.

comme injustes : on ne saurait rémunérer de l'argent qui dormait en prélevant une sorte d'impôt sur le produit du travail industriel. Ils l'exprimeront clairement lors de débats sur la conversation de la rente en 1824.

Saint-Simon a développé ses idées a maintes reprises, notamment dans *L'Industrie* en 1816-1818, et à travers *L'organisateur* dans lequel, en 1819, il dénonce « *un monde renversé*...[dans lequel] *ce sont des hommes incapables* (la famille royale et son entourage) *qui se trouvent chargé du soin de diriger les hommes capables* (physiciens, artistes, militaires et entrepreneurs), *la fleur de la société française.* »

Laffitte a certainement lu ces publications dont le contenu intrigue les milieux libéraux. C'est d'ailleurs l'époque où il a l'idée d'une grande compagnie financière qui aurait eu le monopole de la construction des canaux. On a vu qu'elle ne sera pas retenue, mais – ce n'est certainement pas une coïncidence – Laffitte invite alors Saint-Simon à dîner à Maisons. Le général Foy qui assiste à la réception, rapporte que le 13 mai 1821, devant un grand nombre de députés, Saint-Simon a « *entamé son système industriel qui roule sur une idée unique et qui par conséquent est absurde* », avant de trancher : « *C'est un homme de mauvaises mœurs et méprisé* »[16].

On ne peut donc considérer Laffitte comme un adepte du doctrinaire intransigeant qu'est Saint-Simon. D'ailleurs, il laissera à Olinde Rodrigues, l'oncle des frères Pereire, le soin de voler au secours du philosophe qui, brouillé avec Auguste Comte et ruiné, tentera de se suicider en 1823. Son seul geste consistera en l'achat d'une dizaine d'actions de la « Société par commandite Enfantin, Rodrigues et Cie » qui sera créée peu après la mort de Saint-Simon, en 1825, pour financer la fameuse École sociétaire où seront diffusées ses idées[17].

Le rôle de Laffitte lors de la crise qui frappe l'industrie textile alsacienne en 1827 illustre bien la distance qui le sépare des disciples de Saint-Simon et du sectarisme mystico-socialisant qu'il vont développer autour de la révolte des canuts lyonnais en 1830. Depuis 1823, Laffitte s'intéresse un peu au textile. Il a alors participé avec un large consortium de banquiers parisiens à la fondation de la filature de Rouval-les-Doullens, près d'Amiens, dont le capital est de deux millions. On sait que la même année, il a ouvert un crédit au drapier sedanais Poupart de Neuflize et l'on connaît son amitié pour les frères Javal qui ont une filature à Mulhouse.

---

[16] Général Foy, *op. cit.*, I, p. 177. Foy fait très clairement allusion à la publication mensuelle, par Saint-Simon, de textes regroupés sous le titre de *Système industriel.* Ce périodique ne paraît que de juin 1820 à juillet 1821.

[17] D. Desanti, *Flora Tristan*, Paris, Hachette, 2001, p. 27.

La récession de 1827 affecte le crédit et provoque une crise de confiance qui menace directement le textile alsacien. Le pragmatisme de Laffitte lui fait craindre qu'elle n'atteigne la place de Paris et il s'engage très résolument pour l'éviter. Fin janvier 1828, il ouvre à plusieurs filateurs une ligne de prêts d'un million de francs sur consignation des marchandises. Dans les semaines qui suivent, le répit qu'il leur donne est épaulé par un syndicat de banquiers et de receveurs généraux qui apportent un crédit de cinq millions à la firme Koechlin-Dollfus puis à une demi-douzaine d'autres maisons. J.-C. Davillier, qui n'est pas particulièrement saint-simonien, en est le président. La banque Laffitte, comme Rothschild et André & Cottier contribuent pour chacune un demi-million.

Ce geste permet de rétablir la confiance : Koechlin sera sauvé et sa *Fonderie* sera la première usine française de matériel ferroviaire à voir le jour[18].

---

[18] H. Bonin, *op. cit.*, p. 65.

Chapitre 16

Laffitte et la succession de Napoléon : douze ans d'imbroglio. Reconduction de la banque Laffitte. Quatrième mandat de député (1822). La guerre d'Espagne. Le rôle des banquiers. L'expulsion du député Manuel (1823).

Laffitte intervient dans les affaires tantôt au nom de sa banque, tantôt à titre particulier sans que, les livres comptables de sa maison n'étant pas conservés, il nous soit aujourd'hui possible de faire toujours la part des choses. Cette ambiguïté, qui n'a rien d'illégal puisque la forme juridique des banques sociétés de personnes implique que, en cas de difficultés, les associés sont responsables sur tous leurs biens, peut, néanmoins, être source de confusion et de contestations. Le règlement de la succession de Napoléon en est, pour la partie qui concerne Jacques Laffitte, l'illustration.

Reprenons les faits. On se souvient que, le 26 ou le 27 juin 1815, Napoléon a remis à Laffitte 800 000 francs en numéraire, lui a confié son médailler, annoncé un dépôt de trois millions (que Laffitte se fait verser le lendemain sur la liste civile de l'Empereur) et un autre de 1,2 million qui lui sera porté par Lavalette et le prince Eugène. Le second n'arrivera jamais (Lavalette étant en fuite et le prince retiré en Bavière), ce dont Napoléon ne sera pas informé.

Laffitte ne considère pas les sommes reçues (et « remboursables à vue ») comme un placement fait par le futur exilé mais comme une sorte de fidéicommis fait à sa maison, un dépôt sacré dont il est personnellement redevable. Le fait que, dans les jours qui suivent, il en ait prêté les deux tiers au gouvernement provisoire (et en ait, par une habile manœuvre, tiré, au profit de l'État, le bénéfice dont il a été parlé plus haut) n'a donc, à ses yeux, rien à voir avec le contrat moral qui le lie à l'Empereur. D'ailleurs, Napoléon lui-même n'avait-il pas coutume de prêter personnellement de l'argent au Trésor, sans passer par les banques !

Mais, au moment où le prisonnier de Sainte-Hélène commence à rédiger son testament, le 13 avril 1821, il ne voit pas, ou plus, les choses de cette façon. Trente-deux des trente-quatre legs qui figurent dans le document principal[1] sont à prendre « sur les 6 millions que j'ai placés en partant de Paris en 1815, et sur les intérêts, à raison de 5 pour 100, depuis juillet 1815. Les comptes en seront arrêtés avec le banquier par les comtes Montholon, Bertrand et Marchand », exécuteurs testamentaires de l'Empereur. Le montant total de ces legs est de 5,6 millions, le solde éventuel devant être distribué aux blessés de Waterloo et au bataillon de l'île d'Elbe.

Les trois hommes, qui sont les principaux bénéficiaires de la générosité de Napoléon (respectivement pour deux millions, 500 et 400 000 francs), craignent-ils que le banquier conteste le montant et les conditions du dépôt impérial ? Lorsque Montholon, qui est l'exécuteur privilégié, se présente chez Laffitte, en novembre 1821, il produit deux documents complémentaires : une lettre de l'Empereur pour Laffitte, datée du 25 avril[2] et les *Instructions pour* [ses] *exécuteurs testamentaires*, datées du 26.

La première dit ceci :

> Monsieur Laffitte, je vous ai remis en 1815, au moment de mon départ de Paris, une somme de près de six millions, dont vous m'avez donné un double reçu. J'ai annulé un des reçus, et je charge le comte de Montholon de vous présenter l'autre reçu, pour que vous ayez à lui remettre après ma mort ladite somme avec les intérêts à raison de 5 pour 100 à dater du 1er juillet 1815, en défalquant les payements dont vous avez été chargé en vertu d'ordres de moi. [...] Je vous ai également remis une boîte contenant mon médailler : je vous prie de la remettre au comte Montholon.

L'on peut lire dans la seconde :

> Les 5.280.000 francs que j'ai placés chez le banquier Laffitte devront avoir produit, au 1er janvier 1822, les intérêts étant comptés à 5 pour 100, ainsi que je le lui ai dit, environ 7 millions de francs. En cas de difficulté, il faut compter de clerc à maître, puisque des forces majeures m'ont empêché d'écrire et de disposer de mes fonds. Je n'entends aucune modification là-dessus.
>
> Je n'ai connaissance que le banquier Laffitte ait payé pour mon compte que : 1° 20.000 francs au général Lallemand aîné ; 2° 3.000 francs à Gillis, mon valet de chambre ; 3° 10.000 francs au comte Las Cases ; 4° 72.000 francs à Balcombe, sur une lettre de crédit au comte Bertrand ; 5° une autorisation, envoyée par le canal du prince Eugène, de fournir 12.000 francs par mois, depuis 1817, à Londres, pour mes besoins : cette somme n'a pas été fournie, si ce n'est une partie chez MM. Parker, ce qui me rend redevable de

---

[1] Laffitte n'est pas concerné par les codicilles qui l'accompagneront. L'intégralité du testament (conservé aux Archives nationales), ses codicilles et les documents joints, originaux, transcriptions ainsi les notes explicatives de D. Contant peuvent être aisément consultés sur www.histoire-empire.org/docs/testament/presentation.htm.

[2] Elle aurait été dictée à Montholon seulement le 29, mais peu importe ici.

sommes considérables au comte Bertrand, somme dont il doit tout d'abord être remboursé.
D'où il résulte que le règlement de ce compte doit porter les fonds que j'ai placé chez M. Laffitte à la somme de 6.200.000 francs, capital et intérêts, ou environ, disponibles au 1er janvier 1822.

Laissons de côté les contradictions quant à la somme supposément remise à Laffitte[3] et les calculs qui en découlent, pour relever la petite phrase des *Instructions* : « en cas de difficulté, il faut compter de clerc à maître », ce qui signifie, selon le Littré, « rendre seulement compte de ce qu'on a reçu et déboursé, sans autre responsabilité ». L'Empereur moribond admet donc implicitement que la discussion sur les intérêts générés par son dépôt puisse être abandonnée. Mais Montholon, conseillé par Cambacérès, ne l'entend pas de cette oreille et porte le litige devant le Tribunal de la Seine. Laffitte décide alors de s'expliquer publiquement et, dans une lettre publiée par *Le Constitutionnel* le 22 février 1822, détaille les sommes qu'il a reçues (4,2 millions, dont les 400 000 francs déposés par Lavalette en 1814) et, déduction faite des paiements effectués, déclare n'être redevable à la succession que de 3 149 000 francs. Il n'est plus question des intérêts et, habilement conseillé, le banquier déplace le débat sur un autre terrain en évoquant le fils de l'Empereur : « Dans notre droit, il n'existe point de succession sans héritiers ou représentant légal. Je suis prêt à payer en main. Je veux payer valablement. Je ne veux pas payer deux fois ».

Les juristes reconnaissent la valeur de l'argument, donnent gain de cause à Laffitte et déboutent ses adversaires au motif qu'ils n'ont pas présenté l'intégralité du testament (dont deux des codicilles impliquent l'impératrice Marie-Louise et le prince Eugène, eux aussi en conflit avec les exécuteurs testamentaires).

Laffitte conserve donc provisoirement ses trois millions, mais il a de bonnes raisons de se méfier car la fortune de Napoléon (au total environ cent millions de francs, propriétés immobilières incluses) attire de plus en plus de convoitises : celles de l'État qui a déchu l'Empereur de ses droits, celles de sa famille, celles des Anglais auxquels la détention à Sainte-Hélène a coûté fort cher (deux millions par an). Sans oublier le duc de Reichstadt qui peut, en droit français, en exiger une moitié… à laquelle le gouvernement autrichien s'intéresse de près à partir d'octobre 1823.

L'imbroglio est donc complet et le règlement du litige entre Laffitte et Montholon passe au second plan : le roi craint une publicité intempestive autour de la mémoire de l'Usurpateur et le Garde des Sceaux Peyronnet, qui se souvient peut-être des gains substantiels que Laffitte lui a

---

3 Voir *supra*, p. 113.

permis de réaliser en 1813, affirme qu'aucun des ministères éventuellement concernés (Affaires étrangères, Trésor, Justice) n'a capacité à intervenir[4].

En 1824, une issue se dessine : à condition que Laffitte accepte de verser 3 % d'intérêts (environ 700 000 francs), sa dette est réduite selon ses vœux. Ce compromis devrait mettre un terme à la procédure, si Montholon n'en profitait pas pour prélever 400 000 francs de plus que sa part, au détriment de certains légataires qui ne le découvriront que bien plus tard[5] ! Quoiqu'il en soit, le 1er janvier 1826 le banquier débourse finalement 3 856 121 francs (3 418 785 francs en principal et 437 336 francs d'intérêts de 1815 à 1826) à verser aux légataires et considère le dossier comme clos.

Mais le feuilleton continue : Montholon se ruine dans des affaires industrielles hasardeuses et s'enfuit en Angleterre en 1829 ; au nom des légataires floués, le général Bertrand se retourne donc contre Laffitte auquel, finalement, le verdict est plutôt favorable. Son honnêteté officiellement reconnue, il n'est considéré coupable que de négligence en n'ayant pas surveillé Montholon.

Arguant des embarras financiers qu'il éprouve alors (sa banque est mise en liquidation en 1831), il repoussera jusqu'en 1833 le paiement des 400 000 francs manquants : ils seront finalement pris sur l'hypothèque du château de Frémilly que Montholon tenait de son beau-père, Sémonville, et avait offert en garantie en 1825. Pour Laffitte, l'affaire du testament de Napoléon est enfin terminée. Elle aura duré douze ans !

Quant aux légataires de l'Empereur, il leur faudra attendre encore un quart de siècle et l'intervention personnelle de son neveu Napoléon III, en 1859, pour toucher l'intégralité de leur dû…

Mais revenons à la banque Laffitte et à son évolution. Le 26 décembre 1822, la société Jacques Laffitte & Cie est renouvelée pour cinq ans avec la même organisation et les mêmes conditions de rémunération du capital que celle de 1817, à cela près que l'on voit apparaître dans les statuts l'aîné des neveux du banquier, Chilon Ferrère-Laffitte, vingt-sept ans, qui est intéressé aux bénéfices comme commis. Les fils d'Alphonse Perregaux n'étant encore que des enfants, la prééminence du clan Laffitte dans la banque se confirme[6].

---

4 A.N. BB 17 A 29 et 32. Cités par M. Brun, *op. cit.*, pp. 222, 224, 248.

5 Voir à ce sujet quatre lettres du général Cambronne, vente Paris, PIASA, 11 juin 2007, n° 567.

6 Jean Charles Clarmont, quant à lui, est un homme prospère. Le 31 janvier, il a donné un bal magnifique dans sa demeure, « l'hôtel Mercy d'Argenteau, une des plus belles maisons de Paris ». Général Foy, *op. cit.*, II, p. 19.

La brillante réélection de Laffitte dans le 2e arrondissement de Paris (819 voix contre 254 à son adversaire M. de Bray, pour 1 477 inscrits), en mai, a confirmé sa popularité. Casimir Perier a été élu dans le 3e arrondissement avec un score comparable et commence, en se marquant davantage à gauche, à s'affirmer comme l'un des leaders de l'opposition parlementaire. Elle en a bien besoin, car si Manuel (en Vendée) et La Fayette (à Meaux) sont également reconduits lors des partielles suivantes en novembre, le groupe essuie tout de même une grave défaite avec la perte de trente-six sièges. De plus, beaucoup de députés libéraux sont fades, phraseurs, ennuyeux. Guizot, qui a perdu sa chaire de professeur à la Sorbonne en octobre, se consacre à l'écriture comme Barante. Avec Broglie, Rémusat et quelques autres, il joue un rôle important au sein de la Société de la Morale chrétienne qui se préoccupe de philanthropie, de recherche théologique, de problèmes sociaux (les orphelins, les aliénés, les aveugles, la lutte contre la mendicité, etc.) hors de toute intervention dans le débat politique.

Les libéraux manquent donc de ténors. Ceci explique l'extraordinaire succès que rencontrent Manuel, le général Foy – deux orateurs exceptionnels – et, dans une moindre mesure, Casimir Perier auquel sa pugnacité et sa véhémence tiennent lieu d'éloquence, lorsqu'ils montent à la tribune. Ceci explique aussi sans doute en partie que, dans leur *Mémoires*, les contemporains parlent si peu de Laffitte qui n'est ni un meneur d'hommes ni un grand orateur. Par contre, lors des discussions financières, sa précision, son calme, sa puissance et son autorité impressionnent :

> Dans l'état actuel de la société, celui dont la signature peut réunir ensemble trente millions est une puissance. Chaque siècle marche avec les forces qui lui sont propres. Laffitte parlant crédit au ministère…, c'est le duc de Bourgogne parlant de ses forces à Charles VI[7].

La rue, par contre, aime l'homme simple qui sait faire oublier sa fortune, non sans une certaine démagogie. On diffuse des gravures le représentant et l'on peut lire au bas de l'une d'elles : « Ami de la Patrie, il met sa volupté / dans le bonheur du peuple et dans la liberté ».

Mais chez Jacques Laffitte, l'homme politique et le banquier sont deux personnages bien distincts. Sa position lors de l'affaire de la guerre d'Espagne le montre.

La situation intérieure de la péninsule est alors l'objet de toutes les conversations, tant elle ressemble à celle qu'avait connue la France en 1791. Le pays, brutalement dirigé par Ferdinand VII monté sur les

---

7 20 février 1821. Général Foy, *op. cit.*, I, p. 132. Laffitte attaque très violemment le ministre des Finances, Roy, à propos du remboursement du premier 5e des reconnaissances de liquidation de 1816.

décombres du trône de Joseph Bonaparte en 1814, et que la perte de ses colonies sud-américaines a mis dans une situation financière catastrophique, est au bord de la guerre civile. En 1820, l'armée s'est soulevée sous la bannière du général Rafael del Riego y Nunez et a imposé à Ferdinand le rétablissement de la Constitution des Cortès de 1812 qu'il avait abolie en 1814. Face à l'armée et aux libéraux, le clergé et la noblesse ont fondé, en juin 1822, à la Seu d'Urgell, tout près de la frontière française, une régence militaire. Le 7 juillet, la garde royale a tenté un coup de force contre les miliciens constitutionnels. Elle a été écrasée et les Cortès ont exigé du roi, sous peine de destitution, la nomination d'un gouvernement exclusivement composé de révolutionnaires intransigeants.

L'ombre de l'échafaud se profile et, en France, les ultras se mobilisent pour imposer l'idée d'une intervention militaire préventive en Espagne : la presse d'extrême droite répète qu'il est urgent de sauver Ferdinand (un Bourbon) et de rétablir en Espagne une monarchie absolue. Les arguments séduisent ceux qui voient dans cette intervention l'occasion de venger symboliquement Louis XVI et, parallèlement, d'enraciner le ministère Villèle, nommé six mois plus tôt, dans une politique résolument contre-révolutionnaire.

Car le chef du gouvernement craint d'engager la France dans une intervention que, de par sa position géographique, elle assumerait seule. Il souhaite également ménager l'Angleterre qui espère profiter de ses bons rapports avec le gouvernement révolutionnaire espagnol pour obtenir un protectorat commercial sur l'Amérique du Sud. À l'inverse, son ministre des Affaires étrangères, Mathieu de Montmorency, pousse à la guerre, implicitement soutenu par la Sainte Alliance.

À l'issue du congrès de Vérone (automne 1822) dans lequel Chateaubriand, quoique mandaté par Villèle, a, pour des raisons personnelles[8], joué le jeu des ultras auxquels il reste secrètement fidèle, la Triple Alliance (Autriche-Russie-Prusse) somme la France de se déterminer. Un mois de suspense s'écoule encore jusqu'au 28 janvier 1823, date à laquelle Louis XVIII annonce officiellement l'ouverture des hostilités : le duc d'Angoulême est prêt à partir, à la tête de cent mille hommes.

Pour financer l'expédition (208 millions), Villèle, qui cumule les fonctions de président du Conseil et de ministre des Finances, propose de prélever 63,5 millions sur les excédents du budget et six sur la Caisse des Dépôts. On complètera l'enveloppe par une émission de bons royaux (66 millions) et un emprunt à 5 % pour 71,6 millions. Il n'y aura

[8] Il veut le poste de Montmorency qui, de son côté, se pose comme son rival auprès de Mme Récamier.

ainsi aucune ponction sur les contribuables. Dans la mauvaise humeur, la Chambre est obligée de s'incliner et d'accorder l'emprunt (10 février), car les bons royaux ont déjà été négociés avec la banque Rothschild dont l'État se trouve donc le débiteur.

En tant que député, Laffitte est hostile à l'emprunt, mais une fois celui-ci voté, il redevient banquier. Certes, le général Foy, qui a servi en Espagne sous Marmont et prétend connaître « le caractère espagnol dans tous ses replis », ne cesse-t-il de clamer que l'expédition ne peut être qu'une catastrophe. Mais le jeune Adolphe Thiers qui vient d'effectuer pour *Le Constitutionnel* un reportage en Espagne a une toute autre opinion : il n'y aura pas de soulèvement massif des Espagnols contre les Français puisque leur indépendance nationale n'est pas en cause. « L'Espagne, écrit-il, est une Vendée éteinte », en d'autres termes, la France peut l'emporter dans un pays déchiré contre lui-même.

Placer l'emprunt peut donc être une bonne opération et Laffitte se met sur les rangs pour la souscription de la rente. Avec lui, deux nouveaux venus sur la place de Paris : Sartoris d'Escherny, un banquier londonien associé de Baring qui a ouvert à Paris, en 1819, une maison dans laquelle Jean-Louis Greffulhe a des intérêts et César de La Panouse, un héros de la guerre d'Indépendance américaine émigré en Hollande où il a fait fortune et ouvert une banque, qui est un ami personnel de Villèle. Les trois maisons proposent un taux de 87,75 francs mais Rothschild offre 89,55 et l'emprunt lui est aussitôt adjugé.

Laffitte n'abandonne pas ; il négocie une sous-traitance avec Rothschild et réussira à placer une part non négligeable de l'émission, non seulement à Paris mais aussi en Angleterre[9]. Son expérience l'y aide sans doute : en 1820, il avait pris une participation importante dans un emprunt émis par le gouvernement espagnol et, dès janvier 1821, se vantait d'y avoir gagné pour deux millions de commission[10].

Cependant les libéraux n'ont pas digéré le vote des crédits de la campagne et, en espérant peut-être différer le départ du duc d'Angoulême prévu pour le 14 mars, leurs orateurs se déchaînent : l'intervention française viole l'indépendance d'une nation souveraine qui n'a manifesté aucune intention agressive à notre égard ; elle est contraire à l'esprit libéral de la Charte ; elle entérine la volonté de la Sainte Alliance de rétablir une monarchie absolue en Espagne, comme elle l'avait fait en France en 1792. Les ultras répliquent en affirmant hautement le caractère contre-révolutionnaire de l'opération et la traîtrise de Villèle. Chateaubriand entre en lice pour défendre le ministère,

---

[9] H. Bonin, *op. cit.*, p. 64.

[10] Général Foy, *op. cit.*, I, p. 112 et coll. pers. : copie correspondance Laffitte/Reiset, oct. 1821.

soutenant que l'expédition prouvera la valeur de notre armée et que la victoire réconciliera les Français.

C'est à lui que Manuel répond, le 26 février. Après avoir attaqué le gouvernement de Ferdinand VII, il s'engage sur le terrain dangereux du régicide, lançant que « c'est parce que les Stuart cherchèrent un appui à l'étranger qu'ils furent renversés de leur trône ; que ce fut parce que les puissances étrangères entrèrent en France que Louis XVI fut décapité ».

La majorité ulcérée explose d'indignation : comment peut-on prétendre que la Convention ne fut pour rien dans la mort du roi martyr ? Comment peut-on affirmer que les Alliés – soutenus par les émigrés encore nombreux sur les bancs de l'Assemblée – en portent la responsabilité ? Ce n'est rien moins que l'apologie du régicide, une infamie, un blasphème ! Manuel doit être chassé.

Son exclusion définitive entraînant automatiquement de nouvelles élections et le risque qu'il soit réélu triomphalement, la majorité hésite sur la sanction à lui infliger. Le tribun, sans illusion, la gratifie d'un nouveau discours, d'une ironie mordante lorsqu'il parodie Mirabeau[11] : « Arrivé dans cette Chambre par la volonté de ceux qui m'y avaient envoyé, je ne dois en sortir que par la violence de ceux qui n'ont pas le droit de m'en exclure », mais volontairement blessant lorsqu'il reprend à son compte les termes exacts de la plaidoierie de de Sèze pour Louis XVI[12] : « Je cherche ici des juges, je ne trouve que des accusateurs ».

Une telle provocation ne permet pas à ses amis d'intervenir efficacement et le 3 mars, Manuel est exclu de la Chambre jusqu'à la fin de la session parlementaire. S'il y perd son gagne-pain, il s'offre le luxe d'offrir un grand spectacle à ses partisans. Le lendemain, il se présente dans l'enceinte parlementaire comme si de rien n'était et rejoint son banc sous les acclamations de la gauche. Officiellement sommé de se retirer, il refuse. Le président fait appeler la Garde nationale pour qu'elle se saisisse de lui, mais, sous les vivats de l'opposition, le sergent Mercier qui dirige le peloton, refuse d'obtempérer. L'agitation est à son comble et c'est finalement la gendarmerie qui, le tenant par le collet comme un vulgaire malfaiteur, met Manuel à la porte. Soixante-deux députés libéraux le suivent en déclarant partager son sort ; les quelques doctrinaires qui restent refuseront de prendre part aux délibérations jusqu'à la fin de la session.

Thiers avait vu juste : trois semaines après avoir quitté Paris, le duc d'Angoulême passe la Bidassoa (7 avril) et, soutenu tout au long par la paysannerie royaliste, entre sans problème dans Madrid le 24 mai. Le

[11] Discours du 23 juin 1789.

[12] Devant la Convention, 26 décembre 1792.

corps expéditionnaire français, dument approvisionné par Ouvrard qui supplée aux défaillances des munitionnaires de l'armée, est devant Cadix fin août et s'empare, le 31, des forts du Trocadéro qui la protègent. Le 28 septembre, Ferdinand VII est libéré par les Cortès et le duc d'Angoulême rentre triomphant à Paris. Le cours de la rente atteint cent francs, ce qui n'était plus arrivé depuis sa création !

La droite parlementaire gagne donc sur toute la ligne : la France a retrouvé son prestige et la gauche s'est-elle même privée de la possibilité d'intervenir. Villèle lui portera l'estocade finale en faisant annoncer par *Le Moniteur*, le 24 décembre, la dissolution de la Chambre.

Quant à Laffitte, bien qu'il ait financièrement tiré son épingle du jeu, il n'en a pas moins, stratégiquement, perdu la partie. En enlevant le contrat d'émission de l'emprunt, James de Rothschild, très soutenu par les maisons francfortoise, viennoise, londonienne et napolitaine de ses frères, s'affirme comme un jeune rival redoutable. Si Balzac a pu s'inspirer des débuts de Jacques Laffitte pour imaginer ceux de Nucingen, c'est bien la réussite de James de Rothschild qu'il décrira dans la suite de son roman.

Chapitre 17

Élections de 1824. Conversion de la rente.
Voyage à Bayonne.
La « Société commanditaire de l'industrie ».
Le « milliard des émigrés ».
Funérailles du général Foy (30 novembre 1825).
Laffitte député de Bayonne (30 mars 1827). Dissolution de la Garde nationale (29 avril 1827). Discours de Laffitte à la Chambre (7 mai 1827).

Les élections de 1824 s'annoncent mal pour les libéraux qui n'ont pas réussi à faire front commun contre les ultras. Déjà un an plus tôt, le général Foy, un assidu des « réunions » Laffitte, écrivait : « cette année plus encore que les précédentes il y aura défaut de cohésion et d'ensemble dans notre parti »[1] et la situation ne s'est pas arrangée : leur incapacité à s'entendre avec le groupe de Ternaux comme avec les doctrinaires de Guizot nuit aux députés de la « réunion » Laffitte. Delessert se désintéresse de la politique « politicienne », Perier fait cavalier seul. Villèle, qui a la situation bien en main, évite habilement d'offrir à l'opposition, affaiblie par le silence qu'elle observe depuis l'expulsion de Manuel, un prétexte pour quitter la Chambre : la Charte n'est jamais menacée et, officiellement, la censure est supprimée.

La constante dérive des libéraux vers la gauche depuis 1817 inquiète l'électorat censitaire, profondément conservateur. Les liens de La Fayette et de Manuel avec la Charbonnerie lui font craindre le retour de l'agitation révolutionnaire. Les élections des 26 février et 6 mars 1824 font plus que confirmer ces sentiments : elles sont une véritable Bérésina pour la gauche parlementaire qui ne compte plus que 19 députés sur 430. Parmi eux Benjamin Constant, le général Foy, Casimir Perier et Royer-Collard. À Paris, dans son fief du 2e arrondissement, Laffitte est battu de six voix par le gendre du banquier Baguenault, Gustave Sanlot-Baguenault. Le 23 mars, lors du discours du trône, Louis XVIII annonce la septennalité de la Chambre des députés, en remplacement du renouvellement annuel par cinquième, une mesure qui est adoptée sans difficulté par les deux Chambres et conforte Villèle dans son siège de président du Conseil.

---

[1] 28 janvier 1823. *Op. cit.*, I, p. 220.

Jacques Laffitte est vexé, très vexé, et le dissimule mal. Tout en affirmant être content de quitter « cette carrière de député si difficile et si ingrate » il se complaît dans l'idée d'être bientôt élu dans le 1er arrondissement (celui des Champs-Élysées qui a été enlevé par le général Foy, lequel a préféré l'arrondissement de Vervins où il l'avait également emporté[2]) et raconte que le roi est mécontent de sa récente défaite.

Cette assertion, qui semble *a priori* être le fruit d'une imagination dépitée, a peut-être une base réelle. Lors du discours du 23 mars, Louis XVIII, qui sait bien n'avoir plus que quelques mois à vivre, a annoncé une mesure, fort importante en elle-même, et qui lui tient d'autant plus à cœur que sa réalisation permettrait de « fermer les dernières plaies de la révolution » : il veut indemniser les anciens émigrés pour la part de leurs propriétés foncières qui ont été vendues comme biens nationaux, en utilisant la récente hausse de la rente.

L'idée de cette mesure, que les contemporains désignent indifféremment sous les termes de « conversion de la rente », « réduction de la rente » ou « réduction de l'intérêt de la rente », est née du constat que le cours de celle-ci a alors dépassé le pair et atteint 104 francs. Dès lors, un mécanisme fort simple est imaginé : il s'agit de proposer aux rentiers le rachat immédiat et au pair de leur rente 5 %, ou l'échange de leurs titres contre du 3 % au prix de 75 francs. Concrètement, pour le rentier, l'offre se traduirait ainsi : son capital de 300 francs (par exemple) passerait à 400 tandis que son intérêt de 15 francs se réduirait à 12 (ce qui représente en réalité 4 % du capital initial).

L'économie réalisée annuellement par l'État (28 à 30 millions sur les 197 que lui coûte le versement de l'intérêt 5 %) permettrait, sans augmenter les impôts, de régler l'indemnité des émigrés.

Mais Villèle, porteur du projet devant les Chambres en tant que ministre des Finances, n'ignore pas qu'il va devoir affronter une forte opposition. Personne ne conteste ses qualités de gestionnaire ni l'excellente santé des finances publiques : la comptabilité est saine, le budget est constamment en surplus et, conséquence d'une économie prospère, les recettes fiscales en hausse permettent la réduction de la dette publique et la baisse de la contribution foncière. Par contre, les gros rentiers, nombreux dans la noblesse, s'indignent à l'idée de vendre à 100 des titres qui sont alors cotés 104, négligeant le fait qu'il s'agit du cours avant détachement du coupon (ce qui ramène le cours nu aux alentours de 100) et oubliant, d'autre part, qu'ils ont acquis ces titres à environ 70 ; quant aux petits rentiers (artisans, boutiquiers, anciens employés, domestiques retirés) dont on estime le nombre entre 50 et 100 000 à Paris, ils sont peu concernés par la baisse de l'impôt et vivent très

---

2 Lors du scrutin partiel du 2 août, Laffitte sera battu par Dupont de l'Eure.

mal l'idée de voir leurs modestes revenus baisser, même si leur capital augmente. Enfin ni les uns ni les autres n'acceptent de perdre 20 % de leur revenu au profit des anciens émigrés.

Avant l'annonce officielle de la mesure, Villèle s'est assuré du concours des banquiers. La veille du discours du trône, il a créé un « syndicat de banquiers intermédiaires » : 120 à 150 maisons (ceci inclut probablement des receveurs généraux), réparties en trois groupes placés sous les tutelles de Baring, de Rothschild et de Laffitte, qui assureraient les avances nécessaires dans le cas, assez improbable, ou les demandes de remboursement porteraient sur l'ensemble de la rente (les 2,8 milliards de dette de l'État depuis la Révolution), contre une commission de 1 % l'an pendant 15 mois, soit 35 millions[3].

Le grand public n'a pas connaissance de ce contrat secret. Il n'en est pas de même dans les salons de la Chaussée d'Antin et, dès le 25 mars, le général Foy note dans son carnet :

> Dîner chez B. Delessert. Là et chez Laffitte au soir, il n'est question que de la grande affaire de la réduction de l'intérêt de la rente. Les banquiers ont fait le marché pour le remboursement avant le discours du roi, par conséquent bien avant la loi qui surviendra sans publicité et sans concours.

Malheureusement pour Villèle, aucun des deux banquiers ne siège plus à la Chambre et les opposants au projet de conversion se déchaînent pendant toute la durée des débats. C'est alors que le soutien de Laffitte eut été utile à la cour ! Lorsque la loi est votée, le 5 mai, par 238 voix pour et 145 contre, Villèle peut calculer qu'environ 130 des députés de sa majorité lui ont fait défaut. Quatre semaines plus tard, la Chambre des pairs confirme le fait, en rejetant le projet, avec 34 voix de majorité.

En ville, Jacques Laffitte a publiquement pris position en faveur de la loi et, conscient de l'incompréhension de ses amis politiques, il décide, en juillet, de publier un long mémoire pour se justifier. Selon Béranger, les *Réflexions sur la réduction de la rente* ont, en réalité, été rédigées par Thiers. Il est vrai que le journaliste, qui est, par ailleurs, devenu un bon spécialiste des finances (il publiera en 1826 une importante étude sur le système de Law), encense les *Réflexions* dans la presse, et il est possible qu'il ait aidé son protecteur à habiller noblement des motivations très pragmatiques.

« On ne peut donner la liberté à un pays ; qu'on lui donne la fortune, qui le rendra bientôt plus éclairé, meilleur et libre ». Cette fortune passe, bien sûr, par les mains de M. Laffitte et de ses associés les Baring et les Rothschild auxquels la conversion, si elle réussissait, procurerait une

---

[3] A. Liesse, *Portraits de financiers...*, Paris, Alcan, 1908, pp. 279 sq. et H. Bonin, *op. cit.* p. 63.

confortable commission. D'autre part, la diminution de l'intérêt de la rente valoriserait aux yeux du public des titres dont les revenus n'auraient pas été minorés : ainsi les canaux dans lesquels de grands capitalistes comme Greffulhe et Sartoris ont de gros intérêts[4], comme d'ailleurs, de son côté, Laffitte.

Enfin, dans ses *Réflexions*, Laffitte défend une idée qui lui tient particulièrement à cœur depuis des années (il est d'ailleurs sur ce sujet en accord avec la commission parlementaire chargée d'étudier le projet de loi) qui est que la conversion de la rente, en faisant baisser le taux d'intérêt de 5 à 4 %, entraînerait la baisse de celui du crédit, jugé par lui beaucoup trop élevé (6 %). Laffitte, qui depuis longtemps veut promouvoir l'industrie et le commerce, en serait un des premiers bénéficiaires.

Ayant ainsi bataillé autant que possible, Jacques Laffitte décide de s'éloigner un temps de Paris. Il a échoué trois fois à se faire réélire, le projet de conversion de la rente a capoté et s'il a trouvé un compromis avec les exécuteurs testamentaires de Napoléon, il craint encore que Metternich ne passe outre et n'exige de lui, au nom du duc de Reichstadt, les millions qu'il a restitués à Montholon. De surcroît, en août 1824, Louis XVIII est mourant et une atmosphère de fin de règne baigne la capitale.

Le banquier, sa femme, sa fille, une femme de chambre et deux domestiques prennent la route en direction des Pyrénées. Les passeports avaient été demandés quinze mois plus tôt et sans doute Laffitte désirait-il alors aider au rétablissement de la jeune Albine, qui avait failli mourir de la fièvre scarlatine, en lui faisant prendre les eaux à Bagnères. Mais durant l'été 1823, des complications consécutives à la maladie avaient obligé les Laffitte à renoncer à ce long périple[5].

Un an plus tard, l'objectif thérapeutique du voyage est plus que jamais d'actualité. Albine a passé un très mauvais hiver, elle est dans un état lamentable, ses fiançailles sont rompues et Mme Laffitte a été victime, pour la seconde fois, d'une attaque d'apoplexie.

Laffitte va cependant se saisir de l'occasion pour nouer, tout au long du chemin, des contacts avec les libéraux de province. Il pose des jalons dans l'espoir de reconquérir, à l'occasion d'élections partielles, le siège d'un député qui serait venu à mourir… et il est surveillé de près par l'administration préfectorale[6]. Plus il approche du pays basque, plus les

---

4 Selon Pasquier, *op. cit.*, V, p. 550-551, ce sont eux qui auraient suggérés à Villèle l'idée de la conversion. Cité par G. Rietsch, *La dette publique et les rentes françaises durant la Restauration*, www.univ-orléans. fr, 2001, section 3, §1 et note 1.

5 Informations tirées des *Notes journalières du général Foy*, *op. cit.*, II, pp. 261 et 337, III, p. 29.

6 A.N., série F7, 6720, cité par M. Brun, *op. cit.*, p. 255.

manifestations de sympathie à son endroit se font ostentatoires. À Bordeaux, le 13 septembre, le rabbin fait chanter en son honneur le « Te Deum des Juifs » dans la synagogue. Il s'agit, en l'occurrence, d'une cérémonie patriotique, mais, lorsqu'on se rappelle que Laffitte avait passé son enfance dans le quartier juif de Bayonne et lorsqu'on connaît les liens étroits qui en unissaient la communauté à celle de Bordeaux[7], on entrevoit là une forme de *lobbying* inattendue. À Biarritz, le 19, il est acclamé aux cris de « Vive Laffitte ! Vive la Charte ! ». À Bayonne enfin, l'accueil est triomphal. Jacques Laffitte n'a pas revu sa ville natale depuis trente-six ans mais il y retrouve des femmes qui avaient pris soin de lui dans son enfance ! Largesses, aumônes, pensions, il ouvre grand sa bourse : la popularité de « l'enfant du pays » est à son zénith.

Le 26, la Chambre de commerce offre un grand banquet en son honneur. C'est peut-être à cette occasion que Laffitte fait connaissance avec les francs-maçons de Bayonne. Ils y sont, depuis toujours, très actifs : dès 1772, la Zélée avait été la première loge de France à accueillir en son sein des juifs, dix-huit ans avant que la Constituante ne leur accorde le droit de citoyenneté. Un certain Nicolas Plantié, qui vient alors d'en être nommé président, représente la jeune génération républicaine, et ouvre largement la Zélée, précédemment dominée par les armateurs, aux professions libérales et aux petits commerçants : il ne peut que s'entendre avec le grand banquier parisien et sera l'un des artisans de son élection en 1827 !

Ce n'est qu'ensuite que Mme Laffitte et sa fille vont avoir droit au repos dont elles ont tant besoin. Puis, au terme d'un mois de séjour à Bagnères, le banquier et sa famille reprennent la route de Paris.

Un nouveau projet, un rêve, occupe l'esprit de Jacques Laffitte. Ce rêve, la « Société commanditaire de l'industrie », est ainsi défini dans ses *Mémoires* : « une banque de circulation, d'escompte et de crédit pour toute la France, dont le commerce, les particuliers et l'État profiteraient »[8]. Une banque « mixte » donc, pour la fondation de laquelle il a l'appui inconditionnel de Villèle. Le ministre estime que l'on comblerait ainsi le vide laissé par la Banque de France « qui n'a jamais été qu'une simple banque de dépôt pour Paris » et, en conséquence, offre à Laffitte la possibilité d'utiliser les receveurs généraux pour faire le service ou le remboursement de ses billets.

---

[7] Cf. H. Roten, *Les traditions musicales judéo-portugaises en France*, Paris, Maisonneuve et Larose, 2000, pp. 42-44 et note 100.

[8] *Ibid.*, pp. 335-336.

Le capital serait de 100 millions, dont une moitié apportée par les Anglais. La liste des 129 membres fondateurs de la nouvelle banque[9] montre en effet qu'ils sont une vingtaine, des financiers, de grands seigneurs et surtout Baring, leur banquier. Puis une dizaine d'allemands et de genevois (les maisons Bethmann et de Rougemont, le baron Cotta), dont certains implantés en France (Worms de Romilly, Hagerman, Haber, Hentsch) et le franco-hollandais La Panouse. Cette liste de fondateurs fait donc apparaître la présence forte du réseau bancaire de l'Europe du Nord et la volonté de Laffitte de l'intégrer à la conception largement ouverte qu'il a de son futur établissement. Cette remarque trouve une pertinence supplémentaire si on lui ajoute la présence, parmi les fondateurs, de deux personnages-clés : Talleyrand et le baron Louis. On se rappelle[10] que ces deux hommes, comme d'ailleurs Perregaux, avaient été dès 1780, de fervents disciples du théoricien de la finance internationale Isaac Panchaud et avaient pu étudier le système financier anglais pendant leurs années d'émigration. Si l'on ajoute que Laffitte, lui aussi très admiratif de l'Angleterre et expert dans le maniement des mécanismes financiers, les fréquente depuis un quart de siècle, on comprendra mieux comment le projet de la Société commanditaire de l'industrie a pu se former dans son esprit.

L'aide que la Société veut apporter à l'industrie et au commerce se traduit concrètement par la présence, au sein du comité fondateur, d'un certain nombre d'entrepreneurs et/ou banquiers alsaciens (Coulaux, Humann, Saglio), mais aussi lyonnais, bordelais, rouennais, havrais, tourangeaux (Bodin, Galos, Lambert, Martin Laffitte, Goüin) et, bien sûr, parisiens (Oberkampf, Firmin Didot, Vital Roux). Tous les banquiers et financiers de la capitale ne suivent pas Laffitte mais ceux qui le font pèsent lourd : Perier, Ternaux (tous deux pressentis pour la vice-présidence de la société), Fould et Fould-Oppenheim, Martin d'André, Odier, Pillet-Will, Louis et Auguste d'Eichtal, Feray, Mallet, etc., et, *last but not least*, Rothschild.

Le projet, qui prend corps en 1825, est très chaleureusement accueilli par les milieux éclairés et par les personnalités libérales. De grands noms en témoignent, comme ceux des ducs de Choiseul, de La Rochefoucauld, de Dalberg, de Raineville et de Massa, du marquis de Praslin, du baron de Montmorency, des généraux Foy, Lagrange et Sébastiani, d'Alexandre de Laborde, de Lameth. Avant même d'ouvrir, la nouvelle banque séduit l'opinion, en dépit de l'inquiétude que suscite le début de

---

9 J. Bresson, *Histoire financière de la France...*, Paris, Bachelier, 1829, II, pp. 404-406.

10 Cf. chapitre 4.

la récession britannique qui s'amorce : « déjà on avait négocié des promesses d'actions avec des primes de bénéfices ».

Cependant, si l'importance du capital rassure et séduit les investisseurs libéraux et expansionnistes, elle inquiète les milieux conservateurs qui redoutent l'influence socio-politique que sa réussite donnerait à la Société. Malgré le soutien de Villèle, l'autorisation gouvernementale tarde à venir. L'opposition part de certains membres du Conseil d'État qui font pression sur le ministre de l'Intérieur, Corbière, très proche des ultras. Après des mois de discussions, et au vu des conditions qui lui sont imposées, Laffitte doit abandonner son projet. Ce n'est qu'en 1837 qu'il le mettra sur pied.

Paradoxalement, les saint-simoniens soutiennent la nouvelle société. Désorientés par la mort de Saint-Simon, ses disciples hésitent – avant de se déchirer – sur son héritage car aucune de ses théories n'a encore trouvé d'application. La Société commanditaire du Commerce et de l'Industrie correspond à peu près à leurs vues. Même si les plus intransigeants contestent, en leur for intérieur, le principe de la rémunération du crédit, ils ne peuvent, publiquement, que se rallier au projet de Laffitte. Comme eux, quoique par un cheminement différent, il est arrivé à la conclusion qu'il fallait soutenir le développement industriel et commercial pour le plus grand profit de la nation, c'est-à-dire des travailleurs. Et lui seul, grâce à une vision plus nette de ce que devrait être une meilleure organisation du crédit, est parvenu à la traduire concrètement.

Laffitte ne se soucie guère de la vision théorique d'une société égalitaire et plus « juste » que développent les saint-simoniens, mais peu leur importe pour l'instant : en 1825, il a toute leur faveur et ce n'est qu'en 1831 qu'Enfantin attaquera violemment la Société commanditaire dans *Le Globe*[11].

C'est ainsi que Laffitte peut être considéré comme un pionnier. Un pionnier qui, les historiens contemporains s'accordent à le souligner[12], fut l'inspirateur des saint-simoniens, et dont les Pereire reprendront les idées. Un pionnier dont l'échec dans sa tentative de construction d'un nouveau type de banque est en partie attribuable à sa position de chef de l'opposition, mais beaucoup au fait qu'il était trop audacieux pour l'époque, prématuré par rapport à l'évolution économique et à l'état des mentalités. Pour ces deux raisons, la « Société commanditaire de l'industrie », dont se réclamera pourtant officiellement la Société géné-

---

11 Plusieurs articles parus en avril-mai. Il considère qu'elle n'aurait fait qu'enrichir les capitalistes oisifs. Il n'en conteste cependant pas le principe, bienfaisant pour les travailleurs, mais estime qu'une telle société devrait être alimentée par les droits de succession.

12 B. Gille, *op. cit.*, p. 277 et M. Lévy-Leboyer, *op. cit.*, p. 503.

rale de Belgique en 1836, fait partie des utopies de l'Histoire de la Banque[13].

1825. Bien que Charles X ait maintenu Villèle dans ses fonctions et pris l'opinion de cours en annonçant, quelques jours après son avènement, la suppression de la censure sur la presse qui avait été rétablie un mois avant la mort de son prédécesseur, il est clair qu'aux Tuileries, l'influence de la « Congrégation » (une institution laïque placée sous l'autorité spirituelle des Jésuites[14]) domine toutes les autres. La loi sur le « sacrilège » (ironiquement surnommée « loi de justice et d'amour » par l'opposition) qui assimile la profanation des vases sacrés et des hosties consacrées à un parricide provoque une vive émotion et les Pairs eux-mêmes tentent sans succès de s'y opposer. Tout au plus obtiennent-ils que l'on ne tranche pas le poignet du coupable avant de le décapiter !

La Chambre des députés, pour sa part, se voit soumettre trois projets de loi. Les deux premiers – sur la liste civile et sur la conversation de la rente – passent dans une relative tranquillité. Par contre le troisième, l'indemnisation des biens des émigrés, soulève une tempête. Non pas à cause de la manière dont cette indemnité sera versée (sous forme de la rente 3 % dont le principe est voté dès février) mais en raison de la base selon laquelle est calculée, soit vingt fois le revenu produit par le bien en 1790. C'est habile de la part de Villèle, qui, en valorisant ainsi les propriétés foncières, imagine calmer les rancœurs des anciens comme des nouveaux détenteurs, toujours inquiets de se voir dépossédés de ce qui a été acquis par leurs parents.

Le montant de l'indemnité est estimé à un milliard de francs et autour de ce « milliard des émigrés », comme le surnomme immédiatement l'opposition, les passions s'exacerbent. À la tribune de la Chambre, les anciens émigrés ou leurs fils couvrent d'insultes les acquéreurs de biens nationaux ; les libéraux, eux, veulent défendre l'acquis de la Révolution et se sentent soutenus par le sentiment national. Le 21 février, le général Foy prend avec panache la défense des acquéreurs et menace : « Si on essayait de leur arracher de force les biens qu'ils possèdent légalement, qu'ils se souviennent qu'ils ont pour eux le roi et la Charte, et qu'ils sont vingt contre un ». Le 25, dans un magnifique discours, Benjamin Constant dénonce les intentions profondes de la droite qui, à défaut de pouvoir disputer leurs biens aux acquéreurs, en considère la possession comme illégitime.

Villèle compte alléger le coût de son projet par les économies réalisées grâce à la conversion de la rente, mais une partie de l'opposition

[13] Cf. H. Bonin, *op. cit.*, pp. 66-67, 72, 75, 77-78.

[14] Cf. J. Lacouture, *Jésuites*, Paris, Seuil, 1991-1992, II, pp. 58-80 et 96-98. Les Jésuites sont proscrits de France depuis 1764.

dénonce aussitôt le fait que ces économies proviennent de la réduction du revenu des rentiers. Villèle crée alors une réserve de cent millions « destinée à indemniser ceux des émigrés qui, à la fin de la liquidation, se trouveraient trop maltraités dans les catégories ordonnées par la loi », manière d'acheter quelques voix d'ultras qui se considéreraient comme spoliés...

Après deux mois de débats, la loi est adoptée le 24 avril, malgré l'opposition de plus d'un tiers des députés, laissant un goût amer aux protagonistes : même si finalement l'indemnité ne coûtera que 640 millions, la conversion de la rente ne la financera pas à la hauteur imaginée. En effet, la conversion passe mal : les bourgeois parisiens ne sont pas des spéculateurs et les rentiers, qui ont cherché à se constituer un capital, se méfient des jeux de la Bourse. Le cours du 3 % chute de près de douze francs dans les six mois qui suivent, et, sur 140 millions de rente 5 % (soit un capital de 2,8 milliards : toutes les dettes de l'État depuis la Révolution) mis en jeu, 30,6 millions seulement sont transformés en 3 %. Pour l'État, l'économie réalisée n'est que de 6,2 millions, même pas le quart de ce qu'il pouvait attendre si tout avait été converti.

Les grands banquiers qui avaient acquis beaucoup de 5 % lors de la première tentative de conversion, ne peuvent écouler leur stock ni toucher les commissions escomptées, ce qui s'avère embarrassant alors que la récession s'annonce. Par ailleurs, tout un chacun peut constater que les principaux bénéficiaires du « milliard des émigrés » sont de grandes figures du libéralisme aristocratique : le duc d'Orléans, le duc de La Rochefoucauld-Liancourt, Talleyrand, La Fayette. Cela ne contribue évidemment pas à simplifier les choses alors que la popularité de Charles X est en chute libre : son sacre (29 mai) et les rites surannés (onctions sur le corps du souverain allongé en chemise sur le pavement de la cathédrale de Reims, toucher des écrouelles) dont il a exigé le maintien, ont largement contribué à la dégradation de son image.

Les funérailles du général Foy, le 30 novembre, sont l'occasion d'une grande démonstration populaire qui prend des allures de manifestation. Cent mille personnes suivent le cercueil sur lequel ont été placées l'épée et les épaulettes du défunt. Les jeunes fils du général, que Casimir Perier tient par la main, mènent le deuil, comme pour marquer que le grand homme survit en eux. Sur les boulevards, des étudiants s'emparent du cercueil et le portent à bras, contrairement aux usages, et ce rôle donné à la jeunesse, qui incarne à la fois l'avenir et l'espoir collectif de la nation, traduit l'évolution de l'opinion. Nous sommes loin de la cérémonie grave, profondément chrétienne, qui avait été organisée pour le duc de Berry. À la mort du prince, vécue comme une perte irréparable, s'oppose maintenant le sentiment d'une immortalité politique, d'une continuité avec la Révolution et l'Empire, exprimées par un nouveau rituel et des discours « où les souvenirs ont plus de part que la douleur, où l'on menace le présent en enterrant le passé »[15].

Devant la tombe ouverte, au cimetière du Père Lachaise, les orateurs se succèdent. Jacques Laffitte n'en est pas. On ignore même s'il a assisté aux obsèques. Mais lorsqu'on ouvre une souscription publique au profit des enfants du général, il est l'un des premiers à s'inscrire, pour 50 000 francs. Ainsi participe-t-il généreusement à cette espèce d'adoption publique qui permettra de réunir près d'un million, de quoi faire vivre paisiblement les orphelins.

Il espère probablement aussi que son geste le servira politiquement. Avec la mort du général Foy, son siège de député de la 3e circonscription de l'Aisne se trouve libre. Sans perdre un instant, Laffitte se porte candidat et adresse en décembre et en janvier, deux lettres, qu'il fait publier, aux électeurs de l'arrondissement de Vervins[16]. Ces derniers sont-ils restés bonapartistes (on n'est pas loin de Ham...) et sont-ils choqués par les interminables controverses qui retardent le règlement de la succession de Napoléon ? Dès le premier tour, les voix se portent sur le général Sébastiani[17], qui passe largement au second.

Sans doute Laffitte réactive-t-il alors les contacts qu'il a pris en 1824 dans sa ville natale. Toujours est-il qu'un an plus tard, le 30 mars 1827, à l'occasion d'un scrutin partiel, il est élu député par le collège électoral des Basses-Pyrénées[18]. Bien que d'aucuns tentent de contester la validité de l'élection (il aurait omis de présenter son passeport), il est admis à la Chambre le 21 avril et retrouve sa place dans l'opposition. Notons qu'il en est de même pour Benjamin Delessert, élu à la même époque député de l'arrondissement de Saumur.

L'opposition s'est reconstituée : le projet de loi favorisant le droit d'aînesse est lu comme une tentative de retour aux inégalités de l'Ancien Régime, « l'alliance du trône et de l'autel », la tolérance dont bénéficient les Jésuites (toujours officiellement interdits), la mainmise du ministère sur l'enseignement exaspèrent libéraux et protestants. Chez les Pairs, le *Mémoire*[19] du comte de Montlosier, « ce vieux défenseur du Roi et de la religion, venant dénoncer le "parti prêtre" »[20], a eu un retentissement extraordinaire. La Chambre des députés, de son côté, s'enflamme contre une nouvelle loi très répressive, destinée à anéantir la

---

15 A. Marrast, 1834, cité par E. Fureix, *op. cit.*

16 Cf. Bibliographie, *Écrits de Jacques Laffitte*.

17 88 voix contre 76 au duc de Brancas et 37 à Laffitte.

18 Avec 85 voix sur 135 suffrages exprimés.

19 *Mémoire à consulter sur un système religieux et politique tendant à renverser la religion, la société et le trône*, Paris, Dupont et Roret, 1er février 1826.

20 Comtesse de Boigne, *op. cit.*, II, p. 157.

presse d'opposition qui compte alors 44 000 souscripteurs (alors que celle qui est favorable au gouvernement n'en réunit que 12 500). Cette loi combine une fiscalité extrêmement lourde et des mesures administratives visant à empêcher la fondation de nouveaux journaux et brochures. Libéraux et ultras, pour une fois réunis, dénoncent la « loi vandale » mais ne parviennent pas à empêcher qu'elle soit votée, le 12 mars. Cependant, chez les Pairs, l'opposition reste violente et, dans la crainte d'un échec, Villèle se résout à la retirer, le 17 avril.

Ce pas de clerc est suivi d'une faute autrement plus lourde : la dissolution de la garde nationale. Un incident en fournit le prétexte à Villèle. Le roi s'est engagé à passer en revue, le 29 avril, sur le Champ-de-Mars, les vingt mille bourgeois parisiens qui la composent. Ils sont en uniforme, armés de pied en cap, et Villèle, qui connaît leur hostilité à son égard, est prudemment resté dans son ministère après avoir pris la précaution de concentrer sur Paris quinze mille hommes de l'armée régulière pour prévenir tout dérapage. C'est dans son cabinet qu'il apprend qu'un individu, sorti du rang s'est précipité devant Charles X en criant « À bas les ministres ! » et que quelques autres en ont fait de même devant les calèches des duchesses d'Angoulême et de Berry, stationnées de part et d'autre de l'École militaire. Incidents mineurs auxquels la famille royale a fait face avec dignité et qui seraient restés sans suite si deux ou trois légions – un petit millier d'hommes – n'avaient poussé les mêmes cris en passant sous ses fenêtres.

Humilié et soutenu en cela par les princesses, qui se sont aussi entendu traiter de « jésuitesses », Villèle obtient le soir même du roi que la garde nationale soit immédiatement dissoute, ce qui est chose faite avant l'aube. En dépit de l'avis défavorable de trois de ses ministres, le président du Conseil, désireux de prouver qu'il est capable d'autorité, fait chasser de leurs corps de garde par la garnison de Paris dix-neuf mille gardes nationaux stupéfaits. Le camouflet est violemment ressenti par ces hommes qui se sont équipés à leurs frais pour défendre leur souverain ; ils ne comprennent pas la brutalité d'une mesure dont ils ne sont pas la cause et, comme l'écrit Mme de Boigne, « cette insulte sema dans le cœur de la population de Paris un germe de haine dont les fruits se trouvèrent mûrs en 1830 ».

Huit jours plus tard, le 7 mai, Laffitte prend la parole à la Chambre, pour la première fois depuis son élection. Il s'agit de discuter le budget de 1828, mais son discours est purement politique : après avoir évoqué – une fois de plus – les bienheureux effets du crédit et du développement de l'industrie, il attaque : le financement pour le moins obscur du « milliard des émigrés », les « bases mensongères » sur lesquelles est fondé le budget de 1828, lequel sera probablement déficitaire, les inquiétudes qu'inspire la politique extérieure du gouvernement :

> Qu'avons-nous pour nous rassurer contre des prévoyances aussi sombres ? Serait-ce la fermeté du ministère ? Ce n'est pas en outrageant des citoyens armés depuis quarante années pour le maintien de l'ordre et qui inspirèrent le respect aux armées ennemies elles-mêmes…

Interrompu, pris de court, il lance alors :

> Si j'étais député de Paris, je proposerais l'accusation des ministres.

La grande phrase est lâchée, un séisme souterrain dont l'onde de choc ébranlera la jeune monarchie de Juillet et le ministère Laffitte trente mois plus tard… Mais, même si cette procédure exceptionnelle n'a aucune chance d'être lancée, Laffitte, en reprenant à son compte l'exaspération des Parisiens, se pose dès cet instant en *challenger* de Villèle.

CHAPITRE 18

Achat de la forêt de Breteuil et construction du château de Bémécourt. Constitution de la société J. Laffitte & Cie (1827). Mort et funérailles de Manuel.
Dissolution de la Chambre et nouvelles élections. Laffitte élu à Paris et à Bayonne (novembre 1827).
Laffitte impliqué dans les procès des époux Marmont.
Mariage d'Albine Laffitte et du prince de la Moskowa (1828).
Discours parlementaires (1828-1829).

La session parlementaire de 1826-1827 s'achève, le 22 juin, sans autres incidents : Villèle attend prudemment sa clôture pour rétablir la censure jusqu'à l'ouverture de la session suivante, comme le lui permet la loi de 1821. Cette vengeance assez mesquine a pour résultat immédiat la création d'une *Société des Amis de la liberté de la presse*, présidée par Chateaubriand. De son côté, Guizot accepte de patronner un réseau imaginé par les jeunes doctrinaires de son groupe et qui a pour objet de préparer une contre-offensive électorale en recensant les électeurs potentiels, en contestant les inscriptions abusives faites par l'administration et en donnant des consignes de vote : « Aide-toi, le ciel t'aidera » est une véritable machine de guerre qui vise, en toute légalité, à réunir les différentes tendances du parti libéral. La société siège dans les bureaux du journal *Le Globe*, dont Laffitte sera bientôt actionnaire[1] comme il l'est d'autres feuilles, notamment *Le Courrier français et Le Journal du Commerce* que soutiennent aussi Casimir Perier, Ternaux et Alexandre de Lameth.

Jacques Laffitte n'a pas attendu les vacances parlementaires pour quitter Paris. Le 18 juin, il est à Evreux, en compagnie de Dupont de l'Eure, de Manuel et de Béranger. Ce sont ses amis les plus fidèles : il s'est réconcilié avec le premier, dont il avait mal accepté l'élection à Paris en 1824, et soutient financièrement les deux autres. On sait par le général Foy qu'il a reçu publiquement chez lui le chansonnier pamphlé-

[1] *Le Globe*, journal littéraire à l'origine, a été fondé le 15 septembre 1824 par le saint-simonien Pierre Leroux et Paul Dubois. Cf. J.-J. Gobbot, *Le Globe, 1824-1832*, Paris, Champion, 1993. Rémusat y est rédacteur. Lorsque le journal devient quotidien, en 1829, il fait entrer Broglie, Laffitte, Perier, Montebello, Montalivet, Jaubert, etc. dans le capital. Cf. Ch. de Rémusat, *op. cit.*, p. 283.

taire, le surlendemain de sa sortie de prison, en mars 1822[2] et qu'il a recueilli Manuel à Maisons après son éviction de la Chambre. À Paris, Manuel et Béranger, qui sont très liés, habitent la même maison, 21, rue des Martyrs. On peut imaginer là un effet de la générosité de Laffitte qui acquerra, dans la 28e division du cimetière du Père Lachaise, la concession dans laquelle les deux hommes sont inhumés…

Pour l'heure, il souhaite leur faire les honneurs de sa nouvelle propriété. Il a en effet acquis quelques mois plus tôt, de la princesse de Rohan, la superbe forêt de Breteuil (7 500 hectares) et la grosse forge de Bonneville-sur-Iton qui se trouve à une douzaine de kilomètres dans la forêt d'Evreux. L'ensemble lui est cédé pour une somme énorme, cinq millions de francs, mais est d'un excellent rapport, comme l'a bien compris le comte Roy qui vient d'acheter la forêt de Conches voisine : le bois des futaies est d'une qualité parfaite[3] et la forge ne peut que se développer car l'industrie ferroviaire naissante a besoin de fer et de fonte. De plus, il a été prévu par contrat que le règlement du domaine (augmenté de l'intérêt habituel de 5 %) ne débutera qu'en juin 1829 et s'échelonnera sur dix ans.

Tout ceci permet à Laffitte d'entreprendre sans délai l'arrangement de la maison « vieille et commode » qu'il se réserve, dans une grande clairière et au bord d'un étang, près du petit village de Bémécourt. En réalité, il se fait construire une énorme bâtisse de brique et de pierre, à double corps, élevée de trois étages plus les combles et posée sur un socle qui forme une terrasse à laquelle on accède par sept ou huit marches. Mais, soulignons-le, le château de Souvilly (détruit pendant la Seconde Guerre mondiale, mais connu par des cartes postales), n'est pas tant l'expression de la vanité d'un parvenu, que celle de la satisfaction d'un bourgeois arrivé qui se prépare une vieillesse agréable. Les parisiens qui feront fortune sous la monarchie de Juillet et le second Empire (les Hachette, les Christofle, les Menier, etc.) en couvriront l'Ile de France : Laffitte ne fait que les devancer.

À la même époque, il réfléchit à l'avenir de sa maison de banque. Il a soixante ans, ses deux associés, son frère Pierre et Jean Charles Clarmont, sont plus âgés que lui et le moment paraît venu de préparer la relève. Le 12 juillet, Laffitte est de retour à Paris pour signer l'acte constitutif d'une nouvelle société qu'il créée pour cinq ans et qui fonctionnera à partir du 1er janvier 1828. Pour marquer la continuité avec la maison précédente, la raison sociale demeure presque identique :

---

2 Général Foy, *op. cit.*, II, p. 46.

3 Dans les années 1950-1960, les deux forêts ont été gérées par un groupement foncier créé et dirigé par la B.U.P. et MM. De Neuflize Schlumberger et Cie. Ce fut un bon investissement pour ces banquiers dont les ascendants (André & Cottier) avaient été les associés de Laffitte dans diverses opérations.

« J. Laffitte et Cie » (au lieu de « Jacques Laffitte et Cie »), mais, sur le fond, la banque change profondément.

Le capital passe de 6 à 12 millions, dont Jacques Laffitte apporte près de 60 % (7 millions) alors que la part d'Alphonse Perregaux reste inchangée (3 millions). D'autre part, Pierre Laffitte et Jean Charles Clarmont, qui étaient associés-gérants, se retirent pour devenir simples commanditaires avec un apport au capital d'un million chacun. Enfin, Jacques Laffitte reste gérant principal mais installe trois nouveaux associés gérants : son neveu Chilon Ferrère-Laffitte, précédemment simple commis intéressé aux bénéfices et propulsé « dauphin » en titre, un agent de change nommé Louis Alexandre Baignères qui est fiancé à l'un de ses nièces et un certain Thomas Philipps, qui apportent respectivement 500, 300 et 200 000 francs de capital supplémentaire.

Le franc social pour les bénéfices comme pour les pertes est divisé ainsi : 30,5 centimes pour J. Laffitte, 20 pour Perregaux, 12,5 pour Ferrère-Laffitte, 8 pour Pierre Laffitte, Clarmont et Baignères, 5 pour Philipps : ce qui revient à dire que le clan familial contrôle les 2/3 de la banque mais que, au sein du conseil de gérance, la nouvelle organisation introduit un déséquilibre dangereux. Financièrement, Jacques Laffitte pèse à lui seul sept fois le poids des trois autres gérants réunis. Ceux-ci sont jeunes – la trentaine – et ne possèdent pas le dixième de son expérience. Ils s'avéreront incapables de diriger la banque dans une période difficile (d'autant moins que Baignères décède en décembre 1830, sans, d'ailleurs, avoir versé sa part) lorsque, Jacques Laffitte, accaparé par la politique, laissera reposer sur leurs seules épaules la conduite de la maison. Nous aurons l'occasion d'y revenir.

Le 20 août, Jacques Antoine Manuel meurt au château de Maisons, probablement d'un cancer, au terme de souffrances atroces. Laffitte souhaite ramener le corps de l'ancien député à son domicile parisien avant de le faire inhumer au Père Lachaise, mais la Préfecture de Police, qui redoute une manifestation populaire, ne le lui permet pas : le convoi ne pourra entrer en ville et devra longer l'enceinte des fermiers généraux pour gagner directement le cimetière. Il est accueilli, à la barrière du Roule, par une foule importante d'où se détache un groupe de jeunes gens qui, faisant fi de la loi, prétendent porter le cercueil à bras, ce à quoi le peloton de gendarmerie présent n'ose s'opposer.

À mesure que le cortège avance, de nouveaux Parisiens le rejoignent et la tension ne cesse de monter. Les autorités ont en tête le souvenir d'un incident dramatique qui était survenu, le 30 mars précédent, lors des funérailles du duc de La Rochefoucauld-Liancourt. Le célèbre philanthrope, représentant de la noblesse libérale, était adulé par les élèves des différentes écoles qu'il avait fondées. Ceux de l'école des arts et métiers de Chalons avaient voulu porter eux-mêmes son cercueil et, affrontés à la police, l'avaient laissé tomber. La bière s'était ouverte et le corps du défunt avait roulé dans le ruisseau, provoquant l'indignation de la foule favorable aux étudiants.

Il faut donc à tout prix éviter un nouveau scandale. Lorsque le convoi funèbre de Manuel arrive à la barrière de Ménilmontant, deux escadrons de gendarmes à cheval et deux compagnies de gendarmes à pied l'attendent. Ils ont ordre de faire appliquer la loi et exigent que le corbillard soit tiré par des chevaux. La foule se fait menaçante et Laffitte, après avoir en vain tenté de négocier avec la police, monte sur le cercueil pour la haranguer. Son calme, son ascendant font merveille, il est acclamé et l'incident est évité. Le cortège, suivi par cent mille personnes, repart et atteint le cimetière sans encombre.

Devant la tombe, Laffitte prononce quelques mots. La Fayette et le député Auguste de Schonen lui succèdent. Ce dernier fait publier son discours, ce qui vaudra des poursuites à son éditeur et à l'imprimeur. Laffitte est plus habile : il fait diffuser, sans l'intervention d'un éditeur, une brochure qui échappe, par son importance (30 pages), à la loi contre les pamphlets et par son titre (*Relation historique des obsèques de M. Manuel, ancien député de la Vendée*), à la censure sur les périodiques rétablie depuis un mois. Il a pris la précaution supplémentaire de la faire cosigner par le journaliste F. Mignet et le propre fils de Manuel et de la faire imprimer par la maison Gaultier-Laguionie, dont il est l'un des financiers avec le député libéral Stanislas de Girardin. Cette mise en récit des funérailles, doublée par un appel de Mignet à voter pour les candidats libéraux désignés par la société « Aide-toi, le ciel t'aidera » renforce, aux yeux de l'opinion et face au ministère qui ne peut rien contre lui, l'image de Laffitte comme *leader* de l'opposition coalisée.

À l'automne, il apparaît assez clairement que le ministère est condamné à brève échéance. Villèle est aux abois et imagine de tenter une double manœuvre, à haut risque, sur les Chambres. Le 6 novembre, *Le Moniteur* publie trois ordonnances. La première dissout la Chambre des députés et convoque les collèges électoraux d'arrondissement et de département respectivement pour les 17 et 24 novembre suivants. La brièveté du délai a, bien entendu, pour objectif de prendre l'opposition de court. La seconde ordonnance, de pure forme, met officiellement fin à la censure. Mais, parallèlement, elle reprend les termes de la loi de 1822 en interdisant la création de tout nouveau journal libéral qui n'aurait pas reçu d'autorisation préalable, et en suspendant tout périodique jugé tendancieux : l'opposition se trouve de ce fait dans l'impossibilité de faire campagne dans la presse. La troisième ordonnance nomme 76 nouveaux pairs, dont la moitié sont des députés fidèles à Villèle qui espère ainsi briser l'opposition de la Chambre haute.

Les rapports de police confirment le rôle central que joue Jacques Laffitte dans la campagne électorale, non seulement à Paris mais dans toute la France. Des réunions ont lieu le soir dans son hôtel et c'est chez lui qu'est centralisée la correspondance avec la province.

Le résultat des élections dépasse toutes les espérances des libéraux. Dans la capitale, les huit candidats de la gauche (dont Laffitte, Constant, Perier et Royer-Collard) passent au premier tour. En province, plus de 160 candidats de l'opposition sont élus, contre 80 favorables à Villèle. Deux soirs de suite, le 19 et le 20 novembre, Paris illumine. Des émeutes éclatent, des barricades sont élevées. La garde royale charge avec brutalité : de très nombreux émeutiers sont blessés. La violence des troubles effraie les électeurs des collèges de département qui doivent voter le 24 et, lors de ce second scrutin, le ministère emporte une centaine de sièges contre une cinquantaine pour les libéraux. Laffitte est réélu à Bayonne, Perier à Troyes, Constant à Strasbourg et tous trois renoncent au mandat qu'ils ont simultanément reçu des électeurs parisiens ; Royer-Collard, qui cumule sept élections est le plus populaire des députés. Au final, soustraction faite des élections multiples, les forces des deux partis s'équilibrent, avec environ 175 sièges chacun. Avec 70 élus, le parti de Chateaubriand et les ultras sont en position d'arbitre.

Entre autres tentatives de coalition, Villèle aurait alors proposé un portefeuille à Perier et à Laffitte et tous deux l'auraient refusé. Sur ce sujet, les témoignages des contemporains divergent : pour les uns, Villèle n'aurait jamais songé sérieusement à approcher Laffitte ; pour d'autres, le banquier aurait été très tenté d'accepter[4]. Mais peu importe en réalité : ce qui compte, c'est que dès cet instant, Laffitte est considéré comme « ministrable ». C'est une étape majeure dans sa carrière politique.

Cependant son heure n'a pas encore sonné : le 6 décembre, le roi décide de se séparer de son président du Conseil. Un mois plus tard, un nouveau ministère est péniblement constitué, avec Martignac à l'Intérieur et Roy aux Finances.

Durant la seconde moitié des années 1820, la légende napoléonienne perpétuée par les anciens soldats prend une nouvelle forme. La génération qui est née dans les toutes dernières années du XVIIIe siècle atteint alors la trentaine. Romantique, attachée aux libertés publiques, elle contribue pour une part importante à la réhabilitation de l'Empereur. Depuis la parution du *Mémorial de Sainte-Hélène* de Las Cases (1823), plusieurs ouvrages importants ont été publiés. Ils contribuent à transformer l'image du souverain, perçu désormais comme un libéral dont la

---

4 Cf. P. Triomphe, « Jacques Laffitte et les dernières années de la Restauration », colloque *Le banquier Jacques Laffitte*, *op. cit.*, p. 98 note 5.

poigne de fer ne se serait exercée que pour rétablir l'ordre après dix années de troubles. Hugo, Dumas, Lamartine, Vigny exaltent la gloire du passé opposée à la grisaille du présent. La misère de la captivité à Sainte-Hélène, l'exil du roi de Rome, suscitent la compassion générale et un regain de popularité qui réunit les vieux bonapartistes et les jeunes napoléonistes. L'opposition libérale cherche à attirer leurs suffrages.

Laffitte lui-même va habilement jouer de l'engouement général pour améliorer sa propre image, quelque peu brouillée par l'imbroglio de la succession de Napoléon. Un événement, a priori tout à fait étranger à l'affaire, va le servir, en même temps que lui offrir l'opportunité de panser une très ancienne blessure d'amour-propre : il s'agit du procès en séparation des époux Marmont.

Les démêlés de la duchesse de Raguse avec son époux font alors le quotidien des conversations de salon. Depuis 1825, le maréchal Marmont, que le faste qu'il a déployé en Russie où Charles X l'avait délégué pour le représenter au couronnement du tsar Nicolas 1er a achevé de ruiner, est poursuivi par ses créanciers. Il a dû leur céder la pension que lui verse le roi, la dotation qu'il a obtenue de l'empereur d'Autriche en compensation de la perte de son duché de Raguse, son traitement de pair, sa solde de major général (Louis XVIII avait fait de lui l'un des quatre commandants de la garde royale), une avance personnelle consentie par Charles X et les 3,7 millions qu'il a obtenus de la caisse hypothécaire. Il doit encore 5 millions.

Il a quitté à la cloche de bois l'appartement qu'il louait rue de Lille et les créanciers, lassés de courir après lui, se présentent avec leurs huissiers au domicile de l'épouse dont il est séparé à l'amiable depuis dix ans. En son hôtel du Faubourg-Montmartre comme dans son château de Viry, la duchesse, aidée de ses domestiques armés de bâtons et de fourches, soutient un véritable siège et chasse les assaillants. Mais Hortense comprend que la convention privée qu'elle a signée avec son époux ne la protège pas suffisamment et décide de demander aux tribunaux la séparation légale.

Nous sommes en décembre 1827. La foule s'écrase à l'ouverture du procès. Marmont s'est allié à ses créanciers contre Hortense pour combattre cette demande. Il s'est en effet engagé secrètement, puisqu'on ne peut saisir les biens meubles de la duchesse, à les dédommager sur sa commandite à la banque Laffitte qui est restée dans la communauté conjugale. Mais l'affaire prend un tour inattendu lorsque le banquier déclare que, depuis dix ans, cette commandite a été transformée en un simple prêt à intérêt. Le bâtonnier Parquin, avocat de Marmont, nie le fait, s'époumone tandis que le maréchal, furieux, proclame pour sa part que Laffitte a truqué les livres de la banque.

Un scandale menace d'éclater et Laffitte prend un avocat. Dans sa péroraison, Me Barthe lance une phrase meurtrière :

> M. le maréchal ne sait pas ce que sont les livres de commerce et la considération nécessaire à une maison de banque. Dire à un commerçant qu'il a faussé ses écritures revient à dire à un maréchal de France qu'il a manqué à son honneur !

Le mot fait mouche ; l'opinion publique enchantée le répète à l'envi, raillant le « raguseur », traître à Napoléon et soutenant Laffitte qui est pourtant bel et bien complice du tour de passe-passe dévoilé par Marmont. De séance en séance, le dossier s'épaissit. En février 1828, le jugement est rendu et Hortense gagne. Marmont et ses créanciers font aussitôt appel et, au début de l'été, les uns et les autres se retrouvent devant la Cour royale de Paris. Alphonse de Perregaux à qui l'on reproche d'avoir servi de prête-nom à sa sœur vient à son tour à la barre pour prouver son innocence. Le 5 août, le verdict tombe enfin : Marmont et ses créanciers sont déboutés et condamnés aux dépens[5]. Hortense sauve sa fortune, Laffitte a gagné sur toute la ligne et Marmont est déconsidéré ! Quelle revanche pour l'ancien commis auquel Melle Perregaux avait préféré le brillant militaire trente ans plus tôt !

Mais ce n'est pas tout. Un autre événement, beaucoup plus plaisant et exactement contemporain de ce qui précède, va le venger du mépris que lui avait alors manifesté le père de la jeune fille, tout en lui assurant définitivement la faveur des bonapartistes : le 26 janvier 1828, sa fille Albine devient, par son mariage avec le fils aîné du maréchal Ney, princesse de la Moskowa !

On se rappelle que les fiançailles d'Albine avec le jeune Soult avaient été rompues en 1823, lorsqu'elle avait contracté une scarlatine dont elle avait mis de très longs mois à se remettre. Elle en avait peut-être gardé des séquelles qui avaient influé sur son comportement : Charles de Rémusat (que son père aurait bien marié à la pâle et triste Albine) dit tout crument qu'elle était folle, s'enfermant dans la solitude et le silence, refusant de s'habiller et de se lever et s'opposant farouchement à toute idée de mariage si ce n'est avec… Louis XVIII[6] ! Son extravagance fait jaser Paris. Ainsi le maréchal de Castellane raconte-t-il dans ses *Mémoires* qu'elle avait voulu faire saupoudrer de sucre les allées du parc de Maisons de façon à imiter la neige. C'était, pour ses contemporains, comme l'écho des folies du marquis de Brunoy, fils du grand financier Jean Pâris de Monmartel (l'homme le plus riche de France après Louis XV…), que sa famille avait fait interner parce que, lors du décès de son père, il avait fait draper de noir les arbres de son

---

[5] Bibl. *Gazette des tribunaux*, années 1827-1828-1829.

[6] Ch. de Rémusat, *op. cit.*, p. 121.

parc, verser de l'encre dans le canal et les grandes eaux et peindre les chevaux du convoi funèbre. Ce genre de rumeur ne contribuait ni à faire revenir Soult (qui avait convolé ailleurs en 1825), ni à susciter de nouveaux prétendants.

Une situation humiliante à laquelle, en 1827, Jacques Laffitte décide de remédier personnellement. Au mois de juillet, le fils aîné du maréchal Ney vient lui rendre visite en Normandie où il séjourne avec Manuel, Dupont de l'Eure et Béranger. Il s'agit probablement d'évaluer les qualités du jeune homme et de discuter des modalités d'un éventuel mariage.

Joseph Napoléon Ney, prince de la Moskowa, qui a, à quelques jours près, le même âge qu'Albine Laffitte, est un jeune homme distingué ; le général Foy est très élogieux à son égard et a encouragé, en 1822, sa mère à le présenter, avec son frère, à l'École Polytechnique[7]. Les deux jeunes gens ont été admis mais ont refusé de prêter le serment de fidélité aux Bourbons exigé pour leur intégration. Ils sont alors entrés au service du roi de Suède, tout en conservant leur nationalité française. En 1827, Joseph Napoléon Ney est lieutenant d'artillerie et officier d'ordonnance du roi de Suède, charge qui lui laisse le loisir de séjourner longuement en France.

La maréchale Ney, née Églé Auguié, est la nièce de la célèbre Mme Campan, chez laquelle elle a été élevée. Avec sa sœur Adèle, la plus proche amie de la reine Hortense, elle a fait partie de ce groupe de jeunes femmes (dont était Hortense Perregaux) que l'Empereur aimait voir à la cour. Elle chante admirablement et a transmis à ses fils la passion pour la musique que lui a donnée sa tante. À treize ans, l'aîné a composé une messe, puis deux opéras-comiques – les *Cent Suisses* et *Yvonne* – qui ont eu un certain succès. Passionné par les musiciens du XVIe siècle, il fondera ensuite, avec le baron d'Altenbourg, une société de musique vocale religieuse qu'il dirigera longtemps. Il est, par ailleurs, excellent cavalier et a – c'est dans l'air du temps – une passion pour les chevaux anglais.

Côté financier, la situation est moins brillante. La succession du « Brave des braves » n'est pas réglée, pas plus que ses droits – devenus utopiques ? – sur la principauté de la Moskowa et le jeune héritier n'aura pour toute dot que 40 000 francs de mobilier et de bijoux. Il n'a rien à attendre de sa mère qui n'a pas de fortune et a, de plus, récemment perdu 80 000 francs dans la banqueroute du receveur général

[7] 31 juillet 1822 : « *La maréchale Ney qui voulait me consulter sur son projet de faire entrer ses deux fils, les deux aînés à Polytechnique... Ces jeunes gens ont du ressort et de la vigueur. Je serais bien trompé si tous 2, le premier surtout, ne se montrent pas digne de leur nom* ». Général Foy, *op. cit.*, II, p. 118.

Lapeyrière. Mais peu importe à Jacques Laffitte qui, lui, dit pouvoir offrir à sa fille un trousseau de 50 000 francs et 200 000 francs de rente.

Le jeune prince de la Moskowa est donc autorisé à faire sa cour. En août, on le voit à Vichy avec la famille Laffitte et la date du mariage est rapidement fixée pour le 26 janvier suivant. Le contrat est signé le 22, en l'hôtel Laffitte[8]. Comme il est de coutume à l'époque, de nombreux « témoins » et « amis » y apposent leur signature. Dans la première catégorie, les membres des deux familles, puis des personnalités prestigieuses comme Talleyrand et sa nièce la duchesse de Dino, La Fayette (qui ne sort jamais mais fait une exception ce jour-là), le duc de Choiseul[9], le comte Roy et le baron Louis pour Albine, les comtesses Bertrand et Flahaut pour son fiancé ; des relations professionnelles du père de la jeune fille : les deux enfants Perregaux, des banquiers tels Vital Roux et Davillier, des députés comme Perier, Kératry, Sébastiani, Ernest de Girardin, des écrivains : Népomucène Lemercier, Benjamin Constant, sans oublier l'incontournable Béranger… et enfin les employés de la banque. Les « amis » semblent plutôt ceux de la famille Ney : la princesse de Wagram, les ducs de Rovigo et de Padoue, les généraux Daru, Gourgaud et de Colbert, les veuves des généraux Hoche et Foy, etc., etc. Une grande démonstration donc, à laquelle le duc d'Orléans viendra apporter un surcroît de lustre en acceptant d'apposer, trois jours plus tard et à la demande de Laffitte, sa signature sur le contrat. Rappelons tout de même que la pratique était courante, quelle que satisfaction qu'en ait tiré le banquier.

La cérémonie du mariage elle-même est pour Laffitte l'occasion de démontrer que la puissance donnée par l'argent ne le cède en rien au prestige dû à la naissance[10], et la pompe qui l'entoure rappelle celle que Samuel Bernard (le banquier de Louis XIV et de Louis XV) déploya dans une occasion identique. L'église Saint-Roch est pleine à craquer et toutes les rues adjacentes sont encombrées d'une multitude de personnes. « Il y avait deux cents gendarmes dans la rue Saint-Honoré pour maintenir l'ordre, écrit P. Duchon dans sa préface aux *Mémoires* de Laffitte, et quand la voiture des mariés les ramena à l'hôtel Laffitte, quatre gendarmes galopèrent devant l'équipage ».

Malheureusement, « L'alliance d'une des premières héritières de Paris au fils d'un illustre guerrier », comme l'appelle emphatiquement *Le Constitutionnel*, va rapidement s'avérer une catastrophe. Par contrat, il a

---

[8] A.N. MC, X-1026.

[9] Pair de France, siégeant à gauche, figure centrale de la franc-maçonnerie où il retrouvait La Fayette.

[10] Les témoins de la mariée sont ses oncles Pierre Laffitte et Jean Maximilien Lechat, ceux du marié le maréchal Molitor et le comte César de La Ville de Villastellone.

été entendu que le jeune ménage vivrait chez les parents de la mariée (ce qui est compté pour l'équivalent de la moitié de la rente promise). Or le prince de la Moskowa supporte mal ses beaux-parents ; les scènes se multiplient, il entraîne sa femme dans de longs voyages, à la fureur de Mme Laffitte qui se voit privée des mois durant de sa fille chérie. Pour Laffitte, le mariage d'Albine qui devait être le couronnement de sa vie, devient un cauchemar quotidien.

À la Chambre, par contre, il fait merveille. Ses interventions, durant les sessions parlementaires de 1827-1828 et 1828-1829, sont impressionnantes. Lors de la discussion sur les modalités de l'emprunt de 80 millions destiné à permettre une intervention militaire et diplomatique dans le conflit gréco-turc (intervention à laquelle il est favorable), il prononce un discours fleuve (14, 19 et 20 mai 1828) qui témoigne des réflexions approfondies auxquelles il s'est livré et de sa maîtrise des mécanismes auxquels devraient obéir les finances publiques. Il s'oppose à Roy avec l'autorité d'un ministre et martèle son point de vue : plutôt que de mettre l'État en situation de banqueroute plus ou moins déguisée, il faut « rendre l'amortissement sacré, le rétablir pour l'ancienne dette et l'assurer de manière certaine pour la nouvelle ». C'est tout bonnement reprendre, dans une situation différente, le vieil adage qu'il avait fait sien dès 1817 : « Qui paie ses dettes s'enrichit ».

En 1829, lors des débats (1er et 5 juin) sur le budget des dépenses de l'exercice 1830, il prononce un véritable discours de politique générale que Sosthène de La Rochefoucauld tente en vain d'interrompre. Dans le contexte difficile de la récession économique qui frappe la France, il propose de rejeter les grandes dépenses extraordinaires demandées par la droite ultra et dénonce pêle-mêle les gaspillages de l'administration, les traitements excessifs des hauts fonctionnaires et du clergé, le « milliard des émigrés », la politique extérieure, en Orient et envers l'Algérie, la réorganisation envisagée de l'armée, l'augmentation des impôts et le coût de leur recouvrement, les crédits affectés aux travaux publics, etc.

Le 13 juillet, lors de la discussion sur le budget des recettes, Laffitte remet en cause le système des impôts fonciers par répartition et réclame la diminution des taxes sur le sel et sur les boissons. Même si le budget est voté, il est clair que le ministère est condamné. Charles X le sait et, quelques jours après la clôture de la session parlementaire, il congédie Martignac qu'il remplace par le tandem Polignac-La Bourdonnaye, nommés respectivement à l'Intérieur et aux Affaires étrangères, avec Chabrol aux Finances.

TROISIÈME PARTIE

L'HOMME DE POUVOIR

CHAPITRE 19

Fondation du National. *Adresse des 221. Dissolution de la Chambre. Élections de juillet 1830. Riposte de Charles X, promulgation des Ordonnances. Protestation des journalistes (26 juillet). Destruction des presses des journaux parus sans autorisation, nomination de Marmont à la tête de la garnison de Paris, premiers rassemblements populaires. Retour de Laffitte à Paris (27 juillet). Insurrection de la capitale. Engagement de Laffitte. Délégation des députés libéraux auprès de Marmont. (28 juillet). Défection de deux régiments de ligne, victoire des insurgés sur les troupes royales. La Fayette à la tête de la Garde nationale. Élection d'une Commission municipale. Échec de la tentative de conciliation du roi (29 juillet).*

Les forces en présence sont alors clairement définies, même si, dans chaque camp, plusieurs courants s'affrontent. D'un côté, le ministère mené par Jules de Polignac, qui incarne le « parti de la Cour » et veut appuyer le pouvoir du roi sur l'aristocratie ; de l'autre, une opposition qui va de l'extrême gauche au centre droit, réunissant les républicains, la grande bourgeoisie et la noblesse libérale, les bonapartistes et la jeunesse qui s'identifie au mouvement romantique.

Le Faubourg Saint-Germain considère le Palais-Royal comme « l'autre cour ». Le duc d'Orléans et sa famille, sans se présenter en rivaux des Bourbons, y reçoivent beaucoup et font du palais un lieu à la mode. Lors de grandes soirées mensuelles, de concerts ou de dîners, le prince manifeste une amabilité que les invités opposent volontiers à la froideur du roi, louant, par ailleurs, la société plus variée et l'étiquette moins contraignante qui caractérisent ses réceptions.

La jeune comtesse Marie d'Agoult, fille du vicomte de Flavigny et d'une Bethmann, de la famille des banquiers de Hambourg, raconte :

> Les réunions du Palais Royal étaient... fort mêlées et déparées de bourgeois que l'on ne voyait pas aux Tuileries. Le Faubourg Saint-Germain se plaignait de ce mélange. J'entendis un jour la vieille duchesse de Damas dire, en revenant d'une de ces soirées : « on n'y connaissait personne ». Ce personne se composait d'une infinité de gens illustres déjà, ou qui devaient sous peu s'illustrer, et que la révolution populaire allait porter au pouvoir. Je me rencontrai au Palais-Royal avec toute cette haute bourgeoisie que le journa-

lisme, le barreau, la tribune et les lettres signalaient et saluaient déjà comme l'élite de la nation. Je vis là, sans aucun doute, MM. Laffitte, Royer-Collard, Casimir Perier, Thiers, Guizot, Odilon Barrot, les frères Bertin, etc. Je dis sans doute... parce que je ne sus point mettre les noms sur les visages inconnus que je voyais passer et n'osai les demander de peur d'inconvenance[1].

Deux mondes donc, qui se défient sans vraiment se connaître, et qui travaillent, quoiqu'ils en disent, à saper mutuellement leurs positions.

La fondation du *National*, le 3 janvier 1830, est, dans ce contexte, une redoutable machine de guerre. Elle a été rendue possible par la libéralisation de la presse que Martignac a fait voter dix-huit mois plus tôt, dans un souci de retour à la légalité. La nouvelle loi supprime la censure facultative ainsi que les procès dits de tendance, et remplace l'autorisation préalable par un cautionnement qui rend les gérants de journaux financièrement et moralement responsables de leur publication.

C'est autour de Talleyrand et de la duchesse de Dino que prend corps le projet du nouveau journal, durant l'été 1829. La duchesse connaît Thiers et Mignet depuis 1823 et les surnomme « les deux frères provençaux » par allusion à un célèbre restaurant des galeries du Palais-Royal. Talleyrand apprécie beaucoup l'esprit du premier et partage ses idées libérales. Il va donc lui apporter sa caution – en fait se servir de lui – pour abattre les Bourbons auxquels il ne pardonne pas de l'avoir « négligé ». Une équipe est bientôt constituée : le libraire Sautelet sera le gérant de la nouvelle feuille, Thiers et Mignet en partageront la rédaction avec le républicain Armand Carrel et dirigeront le journal à tour de rôle, pendant un an chacun.

Cependant, il faut réunir les cent vingt mille francs de cautionnement exigés par la loi. Talleyrand, qui a perdu un million dans la faillite de la banque Paravey n'a (provisoirement) plus un sou tandis que les journalistes et libraires associés au projet sont dans l'incapacité de réunir la somme. Le vieux prince fait donc appel à son banquier, Jacques Laffitte, qui verse à lui seul, sous forme de titres de rente, les trois quarts du cautionnement[2].

C'est à Thiers qu'échoit la direction du journal pour la première année. C'est lui qui en définit la ligne – monarchique mais anti-dynastique – et la stratégie : « enfermer les Bourbons dans la Charte, dans la Constitution, fermer exactement les portes, de manière à les mettre dans la

---

1 Comtesse d'Agoult, née Marie de Flavigny (sous le pseudonyme de Daniel Stern), *Mes Souvenirs, 1806-1833*, Paris, Calmann Lévy, 1877, p. 286.

2 Étude Riant, Paris, 29 décembre 1829. Cf. M. Brun, *op. cit.*, p. 309 et E. de Waresquiel, *op. cit.*, pp. 560-562.

nécessité de sauter par la fenêtre »[3]. Thiers et Mignet désirent un changement de dynastie, mais, il faut le souligner, sans aucune concertation avec le duc d'Orléans. Même si, comme leurs contemporains, ils évoquent de manière obsessionnelle la révolution anglaise de 1688 qui porta sur le trône le cousin du roi, il n'est pour eux question ni de révolution ni de république : ils souhaitent, simplement l'établissement légal d'une monarchie parlementaire dans laquelle « le roi règne mais ne gouverne pas ». Charles X, qui entend conserver un pouvoir absolu et un ministère qui reflète exactement ses sentiments, ne saurait évidemment l'envisager.

Dans *Le National* du 5 janvier, Thiers demande aux députés libéraux de ne pas voter le budget et, le 14 février, en vertu de la Charte, réclame le renvoi des ministres. La réaction royale ne se fait pas attendre : dans le discours qu'il prononce lors de l'ouverture de la session parlementaire, le 2 mars, Charles X menace :

> Si de coupables manœuvres suscitaient à mon gouvernement des obstacles que je ne veux pas prévoir, je trouverais la force de les surmonter dans ma résolution de maintenir la paix publique, dans la juste confiance des Français et l'amour qu'ils ont toujours montré pour leurs rois.

En termes clairs, si les députés ne votent pas les lois qui leurs sont proposées, il passera outre, dissoudra la Chambre et, comme l'y autorise la Charte, gouvernera par ordonnances.

En réponse, le 18 mars, 221 sur 402 députés votent et signent la fameuse adresse qui porte leur nom, par laquelle ils expriment leur affliction face à la « défiance injuste » du gouvernement.

> Sire, la Charte... consacre comme un droit l'intervention du pays dans la délibération des intérêts publics. Cette intervention ... fait du concours permanent des vues politiques de votre gouvernement avec les vœux de votre peuple la condition indispensable de la marche régulière des affaires publiques. Sire, notre loyauté, notre dévouement nous condamnent à vous dire que ce concours n'existe pas.

La suite de l'adresse, véritable « remontrance » dans la tradition de l'Ancien Régime[4], invite le roi à choisir entre le renvoi des ministres et la dissolution de la Chambre.

Après quelques atermoiements, la Chambre est dissoute le 16 mai, et des élections législatives sont prévues les 23 juin et 3 juillet. Le 19 mai, un ministère exclusivement composé d'ultras est annoncé ; Peyronnet,

---

3 E. Hatin, *Bibliographie historique et critique de la presse périodique française*, Paris, Firmin Didot frères, fils, 1866, p. 370.

4 Les *Remontrances au roi du Parlement de Paris* du début des années 1750 avaient abouti, en 1754, à l'exil de cette Chambre.

l'auteur de la loi sur le sacrilège, reçoit le portefeuille de l'Intérieur. Les articles arrogants qu'il fait publier dans *Le Moniteur* enchantent Charles X mais son impopularité alarme les préfets qui prédisent une défaite électorale. On décide donc de repousser les élections aux 13 et 19 juillet dans une vingtaine de départements réputés libéraux (dont Paris), le temps de faire pression sur les collèges électoraux ; le temps, surtout, de mener à bien la conquête de la ville d'Alger dont le dey a insulté le consul de France trois ans plus tôt. Un corps expéditionnaire de 37 000 hommes a quitté Toulon le 25 mai, la ville sera prise le 5 juillet, et le gouvernement escompte de cette victoire un succès électoral. Entretemps, Charles X a publié une proclamation, contresignée par Polignac, dans laquelle il sollicite personnellement chaque électeur, imaginant ainsi convaincre les indécis.

Malheureusement pour lui, il n'en est rien et le résultat du scrutin – 274 députés (dont les 221 qui avaient signé l'adresse) élus par l'opposition, contre 145 pour le ministère – apparaît comme une humiliation sans précédent pour le souverain. Craignant le pire, il l'a cependant anticipé : dès le 7 juillet, le principe du recours aux ordonnances a été arrêté en Conseil des ministres et une solution plus prudente, qui aurait été d'attendre l'ouverture de la session parlementaire et l'éventuel rejet du budget pour y recourir, a été définitivement rejetée.

La décision est tenue secrète : Charles X et Polignac comptent sur l'effet de surprise pour imposer leur politique. Les pairs et les députés sont donc convoqués pour l'ouverture de la session, prévue le 3 août, et nombre d'entre eux ont quitté la capitale pour prendre quelques jours de vacances avant de revenir siéger au Palais-Bourbon. De leur côté, les autorités militaires de la ville de Paris comme les chefs de la garde royale (dont trois régiments ont été envoyés en Normandie à la suite de mystérieux incendies qui ravagent la province), sont absents, en congé.

Depuis le 20 juillet, Laffitte qui a été réélu à Bayonne, séjourne à Breteuil, fort occupé à la mise en valeur de sa forêt. C'est là que, le 26, un courrier envoyé par son neveu Ferrère-Laffitte lui apporte *Le Moniteur* du jour, dans lequel sont publiées les Ordonnances signées la veille, au château de Saint-Cloud, par Charles X et tous ses ministres. Elles sont précédées d'un rapport au roi dû à Chantelauze, le garde des Sceaux, dont la dernière phrase est sans équivoque : « Le moment est venu de recourir à des mesures qui rentrent dans l'esprit de la Charte, mais qui sont en dehors de l'ordre légal, dont toutes les ressources ont été inutilement épuisées ». En conséquence, quatre ordonnances sont promulguées.

La première concerne la presse : les journaux, les livres collectifs et les semi-périodiques publiés en volumes sont soumis à une autorisation préalable valable trois mois. S'ils passent outre ils seront saisis et les presses sur lesquels ils ont été imprimés seront scellées ou détruites. La seconde ordonnance dissout la Chambre des députés. La troisième modifie la loi électorale : la durée des mandats, renouvelables par 1/5e, est réduite à cinq ans, comme le prévoyait la Charte, et le nombre des députés est ramené à 258. Le rôle des collèges d'arrondissement (dont les présidents sont nommés par les préfets) se résume à la simple désignation de la moitié des candidats et ce sont les collèges de département qui sont chargés de la désignation des députés. Ces collèges sont composés du quart le plus imposé des électeurs ; l'impôt sur les portes et fenêtres et la patente n'étant pas pris en compte dans le calcul du cens, la bourgeoisie commerçante en est souvent exclue. Les discussions et délibération sont interdites au sein des collèges électoraux. Par ailleurs, et ce qui n'a rien à voir, le droit d'amendement des lois est soumis à l'acceptation préalable du roi. La quatrième ordonnance, enfin, convoque les collèges électoraux pour les 6 et 13 septembre, l'ouverture de la session étant fixée au 28.

Dans ses *Mémoires*, Laffitte prend grand soin d'expliquer que, tout occupé à ses défrichements, il était, en esprit, bien loin de la politique et que s'il avait pris la route de Paris dès le lendemain, c'était sous la pression de ses hôtes et en dépit des alarmes de son épouse. Il rapporte aussi une très longue conversation qu'il aurait eue avec La Fayette dans les premiers jours de juillet et les arguments qu'il aurait développés pour convaincre le général de renoncer à fomenter une insurrection afin de renverser les Bourbons et d'installer la république. Réel ou inventé, cet entretien, relevé d'anecdotes et de mots d'esprit à propos de l'infatigable conspirateur, cherche à démontrer que c'est bien lui, Laffitte, qui aurait amené le « pétulant » marquis à plus de modération et convaincu « ce monument qui se promène et cherche son piédestal » que seul le duc d'Orléans pourrait le lui offrir.

À son arrivée à Paris, dans la soirée du 27, Laffitte trouve la ville en insurrection. Les amis qui l'attendent dans son hôtel le mettent au courant des événements. La veille dans l'après-midi, alors que la population était encore sous le coup de la surprise produite par la publication des Ordonnances, les rédacteurs des principaux journaux libéraux se sont réunis dans les bureaux du *National* où ils ont signé une protestation rédigée par Thiers et Rémusat, appelant à la désobéissance civile et à la résistance. Aussitôt imprimée et placardée sur les murs de la ville, elle n'a cependant pas eu le retentissement que les 44 journalistes signataires en attendaient.

Au matin du 27, *Le National*, *Le Temps*, *Le Globe* et *Le Journal du Commerce* ont donc paru, bravant les Ordonnances. Aussitôt, le préfet de police a envoyé des commissaires détruire les presses des deux premiers. La résistance des journalistes barricadés dans leurs bureaux et celle des ouvriers typographes qui vont se trouver privés d'emploi a compliqué l'opération, tandis que les premiers rassemblements houleux se formaient autour du Palais-Royal.

Au même moment, Charles X a décidé de confier le commandement de la garnison de Paris au major général de la garde royale. Un hasard malencontreux fait que c'est au maréchal Marmont, qui assure ce service par roulement avec trois autres militaires, qu'est échue cette mission. Cette nomination est une faute, à double titre. D'une part, parce que Marmont, en froid avec Polignac qui lui a, *in extremis*, préféré le général de Bourmont pour conduire l'expédition d'Alger, n'a même pas été informé de la promulgation des Ordonnances auxquelles il était hostile (il est vrai qu'elles ont été signées le jour où il prenait son service) ; d'autre part, parce que la nomination du duc de Raguse, considéré comme un traître depuis 1814, grève les Ordonnances d'une impopularité supplémentaire et va contribuer à faire descendre dans la rue tous les nostalgiques de l'Empire.

Quoiqu'il en soit, Marmont doit rétablir l'ordre. Dans l'après-midi, il a installé son quartier général place du Carrousel, et envoyé des détachements occuper les points stratégiques, la Bastille, le quartier Saint-Denis, et détruire les premières barricades. La garde, plus fiable que la ligne, a été placée aux premiers rangs. Bien qu'elle ne compte que 5 500 hommes – Polignac, n'ayant pas envisagé une seconde l'éventualité d'une insurrection, n'a pas jugé bon de faire revenir les trois régiments envoyés en Normandie, pas plus qu'il n'a cru nécessaire de prévoir l'approvisionnement en vivres et en munitions de la garnison parisienne – elle est parvenue à rétablir le calme.

Ainsi, les quelques députés de l'opposition présents à Paris et réunis chez Laffitte pour l'attendre peuvent-ils, vers minuit, envisager d'aller se coucher tranquilles. Ils ont passé une partie de la journée en vaines réunions chez l'un ou l'autre (Laborde, Perier qui les aurait plus ou moins mis à la porte), partagés entre la peur d'être arrêtés et leur incapacité à établir un plan d'action. Marmont, de son côté, vient de renvoyer ses hommes dans leurs casernes tandis que Charles X affirme au duc de Duras que la journée, la première de celles que l'on appellera les Trois Glorieuses, n'est qu'« un feu de paille qui ne fera que de la fumée ».

Le lendemain matin, 28 juillet, Paris se réveille hérissé de barricades. Les émeutiers (des employés, des étudiants, des ouvriers, des domestiques, des artisans, des militaires à la retraite) ont profité de la nuit pour briser les réverbères et barrer les rues avec tout ce qui leur tombait sous la main : arbres, meubles, charrettes et même des omnibus. Des collectes d'armes sont organisées, on fabrique des cartouches. Marmont, qui prend immédiatement conscience de la gravité de la situation, envoie un message au roi pour lui demander de retirer les Ordonnances, puis met la ville en état de siège. Vers midi, les émeutiers occupent l'Hôtel de Ville et Notre-Dame, des drapeaux tricolores sont plantés en haut de leurs façades et les ministres, paniqués, se réfugient aux Tuileries où ils pressent Marmont de prendre l'offensive.

L'attaque est alors lancée et trois colonnes convergent vers le cœur de la capitale insurgée – Hôtel de Ville, marché des Innocents et la Bastille – avec ordre de détruire les barricades sur leur passage. Il fait une chaleur caniculaire et la tâche est presque impossible car la tactique des émeutiers est redoutablement efficace. Protégés par les barricades, ils font feu sur la troupe puis se réfugient dans les immeubles qui bordent les rues, d'où ils continuent à tirer tandis que les habitants la bombardent de tuiles, bouteilles et projectiles divers. Pendant que les soldats démantèlent la barricade, les émeutiers se regroupent derrière eux pour en élever une autre qui les empêche de rétrograder… Dans les rues étroites, la progression est lente et meurtrière.

Jacques Laffitte a passé la nuit à s'interroger sur l'opportunité de soutenir une révolution qui, quoique rendue « inévitable » par l'immobilisme de Charles X, pourrait bien « comme Saturne, dévorer ses enfants ». Au terme d'un débat intérieur un peu fumeux dans lequel il oppose « la Bête » paresseuse à « l'Homme » vertueux qui a un devoir envers sa patrie, il choisit de s'engager.

On peut le croire lorsqu'il écrit qu'il ne le fait ni par ambition ni par vanité : Guizot, nous le verrons plus loin, a parfaitement perçu qu'il s'agissait là de la décision d'un dilettante qui « [aime] le mouvement par instinct et pour son plaisir » et pour lequel la politique est une manière de divertissement. Le risque réel qu'il prend – à l'aube du 28 juillet, l'issue de la lutte est imprévisible – ne le retient pas : « le Grand Frédéric dit avec raison que du bien que l'on attend et du mal que l'on craint il n'en arrive que la moitié ». Et la partie vaut d'être jouée, car le désordre de l'échiquier politique est à ses yeux l'occasion inespérée de faire avancer son cavalier, le duc d'Orléans…

Encore faut-il en convaincre ce dernier qui, à mille lieux des rêves de son banquier et très indécis sur la position à adopter, a subrepticement quitté le Palais-Royal pour se réfugier dans son château de Neuilly. Laffitte ne parvient donc pas à rencontrer le prince, mais lui fait passer un message par Oudard, son secrétaire des commandements.

Dans l'attente de la réponse, il se réunit avec un certain nombre de députés chez celui de la Charente inférieure, Pierre-François Audry de Puyraveau, rue de Valois. Aux dires de Laffitte qui préside la séance, les débats sont confus. Perier propose d'acheter Marmont ; Laffitte se récrie mais accepte de participer à une délégation composée des généraux Gérard et Lobau et des députés Perier et Mauguin, qui rencontre le maréchal.

Au cours d'une seconde réunion, chez lui, il leur dévoile sa pensée :

> « Charles X est trop avancé pour reculer. Renvoyer les ministres, retirer les ordonnances, il ne le peut pas »... J'en concluais qu'il fallait voir venir, penser au duc d'Orléans, et pour le moment essayer d'arrêter l'effusion de sang en parlant au duc de Raguse.

Puis les cinq hommes se dirigent vers les Tuileries où ils arrivent au moment même où Polignac vient de décréter d'arrestation trois d'entre eux (Gérard, Mauguin et Laffitte) ainsi que cinq autres députés et journalistes d'opposition. En apprenant leur présence, Polignac a l'élégance de faire détruire les mandats par Marmont, mais refuse de les recevoir. Le maréchal, pour sa part, se dit enchaîné par son devoir mais consent à envoyer un nouveau message au roi pour l'informer de la situation et lui transmettre les exigences de la délégation (retrait des Ordonnances, rétablissement de la Garde nationale, formation d'un ministère présidé par le duc de Mortemart, un adversaire de Polignac, avec Gérard à la Guerre et Perier aux Finances).

L'après-midi s'écoule dans la vaine attente d'une réponse et vers six heures, les uns et les autres doivent se rendre à l'évidence : le roi ne cèdera pas. Le duc de Raguse décide alors de rappeler ses troupes épuisées et de se contenter d'une stratégie strictement défensive en attendant des renforts.

De leur côté, les députés d'opposition qui ont passé plusieurs heures à discuter chez Auguste Bérard, entrent à nouveau en réunion chez Audry de Puyraveau à neuf heures du soir. Très déterminé, celui-ci a convoqué dans la cour de son hôtel, qui est aussi le siège de la maison de roulage dont il est le propriétaire, des ouvriers et des combattants de toute sorte qui, comme le rapporte Guizot dans ses *Souvenirs*, menacent les députés, par les fenêtres grand ouvertes, s'ils n'adhèrent pas « à leurs instances de révolution ».

À onze heures, rien n'est résolu : Laffitte a demandé en vain à ses collègues de « réaliser [notre] menace de ce matin, [de se] précipiter corps et biens dans le mouvement » et François Mauguin a réclamé sans succès la formation d'un gouvernement provisoire. L'on se contente finalement d'adopter une protestation contre « les conseillers de la couronne » rédigée par Guizot.

Adopter et non signer... Laffitte, qui, *de facto* et sans aucun vote formel, s'est emparé de la présidence, tente alors ce que Benoît Yvert définit comme un « génial coup de bluff » : il fait imprimer au bas du texte les noms des 63 députés qui ont participé aux diverses réunions depuis la veille, leur laissant la possibilité de se rétracter si la révolution tournait court[5].

À cet instant, Jacques Laffitte, qui, par crainte d'être arrêté, va prudemment passer la nuit chez son frère, prend une grande longueur d'avance sur ses collègues. Peu lui importe qu'Audry de Puyraveau se pousse de son côté et profite des quelques heures qui suivent pour faire imprimer et afficher la nomination de La Fayette comme général en chef de la Garde nationale parisienne qui s'est spontanément reconstituée : il n'en parle même pas dans ses *Mémoires*. Peu importe que les modérés restent convaincus de la victoire finale de Marmont sur la rue, et, en tout état de cause, refusent de mettre dans la balance la légitimité de Charles X : Laffitte est persuadé que le soutien populaire lui permettra d'imposer son candidat contre les républicains, les bonapartistes et les amis de Guizot.

La façon dont il décrit la matinée du 29 juillet vise à en convaincre la postérité. Son spacieux hôtel ayant remplacé, pour les députés de l'opposition, le Palais-Bourbon, il note :

> Aussitôt que l'on sut le Quartier Général chez moi, tout le monde accourut... Ma maison était regardée depuis longtemps comme la maison de la France... Sans le vouloir, sans le savoir, tout à coup, sans élection, sans usurpation, j'étais investi de la dictature la plus complète et la plus absolue. Et cela sans gendarmes ni licteurs ; je ne commandais point et j'étais obéi !... Toujours le même dévouement ; les banquiers eux-mêmes s'écriant dans ma cour : « Il n'y a qu'un Laffitte au monde ! »

Comme pour légitimer son investiture, il juge alors nécessaire de récupérer à son profit, en prenant quelques libertés avec la chronologie et en accumulant les détails pour égarer son lecteur, un événement capital qui fera basculer la situation, en fin de matinée. Il s'agit de la défection de deux régiments de ligne qui va inciter Marmont à dégarnir le Louvre pour protéger la place Vendôme, permettant ainsi aux insurgés de pénétrer dans le palais et, en tirant sur les troupes royales, de provoquer la débandade générale de l'armée cantonnée place du Carrousel.

Selon Laffitte, les deux régiments qui, en sortant de leur caserne, avaient refusé de tirer sur le peuple, seraient venus se soumettre à lui à l'instigation d'un jeune sous-lieutenant nommé Liron, qu'il ne connaissait même pas, et au père duquel (qui lui était tout aussi inconnu) il aurait prêté trois ou quatre mille francs lors de la déroute de l'armée d'Italie quinze ans plus tôt... Bien qu'il consacre cinq pages à restituer les dialogues, à raconter le rôle décisif que joua son frère Martin qui se trouvait par hasard (!) aux abords de son hôtel avec quelques grenadiers de la garde nationale et à évoquer les effusions dont lui-même fut l'objet

---

5 E. de Waresquiel et B. Yvert, *op. cit.*, p. 462.

(« je ne mourrai jamais, puisqu'ils ne m'ont pas étouffé »), on a tout de même quelque peine à le croire ! D'autant plus que sa version a été contestée par l'un des protagonistes, le colonel Heymès, qui avait été aide camp du maréchal Ney et deviendra celui de Louis-Philippe dont il protégera le retour à Paris dans la nuit du 30 au 31[6].

Quelles qu'en aient été les circonstances, la défection des 6e et 53e régiments a deux conséquences fondamentales : d'abord la défaite de Marmont qui évacue la capitale et regroupe, non sans mal, ses troupes dans le bois de Boulogne ; ensuite l'engagement officiel des députés aux côtés du peuple. Ce n'est en effet qu'en apprenant la victoire de la rue – et non avant de la connaître, comme l'écrit Laffitte – que les députés assemblés chez lui se décident à prendre la direction du mouvement.

Cependant, en dépit de l'ascendant considérable qu'il a acquis sur ses collègues, Laffitte n'obtient pas la nomination du gouvernement provisoire qu'il appelle de ses vœux : Guizot, entre autres, craint d'effaroucher la bourgeoisie. Il impose donc l'élection d'une plus modeste Commission municipale provisoire de huit membres : « un simple fait de police [qui] se prêtait à toute transaction ultérieure » et non « une révolution accomplie », comme le souligne alors finement Odilon Barrot.

Après quelques aménagements (le général Gérard étant nommé commandant en second de la Garde nationale derrière La Fayette et le banquier Odier ayant démissionné), la Commission se trouve réduite à six membres : Laffitte, Perier, le général Lobau, Schonen, Audry de Puyraveau et Mauguin. En début d'après-midi, précédée de La Fayette, elle se met en route pour l'Hôtel de Ville. Prenant prétexte d'une entorse qu'il s'est faite la veille au soir, Laffitte reste chez lui après avoir chargé Odilon Barrot, nommé secrétaire de la Commission, de le tenir informé de l'évolution de la situation. « Je ne voulais pas abandonner le Quartier général afin de diriger la politique… À cet égard, les députés ne me contrariaient pas ; ce n'était pas à eux, d'ailleurs, que je confiais mes secrets, tout en me servant de l'influence qu'ils avaient acquise ».

Charles X et ses ministres réunis en conseil ont très rapidement appris la perte de la capitale. Dans l'après-midi, et après avoir entendu le rapport du Dauphin duc d'Angoulême nommé à la place de Marmont, ceux-ci ont persuadé le roi de retirer les Ordonnances et de nommer Mortemart président du Conseil. Mais au lieu de l'envoyer immédiatement à Paris rencontrer les députés modérés que cette nomination devrait satisfaire, Charles X cherche encore à gagner du temps : il

6 Cf. G Antonetti, *Louis-Philippe*, Paris, Fayard, 1994, p. 572 et Ch. Mullié, *Biographie des célébrités militaires des armées de terre et de mer de 1789 à 1850*, Paris, Poignavant, 1851.

charge trois pairs, Sémonville, Vitrolles et d'Argout, d'aller en avant-garde informer le général La Fayette et la Commission municipale des décisions prises par son Conseil. Ils se présentent à l'Hôtel de Ville vers huit heures du soir mais comme ils n'apportent aucune preuve écrite, on les renvoie prudemment chez Laffitte où siègent une trentaine de députés.

Ces derniers, encore méfiants, réclament la venue de Mortemart, qu'ils acceptent d'attendre jusqu'à une heure du matin, et réitèrent leurs exigences de la veille : retrait des Ordonnances, rétablissement officiel de la Garde nationale et entrée de Gérard et de Perier au gouvernement. Les pairs, auxquels succède Forbin-Janson, le beau-frère de Mortemart, qui vient confirmer leurs dires, repartent aussi vite que possible pour Saint-Cloud et les députés, laissant à Laffitte le soin de recevoir Mortemart dont on ne peut, considérant les nombreux postes de contrôle qui jalonnent la route, espérer la venue avant plusieurs heures, rentrent chez eux.

Au soir du 29 juillet, la révolution est finie. Tout en attendant le nouveau président du Conseil, Jacques Laffitte travaille à la concrétisation de son rêve pompeusement baptisé « fondation d'une nouvelle dynastie ». Grisé par la confiance populaire, explosant littéralement de vanité – une main anonyme ne va-t-elle pas, le lendemain, débaptiser la rue d'Artois pour lui donner le nom du banquier ? – Laffitte se persuade que, fort de l'autorité qu'il a acquise sur eux depuis 48 heures, il pourra manipuler les députés encore hésitants et jouer sur les rivalités des « loups cerviers » pour parvenir à ses fins. Il en oublie leur hostilité à l'égard du parvenu qu'il n'a cessé d'être à leurs yeux. Il oublie surtout le duc d'Orléans lui-même…

CHAPITRE 20

Le silence du duc d'Orléans. Le jeu de Talleyrand. Contre-attaque de Laffitte : proclamation en faveur du duc d'Orléans. Envoi d'émissaires à Neuilly (28-30 juillet). Hésitations de la Chambre. La lieutenance générale du royaume offerte au duc d'Orléans (30 juillet). Première délégation de députés au Palais-Royal. Acceptation du duc. Réaction des républicains. Seconde délégation au Palais-Royal, conduite par Laffitte. Cérémonie à l'Hôtel de Ville : le rôle de La Fayette. Le duc d'Orléans lieutenant général du royaume (31 juillet).

C'est dans l'après-midi du 28 que Jacques Laffitte a officiellement proposé pour la première fois aux députés réunis chez lui d'offrir la couronne au duc d'Orléans. La proposition a rencontré peu d'écho, d'autant que le duc ne s'est pas déclaré et s'est contenté de donner à l'émissaire envoyé par le banquier le matin même une réponse laconique : « Je vous remercie ».

Vingt-quatre heures plus tard, une nouvelle missive, (en fait un courtois ultimatum, « la couronne ou un passeport ») suscite la même réponse. Laffitte s'agace :

> Qu'il ne me remercie pas mais qu'il choisisse… La couronne je savais qu'il ne la prendrait pas sur la tête de ses aînés… le passeport lui aurait été fort cher car il ne pouvait emporter ses domaines dans son portefeuille : il devait donc se décider à accepter la couronne, afin de ne pas devenir une seconde fois maître d'école[1].

En attendant, notre « faiseur de roi » est dans une impasse, car trois autres issues à la crise politique peuvent être envisagées. Premièrement, le maintien des Bourbons, soit en la personne de Charles X qui bénéficie du soutien de l'armée, des ultras et du clergé, soit sous la forme d'une régence dont le bénéficiaire pourrait être le dauphin (sous le nom de Louis XIX) ou le fils posthume du duc de Berry, le comte de Chambord, Henri V pour ses partisans.

---

[1] Le duc d'Orléans aime l'argent et nul ne l'ignore. C'est à cette époque qu'il obtient, en partie grâce à Talleyrand, que le vieux duc de Bourbon, sans postérité depuis l'exécution du duc d'Enghien, teste en faveur de son quatrième fils, le duc d'Aumale.

Autre hypothèse, celle de Napoléon II. Elle est utopique, du simple fait que le duc de Reichstadt est alors en Autriche, étroitement surveillé par Metternich et que, même si le sentiment bonapartiste est fort, il n'y a pas de parti de ce nom à proprement parler, les anciens fidèles de l'Empereur ayant rallié les libéraux. Mais on ne peut tout de même pas la négliger.

Troisième scénario, et le plus inquiétant pour les libéraux, le rétablissement de la république. La Fayette a compris que le modèle américain qu'il incarne n'est pas transposable à la France en raison de la centralisation du pays. Il sait aussi qu'une république de type jacobin aurait peu de chance de se maintenir à cause des souvenirs encore très présents de la Terreur et parce qu'elle entraînerait une réaction immédiate des puissances étrangères. Cependant, si les chefs républicains les plus déterminés (Godefroy Cavaignac, Bastide, Raspail, Blanqui) et les anciens carbonari (voire la franc-maçonnerie), qui ont joué un rôle important durant les Trois Glorieuses, parvenaient à l'imposer avec l'appui du peuple de Paris, le Héros des Deux Mondes pourrait être débordé et devenir la victime de son immense popularité.

Il faut donc faire vite et, au soir du 29 juillet, dans le secret de son cabinet, Laffitte s'interroge sur l'attitude du duc d'Orléans et son double refus de ceindre la couronne. Qui le retient ainsi ? Un messager inattendu vient soudain lui apporter la réponse :

> M. de Talleyrand m'avait fait prévenir que je le comptais pour trop peu dans cette révolution. N'avait-il pas, pendant la nuit [du 27], rapproché Saint-Cloud de Neuilly pour m'arrêter dans ma tentative ? Ne devais-je pas à ce rapprochement le douteux « Je vous remercie » que m'avait rapporté M. Oudard ?

Jusque alors, Talleyrand est demeuré dans l'ombre mais certainement pas inactif. Cela fait des semaines que, de Valençay puis de Bourbon où il prend les eaux, il surveille la situation et dès le 24 juillet il est de retour à Paris. Le 25 au matin il se rend à Saint-Cloud, pour faire sa cour. Il ne parvient pas à parler au roi enfermé avec ses ministres et, même s'il a quelques soupçons, ce n'est que le 26, comme tout le monde, qu'il apprend la promulgation des Ordonnances.

La décision royale ne le prend pas de court. Il a longuement réfléchi aux conséquences qu'elle pourrait avoir, en particulier sur le plan international ; il a lieu de craindre que la réussite d'un coup de force royal contre les Chambres ne conduise à une rupture avec l'Angleterre, déjà fortement indisposée par la récente prise d'Alger, comme le lui a dit son ami sir Charles Stuart, le représentant du gouvernement Wellington/Peel à Paris. Talleyrand et Stuart se connaissent depuis longtemps et s'accordent sur l'intérêt qu'il y aurait à doter la France d'une monarchie constitutionnelle de type britannique. En cela, Talleyrand est proche des libéraux – c'est une des raisons pour lesquelles il a parrainé la naissance du *National* – mais ce n'est pas pour autant qu'il fait publiquement cause commune avec eux.

Dès le soir du 27, Stuart qui s'est rendu à Saint-Cloud avec l'ambassadeur de Russie et le nonce pontifical pour tenter une médiation, lui révèle que Charles X refuse de se laisser fléchir et ne retirera pas les Ordonnances. Sans se soucier un instant des députés libéraux, de leurs hésitations et de leurs atermoiements, Talleyrand passe à l'action. Il imagine, à ce moment-là, de placer sur le trône le jeune Henri V qui n'a que huit ans, avec Louis-Philippe d'Orléans pour régent. Ainsi la continuité dynastique serait-elle assurée, avec une apparence de légitimité, mais n'empêcherait pas la mise en œuvre d'une politique conforme aux désirs des 221. Dans la nuit, Talleyrand fait donc passer un message au duc d'Orléans : il n'y dévoile pas ses plans mais demande simplement au prince de rester à Neuilly et d'attendre la suite des événements sans prendre position. D'où les réponses faites à Laffitte par Louis-Philippe les 28 et 29 au matin.

Mais dans la matinée du 29, les événements se précipitent. La perte de Paris par les troupes royales bouleverse les plans de Talleyrand en lui faisant craindre l'instauration de la république. Il dépêche donc immédiatement son secrétaire à Neuilly, ignorant que le duc s'est éloigné de la capitale et réfugié dans son château du Raincy. C'est sa sœur, Mme Adélaïde, qui reçoit l'émissaire et son message : rentrer à Paris au plus vite et prendre la tête du mouvement, toujours sans s'engager envers qui que ce soit.

Mais le duc d'Orléans hésite encore et, tandis que les députés attendent vainement l'arrivée de Mortemart, retenu par le roi à Saint-Cloud, les conciliabules se poursuivent toute la nuit chez Talleyrand. Vers quatre heures du matin, on envoie le baron de Glandevès, pair de France et gouverneur du Louvre, sonder Laffitte et lui proposer, après de savantes manœuvres d'approche, d'entrer avec La Fayette dans un conseil de régence qui se constituerait autour d'Henri V. Refus de Laffitte, apparition de Sébastiani qui vient « flairer l'air du bureau » et repart avec Glandevès. Laffitte prétend ne pas savoir où se rendent les deux hommes… mais passe immédiatement à l'offensive et décide de court-circuiter Talleyrand.

Thiers, Mignet et Carrel, les trois rédacteurs du *National*, sont chargés de rédiger une proclamation qui sera sans tarder affichée sur les murs de Paris :

> Charles X ne peut plus rentrer dans Paris : il a fait couler le sang du peuple. La République nous exposerait à d'affreuses divisions : elle nous brouillerait avec l'Europe.
>
> Le duc d'Orléans est un prince dévoué à la cause de la Révolution.

Le duc d'Orléans ne s'est jamais battu contre nous.

Le duc d'Orléans était à Jemmapes.

Le duc d'Orléans a porté au feu les couleurs tricolores. Le duc d'Orléans peut seul les porter encore ; nous n'en voulons pas d'autres.

Le duc d'Orléans s'est prononcé ; il accepte la Charte comme nous l'avons toujours voulue et entendue. C'est du peuple français qu'il tiendra sa couronne.

La dernière phrase est hasardeuse : un coup de dés lancé à la face de l'Histoire. Mignet, saisi d'inquiétude, la fait remplacer, sur les derniers exemplaires qui sortent des presses lancées à plein régime, par une ligne plus conforme à la vérité : « Le duc d'Orléans ne se prononce pas ; il attend notre vœu ».

Tenter un coup de poker n'est pas gagner la partie, et l'on envoie donc dare-dare, le 30 au matin, des émissaires à Neuilly : le colonel de Rumigny, aide de camp du duc d'Orléans puis le capitaine Gérard, neveu du général ; Vatout, un familier du duc puis Édouard de Rigny, neveu du baron Louis ; les députés Dupin (conseiller juridique des Orléans) et Persil, et enfin Thiers qui veut supplanter tout le monde et a obtenu une lettre de recommandation de Laffitte. Il n'a jamais rencontré le futur Louis-Philippe et se fait accompagner d'Ary Scheffer, le professeur de dessin attitré des princesses d'Orléans. Le duc est toujours au Raincy et c'est son épouse accompagnée de sa belle-sœur, Mme Adélaïde, qui les reçoit. Elle joue la froideur et prend de haut le petit homme : qui est-il ? Comment ose-t-il douter de sa loyauté dynastique ? Thiers développe son argumentation : il ne s'agit pas d'une révolution de palais mais de sauver la France de l'anarchie en lui donnant une monarchie constitutionnelle. L'Europe, qui redoute par-dessus tout l'instauration d'une république, acceptera le changement de dynastie. Après quelques échanges, Mme Adélaïde, qui sans doute ne demandait qu'à se laisser convaincre, s'engage « patriotiquement », au nom de son frère, à accepter la couronne.

Dans le même temps, Laffitte préside l'assemblée des députés qui a réintégré le Palais-Bourbon. Toujours attentif à soigner son image, il y est arrivé en modeste équipage, dans une chaise (encore la fameuse entorse !) portée par deux savoyards en blouse et s'est laissé acclamer, à l'agacement de son frère Martin. Il est attendu avec impatience car des bruits alarmants circulent : si, selon les uns, le duc de Mortemart est en route pour la rue d'Artois, selon d'autres, il se trouve à la Chambre des pairs où il a retrouvé Talleyrand, Broglie, d'Argout et Sémonville. Une délégation est élue pour aller les rencontrer. Preuve de l'hésitation des députés, elle est composée d'hommes favorables à Henri V : Augustin Perier, Benjamin Delessert, Guizot, Sébastiani et Hyde de Neuville[2].

Le contrôle de la Chambre échapperait-il à Laffitte ? Pour faire cesser la confusion et reprendre la main, il menace bientôt de « dissoudre la Chambre » et rappelle la délégation. Nouveaux débats, cruciaux pour Laffitte, mais le vent tourne vite et la menace que font peser les républicains le sert. Les députés commencent à réaliser que pour préserver leur siège, leurs intérêts, c'est-à-dire ceux de la bourgeoisie à laquelle ils appartiennent, ils doivent s'unir, laisser provisoirement de côté leurs divergences d'opinion. Une déclaration est votée, à l'unanimité moins trois voix : « La réunion des députés actuellement à Paris a pensé qu'il était urgent de prier S.A.R. Mgr le duc d'Orléans de se rendre dans la capitale pour y exercer les fonctions de lieutenant général du royaume, et de lui exprimer le vœu de conserver les couleurs nationales ». Douze députés sont tirés au sort pour la porter au Palais-Royal et la séance est levée.

Face aux reproches véhéments des députés qu'il subit tant dans les couloirs du Palais-Bourbon qu'ultérieurement chez lui, Laffitte, qui est incontestablement l'homme fort de la journée, reste d'un calme olympien et rassure les plus montés de ses interlocuteurs : aux uns, ils explique que la menace d'une révolution populaire est écartée, que la proposition faite au duc d'Orléans n'est qu'une mesure provisoire, « il n'est plus question de Charles X, d'Henri V, de M. de Mortemart, du général Gérard ni de M. Perier. Il n'y a plus même de Chambre des pairs, et la Chambre des députés agit seule en vertu du principe de la Souveraineté nationale ». Pour les autres, qui veulent renvoyer la Chambre et se constituer en gouvernement provisoire, il revient sur la séance de l'après-midi :

> Malgré les intrigues des pairs, des légitimistes, des doctrinaires et des banquiers, quarante-quatre députés ont suffi pour l'emporter : demain nous serons au moins cent. Le trône sera déclaré vacant en fait et en droit et la révolution ne sera plus menacée.

Il marche sur un fil, jouant sur l'idée d'une Chambre de gauche à laquelle, pour éviter une nouvelle Révolution, il imposerait une politique qui favorise la grande bourgeoisie. Sa propre position n'est pas moins paradoxale puisqu'il a contre lui la classe même qui serait la première bénéficiaire d'un régime à l'anglaise, protecteur des libertés et favorable à l'essor du commerce.

---

2 Augustin Perier est l'oncle de Casimir et l'un des directeurs de la Compagnie des Indes avant la Révolution. Le rôle de Hyde de Neuville dans les réseaux d'espionnage anglo-royalistes durant la Révolution et le Directoire est aujourd'hui bien connu.

Pour la plupart de ses interlocuteurs, l'idée d'une monarchie constitutionnelle reste abstraite. S'ils se rejoignent sur le rejet d'une monarchie absolue, les uns s'interrogent sur la nécessité d'un roi dont le rôle serait purement représentatif et les autres sur l'efficacité d'un souverain qui n'aurait pas une autorité suffisante pour les défendre en cas de conflit social.

Il est d'autant plus difficile pour Laffitte de défendre cette idée que le duc d'Orléans dont il fait le pilier de son système ne s'est toujours pas prononcé. Rentré discrètement au Palais-Royal tard dans la soirée après avoir vraisemblablement consulté Talleyrand, le prince louvoie encore : il convoque Mortemart pour l'assurer de sa loyauté envers le roi et lui remettre une lettre cachetée pour le souverain[3], puis fait dire aux douze députés mandatés par la Chambre qu'il les recevra le lendemain.

Le 31 juillet à neuf heures du matin, les voilà donc au Palais-Royal. Une surprise les attend : le général Sébastiani, qui doit présenter la délégation au duc, n'est pas là. Il arrive enfin, avec une demi-heure de retard et, sans un mot d'explication, pénètre dans le bureau du prince. Nouvelle attente ; puis les deux hommes réapparaissent et le duc d'Orléans déclare aux députés stupéfaits qu'il est « fort touché de cette démarche et des bonnes intentions de la Chambre mais que les circonstances [étant] fort délicates, il [lui faut] réfléchir avant de se prononcer ».

Selon Laffitte, qui le tiendrait d'un témoin oculaire, Sébastiani aurait alors couru rue Saint-Florentin avec un projet de déclaration préparé par le duc d'Orléans. Talleyrand, qui sait sans doute déjà que Charles X, fort abattu, a accepté de se replier sur Versailles, donne le feu vert : le duc d'Orléans peut accepter la proposition des députés. Soulagement. On placarde aussitôt sa proclamation sur les murs de Paris :

> Habitants de Paris,
>
> Les députés de la France, en ce moment réunis à Paris, ont exprimé le désir que je me rende dans cette capitale pour y exercer les fonctions de lieutenant général du royaume. Je n'ai pas balancé à venir partager vos dangers, à me placer au milieu de votre héroïque population et à faire tous mes efforts pour vous préserver des calamités de la guerre civile et de l'anarchie.
>
> En rentrant dans la ville de Paris, je portais avec orgueil ces glorieuses couleurs que vous avez reprises et que j'avais moi-même longtemps portées. Les Chambres vont se réunir ; elles aviseront au moyen d'assurer le règne des lois et le maintien des droits de la nation. Une charte sera désormais une vérité.

---

[3] Il la reprendra quelques heures plus tard. Elle a été retrouvée au Archives nationales. Cf. G. Antonetti, *Louis-Philippe*, pp. 584-586.

Laffitte touche au but. C'est alors qu'un nouvel obstacle, redoutable, surgit. Le peuple de Paris, dont les députés ont imprudemment négligé les inquiétudes depuis deux jours, s'agite. Les républicains en armes se sont portés à l'Hôtel de Ville où siège La Fayette, à l'apogée de sa popularité. On peut craindre qu'ils ne le juchent sur le « piédestal » dont il rêve. Une tentative de négociation entre le duc d'Orléans et les plus déterminés d'entre eux tourne au vinaigre par la maladresse de Thiers et accroît leur fureur. Il faut les prendre de vitesse. À la Chambre, Laffitte, en tant que président, propose la rédaction immédiate d'une adresse au pays dont sont chargés Guizot, Villemain, Bérard et Benjamin Constant :

> Français, La France est libre. Le pouvoir absolu levait son drapeau, l'héroïque population de Paris l'a abattu... Nous rentrons en possession de l'ordre et de la liberté... Ceux de vos députés qui se trouvent déjà à Paris se sont réunis et, en attendant l'intervention régulière des Chambres, ils ont invité un Français qui n'a jamais combattu que pour la France, M. le duc d'Orléans, à exercer les fonctions de lieutenant général du royaume.... Le duc d'Orléans est dévoué à la cause nationale et constitutionnelle... Il respectera nos droits car il tiendra de nous les siens. Nous nous assurerons par des lois toutes les garanties pour rendre la liberté forte et durable : le rétablissement de la Garde nationale..., l'intervention des citoyens dans la formation des administrations départementales et municipales, le jury pour les délits de presse, la responsabilité légalement organisée des ministres, l'état des militaires légalement assuré, la réélection des députés promus à des fonctions publiques... La Charte sera désormais une vérité.

90 députés ont signé l'adresse, ce qui confirme l'ascendant de Laffitte sur la Chambre. C'est donc lui qui prend la tête du cortège qui part chercher le duc d'Orléans au Palais-Royal. Le spectacle est grotesque. Laffitte est toujours dans sa chaise, porté par ses deux Savoyards. Un tambour aviné et quatre huissiers en noir, la chaîne au cou, les précèdent ; des gamins font la ronde autour des députés en costume du matin qui se traînent péniblement sous un soleil torride. Deux rangs de spectateurs muets les regardent passer.

Le prince les reçoit entouré de deux aides de camp et de sa famille. Derrière Laffitte qui lui fait face, les 89 députés forment un demi-cercle. La scène, longuement décrite dans les *Mémoires*, a été confirmée par les témoins. Au moment de lire au duc la proclamation de la Chambre, Laffitte, embarrassé de sa béquille et de son chapeau, laisse tomber la feuille qu'il tient à la main. Fort courtoisement, le duc se baisse pour la ramasser et la lui rendre, occasion pour le banquier de s'excuser, assez haut pour que chacun l'entende, de son pied bandé et de ses pantoufles. On frise le ridicule mais Laffitte se reprend et débite le texte tout d'un trait.

Malgré cela, le duc est ému. Craignant d'être trahi par le tremblement de sa voix, de ne pouvoir répondre avec la solennité requise, il évite l'écueil, s'avance simplement vers Laffitte et le serre bourgeoisement dans ses bras.

Quels que transports que celui-ci en éprouve, il n'est pas tout à fait dupe et peut écrire, lorsque le prince, le tenant par la main, l'entraîne avec lui au balcon :

> Tel mime pour l'éloquence vaut au moins Cicéron, et le public avait affaire ici à un talent de premier ordre… La scène tout entière fut jouée admirablement… le succès fut complet… Chacun se retira content, auteur, acteurs, le public et surtout le bénéficiaire.

La suite de la pièce est encore à improviser. Il faut emmener le duc d'Orléans à l'Hôtel de Ville et le cortège repart péniblement, en longeant la Seine, par une chaleur caniculaire. Le tambour et les huissiers ont été congédiés, c'est maintenant le prince, à cheval, qui ouvre la marche, flanqué de Laffitte dans sa chaise. La progression est lente et, à partir du Pont-Neuf, la foule qui encombre les quais se fait hostile. Place de l'Hôtel de Ville, républicains et bonapartistes rassemblés crient : « Vive la République ! Vive Napoléon ! À bas les Bourbons ! À bas le duc d'Orléans ! » Le prince reste très calme et, soutenant Laffitte, pénètre dans le bâtiment où La Fayette, lui aussi appuyé sur une canne, les accueille.

Après quelques flottements, on se prépare à rejouer la scène du Palais-Royal ; mais, alors que Laffitte, face au prince, s'apprête à relire solennellement la proclamation, un des députés qui l'entourent, Jean Pons Viennet, par ailleurs connu comme poète et dramaturge[4], lui prend tout bonnement le papier des mains, et, arguant de sa voix superbe, le lit à sa place ! Malheureux Laffitte qui se voyait déjà « en pied, sur le premier plan », face au prince qui n'aurait pas manqué de faire peindre la scène pour le Palais-Royal, les Tuileries ou Versailles. « Moi qui ne me suis jamais fait peindre, me voilà condamné à mourir tout entier, personne ne saura si je suis le fondateur de la nouvelle dynastie ! »[5].

La cérémonie se poursuit : réponse du duc, congratulations mais, dehors, les clameurs continuent et donne des inquiétudes pour la sortie. La Fayette se saisit alors d'un grand drapeau tricolore et entraîne le prince vers le balcon pour saluer le peuple.

---

4 Il sera élu à l'Académie française, contre Benjamin Constant, en novembre suivant. Il était, par ailleurs, grand-maître des francs-maçons du rite écossais de France.

5 La scène a effectivement été peinte par le baron Gérard (Versailles, musée national du château et des Trianons). Viennet, en bleu, est face à Louis-Philippe d'Orléans. On reconnaît Laffitte au second plan, avec Lobau, La Fayette, Gérard, Dupin et Perier qui semble être le principal témoin de la scène.

> Le général salue le premier et passe ensuite le drapeau au Prince qui fait comme lui. Ce concert parut singulier. On semblait se demander si le général avait rendu le Prince républicain ; ou bien le Prince avait-il ramené le général à la monarchie ? Il fallait cependant en finir. Le général agite le drapeau et le peuple s'écrie : Vive Lafayette ! Le Prince l'agite à son tour et le peuple ne répond rien. Ils s'en emparent à la fois, l'agitent vivement et le peuple s'ébranle. Ils frappent un dernier coup, ils se jettent dans les bras l'un de l'autre. Aussitôt montent de partout les cris de : Vive le duc d'Orléans ! Vive Lafayette !

Et Laffitte de conclure, mi-figue mi-raisin : « Si vous m'en croyez, vous tirerez le rideau, la farce est jouée ! ».

CHAPITRE 21

Le ministère du 1er août. Laffitte au Conseil du gouvernement.
La Charte de 1830. Louis-Philippe roi des Français.
Laffitte ministre sans portefeuille. Dissensions ministérielles.
Mécontentement de l'opinion. Le « Mouvement » (Laffitte) contre la « Résistance » (Guizot).
Mise en accusation des ministres de Charles X. Émeutes des 17 et 18 octobre. Chute du ministère Guizot.

À partir du dimanche 1er août, le nouveau lieutenant général du royaume s'emploie à consolider sa position. Il sait que Charles X a quitté Versailles pour Rambouillet et considère ce départ comme une renonciation implicite au trône. Il peut donc constituer un ministère.

Dès le matin, les grands bourgeois qui l'ont porté au pouvoir sont autour de lui « fort occupés à brûler de l'encens ». Dupont de l'Eure, La Fayette et Laffitte n'ont pas été appelés et ce dernier est furieux. Les républicains sont-ils déjà écartés ? Lui qui a tant œuvré pour le duc d'Orléans, qui a utilisé ses réseaux, son influence, sa fortune pour le porter au pouvoir est-il déjà évincé par les « loups-cerviers », Perier, Delessert, Lefebvre, et les doctrinaires de Guizot ?

Il semble bien que oui et lorsqu'il arrive enfin au Palais-Royal « mandé par un simple billet d'un aide de camp écrit à la troisième personne », le prince ne le remarque même pas. Sébastiani lui propose le ministère des Finances, qu'il refuse, pincé : « Je suis ici par ordre. Je ne veux pas être ministre ». On se passe donc de lui pour composer un ministère : Guizot, tard rallié à la cause orléaniste mais membre très influent de la société « Aide toi le Ciel t'aidera », reçoit l'Intérieur, Louis les Finances, Gérard la Guerre, Jourdan les Affaires étrangères, Rigny la Marine et Bignon l'Instruction publique. Selon Laffitte, Dupont de l'Eure n'accepte la Justice que sur les instances pressantes du duc d'Orléans. Il avait déjà reçu ce portefeuille dans le très éphémère ministère qui avait été constitué la veille par la commission municipale, pressée de se constituer en gouvernement provisoire pour contrer le duc d'Orléans, pourtant appelé, au même moment, par les députés à la lieutenance générale du royaume... Cette première équipe ne portait donc pas la marque de Louis-Philippe : Guizot n'avait que l'Instruction publique, c'est Bignon qui avait les Affaires étrangères (comme en 1815...) et le duc de Broglie qui était à l'Intérieur.

Parallèlement, on crée un Conseil du gouvernement dans lequel siègent des proches du prince (Dupin et Sébastiani), des fidèles de Guizot (le duc de Broglie et Molé) et deux banquiers, Casimir Perier et Jacques Laffitte. Ce dernier s'est laissé prendre aux manœuvres charmeuses de son héros qui, s'étant enfin aperçu de sa présence, lui a passé un bras autour des épaules et l'a entraîné dans son cabinet en disant à la cantonade : « Allons, Messieurs, suivez-nous ».

Pour Laffitte, rien n'est plus clair :

> Lui et moi serons sur le siège, conduisant l'attelage, les autres ministres trainant le char... Lui pour gouverner, moi pour lui donner des conseils afin qu'il tirât à gauche et non pas à droite... avec le général Lafayette pour nous soutenir au dehors à la tête de la Garde nationale.

Douces illusions : au Palais-Royal, plus personne ne veut de Laffitte ni de La Fayette et le prince n'a désiré Dupont de l'Eure qu'« afin d'ouvrir boutique à la belle enseigne ».

Le 2 août, à l'aube, Louis-Philippe apprend que le roi l'a, à son tour, nommé lieutenant général du royaume et a approuvé l'ouverture de la session parlementaire prévue pour le lendemain. En se mettant sous la protection de son cousin, il espère sauver ce qui, de son point de vue, peut encore l'être et l'obliger à assurer sa sécurité car il se sent menacé : Louis-Philippe lui a, en effet, secrètement fait dire que La Fayette et ses troupes auraient décidé de se saisir de lui et prépare discrètement son départ en exil.

Il n'a donc que faire de cette nomination tardive. Charles X tente alors une ultime manœuvre pour sauver sa dynastie : dans l'après-midi, il abdique en faveur de son petit-fils le duc de Bordeaux et contraint son fils, le dauphin duc d'Angoulême à faire de même. Il précise, à l'attention de son cousin :

> Vous aurez donc, en votre qualité de lieutenant général du royaume, à faire proclamer l'avènement d'Henri V à la couronne. Vous prendrez d'ailleurs toutes les mesures qui vous concernent pour régler les formes du gouvernement pendant la minorité du nouveau roi.

Dès qu'il reçoit la lettre, le duc d'Orléans convoque le conseil de gouvernement créé la veille. Laffitte n'en dit mot dans ses *Mémoires*. Mais on sait par d'autres sources que les six membres le convainquent du fait que la double abdication et ses conséquences relèvent de la compétence des Chambres et non de celle du lieutenant général. C'est implicitement enterrer la royauté d'Henri V que les députés rejetteront inévitablement, mais cela permet de respecter les formes.

Le 3, les Chambres se réunissent. Le duc d'Orléans, en uniforme de la Garde nationale et son second fils le duc de Nemours s'asseyent sur des tabourets placés de part et d'autre du trône. Le duc d'Orléans sait que Charles X, terrifié par l'armée de gueux envoyée sur son ordre par La Fayette à Rambouillet, est en route pour Cherbourg. Il reste cependant assez peu assuré et prononce d'une voix sourde un discours terne et maladroit, qu'il termine par l'annonce de la double abdication, sans mentionner le nom d'Henri V.

Cette omission est une faute car elle introduit un doute. La droite indignée voit dans le lieutenant général un usurpateur potentiel et se déclare « légitimiste ». Les partisans de la république sont furieux, comprenant, pour leur part, que la Charte va rester en vigueur et qu'ils auront à choisir entre deux royautés, celle de Philippe VII ou celle d'Henri V. Quant à la gauche modérée, elle est divisée : d'un côté, les députés libéraux réunis autour de Laffitte et appuyés par La Fayette tiennent à leur idée de monarchie constitutionnelle ; de l'autre, Guizot et les doctrinaires qui sont, dans leur for intérieur, hostiles à une révision en profondeur de la Charte et qui se contenteraient d'un simple toilettage de l'article 14 (relatif aux Ordonnances).

Dans la soirée, les députés libéraux se retrouvent chez Laffitte. La discussion est vive, mais, de manière générale, on estime que le lieutenant général du royaume a rompu le pacte qui unissait le peuple à son roi et qu'il est nécessaire de faire table rase du passé. Auguste Bérard, le député de la 2e circonscription de Seine et Oise qui est aussi banquier, est chargé de rédiger un projet constitutionnel entièrement nouveau. Il prend pour base les mesures énumérées dans l'adresse des députés à la nation le 31 juillet, et en ajoute un certain nombre : la responsabilité des ministres, l'égalité des cultes devant la loi, l'interdiction des troupes étrangères dans l'armée nationale, l'abolition de la noblesse, l'initiative des lois accordée à la Chambre, la suppression du double vote, l'abaissement de l'âge et du cens électoral, la reconstitution totale de la pairie.

Comme on pouvait l'imaginer, le projet est reçu avec réserve par le lieutenant général et ses ministres qui chargent Broglie et Guizot de préparer une simple révision de la Charte. En attendant, on procède à l'élection du président de la Chambre. Deux modes peuvent être envisagés : le scrutin uninominal auquel cas, Laffitte l'affirme, il aurait été élu haut la main, ou le scrutin de liste comme sous la Restauration. Le second mode est choisi, peut-être aussi afin de barrer la route de la vice-présidence à un républicain. Guizot, Perier, Delessert, Sébastiani et Laffitte figurent sur la même liste. Perier, soutenu par les légitimistes, l'emporte avec 174 voix devant Laffitte qui n'en obtient que 160. Le duc d'Orléans ratifie aussitôt l'élection mais, curieusement, le nouveau président refuse de siéger (il démissionnera d'ailleurs quelques jours plus tard) et c'est Laffitte, vice-président, qui remplit ses fonctions.

C'est donc à lui qu'incombe la responsabilité de diriger les débats houleux des 6 et 7 août autour de la réforme constitutionnelle, tandis que des manifestants républicains cernent le Palais-Bourbon. La « Charte Bérard » comme l'appelle Laffitte, a été considérablement amendée par Broglie et Guizot puis corrigée à nouveau par son auteur, furieux, avant d'être finalement synthétisée par André Dupin. Au final, elle est plutôt favorable aux doctrinaires de Guizot, dans la mesure où l'examen de deux questions brûlantes, l'hérédité de la pairie et l'abaissement du cens électoral, sont renvoyées à la session de 1831. De même, un certain nombre de sujets devront faire l'objet d'une loi ultérieure : parmi ceux-ci : la responsabilité des ministres, le jury pour les délits de presse, la réélection des députés promis à des fonctions publiques salariées, l'organisation de la garde nationale, le mode d'élection des institutions départementales et municipales, la liberté de l'enseignement et l'abolition du double vote.

Telle qu'elle est, la « Charte de 1830 » entérine les principales modifications réclamées par les libéraux depuis 1814 : égalité des cultes ; abolition de la censure ; limitation de l'article 14 sur les ordonnances ; initiative des lois aux Chambres ; élection des députés pour cinq ans ; abaissement de l'âge du droit de vote à vingt-cinq ans (contre trente) et de celui d'éligibilité à trente (contre quarante) ; nomination des collèges électoraux par les électeurs et du président de la Chambre par les députés ; abolition des tribunaux d'exception ; prestation par le roi d'un serment de fidélité à la Charte. Enfin, la cocarde tricolore est la seule autorisée et, comme la constitution de 1791 l'avait imposé à Louis XVI, Louis-Philippe prend le titre de roi des Français.

La nouvelle constitution est votée le 7 août par 219 voix contre 33, immédiatement notifiée aux pairs puis portée par les députés au Palais-Royal, où Laffitte en donne lecture solennelle au prince « à haute et intelligible voix à la satisfaction de tous, sans que M. Viennet eût besoin de me l'arracher des mains ». Le 9, Louis-Philippe Ier prête serment à la Charte devant une assemblée composée de pairs et de députés du centre et de gauche ; les députés de droite et le corps diplomatique ne se sont pas déplacés. L'hémicycle du Palais-Bourbon, dont la rénovation entreprise deux ans plus tôt n'est pas encore achevée, est sobrement décoré de drapeaux tricolores ; la cérémonie est laïque, menée par Casimir Perier et le baron Pasquier, présidents des deux Chambres, Dupont de l'Eure qui fait office de Garde des sceaux et quatre maréchaux (Macdonald, Mortier, Oudinot et Molitor) qui présentent au nouveau souverain les insignes de la royauté[1].

[1] Une peinture anonyme conservée au musée du Louvre représente la scène.

Un nouveau ministère est officiellement constitué le 11. Guizot conserve l'Intérieur, Dupont de l'Eure la Justice, Louis les Finances et Gérard la Guerre. Aux Affaires étrangères, Molé remplace Jourdan, à l'Instruction publique, le duc de Broglie succède à Bignon. Sébastiani reçoit la Marine. On nomme de surcroît quatre ministres sans portefeuille : Laffitte, Casimir Perier, Dupin et Bignon.

C'est une équipe composite dans laquelle toutes les tendances de la gauche sont représentées (Dupont de l'Eure étant le plus proche des républicains) et qui accueille en son sein d'excellents techniciens comme le baron Louis et André Dupin, avocat de Louis-Philippe, défenseur du maréchal Ney et de Béranger. La finance est représentée par Perier et Laffitte et la haute noblesse par Molé et Broglie. Ce dernier reçoit, en sus de l'Instruction publique le ministère des Cultes, fait notable quand on sait qu'il est, à cause de son épouse née Albertine de Staël, très impliqué dans le mouvement du Réveil protestant et, par là, lié aux grands banquiers réformés (Delessert, Mallet, Odier, Vernes, André, Cottier, d'Eichtal, Hottinguer) qui tous siègent ou siégeront au Conseil de la Banque de France. Précisons cependant tout de suite que si Louis-Philippe, qui se compare volontiers à Henri IV, se montre bienveillant envers la haute bourgeoisie protestante (il reçoit les présidents des deux Consistoires dès le 13 août[2]), son ministre Guizot, dont on connaît le calvinisme austère, prendra grand soin de ne jamais faire de « politique protestante », même si sa conception moralisatrice du capitalisme (« enrichissez-vous par le travail et par l'épargne ») émane directement de l'éthique réformée.

Louis-Philippe ne nomme pas de président du Conseil : c'est lui qui dirige ses ministres, de manière non protocolaire et en affectant des façons bourgeoises qui suscitent les lazzi du faubourg Saint-Germain. Il s'intéresse personnellement aux Affaires étrangères et laisse à son équipe le soin de la politique intérieure.

En tant que ministre de l'Intérieur, Guizot doit mettre en place un personnel politique et administratif qui soutiendra le nouveau régime. Ce renouvellement prend la forme d'une véritable épuration, dans laquelle la bourgeoisie libérale remplace la bourgeoisie conservatrice. On organise des élections pour remplacer les députés démissionnaires ou qui ont refusé de prêter serment au nouveau régime, soit environ un quart de la Chambre ; on remplace la plupart des procureurs généraux qui ont, eux aussi, refusé de prêter serment ; les préfets et les maires des grandes villes sont changés ; de nombreuses mutations affectent égale-

---

2 Cf. M.-E. Richard, *Notables protestants en France dans la première moitié du XIXe siècle*, Éditions-diffusion du Lys, Caen, 1996, pp. 126-127.

ment l'armée et le corps diplomatique qui voient le retour massif de personnalités mises à l'écart depuis 1815.

Il faut aussi se montrer reconnaissant envers ceux qui ont contribué au changement de dynastie ; le duc de Broglie reçoit ainsi la présidence du Conseil d'État, Talleyrand l'ambassade à Londres dont il rêve, Thiers le secrétariat général du ministère (en sus d'un siège de conseiller d'État), Carrel une préfecture, Viennet est élu à l'Académie française contre Benjamin Constant, etc., etc. La liste n'est pas exhaustive…

Le Conseil des ministres a devant lui un travail considérable puisqu'il faut préparer toutes les lois qui viendront compléter la nouvelle Charte. Mais l'ambiance des réunions ne s'y prête guère. C'était, écrit Laffitte, « une véritable tour de Babel, les choses s'embrouillaient tous les jours ; tous les jours de nouvelles explications, et jamais on ne pouvait s'entendre ». Les ministres s'affrontent, Dupont de l'Eure, fort de son origine populaire, tient tête au roi avec un franc-parler qui fait frémir les doctrinaires.

La question des sociétés populaires suscite de violents débats. Avatars des anciennes sociétés secrètes, elles pullulent (on en compte près de 850) et défient quotidiennement la loi, à savoir l'article 291 du Code pénal qui interdit les rassemblements politiques de plus de vingt personnes. Dupont estime que pour couper court à leur provocation et à leurs complots, il faut rétablir la liberté de réunion. Broglie s'y oppose. Laffitte s'entremet. Guizot rédige un projet de loi mais l'assortit d'un amendement qui ne la rendrait effective qu'un an après sa promulgation. Dupont menace de partir, Perier, qui craint d'être appelé à le remplacer, s'y oppose…

Autre sujet crucial : celui de la loi électorale. Dupont de l'Eure et Laffitte, en s'appuyant sur le principe de la souveraineté nationale, souhaitent rajeunir l'électorat et en doubler le nombre en abaissant le cens électoral d'un tiers (200 au lieu de 300 francs) et faciliter l'accès à l'éligibilité en en diminuant le cens de moitié (500 au lieu de 1 000 francs). On accorderait également le droit de vote à 25 000 « capacités » non imposables (médecins, avocats, magistrats, notaires, certains fonctionnaires). On porterait ainsi le nombre d'électeurs à 225 000, passant de 0,3 à 0,7 % de la population totale (ou 3 % de la population majeure), ce qui resterait raisonnable ! Le Conseil se divise sur la question, les uns (Guizot, Broglie, Perier, Louis) ne souhaitant rien changer, les autres (Gérard, Dupin, Bignon) ne consentant qu'un abaissement très modéré des cens. « Quant au roi, écrit Laffitte, peu lui importaient les conditions des éligibles, il ne craignait que le nombre de électeurs ». Le projet s'enlise.

Pendant ce temps, le mécontentement s'accroît. Le marasme économique consécutif aux journées de Juillet affecte gravement les commerçants, les républicains craignent d'avoir été trahis, les partisans de Charles X dénoncent les restrictions budgétaires à l'égard de l'enseignement catholique et la suppression du traitement des cardinaux. Mi-août, la question de la mise en accusation des ministres de Charles X vient à l'ordre du jour et ulcère le faubourg Saint-Germain. Deux semaines plus tard, le vieux duc de Bourbon, dernier des Condé, est retrouvé mort, pendu, dans une mise en scène suspecte. Son légataire universel est le duc d'Aumale et tout Paris sait combien les Orléans ont eu de peine à le faire tester en ce sens. De là à laisser dire que Louis-Philippe porte la responsabilité de ce décès, il n'y a qu'un pas... que le « noble faubourg » franchit allègrement, trop content de jeter de la boue sur le « roi des barricades »[3].

Le 25 septembre, à la Chambre, un député, défenseur du petit commerce, s'en prend aux sociétés populaires qui, par l'agitation qu'elles entretiennent, nuisent à la reprise des affaires. Guizot répond par un discours très ferme où il exprime sa volonté de faire cesser les troubles. « Le désordre n'est pas le mouvement... l'état révolutionnaire n'est pas l'état ascendant de la société ». La fragile coalition gouvernementale se brise ce jour-là : aux tenants du Mouvement (Laffitte et Dupont de l'Eure) qui aspirent à faire progresser la démocratie s'opposent les partisans de la Résistance (Guizot et Casimir Perier) qui considèrent que l'on a déjà atteint le point à ne pas dépasser. Le premier ministère de la monarchie de Juillet n'a plus que trois semaines à vivre.

Louis-Philippe flatte ostensiblement Laffitte : face à l'agitation populaire, à la baisse de la Rente qui s'amorce, à l'inquiétude des cours étrangères, il a besoin de son riche banquier pour calmer le jeu et sait flatter sa vanité :

> Le Roi toujours assis à côté de moi, son bras passé sous mon bras, sa joue frisant ma joue, pour mille secrets qu'il avait toujours à me dire à l'oreille. Mon avis avant tout et surtout, on le prenait toujours et toujours il était suivi. Étais-je présent : « qu'en dit M. Laffitte ? » Étais-je absent : « il faudra voir ce qu'en pense M. Laffitte ».

Cela marche, et notre naïf se prend pour Necker !

Selon lui, la reine n'aurait pas été en reste dans les manifestations de sa reconnaissance :

> Que je suis heureuse du vif attachement que le Roi a pour vous et de l'heureuse influence que vous avez sur lui !... Vous ne le quitterez jamais,

3 En réalité, le duc serait mort des pratiques, peu avouables pour un septuagénaire, que lui prodiguait sa maîtresse la baronne de Feuchères. Elle aurait, avec l'aide de son fils, maladroitement maquillé l'accident en suicide. Cf. G. Antonetti, *op. cit.*, pp. 629-630.

n'est-ce pas ? Vous serez toujours son ami intime, car vous êtes les deux plus honnêtes gens du royaume.

On joue plutôt Henri IV et Sully…

Laffitte, qui depuis vingt ans ne peut vivre sans l'encens de la popularité, est définitivement conquis. Oubliés les atermoiements du duc d'Orléans dans les derniers jours de juillet, oubliée son attitude ambigüe à l'égard de Laffitte lors de la constitution de l'équipe gouvernementale le 1er août, oubliées les mises en garde qu'il a reçues depuis.

Comme il l'écrit dans la longue confession qu'il insère à ce moment de ses *Mémoires*[4] :

> Rappelez-vous bien que je n'entendais pas donner la France au duc d'Orléans mais le duc d'Orléans à la France… Pouvez-vous m'en faire un crime ? Je ne le pense pas car le plus grand nombre s'y est trompé comme moi.

Le 27 septembre, la Chambre vote à une très forte majorité la mise en accusation des ministres de Charles X qui ont signé les Ordonnances. Il est à craindre que, sous la pression des républicains, ils ne soient condamnés à mort et pour éviter cette funeste issue, le roi accepte de présenter un projet de loi abolissant la peine de mort en matière politique.

Le peuple gronde : il veut la tête des ministres, L'indemnisation de sept millions destinée aux victimes des journées de Juillet que fait hâtivement voter Guizot ne suffit pas à calmer sa colère. Les 17 et 18 octobre, les émeutiers envahissent le Palais-Royal puis marchent sur Vincennes pour enlever les anciens ministres et se faire justice eux-mêmes. La détermination du général Daumesnil fait échouer leur tentative et les renvoie au Palais-Royal dont la Garde nationale à grand-peine à leur barrer l'accès.

La menace d'une nouvelle révolution se double d'une crise politique. Odilon Barrot, préfet de la Seine, publie en effet une proclamation dans laquelle il reproche à la Chambre d'avoir demandé au roi l'abolition de la peine de mort. Guizot juge une telle démarche inadmissible de la part d'un haut fonctionnaire et demande qu'il soit révoqué. Dupont de l'Eure prend le parti du préfet et met sa propre démission dans la balance. Devant les grilles du Palais-Royal, la foule scande : « À bas les fleurs de lys ! À bas Guizot ! ».

Le roi se révèle alors plus Bourbon que bourgeois. Il ne veut pas amputer son blason du prestigieux symbole que représentent la fleur de lys et sacrifie Guizot : un « ministère patriote » sera constitué autour de Laffitte.

---

4 *Ibid.*, pp. 218 à 222. Pour la première fois, il ne s'adresse pas seulement à sa famille mais à la postérité.

Chapitre 22

Embarras financiers de la banque Laffitte.
Vente de la forêt de Breteuil.
Laffitte président du Conseil. Premiers projets de lois (fiscalité directe, amortissement de la dette publique, emprunt haïtien).
Nouvelles difficultés financières et premier emprunt à la Banque de France.
Poursuite du programme législatif (indemnisation des émigrés, Garde nationale, fiscalité indirecte, suppression de la censure, dotation de la couronne et liste civile).
Procès des ministres de Charles X.
Projet de réforme électorale.

Les six mois de l'hiver 1830-1831 sont les plus durs que Laffitte ait sans nul doute eu à vivre de toute son existence. Il doit faire face à la fois aux difficultés que rencontre sa banque et, en tant que chef du gouvernement qu'il va accepter de présider, à une situation politique pratiquement impossible à gérer. Certes, son inexpérience de la conduite des affaires de l'État le dessert, mais il n'est pas certain qu'un autre ait réellement pu faire mieux.

Afin de rendre compte au plus près de l'enchaînement des causes et des effets qui conduiront à son double échec, nous avons choisi de respecter strictement la chronologie, sans dissocier le public du privé. Il en résulte une certaine complexité qui nous a cependant paru préférable à la division thématique généralement adoptée.

À la chute de Guizot, Laffitte hésite entre la poursuite d'une carrière politique dont il sait qu'elle sera semée d'embûches, et le retour à la vie civile qui lui permettrait de reprendre en main sa banque quelque peu délaissée depuis le printemps et médiocrement gérée par ses jeunes associés. Louis-Philippe, qui a encore besoin de lui, multiplie les marques d'affection pour le garder à ses côtés et Jacques Laffitte, emporté par son goût de l'action et son optimisme naturel, se laisse séduire : il suffit de peu pour remettre la banque sur ses rails et il pourra ensuite se consacrer aux « affaires du Roi … alors dans le plus grand danger ».

En fait, il se montre d'une effarante légèreté : « Mes affaires allaient fort bien, mon crédit me paraissait inébranlable et je possédais encore quinze à vingt millions, ce qui était assez bien. Les crises de 1805, 1810 et 1815 m'avaient aguerri contre celle de 1830 et je me croyais au-dessus de tous les événements ». La réalité est tout autre.

Il semble bien, quoiqu'il s'en soit toujours défendu, que sa banque se soit trouvée dans une situation financière difficile depuis 1827 ou 1828[1] mais que la confusion entre sa propre fortune et le fonds social de la maison lui ait permis d'entretenir l'équivoque pendant près de trois ans. Le fait est assez courant à l'époque en l'absence de réglementation spécifique ; il est d'autant moins répréhensible que, dans le cadre de sociétés de personnes, les associés en nom collectif sont responsables des dettes éventuelles, sur leurs biens propres et en proportion de leur apport. Faute de comptes précis, on ne pourra sans doute jamais débrouiller l'écheveau et l'on doit se contenter de poser quelques jalons.

Nous avons vu que dans la société constituée en 1827, le capital social était de 13 millions : cinq provenaient des commanditaires (trois de Perregaux comme dans la précédente société, un de Pierre Laffitte, un de J. C. Clarmont, un autre des jeunes associés, Ferrère-Laffitte, Th. Philipps et Baignères) et sept de Laffitte. Il fallait donc qu'il ajoute quatre millions à son précédent apport, ce qu'il n'a pas fait[2], se réservant de les fournir ultérieurement sur les fruits de son travail. Si l'on ajoute à cela le fait que la part de Perregaux n'a pas été placée sur un compte de commandite mais est restée sur son compte courant ; que Pierre Laffitte et Clarmont ne sont crédités respectivement que de 212 800 et 552 635 francs, que Ferrère-Laffitte n'a apporté que 61 260 francs au lieu des 500 000 prévus, que Baignères enfin n'a pas versé sa part (300 000 francs) et est même débiteur pour 41 000 francs[3], on en déduit que la banque, qui tournait sur un chiffre officiel d'environ 62 millions de capital et de dépôt, fonctionnait en réalité avec 48 ou 49, fournis par des tiers[4].

Ceci ne posait guère de problème en période d'expansion puisque de l'argent frais entrait « gros comme des montagnes », selon les propres termes de Laffitte. Par contre, la récession aurait engendré une situation plus délicate, la fragilisation de la banque ne pouvant être dissimulée que si la confiance publique se maintenait. C'était précisément le souci de Laffitte en octobre 1830.

---

1 L'affirmation a été reprise jusqu'en 1834 dans une feuille marseillaise (*Le Garde national*) et l'a d'autant plus blessé qu'il l'a pensée inspirée par Louis-Philippe lui-même. *Mémoires*, p. 316.

2 Il n'y a que 5 864 620 francs à son compte fin 1827. Cf. M. Lévy-Leboyer, *op. cit.*, p. 433.

3 AN C 2726 et *idem*, p. 433.

4 H. Bonin, *op. cit.*, p. 76, repris de M. Lévy-Leboyer, *op. cit.*, p. 483.

Dès 1828, la crise économique avait entrainé la mise en liquidation d'un certain nombre de maisons dans lesquelles Laffitte détenait une commandite. Ainsi, par exemple, celle de la banque Guerin de Foncin, victime des difficultés rencontrées par ses créanciers lyonnais, ou celle de la banque de Vital Roux, dont la faillite (1829) avait eu, par un effet de domino, de graves conséquences pour Laffitte : en effet, Chaptal fils, un autre commanditaire de Roux, était aussi client de Laffitte à titre personnel de même que Thibaudeau fils qui était par ailleurs, avec Roux, gérant de la manufacture des Verreries de Choisy dont Laffitte était commanditaire.

Du côté de la draperie alsacienne, les choses n'allaient guère mieux : si Koechlin résistait, Javal de Mulhouse rencontrait de graves difficultés, tandis que, par exemple, Saillard, drapier à Sedan, devait 1,305 million à Laffitte[5].

L'immobilier parisien avait vécu un Age d'or au début des années 1820 mais à partir de 1825, une spéculation excessive avait entrainé une chute importante des prix. Laffitte, comme Delessert, avait dû ajourner une vaste opération de lotissement pilotée par l'architecte Constantin dans la plaine de Passy (actuel 8e arrondissement, quartier de la place François Ier). Il était, par ailleurs, très engagé, aux côtés de la banque André, Cottier et Cie, dans l'opération de l'enclos de Saint-Lazare qui, elle aussi, avait alors marqué le pas, un nombre important de lots ne trouvant pas preneur. Plus grave encore, il semble que les associés de Laffitte aient commis l'erreur d'accepter de certains débiteurs l'apurement de leur dette sous forme de cession d'immeubles, lesquels se dévalorisaient à mesure que la crise s'amplifiait.

Autre erreur, celle-ci imputable au seul Laffitte : l'engagement lourd dans l'emprunt haïtien. L'affaire remontait à 1825 et était contemporaine de celle du « milliard des émigrés » : après vingt-et-un ans de conflit et en échange de la reconnaissance diplomatique, la France avait exigé du gouvernement d'Haïti le dédommagement des colons dépossédés de leurs propriétés à la suite de l'indépendance de l'île. Pour y faire face, le gouvernement haïtien avait fait négocier en France un premier emprunt de 30 millions qui correspondait au 1/5e de l'indemnité due aux anciens colons. Cet emprunt avait été mis en adjudication chez Ternaux avec un minimum de 90 francs sans trouver preneur. Delessert et André-Cottier s'étaient alors offerts à le prendre à 76 francs mais la négociation avait échoué. Un accord amiable avait été finalement conclu à 80 francs avec une compagnie composée de Laffitte et Cie, du syndicat des receveurs généraux, et des banques Rothschild frères, J. Hagerman, Blanc-

[5] Cf. H. Bonin, *op. cit.*, p. 66 repris de B. Gille, *op. cit.*, p. 152.

Colin et Cie, Ardoin Hubard et Cie, César de La Panouse et Paravey et Cie.

Haïti avait donc reçu 24 millions (80 % de 30 millions) et avancé le reste (soit 6 millions) pour dédommager les colons, mais il fallait maintenant rembourser les banquiers. Les efforts du président haïtien J. Pierre Boyer – levée d'un impôt qui ne rapporta rien, modification du code rural qui resta inappliquée, création d'une monnaie papier qui se révéla inadaptée – se soldèrent par un échec qui fut connu à Paris en 1830. La juteuse opération était devenue une créance irrécupérable.

À ce passif s'ajoutaient des créances anciennes, telles celle de Richard-Lenoir (2,083 millions), failli depuis 1814[6], ou celle de Chaptal qui avait été entraîné dans la ruine de son fils en 1816 et avait échoué dans sa tentative de lancer une banque en 1825[7] : créances jamais réclamées, peut-être par amitié (Richard-Lenoir vivait de la générosité de son gendre, Lefebvre-Desnouettes, beau-frère de Jean-Baptiste Laffitte), et déjà passées par profits et pertes.

Enfin, et pour couronner le tout, Laffitte pouvait craindre qu'une partie de sa clientèle, de sensibilité légitimiste, ne retire les fonds qu'elle avait placés dans une banque dont le chef était nommé président du Conseil du gouvernement orléaniste.

En octobre 1830, sa situation est donc pour le moins préoccupante et il s'en ouvre à Louis-Philippe. Sans doute n'évoque-t-il que ce que chacun sait, le marasme industriel qui menace les grandes maisons[8], la baisse continue de la Bourse[9], l'impasse haïtienne, l'inquiétude de la clientèle privée, mais il se veut rassurant car, selon lui, le fonds serait sain. En fait, il n'aurait qu'un problème, très passager, de trésorerie : cinq ou six millions, tout de même, « pour que [ses] associés soient tranquilles ».

Louis-Philippe, qui le veut comme président du Conseil, s'offre à le sortir d'affaire. Les explications de Laffitte sont assez confuses. Il semble que, dans un premier temps, le roi lui ait proposé six millions en échange de la forêt de Breteuil, ce qui correspondrait aux deux millions qu'il doit personnellement à son banquier, plus les quatre dont celui-ci est encore redevable à la princesse de Rohan. Dans un deuxième temps,

---

6 Cf. H. Bonin, *idem*.

7 Cf. B. Gille, *op. cit.*, p. 55.

8 Vassal, lié à Lyon et au commerce sud-américain a été suspendu le 4 octobre avec 11 millions de passif pour 12 d'actif, Ternaux arrêtera le 21, Meuron (neveu de Perregaux) le 20 novembre, Demianney enfin, le 3 janvier 1831 avec 17 millions d'impayés et 9 millions de dépôts à rembourser. Cf. M. Lévy-Leboyer, *op. cit.*, pp. 481-485.

9 La rente 5 % est cotée 94 francs le 28 janvier 1831 et tombe à 82 le 12 mars.

la transaction se serait élevée à dix millions, soit un « cadeau » de quatre millions supplémentaires pour le banquier.

Grisé, Laffitte se lance dans un étonnant tour de prestidigitation verbale : « En payant [la forêt] dix millions, vous aurez un revenu de 4 % » – « Eh bien, c'est une affaire faite » – Vous aurez, Sire, six millions à payer comptant, et le reste par quart, d'année en année [directement à la princesse] » – « Je m'arrangerai pour cela, ne vous inquiétez pas ». Mais, en homme d'affaires avisé, Laffitte demande que la transaction reste secrète : « Vous comprenez que, le secret gardé, la vente me procure une rentrée de dix millions, qu'au contraire la publicité m'obligerait à rembourser quarante millions en faisant fuir la confiance ».

Le contrat est donc passé sous seing privé, le 17 octobre. Laffitte estime sa banque sauvée et accepte de présider le nouveau gouvernement, d'autant plus soulagé qu'elle bénéficie le 1er novembre d'un prêt de trois millions au taux de 4 %, consécutif à un crédit voté le 17 octobre à l'instigation du baron Louis pour aider les entreprises en difficultés[10].

Il faut près de quinze jours et d'interminables discussions pour constituer le nouveau ministère. Laffitte souhaite qu'il soit représentatif des différentes tendances du centre et de la gauche mais Broglie et Perier, suivis par Dupin, Molé et Louis refusent de siéger sous sa présidence et présentent leur démission. L'impopularité de Guizot l'exclut d'office et c'est au comte de Montalivet, un proche de Louis-Philippe, que revient le ministère de l'Intérieur. Avec Sébastiani qui reçoit le portefeuille de la Marine, et le maréchal Gérard celui de la Guerre, il représente les modérés. Dupont de l'Eure, qui conserve le ministère de la Justice, l'avocat J. Mérilhou, un ancien carbonaro qui reçoit celui de l'Instruction publique et des Cultes et Laffitte lui-même qui se charge des Finances représentent la gauche. Enfin le maréchal Maison qui s'est illustré dans l'expédition de Morée est chargé des Affaires étrangères, tandis que Thiers entre au gouvernement comme sous-secrétaire d'État des Finances.

Le 3 novembre, Laffitte qui a reçu l'accord du roi, présente son programme à la Chambre : « Consolider l'ordre sans lequel il n'y a pas de véritable liberté ; compléter, perfectionner et surtout faire respecter les lois ; conserver une bonne intelligence avec l'Europe et prévenir ce qui pourrait la troubler ». Le 10, en réponse à Odilon Barrot qui lui reproche de ne pas installer une « monarchie républicaine » à travers une « grande révolution nationale » et à Guizot qui demande une « révolution conservatrice » pour mettre fin à un dangereux « état révolutionnaire », il

---

10 Soit 10 % du montant total. Cf. J. Marec, *Laffitte face à de graves difficultés financières (1830-1848)*, colloque *Le banquier Jacques Laffitte*, *op. cit.*, p. 133.

relativise les divergences entre les différentes tendances et sollicite le soutien de la Chambre : « L'ordre et la liberté triompheront, les lois seront exécutées... Vous savez qu'il ne suffit pas de souhaiter à un pouvoir d'être fort, il faut l'y aider soi-même en lui prêtant l'appui de la représentation nationale ». En d'autres termes, il appelle de ses vœux un équilibre entre les trois pouvoirs, exécutif, législatif et judiciaire. Le 17, un remaniement ministériel est supposé calmer les esprits : Gérard et Maison, dont la position dans l'issue à donner au problème de la révolution belge est jugée trop belliciste, sont écartés. Le premier est remplacé par Soult, le second par Sébastiani et la Marine est donnée au légitimiste d'Argout.

Mais le lendemain, Laffitte doit affronter un coup terrible. Louis-Philippe l'informe que, contrairement à sa promesse, il a fait enregistrer l'acte de vente de la forêt de Breteuil[11]. Thiers, auquel Laffitte vient de mettre le pied à l'étrier, est à l'origine de ce coup de Jarnac et ne s'en cache pas[12]. Est-il poussé par les « loups-cerviers » ? Agit-il par ambition personnelle ? Peu importe. Pour Laffitte, l'affaire est catastrophique car la publicité donnée à la vente va rameuter tous ses créanciers. Il réagit cependant avec sa pugnacité habituelle.

Quoique très affecté par la duplicité du roi, il refuse de démissionner comme le lui suggèrent ses amis et, toujours poussé par un optimisme impénitent, décide de faire front :

> L'enregistrement que je juge plus sévèrement que vous me forcera je suppose à réaliser intempestivement des valeurs qui me coûteront une perte de 10 à 12 millions, mais il m'en restera encore de 6 à 8, avec cela je ne serai pas fort à plaindre. Me résigner et me taire, c'est beaucoup mieux. Je lutte honorablement contre la mauvaise situation que l'on m'a faite, je reste à la tête du pays et je cherche les moyens de lui être encore utile.

Une lithographie de cette époque le montre assis près d'une table chargée d'ouvrages, de quelques feuillets de papier et d'une plume. De facture néo-classique, le portrait est celui d'un homme responsable et pondéré, élégamment vêtu, très à l'aise dans son fauteuil de président du Conseil.

Celui que trace Guizot dans ses *Mémoires*[13] complète cette image un peu froide :

> Homme d'affaires intelligent et hardi, causeur abondant et aimable, soigneux de plaire à tous ceux qui l'approchaient et bon pour tous ceux qui lui plaisaient, il était toujours prêt à comprendre et à obliger tout le monde.

[11] Ch. Pouthas, dit que l'acte n'a été déposé que le 10 janvier 1831. Cf. Ch. de Rémusat, *op. cit.*, p. 442, note 1.

[12] J. Laffitte, *Mémoires*, p. 246.

[13] F. Guizot, *op. cit.*, II, pp. 44-45.

Quoique très soumis, en définitive, aux influences révolutionnaires qui l'entouraient, il n'avait, pour son propre compte, point d'idée générales et arrêtées, point de parti-pris et obstiné ; ni aristocrate, ni démocrate, ni monarchique ni républicain, aimant le mouvement par instinct et pour son plaisir plutôt que dans quelque profond dessein, cherchant l'importance plus par vanité que par ambition, mêlant la fatuité au laisser-aller et l'impertinence à la bonté, vrai financier de grande comédie, engagé dans la politique comme ses pareils de l'Ancien Régime l'étaient dans les goûts mondains et littéraires, voulant surtout être entouré, flatté, vanté, confiant dans son succès comme dans son mérite, auprès du Roi comme auprès du peuple, dans les révolutions comme dans les spéculations, et traitant toutes choses, les affaires d'état comme les affaires d'argent, avec une légèreté présomptueuse qui se croyait capable de tout concilier, ne s'inquiétait guère des obstacles et ne prévoyait jamais de revers. Il était, en 1830, au sommet de sa destinée, heureux et fier d'avoir vu faire, ou plutôt, pensait-il, d'avoir fait, dans sa maison, une révolution qui plaisait au pays et un roi qui lui plaisait à lui-même, en se promettant de rester puissant, populaire et riche, sans prendre grand peine de gouverner.

La dernière phrase est sévère, car, à la Chambre, Jacques Laffitte doit affronter une opposition très déterminée, à droite comme à gauche, et sa marge de manœuvre est étroite.

Dès le 8 novembre, la discussion s'engage sur le principe de la liberté de la presse. Le parti du Mouvement demande par la bouche de Félix Barthe la suppression du cautionnement et du droit de timbre institué en 1816. En tant que ministre des Finances, Laffitte refuse : « L'opinion du gouvernement est de maintenir les impôts et d'attendre que les circonstances soient meilleures pour les réduire ». Il le fera un mois plus tard, sans, pour autant, satisfaire la gauche.

Le 15 novembre, Laffitte prend très longuement la parole pour proposer une importante réforme de la fiscalité directe. Il s'agit de substituer le régime de la quotité à celui de la répartition pour trois impôts. La taxe personnelle serait perçue sur tous les habitants adultes (et mineurs s'ils perçoivent un revenu) et sur les étrangers résidant depuis plus de six mois, selon un barème établi en fonction de l'importance des localités : de 2,10 francs pour les communes de moins de 5 000 âmes à 4,50 francs pour celles de 50 000 habitants et plus. Quant à la taxe mobilière, elle serait calculée sur la base de 6 % de la valeur locative. Les bâtiments agricoles y seraient assujettis mais pas les ateliers, boutiques, auberges payant une patente. La contribution des habitants misérables et indigents des grandes villes serait perçue sur l'octroi. La réforme concernerait également l'impôt sur les portes et fenêtres, dont l'assiette, déjà obsolète puis qu'un quart des ouvertures ne sont pas recensées, devrait être régulièrement revue pour prendre en compte les nouvelles constructions qui s'élèvent chaque jour.

Le projet suscite des discussions très vives aux termes desquelles seule la première taxe reste concernée. C'est dire que, lorsqu'elle sera adoptée le 26 janvier 1831, la loi ne satisfera ni le parti du Mouvement ni celui de la Résistance.

Le 22 novembre, le président du Conseil et ministre secrétaire d'État des finances présente son projet de loi sur l'amortissement de la dette publique : il porte d'une part sur le fonds existant qui atteint alors 79 millions, d'autre part sur de futures émissions de rente : « Toute dette nouvelle sera constituée à part, elle aura son amortissement [propre] ainsi précisé : annuel, agissant à intérêt composé, profitant de toutes les réductions d'intérêts ; spécial et incommutable ».

Le projet est cohérent, dans la ligne politique du baron Louis qui, en 1814, avait fait prévaloir le respect absolu des créanciers de l'État, et dans celle des mesures que Laffitte lui-même avait préconisées en 1817 pour renforcer le crédit de l'État et rétablir la confiance. Mais, contesté par l'opposition, il subit d'importants amendements avant d'être voté, en janvier. Il est ensuite soumis aux pairs qui l'amputent encore, à tel point que Laffitte renonce finalement (tout comme son successeur le baron Louis) à le représenter aux députés.

Le 30 novembre, c'est l'emprunt haïtien qui est à l'ordre du jour. Les banques qui l'ont souscrit invoquent la loi du 17 octobre précédant qui avait ouvert un crédit de 30 millions pour venir au secours de l'industrie et du commerce et demandent également à être aidées en recevant le remboursement des versements qu'elles ont effectués, dans le cadre de l'emprunt, à la Caisse des dépôts et consignations. Laffitte leur donne partiellement satisfaction en faisant rendre une ordonnance royale qui autorise le paiement par le Trésor d'une somme de 4 849 000 francs[14].

Ce même 30 novembre, dans le secret de son bureau, Jacques Laffitte rédige une lettre pathétique que Maurice Brun a retrouvée dans les archives de la Banque de France[15]. Elle est adressée à un régent non identifié (J.-C. Davillier ? peut-être F. Cottier ?) auquel il la fait porter discrètement par son frère. Il y explique que, victimes des événements de Juillet, de la jalousie, de la crainte, ses associés ont déjà dû rembourser plus de 20 millions et qu'afin ne pas perdre leur clientèle, ils se sont engagés à en rembourser 15 autres, à échéance de trois mois. Les 6 millions du roi, un prêt de 2,5 millions que lui offre le financier

[14] G. Antonetti, *Les ministres des finances de la Révolution française au Second Empire. Dictionnaire biographique, t. 2 : 1814-1848*, Paris, Ministère de l'économie, des finances et de l'emploi. Comité pour l'histoire économique et financière de la France, 2007.

[15] M. Brun, *op. cit.*, pp. 364 sq. et 376 sq.

Alexandre Aguado[16] n'y suffisant pas, il sollicite de la Banque de France un prêt de sept millions, remboursable en quatre ans, qui lui permettrait d'éviter la liquidation et de rétablir la confiance.

En réalité, Laffitte est aux abois. Il offre en garantie pour 21 millions de valeurs, mais précise que « sur ces 21 millions, 4 sont déjà portés en perte, et fallait-il, ce qui n'est pas, perdre encore 4 millions, il resterait une fortune de 13 à 14 millions ». Les chiffres qu'il aligne sont incohérents : « Je connais bien, écrit-il, les affaires de ma maison. Elle me doit 12 millions en capital, cinq à mes associés et je possède en outre 4 à 5 millions du domaine de Maisons, de mon hôtel et de mon mobilier »[17]. Il jongle avec les chiffres, confondant allègrement sa propre fortune et le fonds social de la banque. Apparaissent ainsi 4,6 millions en terrains et immeubles, 2,1 millions d'hypothèques diverses, 6,5 millions de « valeurs disponibles » et de « bons débiteurs », pour près de 4 millions d'actions, dont beaucoup probablement surévaluées (Messageries Générales, compagnies d'assurances, titres d'Haïti, etc.).

Se leurre-t-il lui-même ? Il sait que la transaction est contraire aux statuts de la Banque, mais lui faut absolument convaincre le régent auquel il s'adresse pour emporter l'accord du gouverneur de la Banque de France (Gaudin, qui l'a remplacé dix ans plus tôt) et du Conseil de régence au sein duquel il n'a pas que des amis. Sa lettre est suppliante (« C'est la vie que je vous demande, mon cher Monsieur ») et même d'une platitude gênante lorsqu'il évoque Casimir Perier (le premier des « loups-cerviers » !) « qui a été admirable pour moi » et dont la visite, au moment où il achève sa missive, fait que « l'espérance s'est ranimée dans [son] cœur ».

En effet, Perier s'entremet. Rémusat écrit :

> Perier se mit à la tête de l'affaire et l'emporta, malgré l'opposition obstinée de Delessert : « C'est un méchant homme », me disait-il avec vivacité. Ce n'était qu'un puritain grondeur et têtu, qui méprisait Laffitte ; et lui, Perier, n'avait pas à se beaucoup vanter d'une générosité dans laquelle entrait un orgueil bien calculé[18].

La Banque de France accède à la demande de Laffitte et lui accorde 3 millions dès la fin de la semaine, le 4 décembre. Cette bouffée d'oxygène est bien venue car si la fidèle Mme Laffitte vend ses diamants sans un soupir de regret, son gendre ne cesse de réclamer la dot

---

16 Cf. Annexe II.

17 Maisons a été payé 1 270 000 francs, intérêts compris, en 1826. Laffitte y a fait pour plus d'un million de travaux. L'hôtel de Laborde acheté, en mauvais état, 850 000 francs en 1825, a été profondément remanié et somptueusement décoré. Il en estime la valeur à 1,5 million.

18 Ch. de Rémusat, *op. cit.*, pp. 442-443.

d'Albine qui n'a jamais été versée. Déchiré par la violence des scènes qui empoisonnent sa vie privée, le banquier, d'ordinaire si généreux, se durcit : Benjamin Constant, mourant, est prié de lui rembourser les 200 000 francs qu'il lui doit. Il en est incapable, c'est Louis-Philippe qui acquitte sa dette… et le fait savoir !

En dépit de l'hostilité qui l'entoure, Laffitte poursuit vaille que vaille son programme législatif. Le 1er décembre, il demande à la Chambre de se prononcer sur l'affectation du surplus laissé par l'indemnisation des émigrés (3 millions de rente 3 % soit un capital de 100 millions). La loi votée en 1825 stipulait qu'il serait réparti entre les ayants droit afin de compenser d'éventuelles inégalités. Arguant de la situation internationale (la Belgique a proclamé son indépendance le 4 octobre, la Pologne vient de se soulever contre les Russes), Laffitte demande qu'il soit affecté au renforcement du potentiel militaire de la France.

La discussion sur l'institutionnalisation de la Garde nationale débute le 2 décembre. Définie comme une milice démocratique, reconstituée selon les principes de 1789, elle a pour charge de défendre l'ordre public, politique (le roi et la Charte) et social. En cas de besoin, elle peut seconder l'armée. Elle est théoriquement composée de tous les citoyens mâles âgés de 20 à 60 ans, quelle que soit leur situation de fortune et organisée à l'échelon communal ; mais elle reste sous l'autorité des pouvoirs publics : si les officiers subalternes sont élus par la Garde, les officiers supérieurs sont nommés par le roi. Les gardes nationaux devront assumer personnellement leurs frais d'habillement et d'armement et pouvoir disposer de temps pour assurer le service régulier.

Le projet fait plusieurs fois la navette entre les deux Chambres et ne sera finalement voté que le 22 mars 1831, après la chute de Laffitte. Les contraintes financières en écartant les plus modestes, la Garde nationale se transformera rapidement en une sorte de milice bourgeoise attachée à défendre la propriété contre le désordre social.

Le 4 décembre, c'est l'abaissement des droits sur les boissons qui est à l'ordre du jour. Soucieux du déficit de recette qu'il va entraîner, Laffitte en tirera argument pour demander, le 9, l'allocation de crédits provisoires qui le compensent et lui laissent le temps de préparer le budget de l'exercice 1831 auquel les circonstances ne lui ont pas permis de s'atteler. Les quatre douzièmes qui lui sont accordés lui permettent d'en repousser la présentation.

Mais le calendrier reste fort chargé. L'imminence de l'ouverture du procès des ministres de Charles X, qui seront jugés par la Chambre des pairs constituée pour l'occasion en cour de justice (et donc dans l'impossibilité temporaire d'exercer ses fonctions législatives), le conduit à presser le mouvement. Il obtient ainsi le 10 décembre que les députés renoncent à leurs interminables discussions et se prononcent sur un certain nombre de projets de loi : l'affectation du solde de l'indemnisation des émigrés, l'appel immédiat sous les drapeaux de 80 000 hommes de la classe de 1830 (demandé par Soult le 1er décembre), l'abaissement des droits sur les boissons et sur les journaux, la suppression du cautionnement, de la censure, des poursuites pour délits communs et des jurys, etc. sont ainsi votés en une seule séance.

Le 15 décembre, Laffitte dépose sur le bureau de la Chambre un gros projet de loi sur la dotation de la couronne et la liste civile. Le sujet est hautement sensible car l'immense fortune des Orléans suscite de nombreuses critiques[19]. Outre le fameux apanage constitué par Louis XIV, confisqué à la Révolution et reconstitué par Louis-Philippe (reconnu par Louis XVIII dès 1814), le roi est en effet à la tête d'une fortune personnelle importante (le domaine privé) qu'il a partagée entre ses enfants mais dont il a conservé l'usufruit. De plus, il dispose des biens de la Couronne, soit une dizaine de châteaux dont Versailles, Saint-Cloud, Fontainebleau, les Tuileries, les manufactures de Sèvres, de Beauvais et des Gobelins et trois forêts, auxquels s'ajoutent le mobilier des palais, des œuvres d'art, des pierreries, etc.

Laffitte propose de réunir l'apanage aux biens de la Couronne, tous en laissant à Louis-Philippe la propriété du domaine privé, et de réduire la liste civile, qui s'élevait à 32 millions pour Charles X, à 18 millions.

C'est encore trop. Le tollé est tel que le projet est abandonné ; provisoirement, Louis-Philippe conserve le million et demi mensuel (soit 18 millions/an) qui lui a été alloué lors de son accession au trône mais le verra réduit d'un tiers lorsque Perier fera passer la loi, en 1832.

La première épreuve politique qui attend le ministère Laffitte est celle du procès des ministres de Charles X. Il se déroule à la Chambre des pairs, du 15 au 21 décembre. À l'intérieur du palais du Luxembourg, l'atmosphère est sereine mais dans les rues avoisinantes la foule attroupée ne cesse de réclamer la condamnation à mort des sept prévenus. Montalivet est chargé de leur sécurité (il faut les transférer chaque jour de Vincennes) et de celle des pairs pour laquelle, en tant que colonel de la Garde nationale, il s'implique physiquement.

C'est à La Fayette qu'il incombe de contrôler la rue. En mobilisant toutes les unités de la Garde nationale, il y réussit parfaitement, disperse pacifiquement les attroupements et parvient même à maintenir le calme au rendu de la sentence : reconnus coupables à l'unanimité les sept ministres sont condamnés à la réclusion perpétuelle. Discrètement évacués par Montalivet avant même le verdict, quatre d'entre eux seront

---

[19] Pour le détail, cf. G. Antonetti, *Louis-Philippe*, *op. cit.*, pp. 676-678.

conduits au fort de Ham, les autres (qui ont échappé à l'arrestation) sont condamnés par contumace.

C'est un succès pour le gouvernement, mais au terme de ces journées incertaines Louis-Philippe tire la conclusion qui s'impose : redevable au seul La Fayette de leur heureuse issue, il devient prisonnier du général, dont la popularité est immense et le pouvoir redoutable depuis que Guizot l'a nommé commandant en chef de toutes les Gardes nationales du royaume (9 août). Situation intolérable à laquelle il remédie en sous-main sans tarder.

Dès le 24 décembre, lors du débat sur l'organisation de la Garde nationale, les députés s'avisent soudain que la fonction de La Fayette est incompatible avec la Charte et votent sa suppression pure et simple en accordant toutefois au général un commandement « honoraire » et son maintien à la tête de la Garde parisienne. La Fayette, très amer, refuse et démissionne le lendemain de tous ses commandements ; l'intervention de Laffitte, qui lui rend visite accompagné de Dupont de l'Eure et de Garnier-Pagès pour le faire revenir sur sa décision, n'aboutit pas, notamment parce que les « patriotes » exigent maintenant d'entrer au gouvernement et parlent d'imposer un ultimatum à la Chambre. Le 26, La Fayette confirme sa démission, et le roi l'accepte d'autant plus facilement que Dupont de l'Eure emboîte le pas à son vieil ami.

Comme il le dit assez trivialement, le voilà d'un coup débarrassé de deux des trois « médecines » qu'il doit prendre pour purger le ministère et gouverner à sa guise. Ne reste que Jacques Laffitte… car les carbonari qui sont en place – Montalivet lui-même mais aussi Mérilhou qui remplace Dupont et l'avocat Barthe qui lui succède l'Instruction publique – ne l'inquiètent guère. Et Jacques Laffitte, Louis-Philippe en est convaincu tout comme Perier et quelques autres, va s'user de lui-même dans les difficultés, sociales, politiques, personnelles, qu'il doit affronter.

Il n'en propose pas moins à la Chambre, le 29 décembre, une loi fort importante à ses yeux : elle concerne l'élection des conseils municipaux et est en souffrance depuis des mois. Il s'agit de rétablir l'élection du maire et du conseil par les citoyens actifs, telle que créée en 1789, avant son abolition par le Consulat. Au terme de la loi « les conseillers municipaux sont élus par l'assemblée des électeurs communaux » eux même choisis par un système censitaire dégressif en fonction de la taille des communes, qui, s'il reste étroit (les plus gros contribuables) fait entrer dans le jeu la petite paysannerie propriétaire, 2 à 3 millions de personnes, soit 10 fois plus que l'électorat national. Certaines « capacités » (titulaires de diplômes universitaires, juges, avocats, médecins, notaires, magistrats, certains fonctionnaires retraités) auraient le droit de voter sans conditions de cens.

Malgré l'hostilité du roi qui table sur une forte opposition parlementaire, la loi sera votée le 18 février 1831 et promulguée le 21 mars. C'est donc une réelle avancée vers la démocratie, une victoire pour le parti du Mouvement.

CHAPITRE 23

La révolte des Belges (été-automne 1830).
Difficultés de Laffitte à la Chambre (janvier 1831).
Situation désastreuse de ses affaires. Mise en liquidation de la banque J. Laffitte et Cie.
L'affaire de Saint-Germain-l'Auxerrois (14-15 février 1831).
Fragilisation du ministère Laffitte.
Dernières mesures : budget de 1831, réforme électorale.
La dépêche de Vienne. Démission de Laffitte (13 mars 1831).
Casimir Perier et la présidence de la Chambre des députés (juillet 1831).

À la même époque, la situation internationale se tend, à tel point que la crainte d'une nouvelle guerre s'empare des esprits. C'est à cette occasion que les profondes divergences de vues qui séparent Louis-Philippe de son président du Conseil se manifestent au grand jour. Pour le comprendre, il faut retourner quelques mois en arrière.

Dès son avènement, Louis-Philippe a eu le souci de casser son image de « roi des barricades » et de se faire reconnaître pleinement par les cours européennes comme souverain légitime « puisque Bourbon ». Il y est parvenu en s'engageant à contenir la révolution en France et à empêcher ses germes de se développer en Europe, autrement dit à s'abstenir de toute forme de soutien aux peuples qui se soulèveraient contre leur souverain. Sa position est là exactement contraire à celle du parti du Mouvement et des républicains qui défendent avec fermeté leurs principes : il n'est pas question de laisser un peuple, qui désire s'en affranchir, retomber sous le joug d'une monarchie autocratique et théocratique.

Ces divergences, théoriques, prennent une tout autre dimension lorsque la jeunesse bruxelloise, galvanisée par la première représentation d'un opéra nationaliste d'Auber et Scribe[1], descend dans la rue et se révolte contre la tutelle néerlandaise. Nous sommes le 25 août 1830 et l'événement risque de provoquer une crise politique en France. Très habilement, Louis-Philippe la désamorce en s'attribuant personnelle-

[1] *La muette de Portici*, d'Auber et Scribe (1828) qui a pout sujet la révolte du peuple napolitain contre la tyrannie espagnole et contient un duo fameux : « Amour sacré de la patrie ».

ment – et dans la tradition Bourbon – la conduite de la politique extérieure, ce à quoi ni Guizot ni Molé, son ministre des Affaires étrangères, ne sont en mesure de s'opposer.

Mais l'onde de choc provoquée par la manifestation indépendantiste des Belges n'en finit pas de se répercuter dans les chancelleries. C'est bientôt toute la construction européenne, mise en place par les traités de 1815, qui est menacée. Louis-Philippe comprend très vite qu'il tient l'occasion de rendre à la France un rôle politique et diplomatique de premier plan en instaurant, autour d'une région convoitée par tous, un nouveau rapport de forces. Il va s'y employer, avec la complicité de Talleyrand qui rêve toujours d'un équilibre organisé autour de l'axe franco-anglais, et dont il fait son ambassadeur extraordinaire à Londres.

Car si les Belges sont unis dans leur volonté de se débarrasser de la tutelle néerlandaise, ils sont divisés sur l'avenir de leur province : fonder une république ? Se donner un souverain qui, à condition de ne pas être apparenté à la dynastie d'Orange-Nassau, pourrait être un prince français, italien, allemand ou autrichien ? Demander purement et simplement leur réunion à la France ?

Pour les diplomates rassemblés à Londres où Talleyrand domine bientôt la conférence, c'est un casse-tête. Faut-il défendre les droits de la maison d'Orange, spoliée, ou reconnaître celui des insurgés à l'indépendance ? Le ministère Laffitte, installé la veille de l'ouverture de la conférence, va évidemment dans ce sens, malgré le risque de voir intervenir le roi de Prusse, beau-frère de Guillaume Ier d'Orange-Nassau (et derrière lui le tsar), alors que ni la France ni l'Angleterre n'ont les moyens économiques et militaires d'affronter une guerre.

Louis-Philippe en a conscience, et, dès le 17 novembre, exige de son président du Conseil le remplacement des maréchaux Gérard et Maison, respectivement ministres de la Guerre et des Affaires étrangères, par Soult et Sébastiani, jugés plus souples et beaucoup moins bellicistes.

Le lendemain de ce remaniement, le congrès belge (manipulé par Talleyrand ?) se prononce pour une monarchie constitutionnelle, rejetant ainsi *de facto* l'hypothèse républicaine comme celle du rattachement. Encore faut-il trouver un roi. Berlin ne veut ni d'un prince autrichien ni d'un prince français (le duc de Nemours, quatrième fils de Louis-Philippe), les Belges penchent pour le duc de Leuchtenberg, fils d'Eugène de Beauharnais et d'Augusta de Bavière, dont Louis-Philippe ne veut pas entendre parler ; les Anglais soutiennent la candidature du prince Othon de Bavière, à laquelle se rallie Louis-Philippe, à condition de lui faire épouser une de ses filles…

Dès le mois de septembre, il s'est très habilement imposé à la table des négociations en annonçant que la France renonçait à la Belgique, tant par annexion que par installation d'un prince français sur le trône, et a proposé la création d'un état indépendant mais neutre, sous la garantie conjointe des puissances, lesquelles s'engageraient à ne pas intervenir militairement dans le règlement du conflit. Sa fermeté a payé : la création d'un nouvel état en Europe septentrionale brisera de fait l'équilibre sur lequel repose la quadruple Alliance, alliée contre la France mais divisée sur la question belge, et amorcera un rapprochement franco-anglais face au bloc de l'Europe du Nord-Est.

À Paris, Laffitte et ses amis s'en tiennent à leurs principes : on ne laissera pas les Belges subir le joug d'un prince Bourbon ou Habsbourg dont les alliés « soutiennent [le] droit divin avec du canon »[2]. Puisque l'idée d'un régime républicain a été rejetée et comme Louis-Philippe ne veut pas d'Auguste de Beauharnais, ils se prononcent pour la réunion de la Belgique à la France.

Sans, semble-t-il, aucune concertation avec Sébastiani et Soult, Laffitte prononce à la Chambre, le 1er décembre, un discours grandiloquent :

> Si la guerre devient inévitable, il faut qu'il soit prouvé à la face du monde que nous ne l'avons pas voulue et que nous ne l'avons faite que parce qu'on nous mettait entre la guerre et l'abandon de nos principes... Sous très peu de temps, nous aurons... cinq cents mille hommes en bataille, bien armés, bien organisés, bien commandés, un million de gardes nationaux les appuieront et le Roi, s'il en était besoin, se mettrait à la tête de la nation.

L'avant-veille, la Pologne s'est soulevée contre les Russes. Les républicains, le Mouvement, les catholiques hostiles à la Russie orthodoxe et la « Jeune France » romantique communient dans le même enthousiasme. Le discours rencontre, à la Chambre si ce n'est au Palais-Royal, un succès certain, et le 10 décembre, le surplus de l'indemnité aux émigrés est affecté au renforcement des armées, comme l'avait proposé Laffitte, par 256 voix contre 57.

Louis Philippe ne réagit pas. Il attend l'issue du procès des ministres de son prédécesseur et Laffitte se croit – ou veut se croire, en dépit de divers avertissements – encore soutenu. Les manifestations populaires se succèdent quotidiennement mais il s'oppose à ce qu'on les réprime en arguant, dans la ligne politique du Mouvement, qu'elles ne sont que l'expression de la démocratie. Il soutient que la caution de la rue lui permettra de faire évoluer la monarchie vers le parlementarisme, mais sans doute craint-il, sans l'avouer, d'entamer son propre capital de popularité.

---

2 Selon l'expression de Talleyrand dans une lettre à Sébastiani, 27 novembre 1830. Cité par E. de Waresquiel, *op. cit.*, p. 570.

Au fond de lui-même, Louis-Philippe est devenu profondément hostile à son président du Conseil. Bourbon avant tout, il dissimule derrière la comédie d'un roi bourgeois et bon enfant l'immense orgueil de sa race. La foule qui bat quotidiennement le pavé devant le Palais-Royal l'insupporte, les ratiocinations des députés l'exaspèrent. La tolérance du ministère Laffitte n'est à ses yeux que la preuve de son inefficacité : il la qualifie de « politique du laisser-aller ». L'expression fait fortune : le parti de la Résistance, la presse, mécontente des demi-mesures prises par le gouvernement, s'en emparent : le président du Conseil devient leur cible favorite.

Rémusat s'en fait l'écho :

> C'était à Laffitte surtout que l'opinion s'en prenait. Ce que les derniers jours avaient surtout révélé, c'était sa légèreté... Il y avait de la frivolité du grand seigneur chez Laffitte, c'est par là seulement qu'il pouvait être comparé au prince de Polignac. Il n'avait pas de grandes manières mais des manières agréables, le ton posé et railleur d'un raisonneur de comédie, de la facilité en tout, plus de facilité que de bonté, une vanité que le moindre dépit rendait impertinente, et l'optimisme insouciant d'un homme gâté par la fortune. Il désarmait les juges les plus sévères par une bonhommie assez gracieuse ; mais il irritait les plus patients par sa fatuité et son étourderie. Il avait donc réussi à s'aliéner la majorité, sans regagner entièrement l'opposition qui comptait peu sur lui[3].

À la Chambre, le 4 janvier 1831, il est violemment attaqué. Sans tenir compte de l'ordre du jour, deux députés réclament la suppression immédiate de l'impôt sur le sel. Des arguments ineptes sont avancés. Le général Lamarque affirme que les Landais, dont il est le député, en consomment trois plus que le reste de la population parce qu'ils se nourrissent principalement de maïs et de pâte de millet. Un député considère que « si le sel pouvait être livré à bas prix, il serait un engrais des plus utiles, des plus productifs » ; un autre affirme que les ménages en consommeraient davantage s'il était moins cher. Le sel est-il donc un besoin ou un luxe, comme, par exemple, le tabac dont, dans la foulée, plusieurs voix demandent la détaxation...

Concertée ou non, la tactique désarçonne Laffitte. Isolé – même son frère Martin, pour lequel il vient d'obtenir la sinécure enviée de directeur général du Mont de Piété de Paris[4], ne le soutient pas – il se défend mal :

> On ne veut plus de l'impôt sur les tabacs, de l'impôt sur le sel, on ne veut pas d'augmentation sur la contribution mobilière. Il n'y a pas d'impôts qui

---

[3] Ch. de Rémusat, *op. cit.*, p. 442.

[4] L'ordonnance royale est signée le 6. Martin Laffitte était député de la Seine-Inférieure depuis avril 1828.

n'aient été successivement attaqués. Je ne dis pas que tous ces impôts soient bien assis. Le gouvernement travaille avec vous à rechercher des moyens d'amélioration et d'une plus juste répartition des charges publiques… Les circonstances ne sont pas heureuses : elles le deviendront, mais en attendant c'est au patriotisme du peuple à supporter le poids des impôts.

Victor de Tracy, député (extrême gauche) de l'Allier, rétorque :

Notre premier devoir est de nous occuper de ces matières. Si, à chaque fois que ces questions s'élèvent, on vient nous dire que ce n'est pas le moment de s'en occuper, quand voudra-t-on nous permettre d'arrêter notre attention ?

On comprend pourquoi, dès cette date, Laffitte limite ses interventions à la Chambre. Ainsi ne prend-il aucune part aux débats sur la réorganisation des cours d'assises, un sujet délicat dont la discussion, entamée le 1er décembre précédent, occupe plusieurs séances.

Ses affaires personnelles ne s'arrangent pas mieux. Le 21 décembre, au terme d'un second accord, il a reçu 2,3 millions de la Banque de France ; le 10 janvier, il signe une troisième convention pour 1,8 millions, ce qui porte à 7 millions le total des avances qui lui sont accordées. Elles sont garanties par des hypothèques sur les avoirs de la société et sur les biens personnels du banquier, et remboursables en quatre ans. Mais elles ne suffisent pas à sauver la banque Laffitte, dont les pertes sont officiellement évaluées à 13 millions de francs.

Le 19 janvier, Laffitte informe ses correspondants que ses fonctions de ministre l'obligent à dissoudre sa maison de banque et que son neveu Ferrère-Laffitte va former une maison provisoire avec Alexandre Aguado pour garder la clientèle[5]. Le 29, la société J. Laffitte et Cie est mise en liquidation, par anticipation à la date du 18[6]. Jacques Laffitte ne pouvant concilier les soins de la liquidation avec ses fonctions officielles, c'est son neveu qui en est chargé.

On découvre alors l'ampleur du désastre : en dépit de l'avance de la Banque de France, des 6 millions que Laffitte a reçus du roi, des 3 qu'il a touchés au titre de l'aide aux entreprises en difficultés, il manque encore 6 millions pour désintéresser les créanciers. La Banque de France intervient à nouveau mais comme Jacques Laffitte ne peut plus rien offrir en garantie, c'est Louis-Philippe lui-même qui se porte caution sur sa fortune personnelle, la Banque ayant prudemment refusé qu'il engage la liste civile. Cependant ni la bonne foi ni l'honorabilité de Laffitte ne

---

5 La banque Ferrère-Laffitte et Cie a été créée l'avant-veille, 17 janvier. Cf. Ch. Pouthas, in Ch. de Rémusat, *op. cit.*, p. 442, note 1. Aguado achète la même année l'hôtel de la duchesse de Raguse rue du Faubourg-Poissonnière.

6 P. Duchon, in *Mémoires* de J. Laffitte, *op. cit.*, p. 265, note 1 et Aumont notaire.

sont mises en cause. Il conserve la jouissance de ses biens et la possibilité, s'il quitte le gouvernement, de reprendre la tête de ses affaires, sans toutefois, retrouver son siège de régent de la Banque de France.

Le 11 février, jour où est adoptée la loi sur les cours d'assises, Laffitte présente à la Chambre son projet de budget pour l'année 1831. La première partie est consacrée à l'examen du budget ordinaire et tient compte des économies que le ministre des Finances propose de réaliser immédiatement sur certaines dépenses qualifiées d'abus politiques. Celles qui concernent les abus dits administratifs sont différées afin de ne pas compromettre le bon fonctionnement des services publics. En l'état des choses, le budget proposé par Laffitte est en excédent : 957 millions de dépenses et 973 millions de recettes.

Dans la seconde partie de son exposé, il propose l'adoption d'un budget extraordinaire motivé par les circonstances intérieures et les complications internationales. Il serait financé, d'une part, par la création et l'émission, jusqu'à concurrence de 200 millions, d'obligations du Trésor portant intérêt et remboursables à échéances fixes, et d'autre part par l'aliénation de 300 000 ha de bois propriété de l'État dont le produit serait affecté au remboursement de ces obligations. Ce budget extraordinaire dégagerait un excédent de recette de 40 millions, qui, ajouté à celui du budget ordinaire, serait appelé à couvrir l'insuffisance des ressources du budget de l'exercice 1830.

Mais les députés n'ont pas le temps d'en délibérer car, trois jours plus tard, Paris est le théâtre de manifestations populaires d'une violence inouïe. Elles ont leur origine dans le service funèbre organisé par les légitimistes pour commémorer l'assassinat du duc de Berry. Ce lundi 14 février, toutes portes ouvertes, l'église Saint-Germain-l'Auxerrois, l'ancienne paroisse des rois de France qui n'est séparée du Louvre que par une placette, brille de mille cierges. Un grand catafalque orné de fleurs de lys et portant le portrait d'Henri V couronné d'immortelles est dressé au centre de la nef. Les chants des prêtres attirent les passants qui se massent devant le portail. Un malheureux hasard veut que les victimes des journées de Juillet aient été provisoirement inhumées juste en face, dans le terre-plein qui borde le Louvre au pied de la colonnade de Perrault. Il n'en faut pas plus pour que la foule y voie une provocation délibérée et dévaste l'église.

De là, se souvenant que Mgr de Quélen avait publiquement approuvé les Ordonnances, elle se porte à l'archevêché qui est littéralement mis à sac. Le saccage se poursuit le lendemain tandis que de nombreuses églises sont à leur tour profanées. La seule vue d'une croix fleurdelisée met la populace en fureur. C'est Mardi gras et certains émeutiers, grotesquement affublés d'ornements sacerdotaux, se joignent aux cortèges du Carnaval.

Louis-Philippe laisse faire. Il ne voit, écrit Laffitte, « aucune profanation dans les excès commis ; la colère du peuple lui parut une manifestation politique en sa faveur et contre les légitimistes, mais non point une manifestation antireligieuse ».

Mais le gouvernement doit réagir et, puisque que l'on ne peut toucher aux glorieux enfants de la révolution, il se retourne contre les légitimistes, déclarés responsables des troubles ! Mgr de Quélen, le curé de Saint-Germain-l'Auxerrois et quelques notables carlistes sont arrêtés. Le parti de la Résistance s'étrangle d'indignation. Dans *Le National* du 16, Armand Carrel écrit : « C'est au peuple qu'on rend compte des arrestations carlistes. Pour calmer l'émeute, on s'humilie devant elle ; on lui jure qu'on est gouverné par elle, qu'on obéit à ses inspirations ». Il ignore encore qu'au moment où ces lignes paraissent, Laffitte est en train de demander au roi qu'il supprime les fleurs de lys du sceau de l'État, de ses armoiries, de ses palais, de ses carrosses !

Louis-Philippe doit céder mais il ne pardonne pas à son ministre ce qu'il considère comme un sacrilège, un crime de lèse-majesté. À cet instant, Laffitte est définitivement condamné !

Pendant ce temps, les députés de la Résistance se concertent et décident que Benjamin Delessert interpellera le gouvernement, ce qu'il fait le 17. Le surlendemain, Guizot met Laffitte au défi de dissoudre la Chambre. Laffitte relève le gant, mais la décision appartient à Louis-Philippe qui la diffère. En attendant, on limoge les préfets de police et de la Seine ; pour le premier, Laffitte ne s'afflige guère, par contre avec le départ du second, Odilon Barrot, il perd un allié de poids.

De son côté, Soult avance ses pions. La faillite de Laffitte, explique-t-il au roi et au duc d'Orléans, porte préjudice à leur dignité et l'étranger s'en émeut. Le fidèle serviteur qu'il est pense que le président du Conseil devrait se retirer… Quant à lui, il est fort occupé à son projet de réforme et de modernisation de l'armée de ligne, qu'il présente, avec l'approbation royale, à la Chambre le 20 février.

Louis-Philippe est alors empêtré dans les méandres de ses machinations à propos de la Belgique. Pour contrer la candidature du duc de Leuchtenberg, il a secrètement poussé celle de son fils le duc de Nemours, sans l'accord de l'Angleterre, et sans vraiment imaginer que le jeune prince, favori au premier tour devant Leuchtenberg et l'archiduc Charles d'Autriche, serait élu au second et avec la majorité absolue. Aussitôt, une délégation du congrès belge prend la route pour Paris. Reçue en grande cérémonie le 17 février, elle entend avec stupéfaction le roi, fort ému, lui déclarer qu'il a décidé de sacrifier ses intérêts dynastiques au maintien de la paix européenne et refuse de laisser partir Nemours. Les ambassadeurs n'y comprennent rien : ils ignorent qu'à Londres, Talleyrand négocie ce « sacrifice » contre l'abandon de Leuchtenberg par les puissances. En cas d'échec, on pourra toujours faire monter Laffitte au créneau : ce n'est pas le moment de s'en séparer.

Mystifié par les démonstrations affectueuses que continue à lui prodiguer le roi, Laffitte a « de plus en plus confiance dans la marche du gouvernement ». Effectivement, le 18 février, il a la satisfaction de voir voter la loi sur les élections municipales qu'il avait présentée fin décembre. Néanmoins la menace de dissolution qui plane sur la Chambre rend illusoire l'adoption du budget sous deux mois. En conséquence, le 21, il demande à la Chambre l'octroi de quatre nouveaux douzièmes provisoires et lance le débat sur le projet de budget extraordinaire. Le principe en est rapidement acquis mais les modalités prêtent à discussion. L'intervention de Thiers qui soutient le gouvernement débouchera sur un vote positif le 11 mars, deux jours après la chute de Laffitte.

Enfin, toujours devant la Chambre, Montalivet présente, le 22, la dernière grande réforme du programme ministériel : il s'agit de la loi, promise par la Charte de 1830, qui redéfinit les conditions d'élection et d'éligibilité des députés. Elle complète celle qui vient d'être votée sur les élections municipales et va dans la même direction : élargissement de l'électorat par l'abaissement du cens et la possibilité donnée aux « capacités » (enseignants, diplômés divers) de voter sans considération de fortune, rajeunissement de l'assemblée parlementaire par la réduction du seuil censitaire d'éligibilité.

Nous avons vu que les membres du ministère Guizot n'étaient pas parvenus à se mettre d'accord sur le montant des cens, certains refusant même le principe de leur abaissement. Le roi lui-même était alors très hostile à un élargissement du corps électoral qui profiterait surtout à ses adversaires, républicains, bonapartistes et légitimistes. Six mois plus tard, sa position n'a pas varié, et, bien que porté au pouvoir par les libéraux, il reste sourd à leurs requêtes. Mais certains grands propriétaires légitimistes ont évolué : l'élargissement de l'électorat, pensent-ils, conduirait les plus aisés de leurs fermiers à voter pour eux. Paradoxalement, ils se retrouvent donc, dans l'enceinte parlementaire, du côté des républicains.

Après deux mois de discussion et un aller-retour avec la Chambre des pairs qui sont disposés à un abaissement du cens électoral de moitié, voire pour certains des 5/6èmes, on s'accorde sur une demi-mesure (le 19 avril) : le cens d'électorat passera de 300 à 200 francs et celui d'éligibilité de 1 000 à 500 francs.

Malgré l'intervention de Guizot, les « capacités » ne seront autorisées à voter que si elles sont membres de l'Institut. La réforme est donc timide puisque l'élargissement de l'électorat reste très limité : si le nombre d'électeurs passe d'un petit 100 000 à 170 000, ces derniers ne représentent guère que 2 % des Français majeurs !

En ce même mois de février, l'insurrection italienne ramène sous les feux de la rampe l'antagonisme latent de Louis-Philippe et de son président du Conseil en matière de politique étrangère. À la suite du décès du pape Pie VIII un moine camaldule a été élu sous le nom de Grégoire XVI. Les carbonari italiens se sont saisis de l'occasion pour déclencher des insurrections à Bologne, dans le duché de Modène et dans la partie septentrionale des états pontificaux. Le pape, le duc de Modène et la duchesse de Parme (l'ex-impératrice Marie-Louise) ont alors appelé l'Autriche à leur secours.

Le ministère Laffitte est à ce moment complètement déstabilisé par les émeutes de Saint-Germain-l'Auxerrois et Louis-Philippe a les mains libres pour mener l'affaire comme il l'entend. Il n'est, bien entendu, pas question de soutenir les insurgés, mais le fameux principe de non-intervention inventé par Talleyrand ne lui permet pas non plus de laisser l'Autriche s'immiscer dans les affaires italiennes. C'est ce que Sébastiani annonce « avec ses manières à la Napoléon » à l'ambassadeur Apponyi, que ces rodomontades n'impressionnent pas le moins du monde puisque, dans le même temps, le tsar envahit impunément la Pologne.

Le 4 mars arrive à Paris une dépêche dans laquelle le maréchal Maison, ambassadeur à Vienne, indique que Metternich s'apprête à envoyer deux régiments à Modène pour réprimer l'insurrection et suggère de faire marcher 50 000 hommes vers les Alpes pour l'en dissuader. Sébastiani, ministre des Affaires étrangères, transmet la note à Louis-Philippe qui se saisit de l'occasion pour provoquer son président du Conseil et le pousser à la faute.

Il interdit donc à Sébastiani de transmettre la missive à Laffitte mais pas d'en faire connaître le contenu à la presse... Bertin de Vaux, le propriétaire du *Journal des Débats*, en reçoit une copie qu'il fait publier par *Le National* le 8 mars. C'est en la lisant que Laffitte a confirmation de la duplicité de Louis-Philippe.

Outré, il court chez le roi qui se dérobe :

– Bah ! Bah ! Les journaux ! Ne faut-il pas qu'ils bavardent ?
Laffitte insiste : « La dépêche est à Paris depuis quatre jours ; elle m'est tenue cachée : le public le sait, l'insulte est trop grave pour que je puisse la pardonner ».
– Vous savez bien que je n'ai jamais eu de secrets pour vous.
– J'ai eu plusieurs fois l'honneur de voir Votre Majesté depuis l'arrivée de cette dépêche. Elle m'a entretenu de choses infiniment moins importantes et jamais elle ne m'en a parlé.
– Cela m'a échappé ; mais maintenant nous en pouvons causer, vous et moi, si vous voulez.

De palinodie en faux-fuyant, les deux hommes arrivent au Conseil des ministres. Laffitte offre sa démission. Le roi la refuse puis lève la séance en reportant « la causerie » au lendemain.

Le tête-à-tête reprend et la comédie continue : Louis-Philippe n'a pas pris de décision, il tient à son président du Conseil et ne souhaite pas le remplacer par Casimir Perier dont la morgue et l'arrogance lui sont insupportables ; il accepterait de laisser Laffitte déclarer la guerre afin de faire respecter le principe de non-intervention ; si certains ministres ne le suivaient pas, on pourrait envisager un remaniement ; pourquoi Laffitte ne réunirait-il pas les ministres chez lui, afin d'en discuter sereinement ?

Les dés sont pipés et Laffitte le sait, mais il fait une dernière tentative avant de s'avouer vaincu. Le lendemain, 9 mars, il convoque le conseil chez lui, comme le roi le lui a suggéré. La question est simple : il désire préserver l'homogénéité du ministère et écarte l'hypothèse d'un remaniement ; il demande donc à ses ministres d'adhérer globalement à son système – « non-intervention au-dehors, progrès au-dedans » – faute de quoi il démissionnera, cédant la place à Perier et à sa devise, « la Charte et la paix ».

Mérihou, le plus à gauche, a rendu son portefeuille la veille. Soult et Sébastiani ont déjà choisi leur camp ; Barthe et d'Argout se préparent à une longue carrière...

> Enfin l'ingénu de la troupe s'avisa du rôle dont, sans doute, le roi l'avait chargé. M. de Montalivet répondit donc d'un air confus : « J'honore le noble caractère de M. Laffitte, ses vertus civiques dignes de l'ancienne Rome ; mais nous sommes en France, et je crains que ses principes ne nous conduisent à la guerre ».

C'en est fait et Laffitte lève la séance. Un nouveau ministère, conduit par Perier, est nommé le 13 mars 1831 après de difficiles tractations. Laffitte remet sa démission. La veille, le cours de la rente 5 % est tombé à 82 francs.

Il est frappant de constater à quel point, dans cette partie de ses *Mémoires*, Jacques Laffitte personnalise son récit. Ses rapports avec Louis-Philippe en constituent l'épine dorsale, mais la duplicité du roi, l'opportunisme de certains ministres, la faiblesse de caractère ou l'entêtement d'autres personnalités politiques, à l'occasion ses propres défauts, semblent, à eux seuls, expliquer la succession fâcheuse d'événements qui ont amené sa chute.

Il n'évoque les problèmes de politique extérieure que succinctement, et pour les rapporter à sa propre situation ; il ne mentionne pas les séances agitées à la Chambre, ne dit rien des réunions ministérielles ni des entretiens qu'inévitablement, il doit avoir avec de hauts fonctionnaires, certains hommes d'affaires, tel ou tel député…

Bien qu'elle nous laisse un peu sur notre faim, cette discrétion est louable, mais ce qui l'est plus encore, c'est le silence qu'il observe sur ses adversaires du parti de la Résistance. On ne trouve pas une ligne contre aucun d'entre eux. Les Delessert, Guizot et autres Perier ne sont pourtant pas avares de critiques à son endroit, dénonçant en public et en privé son incapacité à conduire une politique cohérente et à faire autre chose que mener un « gouvernement par abandon » ou un « ministère du laisser-aller ».

Un article de la *Revue des deux mondes*, paru en janvier 1833 et qui semble avoir valu à son auteur l'interruption de la collaboration qu'il inaugurait, est assez instructif à cet égard. Dans la première (et unique) de ses *Lettres sur les hommes d'État,* l'auteur prudemment retranché derrière ses initiales[7], écrit ceci à propos de Casimir Perier :

> Il avait contre M. Laffitte une de ces haines de rivalité, sans retenue et sans lumières, qui faisait gémir dans un tel homme et qu'on ne saurait comparer qu'à l'inimitié d'un épicier pour son voisin, son confrère dont la boutique est plus achalandée que la sienne. Cette préoccupation était si forte en lui qu'elle s'emparait de son esprit à tout moment, en toute circonstance, et qu'il se sentit presque à l'aise quand, après la révolution de Juillet, la marche des opinions les ayant jetés dans deux camps opposés, il put ouvertement combattre son adversaire et se réjouir de ses embarras politiques et financiers. Enfin rien n'égala sa joie lorsqu'il crut pouvoir l'humilier par sa générosité en votant, en qualité de membre du Conseil de la Banque, un secours de quelques millions à M. Laffitte… « La Révolution l'a ruiné et moi je suis debout, plus solide que jamais ! »

Cette haine se manifeste dès les premiers jours du ministère Perier par la demande faite au Trésor d'une enquête visant à discréditer Laffitte qui aurait laissé les finances publiques en état de quasi faillite. La manœuvre échoue mais Perier ne s'en tient pas là.

Après les élections législatives de juillet, il faut désigner un nouveau président de la Chambre. Laffitte reste très populaire ; il a été élu à Bayonne avec 137 voix sur 166 votants et à Paris avec 1 496 voix sur 1 839 votants[8] et il souhaite beaucoup retrouver cette présidence à

---

7 *Revue des Deux Mondes*, 2e série, vol. 1, 1833, p. 5. L'article est signé L.V., probablement le monogramme du médecin et journaliste Louis Véron, fondateur, en 1829, de la *Revue de Paris*, vendue en 1831 et rachetée en 1834 par la *Revue des Deux Mondes*. Se considérant comme le mémorialiste de Paris au XIXe siècle, il sera l'auteur des célèbres *Mémoires d'un bourgeois de Paris*, Paris, G. de Gonet, 1853-1855, 6 vol.

8 Il choisit Bayonne et cède son siège de Paris au banquier Jacques Lefebvre.

laquelle il avait renoncé au profit de Perier lorsqu'il était devenu président du Conseil.

La situation est aujourd'hui inversée et il ne doute pas de son succès. C'est compter sans la jalousie haineuse de Perier, qui lui oppose Amédée Girod de l'Ain, et fait du vote une question de confiance : si son candidat n'est pas élu, il démissionnera. Au premier tour, Girod de l'Ain a trois voix d'avance sur Laffitte, compte tenu de l'annulation d'un bulletin en faveur du banquier (!) sur lequel est inscrit « Jacques la Faillite ». Une quinzaine de députés s'étant prononcés pour d'autres personnes, aucun des deux candidats n'atteint la majorité absolue. Au second tour, Girod de l'Ain l'emporte avec cinq voix d'avance. Puis Dupin et Benjamin Delessert sont élus vice-présidents : les « loups-cerviers » se sont vengés, Laffitte n'est plus rien.

CHAPITRE 24

Laffitte dans l'opposition dynastique.
Fondation de la loge des Trois Jours.
Le Manifeste des 39. Les funérailles du général Lamarque (5 juin 1832).
Difficile liquidation de la banque Laffitte. Procès à Alphonse Perregaux.
Lotissement du parc de Maisons.

Dès cet instant, Jacques Laffitte se retire de la scène politique. Il a renoncé à son fauteuil de régent de la Banque de France en décembre précédent, son neveu a repris à son compte, en association avec Alexandre Aguado, la clientèle de particuliers de sa propre banque et il n'a plus grand chose d'autre à faire que de suivre la liquidation confiée à un comité présidé par Sanson-Davillier, le neveu du régent Jean-Charles Davillier dont il est proche.

Rencontrant Laffitte à cette époque, Lafayette lui aurait dit : « Convenez, mon cher ami, que vous avez été un Grand Niais ! – J'en conviens : moi Niais premier, vous Niais second, et par ce moyen justice est rendue à tout le monde ». Nos deux Niais se retrouvent dans les rangs de l'opposition dynastique aux côtés notamment d'Odilon Barrot, de François Arago et d'Etienne Garnier-Pagès pour dénoncer ce qu'ils appellent « le système du 13 mars », le glissement vers la droite du ministère Perier, son incapacité à réduire l'agitation populaire toujours renaissante, ses menaces à l'égard de la presse, son opportunisme en matière de politique extérieure avec l'intervention militaire en Belgique (8 août) mais l'abandon des Polonais livrés au rouleau compresseur russe (septembre), et bientôt l'occupation de la ville pontificale d'Ancône pour contrer celle de Bologne par les Autrichiens (7 février 1832).

En 1831, un dénommé Sétier, imprimeur-libraire rue de Grenelle Saint-Honoré (actuelle rue Jean-Jacques Rousseau) diffuse un feuillet élégamment typographié où est annoncée la fondation de la « Loge des Trois Jours, au rite écossais ancien et accepté »[1]. Le texte s'adresse aux « décorés de Juillet » et développe un programme philanthropique autour de l'instruction publique et de l'aide aux pauvres. Les fondateurs

[1] Archives de la Grande Loge de France. Nous remercions M. François Trognon, conservateur du musée, archiviste et bibliothécaire de nous l'avoir fait connaître.

sont le général La Fayette, Vénérable d'honneur et Sétier lui-même avec le grade de président provisoire (tous deux 33e degré), puis « quelques jeunes frères qui ont reçu le baptême maçonnique après avoir reçu celui du sang dans la grande semaine » : le maire du IVe arrondissement de Paris (Louvre, Halles, Banque de France), Ch.-Louis Félix Cadet de Gassicourt (fils du célèbre pharmacien de Napoléon), trois députés, Alexandre de Laborde, Jacques Laffitte et Odilon Barrot (qui est un proche de La Fayette et comme lui très impliqué dans la franc-maçonnerie : loges des Trinosophes de Paris en 1826 et du Parfait silence à Lyon), deux docteurs en médecine, Costin et de Laruelle, deux militaires, un employé, un négociant et un marchand de drap nommé d'Hallu comme secrétaire provisoire.

L'appel a un certain succès puisque, le 12 décembre, la loge est constituée et en instance d'installation. Le tableau des 34 membres qui la composent donne leurs noms, adresses, qualités civiles et maçonniques et fonctions dans la loge[2]. On constate que les nouvelles recrues sont des voisins de Louis Sétier, des hommes pour la plupart de condition modeste qui ont tous la qualité d'« apprentis », tandis que l'imprimeur est devenu député à la Grande Loge centrale (représentant de la loge au Suprême Conseil). Jacques Laffitte, qui n'est qu'au 3e degré, occupe la fonction de Vénérable Maître ; les deux médecins (18e degré) celles de Surveillants, un nouveau venu nommé Labrousse, instituteur de son état, celle d'Orateur, le colonel Borso qui figurait parmi les fondateurs celle d'Expert, Cadet de Gassicourt celle de Secrétaire et d'Hallu devient Trésorier.

La fonction philanthropique avouée de la nouvelle loge semble dépasser largement le cadre du IVe arrondissement de Paris. Dans sa livraison du 30 novembre 1831, alors que la loge des Trois Jours n'est même pas encore en instance d'installation, *L'Écho de la Fabrique*, la revue des canuts de Lyon qui n'a qu'un mois d'existence, publie un article violent intitulé « L'aristocratie du comptoir ». L'auteur y dénonce l'égoïsme et le mépris des financiers et des commerçants lyonnais sortis du peuple qui, « arrivés au pouvoir, ne se souvinrent plus des hommes laborieux qui les avaient élevés sur le pavois » et leur oppose la générosité de grandes figures parisiennes :

> On parle sans cesse de la philanthropie de nos hommes civilisés : sans doute, des noms honorables se sont associés à des œuvres d'humanité, et dans les comités philanthropiques, les Lafayette, les Choiseul, les Odilon Barrot, les Cadet de Gassicourt et les Laffitte n'ont pas peu contribué à secourir de grandes infortunes… Mais qu'elle est loin d'être réelle l'humanité de nos commerçans !

---

2 *Idem.*

Alors ? Quel est ce « comité philanthropique » dans lequel on retrouve précisément les noms des fondateurs de la loge des Trois Jours, associés à celui du duc de Choiseul qui est Grand Commandeur du Rite écossais ? Y a-t-il un lien entre les canuts lyonnais, qui viennent de se soulever et de se rendre maîtres de la ville une semaine plus tôt (21-22 novembre), et la loge parisienne en cours de constitution ? On peut le supposer.

Via les saint-simoniens d'abord, que Casimir Perier accuse d'avoir fomenté l'insurrection lyonnaise et dont, curieusement, Louis Sétier, le fondateur de la Loge des Trois Jours, est l'imprimeur. Via les républicains ensuite, dont Louis-Philippe dénonce les manœuvres et avec lesquels Laffitte et Odilon Barot ont des contacts suivis. Via La Fayette enfin, cofondateur des Trois Jours, que les loges lyonnaises avaient très officiellement fêté le 6 septembre 1829 et dont les historiens contemporains se demandent si c'est à cette occasion ou lors de la fondation de la loge des Trois Jours qu'il reçut une magnifique épée de Vénérable[3].

Ce n'est qu'en avril 1832 que la loge des Trois Jours est officiellement installée. Ce délai assez long s'expliquerait par les réticences du Suprême Conseil face à l'engagement politique affiché de certains de ses membres. Ce n'est en tous cas certainement pas le modeste soutien financier envoyé par la loge aux patriotes polonais dont la révolte a été écrasée par les Russes, qui le justifierait[4].

Par contre, l'activité de Laffitte député de l'opposition peut avoir inquiété les membres du Suprême Conseil. Ainsi, lors de longues vacances de la Chambre (avril-novembre 1832) nécessitées par les travaux de restauration du Palais-Bourbon, ouvre-t-il son hôtel à ses collègues, comme il l'avait fait en 1830. Le 22 mai, 39 députés de l'opposition (dont La Fayette et Barrot) se réunissent chez lui pour rédiger un *Compte rendu* de leur action, qui est en réalité un violent réquisitoire contre le ministère de Casimir Perier, décédé du choléra le 16.

Publié le 28, ce *Manifeste des 39* fait l'effet d'une bombe et galvanise les républicains qui se tiennent prêts à exploiter la première occasion venue. Les funérailles du jeune mathématicien républicain Évariste Galois (2 juin) servent de répétition générale. Trois jours plus tard,

---

3 Cf. Catalogue de l'exposition *Lyon carrefour européen de la franc-maçonnerie*, Lyon, Musée des Beaux-Arts, 28 juin-22 septembre 2003, chapitre : « La Fayette à Lyon ».

4 Un document trouvé par nous sur internet fait état d'une souscription ouverte en leur faveur et dont le produit fut remis à La Fayette, président du Comité polonais (*Discours prononcé par le citoyen F. Labrousse, Orateur de la loge*, Paris, Sétier, 1832. Nous remercions la librairie *L'intersigne* de nous avoir autorisés à le consulter). Laffitte ne figure pas sur la liste des donateurs qui sont tous de très humble origine.

celles du général Lamarque sont le point de départ d'une manifestation insurrectionnelle qui dégénère, au matin du 6 juin, en bataille rangée.

Ces événements dramatiques auraient été la cause de la fermeture de la loge des Trois Jours, deux mois après sa naissance. Un des historiens de la franc-maçonnerie, A. Combes, écrit à leurs propos : « Ce serait autour de la loge des Trois Jours que serait parti le signal de l'insurrection. Ce qui expliquerait la dissolution de cet atelier par le suprême Conseil »[5].

Laffitte est un proche du général Lamarque et se trouve semble-t-il, pris entre deux feux. Dans ses *Mémoires*, il ne souffle mot de la loge dont il est Vénérable, mais reconnaît avoir été sollicité par les républicains la veille de l'insurrection : « quelques patriotes vinrent me proposer de prendre part à une nouvelle révolution qui aurait lieu, si je voulais me rendre avec le général Lafayette à l'Hôtel de Ville ». Il sait donc qu'une action se prépare et il craint par-dessus tout que son nom y soit attaché : c'est ainsi qu'il aurait alors averti le roi « pour que de son côté on ne provoquât pas l'émeute ».

Mais il lui faut aussi se justifier face auprès de ses Frères maçons. Il poursuit donc :

> Selon le vœu du général Lamarque, je portais le cordon du catafalque à son enterrement. La foule était immense ; il pleuvait à torrent. Je fus obligé d'abandonner le catafalque sur le boulevard au moment où on lui fit faire le tour de la colonne de la place Vendôme, je ne sais dans quelle intention. Je crois que l'on voulait se rendre vers les Tuileries pour commencer la bataille, mais on fut forcé de la commencer beaucoup plus loin. Harassé et malade, ne pouvant aller à pied au Père-Lachaise, je ne puis dire qui la commença, si ce sont les dragons ou le peuple ; mais n'importe ! ce n'est pas de cela que je m'occupe en ce moment.

La manifestation se transforme en émeute. Les troupes de ligne, commandées par le maréchal Mouton, repoussent les insurgés dans le quartier de Saint-Merri où de violents combats feront bientôt 800 morts. Inquiets de la tournure prise par les événements, les signataires du *Manifeste des 39*, à nouveau réunis chez Laffitte, décident d'envoyer une délégation au roi pour lui demander de faire cesser l'effusion de sang et de changer de politique. Le banquier en fait partie, avec Odilon Barrot et François Arago (que l'on a vu parmi les émeutiers). Mais ils arrivent trop tard : à peine sont-ils en présence du roi qu'une ultime décharge de canon a raison des derniers révoltés retranchés dans le cloître de l'église Saint-Merri.

---

5 A. Combes, *Histoire de la franc-maçonnerie au XIXe siècle*, Paris, Éd. du Rocher, p. 170.

Il semble que les membres des Trois Jours aient gardé à Laffitte reconnaissance de sa démarche. Après la dissolution de la loge, la plupart d'entre eux se retrouveront aux Amis de la Liberté et organiseront un concert dont la recette sera versée à la souscription publique ouverte pour permettre au banquier ruiné de conserver son hôtel[6]. Les canuts de Lyon feront de même[7].

Lors des accords qu'il a signés avec la Banque de France, Laffitte s'est engagé à commencer à la fin de 1831 le remboursement des avances qui lui ont été concédées. Mais par suite de ses difficultés à faire rentrer les créances qui lui sont dues, il ne peut tenir le calendrier prévu. Début janvier 1832, il a personnellement repris en main la liquidation de sa maison et est encore parvenu à persuader la Banque de France de faire preuve de compréhension à son égard. Mais, la situation ne s'améliorant pas, celle-ci commence à se faire pressante.

Une nouvelle fois, Laffitte est acculé. Il imagine alors, assez peu élégamment, de réclamer à Alphonse Perregaux sa part des pertes de la société J. Laffitte et Cie. Les explications qu'il donne dans ses *Mémoires*[8] sont confuses et en contradiction avec l'acte de constitution : on comprend mal les distinctions qu'il établit entre les commanditaires simples et les associés-commanditaires ni comment il calcule la contribution de chacun dans les pertes. Toujours est-il que Perregaux ayant refusé de rembourser Jacques Laffitte, celui-ci intente une action en justice devant le Tribunal de commerce de la Seine. La mauvaise foi du banquier paraît certaine et, pour l'instant du moins, il n'obtient rien de Perregaux[9].

Ce litige fait du bruit dans les salons parisiens car Alphonse de Perregaux vient d'être nommé pair de France par Louis-Philippe (19 novembre 1831). De son côté, le prince de la Moskowa qui a fait partie de la même fournée et, en dépit de la naissance de son premier enfant, une petite Églé ainsi nommée en hommage à la maréchale Ney (dont Louis-Philippe a rétabli la pension), se fait de plus en plus agressif à l'égard de son beau-père, réclamant la dot d'Albine qui n'a jamais été versée et allant jusqu'à tirer des traites sur la banque...

---

6 *Loge des Amis de la Liberté, séance du 25 mars 1833. Discours prononcé par F. Labrousse*, Paris, Lebègue, 1833. Cf. Fesch, *Bibliographie de la franc-maçonnerie et des sociétés* secrètes, Bruxelles, G.-A. Deny, 1976, col. 799.

7 Cf. *L'Écho de la Fabrique*, n° du 31 mars 1833.

8 P. 333.

9 Un règlement transactionnel sera finalement signé le 21 avril 1840 (Aumont notaire). Moyennant 200 000 francs, Perregaux et sa sœur seront déchargés par Laffitte de leur part dans les pertes et les responsabilités.

Tout ceci finit par miner le malheureux Laffitte qui est victime d'un « échauffement de sang » dont la rumeur se répand dans Paris.

Le gouverneur de la Banque de France, peut-être inquiet mais en tous cas lassé des embarras de Jacques Laffitte et de ses tours de passe-passe financiers, décide de mettre ses propriétés en vente. Mais ni le château de Maisons ni l'hôtel parisien ne trouvent d'acquéreur. Gaudin propose donc de faire acheter l'un et l'autre par la Banque pour environ 800 000 francs chacun. C'est peu, cependant Laffitte n'est pas en position de refuser et doit se résigner.

Coup de théâtre ! La « bonne étoile » du banquier, qui l'avait délaissé depuis quelques lustres, se manifeste soudain par le truchement du gouvernement haïtien et le remboursement d'un million de francs. Laffitte, ragaillardi par ce « don du ciel » inattendu, rejette donc la proposition de la Banque de France et échafaude une nouvelle combinaison.

Le projet, grandiose, consiste à monter une opération immobilière dans le domaine de Maisons en en aliénant les deux tiers (le « grand parc »), soit environ 340 hectares. La propriété étant hypothéquée et la Banque de France risquant d'en demander la vente par décision de justice, il faut faire vite. Le 28 décembre 1833, par un acte sous seing privé, Jacques Laffitte vend à son frère Jean-Baptiste le château, ses dépendances et l'ensemble du domaine pour 1 300 000 francs[10]. 900 000 francs (ceux de Haïti ?) sont immédiatement versés à la Banque de France, le restant (à prendre sur les premiers produits de l'opération de lotissement) devra l'être par échéances semestrielles dans un délai de deux ans. Cet arrangement familial, qui permet de conserver la propriété et ne coûte rien à Jean-Baptiste, pourrait à terme rapporter à Jacques une somme qu'il estime à deux millions de francs.

L'opération se développe simultanément sur plusieurs plans. Pour en assurer la promotion, Jacques Laffitte crée une société, l'Édilité parisienne, dont le siège est à son domicile et qui publie une revue *L'Édile de Paris*, exclusivement consacrée à la publicité de l'opération. L'architecte-urbaniste Auguste Constantin est co-fondateur de la société

---

10 Aumont notaire. La cession est officialisée le 30 mai 1834. AN MC X-1080. Sur tout ce qui suit, cf. J. Marec, « Laffitte face à de graves difficultés financières (1830-1838) », colloque *Le banquier Jacques Laffitte*, *op. cit.*, p. 137-140 ; F. de La Roncière, *op. cit.*, p. 169-170. S. Cueille, « Le banquier lotisseur : la colonie Laffitte », *ibid.* p. 171-183. Également : S. Cueille, « Maisons-Laffitte, Parc, Paysage et villégiature, 1630-1930 », *Cahiers du Patrimoine*, n° 53, APPIF 1999, rééd. 2005 (pour le détail des souscriptions, cahier des charges, etc.) et « L'urbanisme paysager de la villégiature en Ile-de-France : Maisons Laffitte (1833), le Vésinet (1858) », colloque « *Les villes françaises dans la première moitié du XIX*e *siècle* », organisé par l'École d'architecture Paris-Belleville, IPRAUS, 2006.

et directeur de la revue. Laffitte le connaît bien pour l'avoir vu œuvrer à l'aménagement de l'enclos Saint-Lazare dont il avait été l'un des financiers aux côtés d'André & Cottier[11] et pour lui avoir confié la conception du projet, non réalisé, du lotissement de la plaine de Passy. Les deux hommes ont également été associés dans une entreprise de scierie de pierre à bâtir en 1822 et l'architecte a certainement pris conseil du banquier lorsqu'il a fondé en 1826, sa Société de Crédit mutuel pour les Entrepreneurs (capital 50 millions) et sa Société de l'Industrie immobilière (capital 10 millions)[12]. En joignant leurs talents, ils mettent en place une stratégie novatrice.

L'Édilité parisienne est en effet tout à la fois une agence de vente, une entreprise générale qui fournit aux acquéreurs des architectes et des matériaux à prix réduit et un établissement bancaire qui leur offre, avec des polices d'assurance, des possibilités de financement par un crédit à 4 % étalé sur vingt ans. À une époque où le crédit immobilier n'existe pas en France, cela revient à proposer à la moyenne bourgeoisie parisienne la possibilité d'acquérir une villégiature tout en en se constituant un patrimoine immobilier de qualité transmissible à sa descendance. La connotation philanthropique n'est pas absente de l'esprit des fondateurs : L'Édilité parisienne se veut aussi « une association générale d'idées, de vues, d'intelligence des hommes éclairés de la capitale » qui procurerait aux Parisiens un lieu de réunion, des publications sur la capitale et même, pour suivre la mode, un musée industriel du bâtiment créé à partir des dons des membres de la société.

La revue, qui paraît régulièrement pendant deux ans, décrit de manière détaillée le projet d'aménagement du site et les avantages proposés aux acquéreurs. Auguste Constantin connaît, semble-t-il, fort bien l'urbanisme britannique, caractérisé, à partir du début du XIXe siècle, par la création de « villes parcs » dans lesquelles se mêlent harmonieusement les espaces publics, boisés, agrémentés de promenades et de lacs, les « squares », ou places quadrangulaires plantées d'arbres, et les parcelles constructibles, elles-mêmes agencées de façon à préserver l'intimité de chaque demeure. Constantin avait déjà développé ce principe dans le lotissement de la Nouvelle Athènes (9e arrondissement de Paris) et dans la station thermale et de villégiature d'Enghien-les Bains (1923).

Le dessin originel du grand parc de Maisons, avec ses allées cavalières, ses ronds-points et ses futaies va lui servir de point de départ dans l'élaboration d'un plan d'aménagement sans équivalent. Constantin

---

11 Cf. V. Monnier, *op. cit.*, pp. 59-61.

12 Cf. AD Seine, Tribunal de Commerce, actes des 27 et 13 mars 1826 ; cité par B. Gille, *op. cit.*, p. 106. Constantin fera faillite en 1830.

divise le territoire en deux parties à peu près égales, dont l'une sera non seulement inconstructible, mais également plantée (pour 1/3) de « réserves » boisées, inaliénables et disposées de façon à créer un écrin de verdure pour l'ensemble du lotissement. Deux squares et une série d'allées en éventail recoupées par de larges avenues circulaires assureront une circulation aisée et de multiples possibilités de promenades[13]. Ces quelques 170 hectares seront clos et Laffitte en restera propriétaire mais les habitants de la « Colonie » en auront la jouissance à perpétuité.

Le lotissement lui-même est regroupé dans les parties sud et ouest du domaine et s'organise autour du « petit parc » qui entoure le château. Il est divisé en 227 parcelles constructibles et de surface variable. Chaque parcelle peut être vendue en totalité ou par fraction d'un demi-arpent (soit 1 700 m2). L'ensemble se développant sur 500 arpents (170 hectares) à 5 400 francs en moyenne, Laffitte peut espérer tirer 2,7 millions de l'ensemble de la vente des terrains, auxquels viendraient s'ajouter la vente de matériaux de construction, les contrats d'assurance et l'intérêt des crédits consentis.

Mais l'opération financière n'est envisageable et viable qu'à la condition de vendre dans un délai très rapide la moitié des surfaces constructibles. Laffitte en fait une condition préalable à la signature des actes définitifs et pour s'assurer d'y parvenir, il propose aux acquéreurs un certain nombre d'avantages, financiers, nous l'avons déjà vu, mais aussi matériels. Ainsi, afin de leur fournir à moindre frais le bois de charpente et la pierre dont ils ont besoin, fait-il démolir les dépendances du château, pavillons d'entrée, orangerie mais surtout les magnifiques écuries construites par Mansart qui en étaient l'un des plus beaux attraits. Ce « crime » qu'on lui reproche encore aujourd'hui ne semble pas avoir ému outre mesure ses contemporains qui n'attachaient pas la même valeur que nous aux « vieilles pierres » ; il n'en reste pas moins bien regrettable.

Il faut, par ailleurs, assurer une liaison facile entre la capitale et la Colonie. Les chemins de fer étant alors en France inexistants (la ligne Paris-Le Pecq-Saint-Germain, concédée à Émile Pereire, n'ouvre qu'en 1837 et ne passe pas par Maisons), Laffitte met en place, indépendamment des Messageries générales dont il est, comme son frère Jean-Baptiste, l'un des copropriétaires, un service de voitures régulier et à prix modéré pour parcourir les quelques quinze kilomètres qui séparent Paris de Maisons.

Enfin, et ce n'est pas la moindre des originalités du projet, Laffitte rédige en 1834 un *Cahier des charges* qui garantit la pérennité de sa

---

[13] Plan de Maisons, 1833, AN MC X-1078, repr. in *Bulletin de la Société des amis du château de Maisons*, 3, 2008, p. 174.

vocation paysagère[14]. Aucun bâtiment industriel ou commercial ne pourra être construit ; lui-même s'engage à ne pas dénaturer le parc, à n'y effectuer ni défrichage ni coupes de bois et à ne jamais paver ou ferrer les allées et avenues destinées à l'agrément. De leur côté, les acquéreurs s'obligent à construire dans l'année de l'acquisition de leur parcelle, à ne se clore qu'avec des haies charmilles, des sauts de loups et des grilles et à ne pas bâtir à moins de 6,49 mètres des clôtures sur les avenues et places. Ce cahier des charges, le premier du genre en France, est toujours en vigueur.

La colonie de Maisons-Laffitte est à la mode ; elle bénéficie de l'anglomanie ambiante et les vastes espaces alluvionnaires qui la séparent de la Seine attirent rapidement l'attention du gendre de Jacques Laffitte et de son neveu Charles. Les deux *dandies*, passionnés de courses hippiques, sont, en 1833, du nombre des fondateurs d'une Société d'encouragement pour l'amélioration des races de chevaux en France[15] qui se transforme, l'année suivante en un cercle mondain, le célèbre Jockey Club. Le jeu, les paris et l'organisation de courses en constituent les principaux attraits. Mais les terrains disponibles dans la capitale (bois de Boulogne et Champ de Mars) sont jugés trop durs par les vrais amateurs, l'hippodrome de Chantilly est bien loin et le prince de la Moskowa, devenu président du Jockey en 1835, jette ses regards sur Maisons. Deux courses sont organisées, en 1834 et 1835 ; une petite toile d'Eugène Lami[16] représente l'une d'elles mais l'idée de construire un hippodrome reste sans suite.

Pour relancer les ventes, Jacques Laffitte conçoit une nouvelle campagne. Ne pouvant arguer d'une desserte par chemin de fer (la ligne Paris-Rouen, concédée en 1841 au neveu de Jacques Laffitte, Charles, associé au banquier écossais Edward Blount, sera inaugurée en 1843), il développe un autre argument publicitaire : la création d'une ville à la campagne. Un *Album des Vues pittoresques de Maisons-Laffitte* du à Édouard Pingret et une brochure intitulée *Histoire et description pittoresque de Maisons-Laffitte* par M. de Rouvières sont publiés en 1838[17].

Les deux auteurs mettent aussi l'accent sur la générosité du concepteur. Le premier affirme que « seul, il s'ennuie dans son château ; homme du peuple dans la plus noble acception du mot, il veut être entouré du peuple ; il manque une ville pour enrichir son village, il va en

---

14 AN MC X-1078, 16 février 1834.

15 Le prince de la Moskowa publie en 1833 un ouvrage intitulé *Des chevaux de cavalerie et de la régénération de nos races chevalines*, Paris, Bossange père (66 p.).

16 *Les courses, Maisons-Laffitte*, huile sur toile, 34 x 55cm. Vente Paris, Couturier-Nicolay, 10 décembre 1993, lot n° 50.

17 Respectivement chez Ders-Becker et à la Librairie des étrangers, à Paris.

créer une, comme il ferait d'une banque ». Le second la met en rapport avec l'ensemble de sa vie et après en avoir évoqué les différents aspects, déclare que « M. Laffitte obéit toujours à la même pensée : faire participer le plus grand nombre aux progrès de la civilisation, et appeler toutes les classes aux jouissances et au bien-être que procure l'accroissement des richesses ».

Ces lignes, très certainement inspirées par Laffitte lui-même, ont une forte connotation saint-simonienne, en apparence du moins. Car depuis les deux révoltes des canuts de Lyon, Laffitte, comme d'autres entrepreneurs libéraux, a pris ses distances à l'égard d'une doctrine dont le contenu socialisant se radicalise. La « colonie » de Maisons n'a rien d'un phalanstère fouriériste. Laffitte a d'ailleurs pu constater personnellement l'échec lamentable de celui de Condé-sur-Vesgre auquel il avait, probablement par pure générosité personnelle, apporté son soutien financier à l'automne 1833[18].

C'est pourquoi, en évoquant la mise en communauté de l'espace du parc de Maisons, Rouvières prend soin de distinguer Laffitte des : « Rapp, Owen, Saint-Simon, Fourier [qui] n'ont publié que des utopies ».

Le 30 mars 1838, au terme d'un acte notarié passé entre Jean-Baptiste et Jacques Laffitte, le premier rétrocède au second, contre compensation et par annulation de la vente de 1833, la propriété du domaine de Maisons[19]. Les bénéfices recueillis permettent au banquier de rembourser une partie de ses dettes. En 1840, il fera don à sa fille, par avance d'hoirie, du château et de 33 hectares de parc ; une manière d'assurer des revenus à Albine qui est séparée de son mari et de la compenser de la dot qu'elle n'avait jamais reçue. Même si tous les terrains ne sont pas vendus à la mort de Jacques Laffitte, il a réussi une opération magistrale tant sur le plan financier que sur celui de l'urbanisation de la périphérie parisienne.

---

[18] Durant l'automne 1833, V. Considérant lança, sur un terrain de 500 hectares qui lui avait été offert, la construction d'un lieu de vie communautaire autosuffisant avec fermes, ateliers, briqueterie, etc. L'insalubrité des lieux et le froid eu raison de l'enthousiasme des 1 100 participants qui, à la fin de l'hier n'étaient plus que 200. Le phalanstère ferma début 1834.

[19] AN MC X-1108.

CHAPITRE 25

Échec de la vente de l'hôtel Laffitte. Souscription nationale (1834).
Vente des tableaux et objets d'art.
Soutien de Laffitte à La Nouvelle Minerve *et au* Siècle. *Dernier discours à la Chambre (16 juin 1836).*
Dissolution de la banque J. Laffitte et Cie. Fondation de la Caisse générale pour le Commerce et l'Industrie (1837).

Le domaine de Maisons ayant échappé à la Banque de France, elle reporte son attention sur l'hôtel du 19 rue Laffitte, puisque c'est ainsi que, désormais, s'appelle la rue d'Artois. Une vente aux enchères, dont les modalités font l'objet d'un cahier des charges précis, est organisée. Le bâtiment est divisé en douze lots, dont la mise à prix totale se monte à 974 000 francs. La vente a lieu le 28 janvier 1834, mais aucun acheteur ne se manifeste. On décide alors d'organiser une seconde vente après avoir baissé les mises à prix d'environ 20 % (pour un montant total de 779 600 francs). Elle n'a guère plus de succès et le jour de l'adjudication (16 février), seul un lot trouve preneur (pour 29 500 francs). Conformément au cahier des charges, la vente est annulée.

Les amis de Laffitte lancent alors une souscription nationale pour tenter de lui permettre de conserver son hôtel. Malgré ses déboires, Laffitte reste un homme très populaire : si, lors des élections qui ont lieu le 21 juin, il est battu à Paris par le banquier Jacques Lefebvre, député sortant (920 voix contre 702) et à Bayonne (57 voix contre 101 à M. Duséré, élu), il est élu dans la Loire-inférieure (circonscription de Pont Rousseau, avec 134 voix contre 74 à M. Hennequin, sur 363 inscrits et 210 votants), en Seine-inférieure (circonscription de Rouen, avec 233 voix sur 465 votants pour 537 inscrits contre 225 à M. Rondeaux) et en Vendée (circonscription de Bourbon-Vendée, avec 118 voix sur 153 votants et 221 inscrits contre 27 au général Gourgaud).

Des comités populaires se créent un peu partout et, huit mois plus tard 450 000 francs sont réunis. Certes, on est loin du million qui avait été collecté pour les enfants du général Foy, mais la crise est passée par là et puis Laffitte n'est pas un jeune orphelin sans ressources... Du côté des nombreux souscripteurs privés, on relève les noms d'Alexandre Aguado pour 100 000 francs, du duc Guillaume VIII de Brunswick (2 000 francs) de Joseph Bonaparte et de son neveu le prince Louis Napoléon (600 francs chacun), de l'académicien Népomucène Lemercier et de Chateaubriand (100 francs), de l'historien Augustin Thierry pour 25 francs.

Le montant de la souscription n'est pas suffisant pour purger l'hypothèque (1,2 million) qui pèse sur l'hôtel. Laffitte est donc contraint de se séparer de sa collection d'œuvres d'art et des plus belles pièces de son mobilier. Une vente publique aux enchères est organisée dans les salons du Musée-Colbert, 2, rue Vivienne. Précédée de quatre jours d'exposition publique, elle commence le 15 décembre 1834 et se déroule sur cinq jours. Le catalogue, dont les notices sont très soigneusement rédigées, est précédé d'une introduction qui vante le civisme et la philanthropie de Laffitte. Il est distribué à Paris, à Londres, à Bruxelles et à Mannheim. On espère ainsi attirer le public le plus large.

Les 76 tableaux, dont nous avons plus haut évoqué les principaux (par Andrea del Sarto, Omegank, David, Greuze, Joseph et Horace Vernet, Scheffer, Sigalon, Forbin, Granet) occupent l'essentiel des trois premières vacations. Viennent ensuite des bas-reliefs antiques qui proviennent de la collection du cardinal Fesch puis des bustes anciens et modernes (dont ceux de Mirabeau et de Voltaire par Houdon), des colonnes, des vases et des coupes de marbre et de porphyre, auxquels succèdent des porcelaines, et cinq grandes pendules. La dernière vacation est consacrée au mobilier du grand salon, de la bibliothèque, du cabinet et de la grande chambre à coucher de l'hôtel : pièces d'apparat richement ornées de meubles de Jacob Desmalter, de lustres, lampes, candélabres, tapis d'Aubusson, draperies et rideaux assortis à la garniture des sièges. Il semble que l'on ait vidé le rez-de-chaussée de l'hôtel car un certain nombre d'objets, non décrits dans le catalogue sont dispersés en fin de vente, faisant l'objet d'une vacation supplémentaire.

Selon les annotations manuscrites du catalogue que nous avons examiné, les tableaux rapportèrent environ 150 000 francs ; le montant total de la vente ne peut être valablement estimé en raison de nombreux blancs laissés par le scripteur anonyme. On peut néanmoins avancer qu'il ne dépassa pas les 200 000 francs[1].

Peu à peu, les affaires de Jacques Laffitte s'arrangent, il s'apprête à tourner une page. Sa rancœur envers Louis-Philippe s'est aggravée à la parution d'un article diffamatoire qu'il pense inspiré par les Tuileries : il cesse de fréquenter le Château[2].

---

1 La presse spécialisée de l'époque, qui se résume au seul *Artiste*, ne rend pas compte des ventes publiques. Un certain nombre de tableaux importants (tels le retable d'Andrea del Sarto ou *l'Apothéose de Napoléon* d'Horace Vernet) furent vendus largement au-dessous de leur prix d'acquisition.

2 Dans *Le Garde national* de Marseille. Cf. *Mémoires*, p. 310.

La presse devient alors un outil à travers lequel l'opposition dynastique défend ses idées. En avril 1835, *La Nouvelle Minerve* voir le jour. Qualifiée de « revue politique et littéraire », elle a pour fondateurs Jacques Laffitte, Dupont de l'Eure, Barrot, Georges de La Fayette (fils du général), Charles Comte, le député Ernest de Girardin, Francœur, le comte de Lasteyrie, Népomucène Lemercier, Jean-Baptiste Laffitte et quelques autres. Parmi les auteurs, Louis, dit « Timon », de Cormenin, Pagès de l'Ariège, Guillemot et Alexandre Dumas[3].

Le Siècle vise un autre public, beaucoup plus populaire. Son fondateur, Armand Dutacq, plagie en effet une idée que le publiciste Émile de Girardin (neveu du député) importe au même moment d'Angleterre : celle d'un quotidien dont l'abonnement, réduit de moitié (40 francs au lieu des 80 habituels), permettra d'augmenter le nombre de lecteurs et d'élever le tarif des annonces en proportion. Un feuilleton, poursuivi de livraison en livraison incite à la lecture quotidienne. Curieusement, *La Presse* de Girardin et *Le Siècle* de Dutacq naissent le même jour, le 1er juillet 1836. Dutacq a l'habileté de se faire patronner par de grandes figures de l'opposition, Laffitte, Barrot, Dupont de l'Eure, Salverte, et d'engager des feuilletonistes célèbres. Son journal, consacré à la défense des principes de souveraineté nationale et de monarchie représentative, remporte un succès considérable[4].

Laffitte y fait paraître deux articles assez emphatiques sur les thèmes favoris de l'opposition, la liberté de la presse et la réforme électorale[5].

Il attaque aussi à la Chambre. Le 16 juin 1836, lors de la discussion du budget, sujet sur lequel il est assuré qu'on l'écoute, il prononce un discours presque insultant pour le ministère, dont il a manifestement pesé chaque mot :

> Les ministres se louent très fort d'une économie de neuf millions dans les dépenses comparées à celles de la Restauration. Quoi ! Messieurs, on ne trouve qu'une différence de neuf millions et cette différence est remarquée ? Un gouvernement choisi par le pays ne coûte que neuf millions de moins qu'un gouvernement imposé par l'étranger et l'on s'en applaudit ? La Restauration, qu'on trouvait si prodigue, ne coûtait que neuf millions de plus que le gouvernement issu d'une révolution qui avait promis d'être si économe. Et ce fait nous est donné comme une preuve de la bonne administration de nos finances ? On ne sait ce qui doit étonner le plus dans cette inconcevable comparaison, ou de l'erreur matérielle des chiffres ou de la comparaison elle-même.
>
> Quant à moi, la rougeur m'en monte au front. Et, je le déclare, si tel devait être le résultat de cette glorieuse révolution, et sans parler d'autres mé-

---

3 Cf. E. Hatin, *op. cit.*, p. 393.

4 *Idem*, p. 402.

5 Reproduits in Ch. Marchal, *op. cit.*, III, pp. 69 sq. et 78 sq.

comptes, si neuf millions étaient tout ce que la France y a gagné, je le dis avec douleur, je croirais devoir demander pardon à Dieu et aux hommes de la part que j'ai pu y prendre.

L'opposition est stupéfaite, indignée de la volte-face de Laffitte qui s'en justifiera longuement dans ses *Mémoires*[6]. Par l'intermédiaire du *Journal de Francfort*, un organe que Thiers utilise volontiers lorsqu'il veut court-circuiter la presse parisienne, le président du Conseil riposte perfidement :

> L'auteur principal de la Révolution de Juillet... M. Jacques Laffitte, vient de relever son vieil étendard et d'en secouer la poussière... Ce [qu'il] a fait en 1830, il a évidemment l'intention de le défaire ; ses écrits, ses discours annoncent hautement ce déplacement de M. Laffitte qui de membre d'une opposition légale et constitutionnelle passe désormais au rang de chef révolutionnaire et républicain.

Révolutionnaire et républicain ! La tentative de Laffitte pour réveiller l'opinion s'est retournée contre lui. Vaincu par son ancien protégé, réduit au rang de chef de bande, il ne peut que faire publier son discours par *La Nouvelle Minerve*, en l'accompagnant de quelques lignes qui s'achèvent pitoyablement : « La France qui sommeille n'a pas donné sa démission et je ne donne pas la mienne »[7].

Il paie cher cet échec : aux législatives suivantes, (4 novembre 1837), dans la 2e circonscription de Paris, il est battu de 11 voix par le député sortant Jacques Lefebvre. Il ne retrouvera sa place à la Chambre qu'à l'occasion d'élections partielles, en février suivant, prenant un siège (6e circonscription de Paris) libéré par François Arago qui a opté pour Perpignan.

Les cabinets ministériels se succèdent : Broglie, Thiers, Molé, Soult, Thiers à nouveau. Laffitte reste à l'écart. Il avance la dissolution de sa société en concluant des accords particuliers avec chacun de ses associés[8]. Seul le litige avec les enfants Perregaux n'est pas réglé et se poursuit de procédure en procédure mais la dissolution est officiellement prononcée par le Tribunal de commerce le 27 juillet 1837.

Libéré, et décidément incapable de rester inactif, il élabore un nouveau projet. Il a alors soixante-dix ans mais en paraît dix de moins. Son portrait, par Henry Scheffer, montre un homme en pleine santé. Ses cheveux grisonnent, son visage s'est un peu empâté mais le front est encore lisse et, sous des sourcils toujours aussi finement dessinés, le regard est pénétrant et déterminé. L'adversité le stimule :

---

6 *Ibid.*, pp. 326-330.

7 L'intégralité des trois textes reproduite dans les *Mémoires* de Laffitte, pp. 322-328.

8 Cf. *Mémoires*, pp. 332-333.

Je n'étais plus riche, j'étais vieux, en butte à la colère et au ressentiment du gouvernement ; la Banque, la Finance, le haut Commerce étaient contre moi, le Juste Milieu était acharné à me perdre : tout autre eût été découragé. Mais confiant dans l'estime du pays et dans l'utilité de mon œuvre, je ne doutai pas du succès et allai de l'avant contre l'avis de tout le monde.

Avec un optimisme intact et une audace étonnante pour un homme de son âge, il reprend l'idée qu'il n'avait pu concrétiser douze ans plus tôt et imagine la création d'une grande Banque pour le commerce et l'industrie qui permette d'élargir à l'échelle nationale le financement des transactions commerciales de toute nature. Les maisons de banque privées n'interviennent encore dans ce domaine que de manière très limitée, tandis que, de son côté, la Banque de France impose des règles contraignantes en n'acceptant à l'escompte que des effets revêtus de trois signatures et à moins de trois mois d'échéance, et en n'ouvrant ses guichets que trois jours par semaine.

À travers son nouvel établissement, Laffitte souhaite offrir au commerce et à l'industrie une gamme élargie de possibilités de financement : avances sur marchandises, sur acceptations, sur factures, ce qui est audacieux, etc. (tout en s'interdisant des avances non garanties) ; escompte de billets à ordre, de traites revêtues seulement de deux signatures et possibilité d'aller au-delà de l'échéance de trois mois ; ouverture de comptes courants ; émission de billets au porteur remboursables à Paris et en province par les receveurs généraux et les correspondants de la Caisse. En bref, toutes les opérations que la Banque de France ne pouvait proposer.

Il semble qu'il ait par ailleurs à l'esprit une ébauche de mutualisation, dans le sens où il souhaite ouvrir le capital à un très grand nombre d'actionnaires et clients issus du commerce et de l'industrie. Un voyage à Bruxelles[9] lui permet d'étudier la manière dont les banquiers saint-simoniens de la place en développent l'idée, dans la Société Générale de Belgique qui contribue à leur réputation.

Laffitte lance son projet le 15 juillet 1837, sous la forme d'une lettre au public dans laquelle il annonce l'ouverture de sa *Banque du Commerce et de l'Industrie* pour le 1er octobre suivant[10].

Les difficultés surgissent aussitôt : la Banque de France avec laquelle il entre en concurrence, notamment par l'escompte de papier à deux signatures qui la court-circuite, conteste sa raison sociale et entend limiter l'étendue de la circulation de billets à ordre – l'équivalent de

[9] M. Lévy-Leboyer, *op. cit.*, p. 503.

[10] L'acte de société est signé le 19 juillet. AN MC X-1103.

billets de banque – émis par le nouvel établissement en représentation de ses avances.

Laffitte est contraint de céder : sa maison portera le nom de *Caisse générale de Commerce et d'Industrie*. Cela ne le soucie pas car le terme induit une certaine notion de modernité et fera d'ailleurs florès un peu partout dès l'année suivante. Par contre, la limitation de circulation de ses billets lui est très préjudiciable et l'handicape considérablement dans sa recherche d'associés.

Il souhaite s'adjoindre le banquier genevois Jean-François Bartholoni, qui l'a soutenu dans les années difficiles et dont il estime les compétences[11]. Mais Bartholoni est absent de Paris et, à l'exception de Martin Laffitte, tous les autres parents et amis se récusent.

Un mémoire élogieux sur son projet de banque attire alors son attention[12]. L'auteur, un jeune négociant de trente-trois ans nommé Adolphe Lebaudy, lui est inconnu. Ce n'est pas le cas de sa famille[13]. Le père d'Adolphe, Jean Lebaudy, est un négociant banquier et sucrier apparenté à Jean-Baptiste Quéruel, le chimiste qui avait mis au point pour Benjamin Delessert le procédé de distillation du sucre de betterave en 1811. Adolphe est aussi le gendre de Charles Derosne, un autre chimiste, dont le père avait été l'associé du célèbre Ch.-Louis Cadet de Gassicourt, et qui avait fondé en 1818 une manufacture d'appareils de distillation continue, située à Passy à proximité de l'établissement de Delessert. Depuis, Derosne a ouvert des filiales dans les régions betteravières et vient de s'associer à l'un de ses anciens ouvriers, Jean-François Cail, chaudronnier de formation, qui deviendra, dès 1840, le principal producteur français de matériel ferroviaire[14].

Adolphe Lebaudy représente donc potentiellement tous les secteurs que Laffitte cherche à approcher : une industrie sucrière déjà bien établie, avec sa filiale mécanique, une ouverture vers la métallurgie et la possibilité d'un développement commercial considérable puisque Derosne et Cail cherchent à étendre leurs activités jusqu'à Amsterdam, port depuis lequel ils toucheraient les Antilles et la Russie. Les liens interprofessionnels forts qui lient les différents protagonistes, leur capacité à entreprendre et leur aspiration à se développer valent pour Laffitte tout

---

11 Bartholoni jouera un rôle important dans le développement des chemins de fer français et suisses. Il sera actionnaire de la « Caisse Laffitte », comme on surnomme le nouvel établissement.

12 *Réflexions sur la banque générale du Commerce et de l'Industrie*, Paris, 1837.

13 Nous remercions M. Bernard Deveaux, président de l'association « Jean-Baptiste Quéruel – Jean Lebaudy – le sucre », de tous les renseignements et précisions qu'il a bien voulu nous apporter.

14 La production sidérurgique augmente de 6 % par an entre 1835 et 1847 ; celle des machines à vapeur passe de 600/an en 1830 à 5 000 en 1847.

autant que le parcours professionnel de Cail, qui n'est pas sans lui rappeler ses propres débuts. On sait ce que seront les fortunes des Cail et des Lebaudy sous Napoléon III.

Adolphe Lebaudy a l'esprit d'entreprise. L'année précédente, il a racheté avec deux autres négociants un établissement industriel de la région nantaise, les *Forges de Basse-Indre*, dont l'activité, pionnière dans le secteur de la ferblanterie, est intimement liée à l'industrie des conserves et des salaisons.

La société, créée une douzaine d'années plus tôt, est en difficultés par suite du décès de son principal actionnaire, l'armateur Thomas Dobrée, lui-même puissamment soutenu par le négociant-banquier Jules Goüin. Ce dernier représente avec son frère Édouard, industriel du textile, la branche nantaise de la célèbre maison tourangelle qui est codirigée par leur frère aîné Henry et leur cousin Alexandre. Jules Goüin est très intéressé par l'initiative de Lebaudy et il voit juste : l'impulsion que donne le jeune homme aux *Forges de Basse-Indre* sera décisive puisqu'elles deviendront, un siècle plus tard et sous le nom de *J.J. Carnaud Forges de Basse-Indre*, un des fleurons du groupe Wendel.

Adolphe Lebaudy s'entend manifestement bien avec les deux frères Goüin et s'il a publiquement manifesté son enthousiasme pour le projet novateur de Laffitte, c'est sans doute dans l'idée de s'associer à eux pour fonder un établissement comparable. C'est chose faite en quelques semaines mais, à peine née, la *Caisse Goüin et Lebaudy* se voit refuser par la Banque de France, toujours aussi jalousement attachée à ses privilèges, le droit d'émettre des billets à ordre[15].

Lebaudy imagine alors tourner le problème en s'offrant à devenir le mandataire de Jacques Laffitte. Il est à mille lieues de supposer que le vieux banquier, pressé par le temps, va lui proposer tout de go un siège d'associé-gérant dans son propre établissement !

Le voilà donc propulsé sur la scène parisienne… Comme prévu, la première assemblée générale des actionnaires-commanditaires a lieu le 2 octobre 1837[16]. Le capital officiellement souhaité est de 55 millions, divisé en 15 000 actions de 1 000 et 5 000 francs. 34 millions, dont dix apportés par les trois gérants et 24 par les 1350 actionnaires, sont déjà réunis. Selon M. Lévy-Leboyer, 52 millions complétés par 2 à 3 mil-

[15] Cf. A. Plessis, *La politique de la Banque de France de 1851 à 1870*, Droz, 1985, p. 87, note 210).

[16] Cf. *Caisse Générale du Commerce et de l'Industrie, J. Laffitte et Cie. Statuts et Constitution définitive*, Paris, Firmin Didot frères, octobre 1837. Voir aussi M. Lévy-Leboyer, *op. cit.*, pp. 502-505 ; B. Gille, *op. cit.*, pp. 109-121. M. Brun, *op. cit.*, pp. 414-417 ; H. Bonin, *op. cit.*, pp. 67-68.

lions de comptes courants créditeurs auraient été rassemblés à la date du 13 décembre[17].

On ne connaît pas très bien le détail des activités de la *Caisse Générale du Commerce et de l'Industrie*. H. Bonin[18] a noté son soutien à l'industrie textile en 1838 et son évolution vers les entreprises d'équipement du pays à partir de 1839 : compagnie des invalides, des lits militaires (1842) construction des fortifications de Paris (1841 et 1842), entreprises de pavage, de nettoiement, de travaux portuaires, de ponts. La Caisse consent également un crédit de 10 millions à l'anglais Sherwood (1843 et 1846) qui construit certains tronçons de la *Compagnie* (ferrovière) *du Nord*, dont la concession a été accordée à un comité mené par Rothschild et dans lequel on trouve la banque *Charles Laffitte, Blount & Cie*[19].

Pour sa part, Adolphe Lebaudy a l'initiative d'une *Compagnie des Antilles pour la fabrication du sucre*[20] qui est lancée en 1843. Le tremblement de terre qui vient de dévaster la Guadeloupe est l'occasion de moderniser une production restée artisanale et rend le projet attractif. Il s'agit d'établir quatre usines dans l'île, plus une à la Martinique, toutes équipées de matériel fabriqué par Derosne et Cail. Dans les statuts de la Compagnie, on relève le nom de Jacques Laffitte, à côté de ceux d'Ernest André (dont le père avait été partenaire de Jacques Laffitte dans la *Société du Nouveau quartier Poissonnière*), de la banque *Goüin frères* de Tours (celle d'Henry et Alexandre, cousins et fils respectifs des fondateurs), de Jean Roussac (gendre de Martin Laffitte décédé) et de quelques autres banquiers ; de plusieurs investisseurs privés, de deux négociants havrais (*Quesnel frères* et Louis Lebaudy, frère d'Adolphe) et d'un bordelais, de deux présidents à la Cour des Comptes, de deux délégués de la Guadeloupe et de Derosne et Cail.

C'est donc un conseil d'administration assez prestigieux dans lequel la banque Goüin pèse un poids certain. À cause de son envergure mais aussi parce qu'un des deux associés, Alexandre, a été ministre du Commerce et de l'Agriculture dans le bref gouvernement Thiers en 1840, portefeuille qui lui a donné l'occasion de faire voter la loi sur la taxation des sucres de canne et de betterave.

---

17 Cf. H. Bonin, *op. cit.*, pp. 67-68 ; M. Lévy-Leboyer, *op. cit.*, pp. 502-505 ; B. Gille, *op. cit.*, pp. 109-121. Les statuts de la Banque Générale pour le Commerce et l'Industrie sont conservés aux Archives de la Seine, D 31 U 3 C 72, cf. M. Brun, *op. cit.*, pp. 414-417.

18 H. Bonin, *op. cit.*, p. 65.

19 Cf. B. Gille, *op. cit.*, p. 153 et AN MC X.

20 Aumont Thiéville notaire.

Une ordonnance du 2 février 1844 entérine l'existence de la société. Mais il ne sera pas donné à Jacques Laffitte d'en voir le développement car il mourra quelques semaines plus tard des suites d'un refroidissement contracté en sortant du Palais-Bourbon.

Sa disparition laisse Lebaudy dans l'embarras. Pas plus que Roussac, l'autre associé-gérant, il n'a la carrure (et la fortune) nécessaire pour diriger la Caisse. D'un commun accord, et avec celui des actionnaires, les deux hommes décident alors d'entreprendre des démarches pour remplacer Laffitte.

Très naturellement, Lebaudy se tourne vers Alexandre Goüin qui lui paraît l'homme de la situation. Alors âgé de cinquante-deux ans, Goüin est entré dans la banque familiale dès 1808, à seize ans et a succédé à son père en 1819. Président du Tribunal de Commerce de Tours en 1822, il a été élu député en 1831 et a presque sans interruption siégé à la commission du Budget depuis cette époque. Enfin, nous l'avons vu, il a été brièvement ministre en 1840.

En octobre 1844, Lebaudy se rend donc à Tours, pour offrir à Alexandre Goüin la succession de Jacques Laffitte. Mais Goüin n'en veut pas : « Je compris tout de suite, écrit-il dans son *Autobiographie*[21], combien cette succession était lourde et je la refusai tout d'abord ». Lebaudy insiste et convainc finalement son interlocuteur de se rendre à Paris.

> Une fois sur les lieux, poursuit celui-ci, je m'attachai à prendre connaissance, autant que possible, de l'actif et du passif de la Caisse Générale. Cette appréciation n'était pas facile en raison du grand nombre de débiteurs, par compte courant, et de signatures apposées sur les valeurs que renfermait le portefeuille, et sur lesquelles il m'était impossible d'être complètement fixé… J'eus recours, en outre, à l'opinion de la Banque de France dont les relations journalières avec la Caisse Générale, lui permettaient de faire une appréciation assez exacte de la manière dont cet établissement avait été conduit. J'eus à ce sujet une longue conférence avec Mr d'Argout, Gouverneur de la Banque.

L'intervention du gouverneur est déterminante et Alexandre Goüin ne peut refuser ce qui lui est demandé comme un service ou présenté comme un devoir : la Caisse Laffitte est prestigieuse et son aura ne peut qu'accroître celle de la banque tourangelle. Il prend donc la direction de la *Caisse Générale du Commerce et de l'Industrie* dont la raison sociale devient *A. Gouin et Cie*, autrement connue sous le nom de « Caisse Gouin ».

---

[21] Manuscrit inédit, pp. 39-41. Archives de la famille Goüin. Un exemplaire photocopié à la bibliothèque de l'Association pour l'Histoire de BNP PARIBAS.

Le nouveau gérant entre en fonction le 1er janvier 1845, après avoir fait voter l'unification des actions à 1 000 francs et la réduction du capital social à 20 millions[22]. Installé dans l'hôtel Laffitte, il se consacre à sa nouvelle fonction, en mettant temporairement en veilleuse ses activités de député au sein de la Commission du Budget.

En ces années 1845-1846, l'expansion économique est favorisée par l'essor des chemins de fer. La Caisse Goüin, comme les autres banques en tire parti et l'on ne se soucie pas trop de l'ambiguïté inhérente à sa conception, à savoir la conciliation de deux concepts antinomiques : celui de « banque d'affaires » à un seul guichet et fonctionnant avec des fonds apportés par de riches capitalistes effectuant des dépôts à moyen et long terme, et celui de « banque de dépôt » avec agences multiples et dépôts à vue.

C'est la suspension des travaux du Paris-Lyon qui déclenche la crise boursière de 1847. On a en effet sous-estimé le coût total de l'entreprise et promis un dividende trop élevé. L'émission d'un nouvel emprunt (100 millions en sus des premiers 200 millions) et la réduction du dividende de 7 % à 4 % provoquent la panique des actionnaires et une crise boursière sans précédent. Les actions des chemins de fer chutent de plus de 50 % tandis que toutes les industries qui dépendent de la construction de réseau ferroviaire sont atteintes[23].

La Caisse Goüin est touchée de plein fouet.

> Mr. Laffitte, écrira Alexandre dans son Autobiographie, acceptait des capitaux à bas intérêt (2 et 3 %) contre des bons remboursables à deux jours de vue ; tandis que ces mêmes capitaux placés à longue échéance ne pouvaient rentrer que lentement. Dans un moment de crise financière, les ressources immédiates devaient nécessairement manquer et rester au-dessous des besoins ; c'est ce qui est arrivé.

La fragilité de la Caisse apparaît alors au grand jour :

> Parmi les créances figurant dans l'actif, il y en avait pour des sommes considérables, qui étaient une véritable immobilisation… C'est ainsi que Mr. Laffitte était resté débiteur envers la Maison de H. à 5 millions et Mr. le Marquis de Boissy de 5 à 6 millions. Ces deux créances m'avaient été transmises avec les apparences d'une parfaite garantie. En réalité leur remboursement n'a pu avoir lieu[24].

---

22 Lettre circulaire aux actionnaires, 31 décembre 1844. Un exemplaire dans les archives de l'Association pour l'Histoire de BNP PARIBAS. Ceci semble en contradiction avec ce qu'écrira Gouin dans son *Autobiographie*, pp. 41 et 45.

23 Cf. Christophe Schalk, *Cycle de Minsky et Crises Financières au XIXe siècle : le cas français*, 22d symposium of Banking and Monetary Economics, Nice, 10-11 juin 2004.

24 A. Goüin, *op. cit.*, p. 45.

C'est la démonstration que même le savoir-faire de Laffitte, sans conteste – tous les historiens s'accordent à le dire – le banquier français le plus expérimenté de son temps, n'a pas été suffisant pour concilier les deux approches du métier que sont la banque d'affaires et la banque de crédit. Ses deux associés, Lebaudy et Roussac, hommes de terrain peu familiers des théories financières, n'étaient pas à même de l'y aider. Quant à son successeur, Alexandre Goüin, pourtant un banquier fort expérimenté, il lui aurait fallu un Panchaud pour tirer les conséquences pratiques de la contradiction sur laquelle était fondée la *Caisse Générale du Commerce et de l'Industrie*, à savoir l'impossibilité de concilier, en termes de circulation monétaire, le temps court du commerce et le temps long des commandites et des emprunts.

Jacques Laffitte reste cependant un banquier innovant. C'est lui qui ouvrira la voie à la seconde révolution bancaire, celle qui, passant outre l'hostilité de la Haute Banque, se structure autour de la distinction entre banques d'affaires (ainsi la *Banque de Paris* fondée par Eugène Goüin, le fils d'Alexandre, en 1869) et banques commerciales, incarnées dans les frères Pereire (avec la fondation du *Crédit Mobilier* en 1852), dans un Henri Germain (fondateur du *Crédit Lyonnais* en 1863), un Edward Blount ou un Alphonse Pinard (co-fondateurs de la *Société Générale* en 1864).

Laffitte en a eu conscience :

> Si je ne suis point parvenu à former un grand établissement de crédit, comme je l'aurais voulu, j'ai formé du moins une grande maison de banque qui sera utile longtemps au Commerce et à ma famille.
> Pour un vieillard de soixante-dix ans c'est une action assez virile.
> Que d'autres réussissent après moi à former de grands établissements de crédit, il me restera la gloire de l'avoir entrepris.

C'est sur ces lignes que s'achèvent ses *Mémoires*.

Chapitre 26

Derniers mandats de député (1839, 1842). Liquidation définitive de la banque Jacques Laffitte et Cie (1840).
Le retour des cendres de Napoléon (1840).
Laffitte président de la Chambre comme doyen d'âge, dernière intervention (1843).
Mort et funérailles de Jacques Laffitte (1844).

Jacques Laffitte a encore sept ans à vivre. Le 2 mars 1839, il est élu dans le 3e collège de la Seine inférieure, à Rouen, avec 419 voix sur 710 votants. Le 9 juillet 1842, lors des élections anticipées qui ont lieu à la suite de la dissolution de la Chambre voulue par Guizot, son score est meilleur encore : 425 voix sur 705 votants.

Autour de lui, les tensions semblent s'apaiser. Après la naissance d'un petit Napoléon Ney en 1837, le prince et la princesse de la Moskowa se séparent. Albine reçoit la nue-propriété de l'hôtel[1] tandis que son époux voyage et écrit.

La liquidation de la banque touche à sa fin. Des arrangements amiables sont conclus entre Jacques Laffitte et ses différents associés. Toujours généreux, il verse 100 000 francs pour solder la contribution aux pertes de son frère Pierre et 75 000 pour celle de son neveu Baignères, décédé. Pour sa part, Perregaux débourse 200 000 francs et Chilon Ferrère-Laffitte 500 000. Curieusement, Clarmont et Philips n'ont pas à contribuer aux pertes « et se retirent fort riches ». Seule la duchesse de Raguse s'estime lésée et continue à assigner Laffitte[2]. Néanmoins, la liquidation provisoire est achevée le 26 septembre 1839, le comité de liquidation présidé par MM. Ganneron (futur fondateur du Comptoir général du Commerce), Lebobe (entrepreneur) et Sanson-Davillier est dissous le 27 février 1840 et l'acte final scellé le 21 avril 1840[3].

Au même moment, Thiers, qui est redevenu président du Conseil depuis le 1er mars mais ne dispose pas d'une majorité assez solide pour donner à la monarchie de Juillet le second souffle qui lui serait néces-

1 AN MC X-1100, 15-17 avril 1837.

2 *Mémoires*, pp. 332-334.

3 AN MC X-1126. Cf. M. Lévy-Leboyer, *op. cit.*, p. 483 et H. Bonin, *op. cit.*, p. 76 note 3.

saire, lance un grand coup médiatique. Pour frapper l'opinion, à défaut de lui proposer les réformes qu'elle demande, il propose à Louis-Philippe de rapatrier les restes de Napoléon.

Aussitôt l'accord britannique reçu, et en dépit des mises en garde de certains députés qui craignent une résurgence du bonapartisme, il s'occupe personnellement de l'organisation du retour des cendres impériales. Le prince de Joinville se rendra à Sainte-Hélène pour ramener la précieuse dépouille jusqu'à Rouen. Là, le cercueil sera transféré de la frégate *La Belle-Poule* sur un petit vapeur, *La Dorade*, pour remonter le cours de la Seine jusqu'à Paris ; puis il sera déposé dans la crypte du dôme des Invalides aménagée à cette fin.

La nouvelle provoque l'euphorie populaire mais la presse se fait bientôt l'écho du trouble qu'elle suscite dans la bourgeoisie[4] : honore-t-on simplement, comme le souhaite le *Journal des Débats*, organe des élites, le « vaillant capitaine » et non « le despote » ou bien, comme le demandent l'opposition, les classes moyennes et les gardes nationaux à travers *Le Siècle* : « le monarque légitime… dans lequel s'était personnifiée pendant quinze ans la révolution et qui portait sur le front le sceau doublement sacré de sa destinée providentielle et de l'élection populaire » ?

Bien entendu, et quelques aient été ses opinions quarante ans plus tôt, Laffitte est de ces derniers. Avant d'atteindre Paris, *La Dorade* passera au pied du château de Maisons et son propriétaire organise, le 13 ou le 14 décembre, une grande réception pour les villageois. En dépit d'une température polaire, ils sont nombreux à se rassembler sur la berge du fleuve, chapeau bas, pour regarder passer le petit bâtiment pavoisé de drapeaux tricolores et le catafalque couvert d'un drap mortuaire blanc gardé par quatre factionnaires, debout au pied des aigles impériales.

Pour immortaliser l'instant, Laffitte en fait faire un charmant petit tableau, conservé à Maisons. Sous un soleil rougeoyant qui irise la Seine, son auteur, un certain Pharamond Blanchard, y représente l'embarcation au moment où elle va s'engager sous le pont, surchargé de spectateurs, que Laffitte a fait bâtir vingt ans plus tôt. Il y a certes là une grande manifestation de vanité mais aussi un hommage à celui qui, né comme lui sous l'Ancien Régime, « enseigna… que désormais il n'y aurait plus de classement dans la société et que chacun aurait le droit d'être ambitieux, s'il avait le courage et le bonheur d'y réussir », comme l'écrit encore *Le Siècle*.

---

4 Cf. la passionnante analyse d'A. Daumard *op. cit.*, pp. 337-344.

Le 27 décembre 1843, Louis-Philippe ouvre la nouvelle session parlementaire. Dans une brève allocution, il réaffirme son attachement aux principes qu'avait définis Casimir Perier : ordre à l'intérieur, paix à l'extérieur. Le retour à l'équilibre budgétaire et la prospérité de la nation permettront donc aux députés de réfléchir au développement du réseau ferroviaire et d'étudier un projet de loi sur l'instruction secondaire qui respecte le vœu de la Charte pour la liberté d'enseignement. Quant à la paix, que les députés se rassurent, elle n'a jamais plus assurée : l'Espagne et la Grèce ne peuvent que se féliciter de la sollicitude du roi, une amitié sincère l'unit à la reine Victoria et l'Algérie entièrement dominée sera bientôt tranquille. « Je contemple, Messieurs, dit-il en conclusion, avec une profonde reconnaissance envers la Providence, cet état de paix honorable et de prospérité croissante dont jouit notre patrie ».

Jacques Laffitte est président de la Chambre comme doyen d'âge. À ce titre, il lui incombe d'installer le nouveau bureau, ce qui a lieu le 30 décembre au terme de trois séances consacrées à l'élection des président, vice-présidents et secrétaires : une tâche facile dont le vieillard qu'il est devenu s'acquitte sans difficulté. Car il accuse son âge. Deux dessins saisissants, peut-être croqués ce jour-là, nous le montrent de profil, les coins de la bouche affaissés, le crâne dégarni, le nez chaussé de lunettes d'acier, possiblement porteur d'un appareil auditif. Il est cependant imposant, se tient très droit et semble attentif à ce qu'il voit. Nul ne s'attend donc aux paroles qui vont sortir de ses lèvres.

Probablement ulcéré par le discours lénifiant du roi, convaincu de l'urgence qu'il y a à abandonner la politique de l'autruche, à lancer des réformes, et particulièrement à élargir l'électorat – la révolution de 1848 lui donnera raison –, il prend les députés à partie :

> Ma conscience m'ordonne de vous dire ce que la France attend de vous… Des occasions s'offriront sans doute d'examiner si nos dernières illusions et notre fortune iront s'engloutir dans le gouffre ouvert à nos portes ; – si la lutte engagée, dans quelques localités, entre le Gouvernement et les pouvoirs électifs, ne contient pas en germe une lutte plus grave entre deux principes que depuis quatorze ans, nous travaillons à concilier ; – si le calme artificiel, à la surface du pays, suffit à notre dignité et à notre sécurité ; – si le désordre et l'anarchie ne sont pas au fond de notre situation ; – et si la loyauté et la droiture, dans l'administration des affaires publiques, ne sont pas préférables aux ressources de la vénalité, aux trafics de la corruption.

On se croirait revenu aux beaux jours de la Révolution ! Mais les temps ont changés ; l'aristocratie bourgeoise dont il dénonce les pratiques « commande aux affaires », comme il dit en privé[5]. Des manifes-

[5] Cf. Ch. Marchal, *op. cit.*, III, p. 129.

tations hostiles ponctuent son discours et c'est sur un désaveu que s'achève la carrière parlementaire de celui qui fut « l'homme le plus populaire de France ».

Il se consacre désormais à la rédaction de ses *Mémoires*, dont il lit volontiers des passages, le soir, à ses hôtes. Il a depuis longtemps rédigé son testament[6], donnant à son épouse la toute propriété de la portion de biens qu'autorise la loi, lui demandant d'instituer des rentes viagères pour ses serviteurs et « de ne pas oublier dans ses largesses sa sœur et Mme B(aignères) ma nièce qui sont les seuls parents qui ne sont pas fortunés ». Mme Laffitte a également l'usufruit de Maisons et de l'hôtel parisien, contre une rente annuelle de 40 000 francs à sa fille.

Vers la mi-mai 1844, l'affection pulmonaire dont les premiers symptômes s'étaient, dit-on, manifestés après sa dernière intervention à la Chambre[7], s'aggrave. Elle ne l'avait pas empêché de poursuivre ses activités et on l'avait encore entendu, peu de temps auparavant, défendre la cause du libéralisme commercial devant le Conseil général des colonies[8]. Mais il doit maintenant s'aliter ; une congestion se déclare, ses poumons s'enflamment, il peine à parler.

Au bout d'une dizaine de jours, il sent venir sa fin. Le matin du dimanche de Pentecôte, il demande à voir ses petits-enfants qu'il embrasse avec effusion. Son épouse, sa fille, son gendre, son frère Pierre, quelques amis sont présents. Il conserve toute sa lucidité. Vers 7 heures du soir, il perd connaissance et décède paisiblement une dizaine de minutes plus tard.

Le faire-part de décès[9] énumère les membres de sa famille : son épouse, son gendre, sa fille et ses petits-enfants ; sa sœur Marguerite Ferrère, son frère Pierre et leurs conjoints ; les deux sœurs de Mme Laffitte et leurs enfants ; tous ses neveux et nièces, petits-neveux et petites-nièces ainsi que ceux de Mme Laffitte. Ses fonctions et décorations sont mentionnées : banquier, membre de la Chambre des Députés, ancien président du Conseil des Ministres, ancien président de la Chambre des Députés, décoré de la Légion d'honneur et décoré de [la médaille de] Juillet.

De grandioses funérailles se déroulent le 30 mai 1844[10]. Députés, pairs, notabilités diverses se sont réunis dans l'hôtel de la rue d'Artois. Le maréchal Soult, président du Conseil, est présent, accompagné des

---

6 Daté du 25 octobre 1841 avec codicille le 3 novembre. Déposé le 28 mai 1844, AN MC X-1171.

7 P. Duchon, préface aux *Mémoires* de Jacques Laffitte, *op. cit.*, p. XVII.

8 Deux interventions en 1843 et 1844. Reproduites in Ch. Marchal, *op. cit.*, III, pp. 243 sq.

9 Repr. in *Bulletin de la Société des Amis du Château de Maisons*, n° 3, 2008, p. 186.

10 Cf. *L'Illustration*, n° 66, 1er juin 1844.

ministres du Commerce et des Finances. Le service funèbre est prévu à 11 heures mais le cortège ne s'ébranle qu'à 12 heures 30.

En hommage à l'ancien Président du Conseil, mais aussi pour prévenir tout risque, le gouvernement a envoyé six bataillons d'infanterie et deux de cavalerie pour l'escorter. S'y ajoutent une batterie d'artillerie sous les ordres d'un maréchal de camp, un bataillon et un escadron de la garde municipale. La cour est représentée par trois voitures, celles du roi, de la reine et de la duchesse d'Orléans. Quatorze autres suivent. La ville de Rouen, les écoles, les ouvriers imprimeurs, les cheminots du Paris-Rouen ont envoyé des délégations. La foule des anonymes est là aussi. Les cordons du poêle sont tenus par Pierre de Sauzet, président de la Chambre, le comte d'Argout, gouverneur de la Banque de France, Odilon Barrot et Adolphe Lebaudy. Il faut une heure pour atteindre Saint-Roch où, après une certaine confusion, un service très recueilli est célébré.

Puis l'on repart. Ce sont maintenant Dupin, Arago, Thiers et Béranger qui tiennent les cordons. Le convoi emprunte les rues Saint-Honoré et de Richelieu, puis les boulevards jusqu'à la place de la Bastille. Il fait le tour de la colonne de Juillet avant de s'engager dans la rue de la Roquette. La foule a envahi les trottoirs, les fenêtres des immeubles, les toits, les arbres. On l'estime à 20 000 personnes. Il faut 2h ½ pour atteindre le cimetière du Père-Lachaise. Le caveau Laffitte se trouve dans une petite allée près du rond-point Casimir Perier. C'est là que le cercueil est déchargé et placé sur une estrade improvisée. Les discours commencent.

Pierre Laffitte d'abord, « son frère, son plus ancien ami », tellement ému qu'il est inaudible. Arago évoque ensuite la vie du banquier, cite des anecdotes et soulève l'enthousiasme quand il parle du mariage d'Albine avec « le fils d'un homme qui avait illustré la France dans ses grandes luttes, et qui était tombé, victime des réactions ». Vient alors le tour d'un M. Visinet, de Rouen, puis Garnier-Pagès s'avance :

> Encore un de ces hommes du peuple, dévoué au peuple et chéri du peuple qui tombe épuisé dans la lutte. Au nom des ouvriers, de tous ceux dont le travail féconde la terre, l'industrie et le commerce, nous venons payer notre tribut de reconnaissance à l'homme utile et puissant dont la noble vie n'a été qu'un long exemple de travail et de dévouement.

Il interpelle le défunt, le tutoyant :

> Ne t'ont-ils pas fait expier par les plus lâches persécutions, par les plus détestables calomnies, l'impudence de leur élévation ?

Acclamations prolongées. Il reprend :

> Honte à jamais sur eux ! Honte sur ceux qui ont oublié leurs origines, qui ont violé les engagements les plus sacrés ! La justice de Dieu comme la jus-

tice du peuple est tardive ; mais un jour viendra où elle s'appesantira sur eux[11].

La violence de ce discours, que dénoncera la presse, est tempérée par le dernier adieu du député Dupin aîné, mais au moment où l'assistance s'apprête à quitter le cimetière un incident éclate. Des jeunes gens veulent dételer la voiture de Béranger pour la tirer à bras. La force armée intervient, le chansonnier les exhorte et parvient à rétablir le calme. L'épuisante journée s'achève enfin.

Deux lithographies seront alors imprimées. Des images simples, qui relèvent presque de l'imagerie et qui, toutes deux, représentent Jacques Laffitte en buste, ruban de la Légion d'honneur au revers, et indiquent son nom, la date de sa naissance à Bayonne et celle de sa mort à Paris. Sur la première, reprise de celles qui circulaient au début de la Restauration, il est jeune et entouré d'une guirlande de branches de chêne. Au bas de la feuille, on peut lire, en lettres italiques, une citation du député L. M. de Cormenin : « La vie privée de Jacques Laffitte serait un cours de morale en action ».

Sur la seconde, il est âgé et le texte d'accompagnement, d'élégantes anglaises qui se développent sur cinq lignes, reprend les dernières phrases de son ultime discours à la Chambre :

> Songez-y !... les factions meurent – les Ministres passent – les systèmes s'épuisent, et nous Messieurs, nous resterons responsables des obstacles que le pays rencontre dans le dévelloppement *[sic]* des conditions de puissance et de prospérité qu'il devait attendre de la révolution de Juillet...

C'est ainsi en héros que Jacques Laffitte entre de plain-pied dans le Panthéon de la classe populaire dont il était issu.

[11] Intégralement reproduit in Ch. Marchal, *op. cit.*, III, pp. 181 sq.

Épilogue

Jacques Laffitte n'a plus de descendance en ligne directe. Son petit-fils Napoléon Ney de la Moskowa est décédé à l'âge de 15 ans, en 1852. La même année, sa sœur Églé a été mariée, sans dot, à Victor Fialin, comte puis duc de Persigny, l'un des organisateurs du coup d'État de 1851, qui est alors ministre de l'Intérieur de Napoléon III.

Bien qu'Églé ne soit pas un modèle de fidélité conjugale et que Persigny ait plus du double de son âge, ils auront cinq enfants, un fils et quatre filles.

Leur unique petite-fille, Églé Friedmann, aura pour père un mystérieux baron Friedland-Freemann et mourra célibataire[1]. Un roman à clefs d'Octave Mirbeau, *La Maréchale*[2], raconte comment Albine de la Moskowa, son arrière-grand-mère, pourtant millionnaire puisqu'elle avait reçu en héritage, outre plusieurs immeubles à Paris, l'hôtel de la rue d'Artois et le domaine de Maisons, plus de 3 millions de valeurs mobilières[3], la laissa emprisonner pour dettes à Saint-Lazare plutôt que de l'aider. Melle Friedmann eut deux frères qui moururent sans alliance.

L'un d'eux, Napoléon, avait reconnu trois enfants naturels dont un certain Adolphe, qui fut artiste de cirque et de café-concert. C'est le dernier descendant connu de Jacques Laffitte.

De ses nombreuses nièces, on citera Stéphanie, fille de Pierre, qui épousera un neveu du baron Louis, Charles Gaultier de Rigny, receveur général des Finances ; Adèle, fille de Martin, mariée à Albert Degouve de Nuncques et Héloïse-Adélaïde (fille de Jean-Baptiste) alliée à Jean-Jacques Lemercier de Nerville, agent de change, puis receveur général de la Somme, et régent de la Banque de France de 1843 à 1857.

Son flamboyant neveu Charles, également fils de Jean-Baptiste, eut deux filles. L'aînée, la volage Odette, fut brièvement l'épouse de Frédé-

1 J. Valynselle, *Les maréchaux du Premier Empire*, leur famille et leur descendance, chez l'auteur, 1957, p. 179.

2 Paris, Ollendorff, 1883, sous le pseudonyme d'Alain Bauquenne. Repéré et décrypté par Pierre Michel, spécialiste de l'œuvre de Mirbeau.

3 Inventaire après décès de Jacques Laffitte, 4 juin 1844 : AN MC. X-1156. Déclaration de la succession de Jacques Laffitte : Archives de Paris, DQ7 3486 n° 688, 26 juillet 1845. Déclarations complémentaires : DQ7 3496, n° 598, 27 octobre 1847 et DQ7 3500 n° 337, 21 juillet 1849. Cf. R. Szramckiewicz, *op. cit.*, p. 211. Inventaire après décès de Mme Laffitte : AN, MC X-1209, 21 juillet 1849.

ric-Émile d'Erlanger, banquier d'origine francfortoise que son audace et ses placements souvent aventureux rendirent célèbre sous le Second Empire. La seconde, Florence, qui eut également une vie sentimentale agitée, fut mariée au général marquis Gaston de Galliffet, gouverneur de Paris pendant la Commune et ministre de la Guerre au moment de l'affaire Dreyfus en 1899 -1900.

Annexes

Annexe I

LA BANQUE DE FRANCE. 1800-1840
Gouverneurs, sous-gouverneurs, régents et censeurs

Gouverneurs :

25 04 1806	Crétet (Emmanuel), sénateur, conseiller d'État, directeur général des Ponts et Chaussées.
09 08 1807	Jaubert (François, comte) conseiller d'État.
06 04 1814	Laffitte (Jacques), régent (gouverneur provisoire).
06 04 1820	Gaudin (Martin Michel Charles, duc de Gaëte), ancien ministre des Finances.
04 04 1834	d'Argout (Maurice, comte), ancien ministre.
25 02 1836	Davillier (Jean-Charles, baron), ancien régent.
05 09 1836	d'Argout (Maurice, comte), ancien ministre.

Premiers sous-gouverneurs :

28 04 1806	Thibon (Louis-Charles, baron), ancien régent.
03 12 1833	Gautier (Jean-Élie), pair de France.

Seconds sous-gouverneurs :

04 05 1806	Rodier (Jean Baptiste, baron), banquier.
15 12 1832	Vernes (Charles Félix), banquier.

1er siège de Régent :

13 02 1800	Perrégaux (Jean-Frédéric), banquier, sénateur.
19 01 1809	Laffitte (Jacques), banquier.
27 01 1831	Lafond (Antoine), négociant.

2e siège de Régent :

13 02 1800	Le Couteulx de Canteleu (Jean-Barthélémy, comte), négociant.
17 10 1804	Jame (Jean-Baptiste), receveur général à l'administration des Droits Réunis.

27 01 1814	Goupy (Guillaume Louis Isidore, dit Goupy père), banquier.
28 01 1819	Cottier (François), banquier.

3e siège de Régent :

13 02 1800	Mallet (Guillaume, baron, dit Mallet aîné), banquier.
25 01 1827	Mallet (James, baron), banquier.

4e siège de Régent :

13 02 1800	de Mautort (Georges Victor), notaire.
19 10 1800	Bastide (Louis Barthélémy), banquier.
17 10 1806	Guitton (Barthélémy), négociant.

5e siège de Régent :

13 02 1800	Perier (Claude, dit Perier père), négociant.
17 10 1801	Desprez (Médard), banquier.
17 10 1806	Muguet de Varange (Pierre Félix), receveur général.
30 01 1817	de Saulty (Philippe Albert), receveur général.
30 01 1834	Baudon (Pascal Auguste Joseph), receveur général.

6e siège de Régent :

13 02 1800	Perrée (Pierre Nicolas), négociant.
17 10 1800	Doyen (Charles Martin), banquier.
17 10 1806	Gibert (Guillaume Toussaint, dit Gibert père), receveur général.
24 01 1811	Ducos (Joseph Basile), receveur général.
26 01 1826	de Reiset (Jacques Louis Étienne), receveur général.
28 01 1836	Dosne (Alexis André), receveur général.

7e siège de Régent :

3 02 1800	Robillard (Jacques Florent, baron), négociant.
17 10 1803	Cordier (Louis François), négociant.
29 01 1818	Perier (Scipion), banquier, négociant.
24 01 1822	Caccia (Maxime), banquier.
31 01 1839	d'Eichtal (Adolphe Seligman, baron), banquier.

8e siège de Régent :

13 02 1800	Hugues-Lagarde (Joseph Hugues, marquis de La Garde), négociant.
17 10 1801	Thibon (Louis Charles, baron), négociant.
17 10 1806	Pierlot (Louis), receveur général.
23 01 1812	Buffault (Alphonse), receveur général.

9e siège de Régent :

16 02 1800	Récamier (Jacques), banquier.
17 10 1806	Roux (Vital, dit Vital-Roux), négociant.
29 01 1829	de Vassal (Jean), banquier.
27 01 1831	Audenet (Jean, dit Audenet père), banquier.
28 01 1836	Leboeuf (Louis), banquier.

10e siège de Régent :

16 02 1800	Germain (Jean Pierre), banquier.
17 10 1803	Hottinguer (Jean Conrad, baron, dit Hottinguer père), banquier.
24 01 1833	Hottinguer (Henri, baron), banquier.

11e siège de Régent :

16 02 1800	Carié-Bézard (Henri Liévin), banquier.
17 10 1803	Marmet (Jean Louis, dit Marmet aîné), négociant.
16 10 1805	Flory (Henri, dit Flory père), négociant.
24 01 1822	Perier Casimir, banquier.
24 01 1833	Perier Joseph, banquier.

12e siège de Régent :

16 02 1800	Basterrèche (Pierre-Léon), banquier.
12 10 1802	Delessert (Benjamin, baron), banquier.

13e siège de Régent :

16 02 1800	Sévène (Jean-Auguste), banquier.
17 10 1806	Ollivier (Auguste Charles Alexandre), négociant.
24 01 1828	Pillet-Will (Frédéric, comte), banquier.

14e siège de Régent :

16 02 1800	Barillon (Jean-Joseph-François-Alexandre), banquier.
17 10 1803	Dibon (Jean-Baptiste-Roger), receveur général.
17 10 1804	Moreau (Louis-Victor), négociant.
30 01 1817	Lefebvre (Jacques), banquier.

15e siège de Régent :

16 02 1800	Ricard (Georges-Antoine), négociant.
17 10 1801	Davillier (Jean-Charles, baron), industriel.

1er siège de Censeur :

13 02 1800	Sabatier (Guillaume Louis), négociant.
17 10 1803	Martin-Puech (Jean-Henry), négociant.

28 01 1819	Odier (Antoine James), banquier.

2e siège de Censeur :

16 02 1800	Journu-Auber (Bernard), négociant.
17 10 1806	Robillard (Jacques-Florent, baron), négociant.
29 01 1824	Outrequin (François Jacques), banquier.
26 01 1832	Paillot (Pierre), industriel.

3e siège de Censeur :

16 02 1800	Soehnée (Jean Michel, dit Soehnée père), négociant.
17 01 1810	Martin fils d'André (Claude Étienne), négociant.
27 01 1825	Chevals (Jacques Philippe, dit Chevals père), banquier.
25 01 1827	Moreau (Martin, dit Moreau père), industriel.

Annexe II

Aperçu biographique des principaux banquiers et financiers

AGUADO (Alejandro, marquis de Las Marismas del Guadalquivir). 1784-1842.

Cadet d'une grande famille sévillane, sert dans l'armée française comme aide de camp de Soult pendant la guerre d'Espagne. Établi en France en 1815, devient l'agent de Ferdinand VI et négocie les emprunts espagnols de 1823, 1828 et 1831. Reçoit d'importantes concessions minières en Espagne en rémunération de ses services et fait fortune. Naturalisé en 1828. Financier du théâtre de l'Athénée. Commanditaire associé dans l'exploitation de l'Opéra de Paris puis du théâtre des Italiens.

Maire d'Évry en 1831.

Anobli par le roi d'Espagne en 1824.

Propriétaire du vignoble de Château-Margaux et d'une magnifique collection de tableaux incluant une *Madone* de Raphaël (aujourd'hui au musée Condé à Chantilly) qui avait appartenu aux Orléans et sera acquise à sa mort par les Delessert.

ANDRÉ (Dominique-Isabeau). 1766-1843.

Issu d'une famille protestante du Vivarais établie à Nîmes en 1600 dans le négoce du drap et de la soie qui a fondé un comptoir à Gênes en 1667 puis s'est intéressée à la banque, a noué des alliances dans la bourgeoisie genevoise et ouvert des établissements à Lyon, Paris et Londres. Apprentissage auprès de ses oncles à Gênes. Chef de maison en 1791, fournisseur de grains pour les départements méridionaux (1792) puis pour l'armée d'Italie (1794). Contraint de fermer sa maison génoise en 1797, ruiné par la loi Ramel la même année. Installé à Paris en 1800. Ouvre une maison de commerce et de banque à laquelle il associe son neveu par alliance François Cottier (régent de la Banque de France de 1819 à 1844) en 1808. Cofondateur de la *Cie Royale d'assurances* en 1816. Promoteur avec Laffitte et Maret de la viabilisation de *l'Enclos de St-Lazare* en 1821, administrateur de la *Cie des Quatre-Canaux* en 1823.

Chevalier de la Légion d'honneur vers 1831.

Membre du Consistoire réformé de Paris de 1815 à sa mort.

BARRILLON (Jean-Joseph-François-Alexandre). 1762-1817.

Originaire des Hautes-Alpes. Débute à Bayonne chez Pinchinat en 1778. En 1782, à St Domingue, associé avec Pierre et Jacques Hugues (parents de Hugues-Lagarde). Pratique le commerce triangulaire. Trafique sur les biens nationaux dans la région lyonnaise pendant la Révolution. Établi à Paris en 1795 où il fonde une banque. Contrats de fournitures de vivres pour la marine (1796-1802). Administrateur de la Caisse des comptes courants (1796). Régent de la Banque de France de 1800 à 1803, date à laquelle il démissionne en raison de difficultés financières. 1800-1803 : Membre du syndicat des *Dix négociants réunis* (1800) et des *Nouveaux banquiers du Trésor public* (1802). Armateur à La Rochelle et à Bordeaux, accusé, en 1803, de spéculer avec Greffulhe sur la rupture de la paix avec l'Angleterre.

Capitaine de la Garde nationale en 1814. Député pendant les Cent-Jours. Retiré à la 2e Restauration. Catholique avec alliances protestantes (Lombard de Genève).

BARTHOLONI (Jean-François). 1796-1881.

Issu d'une famille noble de Florence, bannie, réfugiée à Genève et convertie au protestantisme au XVIe siècle. Orphelin de père à cinq ans, entra avec son frère comme employé dans la banque de César de La Panouze à Paris en 1814. Associé en 1823 jusqu'à la fermeture de la banque (1826). Administrateur de la *Cie des Quatre-Canaux* en 1822. S'intéresse aux chemins de fer dès 1823. Président du *Paris-Orléans* de 1839 à 1877, il est l'un des fondateurs de la *Cie des chemins de fer du Centre* et de la *Cie des mines de la Loire* (1845), de la *Cie du Lyon-Genève* (1853) et des *Chemins de fer lombardo-vénitiens et de l'Italie centrale.* Administrateur de la *Cie Royale d'assurances* en 1832. Promoteur de la *Banque foncière de Paris* (futur Crédit foncier) en 1852, il fut aussi l'un des fondateurs de la *Société Générale.* Proche des saint-simoniens, entre au conseil des directeurs de la *Caisse d'épargne de Paris* en 1832 et y succéda comme président à François Delessert en 1868.

Chevalier de la Légion d'honneur en 1843, officier en 1867.

BASTERRECHE (Pierre-Léon). 1763-1801.

Financier et armateur à Bayonne. En 1785 : trafic de piastres espagnoles avec Cabarrus, directeur de la Banque Royale de San Carlos. Incarcéré à Tarbes de mai 1793 à octobre 1794. Député de la ville de Bayonne en 1795. Ouvre une banque à Paris en 1798) en association avec Jubié. Administrateur de la Caisse des Comptes courants. Régent de la Banque de France en 1800.

Catholique. Marié à une nièce de Cambacérès.

BASTIDE (Louis-Barthélémy). 1768-1821.

Issu d'une famille de négociants catholiques de Montpellier. Armateur à Marseille et au Havre d'où il pratique le négoce triangulaire avec le Sénégal et la Martinique. Ouvre une banque à Paris en 1799. Régent de la Banque de France en 1800. Membre du syndicat des *Dix négociants réunis* (1800). Failli en 1805 à la suite de Desprez. Écarté de la Banque de France en 1806 parce que compromis dans le trafic de piastres monté par Ouvrard et Desprez.

DAVILLIER (Jean-Charles, baron). 1758-1846.

Fils d'un petit négociant de Montpellier dont la famille avait abjuré la religion réformée à la Révocation de l'Édit de Nantes. Marié à une Breganti (calviniste) de Genève. Associé avec son frère Antoine-Joseph aux Rivier de Genève de 1788 à 1794 puis manufacturier de toiles peintes. Gros actionnaire de la Compagnie des Indes (100 actions) durant la Révolution. Administrateur de la Caisse des comptes courants (1796), régent de la Banque de France en 1801. Membre de la Chambre de commerce de Paris à sa fondation, juge au Tribunal de commerce, membre du Conseil général du commerce près le ministre de l'Intérieur. Un des fondateurs de la *Cie Royale d'assurances* en 1816 (devenue *La Nationale*), président de 1833 à 1846. L'un des plus gros actionnaires de la Banque de France en 1817 (252 actions). Gouverneur de la Banque de France du 23 février au 5 septembre 1836 pour permettre à d'Argout de devenir ministre des Finances.

Capitaine de la Garde nationale en 1814.

Anobli en 1810, pair de France en 1831. Chevalier de la Légion d'honneur en 1831, officier et commandeur en 1836.

DELESSERT (Étienne). 1735-1816.

Issu d'une famille calviniste du canton de Vaux reçue dans la bourgeoisie de Genève en 1723, il transporte à Paris, en 1777, le siège de la maison de commerce et de banque que son père avait fondée à Lyon en 1725. En cède la direction à ses fils en 1795. Administrateur de la *Cie Royale d'assurances* dès sa fondation, et de la Caisse d'escompte de 1781 à 1783 et en 1791.

Marié à Madeleine Boy de La Tour (+1816) fille de Pierre (1706-1759), banquier neuchâtelois établi à Lyon, anobli 1750 par Frédéric II. Elle était liée d'amitié à Benjamin Franklin et Jean-Jacques Rousseau.

Acquis d'importants biens nationaux ecclésiastiques dans l'Oise près de Plailly et de Senlis.

DELESSERT (Benjamin, baron). 1773-1847 (fils du précédent).

Entre dans les affaires familiales en 1796. Associé à son père puis à ses frères. Propriétaire d'une filature de coton et d'une raffinerie de sucre à Passy et d'une autre à La Villette, d'une usine de fabrique de « noir-animal » à Montsouris, ainsi que de plusieurs hectares de terrain à bâtir à Passy et à Ivry. Armateur, importateur de coton américain à Nantes (1802). Régent de la Banque de France de 1802 à sa mort. Juge au Tribunal de commerce en 1810 ; membre de la Chambre de commerce et du Conseil supérieur du commerce en 1819. Fondateur, en 1818 avec le duc de La Rochefoucauld-Liancourt, de la *Caisse d'épargne et de prévoyance de Paris* dont il fut vice-président puis président en 1824.

Maire du III arrondissement de Paris en 1800 ; conseiller général de la Seine de 1819 à 1822 ; membre du Conseil municipal provisoire en août 1830.

Député représentant de l'Industrie de la Seine à la Chambre des Cent-Jours ; député de la Seine de 1817 à 1824, du Maine-et-Loire (Saumur) de 1827 à 1842 ; vice-président de la Chambre à deux reprises.

Anobli et fait chevalier de la Légion d'honneur en 1812 ; officier en 1814, commandeur et grand-officier en 1837.

Membre du Consistoire de l'église réformée de Paris de 1808 à 1815. Membre important de la Société philanthropique, fondateur des soupes populaires vers 1800. Botaniste, collectionneur, membre libre de l'Académie des Sciences.

Acquéreur de l'ancien hôtel d'Uzès en 1824.

Marié à sa cousine Louise Delessert.

DELESSERT (François). 1780-1868 (frère et héritier du précédent).

Membre de la Chambre de commerce de Paris en 1811, président de 1832 à 1838. Membre du Conseil général du commerce de 1815 à 1848. Régent de la Banque de France de 1848 à 1849.

Conseiller général de la Seine en 1830.

Député du VIe arrondissement de Paris de 1831 à 1837 et de Boulogne-sur-mer de 1838 à 1848. Vice-président de la Chambre de 1846 à 1848.

Officier de la Légion d'honneur en 1828.

Membre puis président du Consistoire de l'église réformée de Paris de 1815 à sa mort.

Marié à sa nièce Sophie Gautier, fille de Jean-Antoine, bourgeois de Genève et banquier à Paris et de M. Madeleine Delessert.

DESPREZ (Médard). 1764-1842.

Ancien commis de la banque Cottin et Jauge (1785), administrateur de la Caisse des Comptes Courants en 1799. Agent de change associé avec

Pillot en 1800. Régent de la Banque de France de 1801 à 1805. Banquier en 1802. Fondateur avec Barillon, Bastide et Naurissart du syndicat des *Nouveaux banquiers du Trésor public*. Associé à Ouvrard, Vanlerberghe, Seguin et Michel l'aîné dans la *Cie des Négociants Réunis* pour les fournitures de l'état, responsable de la crise de la Banque de France en 1805. Doit abandonner ses biens en janvier 1806. Déclaré failli en novembre 1807, la liquidation de ses affaires, dont il est chargé, n'est pas terminée à sa mort.

DOYEN (Charles-Martin). 1756-1831.

Issu d'une vieille famille de la bourgeoisie parisienne. Marié à une descendante illégitime de Samuel Bernard. Caissier général de la Trésorerie générale en 1791. Fonde une banque avec Durieux en 1797 et une seconde avec Tellier en 1799. Administrateur de la Caisse des Comptes courants en 1800. Régent de la Banque de France de 1800 à 1806. Membre du syndicat des *Banquiers du Trésor public* (1801). Affecté par la faillite de Récamier en 1805. Ruiné en 1811.

Maire du IIIe arrondissement de Paris en remplacement de Delessert, démissionnaire, en 1800. Député de la Seine en 1802, Conseiller général de la Seine en 1810-1811.

GERMAIN (Jean-Pierre). 1745-1803.

Fils d'un boulanger de Villeneuve-les-Avignon, neveu de l'orfèvre Pierre Germain. Associé d'Étienne Delessert. Administrateur de la Caisse des Comptes courants en 1800, régent de la Banque de France de 1800 à 1803. Membre du syndicat des *Dix Négociants réunis* (1800)

Acquéreur du château de Cheverny en 1800.

GREFFULHE (Louis). 1741-1810.

D'une ancienne famille protestante de Sauve en Cévennes, réfugiée à Genève puis établie dans le négoce à Amsterdam. Apprentissage chez son oncle d'Escherny à Lyon. En 1789 à Paris, reprend avec Montz la banque Girardot et Haller à laquelle avait été associé le frère de Jacques Necker, sous la caution de J. L. de Pourtalès. En 1793, émigre à Londres où il fonde une nouvelle banque ; soutient financièrement les émigrés, banquier de la famille d'Orléans.

GREFFULHE (Jean-Louis, fils du précédent). 1774-1820.

Associé en 1816 à Baring et Hope pour les emprunts de libération du territoire. Associé à son cousin Sartoris d'Escherny pour ouvrir une banque à Paris (1819-1825).

Époux de M.-Françoise de Vintimille, petite-fille naturelle de Louis XV.

GOÜIN (Alexandre). 1792-1872.

Quatrième génération d'une famille de négociants-banquiers établie à Tours en 1724. Apprentissage dans la banque familiale en 1808. Prend la suite de son père en 1819 avec son cousin Henry. En 1844, à la mort de Jacques Laffitte, reprend la Caisse Générale du Commerce et de l'Industrie fondée par ce dernier. Ne peut éviter sa mise en liquidation lors de la crise économique et financière de 1847-1848.

Juge suppléant (1822) puis président du Tribunal de commerce de Tours 1831). Membre de la Chambre de commerce de Tours en 1832. Président en 1833.

Député d'Indre-et-Loire en 1831, régulièrement réélu jusqu'en 1863, législature dans laquelle il fut vice-président du corps législatif ; membre de la commission des Finances et rapporteur du Budget à plusieurs reprises. Ministre de l'Agriculture et du Commerce dans le gouvernement Thiers en 1840. Nommé sénateur en 1867. Conseiller général du département d'Indre-et-Loire en 1832.

Chevalier de la Légion d'honneur en 1834 ; officier en 1862 ; commandeur en 1865.

Son fils Eugène fut l'un des fondateurs de la Banque de Paris et des Pays-Bas.

HOTTINGUER (Jean-Conrad, baron). 1764-1841.

Issu d'une très ancienne famille d'humanistes et de théologiens zurichois entrée dans le négoce des draps au milieu du XVIIIe siècle. Apprentissage à Mulhouse dans la manufacture d'indiennes de Wolff (neveu de Soehnée) en 1782. Commis à la banque Passavent, de Candolle et Cie à Genève en 1783 puis chez Le Couteulx à Paris de 1784 à 1786 ; secrétaire particulier de J.-B. Le Couteulx. Associé à Denis de Rougemont à Paris de 1786 à 1790. Reste seul de 1790 à 1793. Soupçonné de royalisme, fuit en Angleterre, puis aux États-Unis. Épouse la fille d'un planteur-armateur de Newport, se lie avec Talleyrand avec lequel il effectue diverses spéculations foncières en Pennsylvanie. Rentré en France en 1796, fonde la Société Hottinguer et Cie. Administrateur de la Caisse des comptes courants. Commerce de denrées coloniales et de textile (1802). L'un des trois négociateurs français de la vente de la Louisiane aux États-Unis. Fournisseur de l'armée d'Espagne. Régent de la Banque de France de 1803 à 1833. Juge au tribunal de commerce en 1806-1807 et 1812. À la tête du *Cartel du coton* de 1808 à 1811. Membre du Conseil général du commerce en 1808. Trésorier de la Chambre de commerce de Paris en 1810 ; président de 1811 à 1813. Co-fondateur et vice-président de la *Caisse d'épargne de Paris* avec B. Delessert. Administrateur de la *Cie Royale d'assurances* (1820-1828).

Colonel dans la Garde nationale en 1814. Député de la Seine représentant du commerce à la Chambre des Cent-Jours.

Anobli en 1810. Naturalisé en 1818. Chevalier de la Légion d'honneur sous Louis XVIII.

Membre du Consistoire réformé de Paris de 1812 à sa mort.

Acquéreur en 1819 du château du Piple à Boissy-St-Léger, ancienne propriété du maréchal de Saxe et de Schulmeister, le célèbre espion de Napoléon.

HOTTINGUER (Jean-Henri, baron, fils du précédent). 1803-1866.

Associé à son père en 1824, chef de maison en 1833. Administrateur de la *Cie Royale d'assurances* de 1828 à 1864. Régent de la Banque de France de 1833 à 1848 (démissionnaire). Membre du Conseil des directeurs de la Caisse d'épargne au fauteuil de son père en 1835, vice-président en 1863. Un des fondateurs de la *Cie du Nord* avec Rothschild et Laffitte & Blount en 1845 et du *Paris-Lyon* en 1846.

Marié en 1832 à Caroline Delessert, fille de François.

HUGUES-LAGARDE (Joseph HUGUES, marquis de LA GARDE). 1748-1805.

Fils unique du plus riche armateur de Marseille (guillotiné en 1794). Protestant, élevé à l'Académie de Genève, converti au catholicisme. Président de la Chambre des comptes du Dauphiné à la veille de la Révolution, anobli en 1789. Émigré. Régent de la Banque de France en 1800, démissionnaire dix-huit mois plus tard par suite de déboires financiers (faillite). Son beau-frère, Dominique Audibert, fut le 1er secrétaire du Conseil de régence de la Banque de France, membre du Conseil supérieur du commerce et l'un des rédacteurs du code du commerce. Sa fille (dotée d'un million de livres) épouse le comte de Riquet de Caraman.

LABORDE (Jean-Joseph, marquis de Laborde de Méréville). 1724-1794.

D'une famille d'armateurs de St-Jean-de-Luz, fait son apprentissage chez ses cousins. Prend la tête de l'entreprise familiale et fait fortune dans le commerce triangulaire avec les Antilles. Propriétaire à St-Domingue. Participe au financement de la guerre de Sept Ans (1756-1763). Acquiert une charge de fermier général en 1759. Anobli. Finance la guerre d'Indépendance américaine (1775-1782). Propriétaire d'importants terrains à bâtir aux alentours de la rue d'Artois (act. rue Laffitte) à Paris et du château de Méréville (acquis en 1784) dont il fait créer le parc par Bélanger et Hubert Robert.

Député du baillage d'Étampes en 1789, passe du côté du Tiers. Dépose en décembre de la même année à la Constituante un projet de loi portant sur la création d'une banque publique. Guillotiné en 1794.

Sa fille Natalie mariée au duc de Mouchy.

Son fils Alexandre (1773-1842), député libéral (1822-1825 et 1827-1830), joue un rôle actif durant les journées de juillet 1830 et devint aide de camp de Louis-Philippe. Il marie sa fille Valentine à Gabriel Delessert.

LE COUTEULX DE CANTELEU (Jean-Barthélémy, comte). 1746-1818.

Issu d'une famille connue depuis le XVe siècle à Rouen qui avait ouvert une banque à Paris en 1670. Apprentissage dans les affaires familiales à Cadix : commerce avec l'Orient et l'Amérique, placements en Espagne. Vers 1785 : correspondant de la banque San Carlos à Paris, importation de piastres espagnoles dont elle a le monopole. 1784 : associé à différents membres de sa famille. 1785 : participe à la création de la *Nouvelle Cie des Indes*.

Échevin de Rouen, député du Tiers en 1789.

1795 : co-acquéreur des *Mines d'Anzin* avec Perier, Pierre Desprez, Sabatier, etc. Banquier de Sieyès. Régent de la Banque de France de 1800 à 1804. 1er président du Comité central de direction de 1800 à 1801. Fait partie du syndicat des *Dix Négociants réunis*. Démissionne pour se consacrer à des affaires personnelles : armement et industrie.

1789 : échevin de Rouen, député du Tiers.

Anobli comme comte de Fresnelles en 1808 et comme comte Le Couteulx de Canteleu en 1817. Chevalier de la Légion d'honneur en 1804, grand officier en 1811.

LEFEBVRE (Jacques). 1773-1856.

Fils d'un procureur de Riom, débute à Paris dans la maison de commerce de son oncle Lineville, spécialisé dans les relations avec les Antilles. Ouvre sa propre maison en 1810 avec une commandite du banquier néerlandais Isaac Thuret. Continue seul en 1814. Régent de la Banque de France de 1817 à sa mort. Ouvre une succursale au Havre en 1818. Administrateur (1820) puis président de la *Nationale-Vie* (1847-1856). Administrateur de la *Cie des Quatre-Canaux* (1823) et du *Paris-St-Germain* (1835).

Député de la Seine de 1827 à 1846. Conseiller général de la Seine de 1831 à 1834.

MALLET (Guillaume, baron). 1747-1826.

Issu d'une famille réformée de Rouen qui s'établit à Genève à la fin du XVIe siècle et dont le grand-père revint fonder une banque à Paris en 1723. Associé à son père vers 1777 puis à son frère en 1792. Incarcéré pendant la Terreur. Actionnaire de la *Cie des Indes* en 1796. Régent de la Banque de France de 1800 à sa mort. Agent de change en 1801. 1800 : Membre du syndicat des *Dix Négociants réunis* (1800) et des *Banquiers du Trésor public* (1802). Co-fondateur de la *Cie commerciale d'assurances* et de la *Caisse d'épargne* avec Benjamin Delessert en 1818.

Conseiller général de la Seine de 1800 à 1825.

Anobli en 1810. Chevalier de la Légion d'honneur en 1814. Membre et trésorier du Consistoire de l'église réformée de Paris de 1803 à 1826.

Marié à Élisabeth-Émilie Boy de La Tour dont la sœur avait épousé Étienne Delessert.

MALLET (James, baron Mallet de Chalmassy, fils du précédent). 1787-1868.

Associé à son père en 1816. Promoteur du passage Choiseul en 1824. Chef de maison en 1826. Régent de la Banque de France de 1827 à 1860. Administrateur de la *Cie des Assurances générales* en 1827, président de 1844 à 1861. Administrateur de la *Cie des docks et entrepôts du Havre*, puis président. Juge au Tribunal de commerce en 1813, 1814-1815, 1821. Membre de la Chambre de commerce en 1825-1828 et 1832. Membre du Conseil des directeurs de la Caisse d'épargne en 1846.

Conseiller général de la Seine sous la Restauration.

Colonel de la Garde nationale.

Gentilhomme de la chambre du roi sous Louis XVIII et Charles X.

Chevalier de la Légion d'honneur.

Membre du Consistoire de l'église réformée de Paris de 1826 à 1848.

Marié à Laure Oberkampf, fille du célère manufacturier de toiles peintes de Jouy-en-Josas.

MARTIN FILS D'ANDRÉ (chevalier Claude-Étienne MARTIN, dit). 1748-1827.

Représentant de l'aristocratie genevoise et de la haute société protestante. Armateur établi à Marseille, arrêté en 1792, s'enfuit à Genève. Fonde une maison de commission à Paris au début du Consulat. Membre de la Chambre de commerce de Paris de 1807 à 1815. Vice-président du Conseil général du commerce en 1810. Censeur de la Banque de France de 1810 à 1825. Président du Tribunal du commerce de 1811 à 1814 et de 1828 à 1829. Membre du Conseil du commerce de Paris en 1825.

Anobli en 1814. Chevalier de la Légion d'honneur la même année. Marié à une cousine de Cambacérès.

MARTIN-PUECH (Jean-Henry MARTIN, dit). 1750-1824.

Associé à Marseille de Solier et Cie dans le négoce des indiennes. Après la Terreur associé à Paris du munitionnaire et banquier Puech. Censeur de la Banque de France en 1803. Séparé de Puech en 1811. Failli en 1819. Membre de la Chambre de commerce de sa fondation (1792) à 1819, président de juillet 1814 à mai 1815.

Chevalier de la Légion d'honneur en 1814.

OUVRARD (Gabriel-Julien). 1770-1846.

Fils d'un contremaître nantais. Sous le Directoire, vaste réseau commercial et bancaire lié au commerce colonial et aux fournitures militaires avec des participations dans des maisons à Bordeaux, Brest, Nantes, Anvers, Orléans, Paris. Obtient en 1798 le contrat de Fourniture générale des vivres de la marine pour six ans et en 1799 celui de l'armée d'Italie. Arrêté en 1800 mais libéré car ses comptes ne montrent aucune irrégularité. Chargé de l'approvisionnement du camp de Boulogne. 1803 : fonde la *Cie des Négociants réunis* (avec les banquiers Michel aîné, Seguin et Médard Desprez et son associé Vanlerberghe) qui a obtenu de l'Espagne le monopole du commerce avec l'Amérique espagnole et organise le retour des piastres depuis Cuba. Imagine de faire escompter des traites de complaisance par la Banque de France, d'où la crise de confiance de 1805. Le Trésor lui réclame 141 millions. Emprisonné de 1810 à 1813 pour avoir comploté avec Fouché. La Restauration annule ses dettes. Obtient le contrat de fournitures de l'armée de Belgique en 1815.

PERIER (Claude, dit Perier Milord). 1742-1801.

Issu d'une faille de négociants et notables de la région grenobloise. Associé de son père dans le négoce des toiles de Voiron en 1764. Banquier et créateur d'une manufacture de papier peint puis de toiles imprimées en 1775. Acquéreur du château et du marquisat de Vizille en 1780. Ferme sa banque pendant la Révolution. Acquéreur de 10 % des *Mines d'Anzin* en 1795 aux côtés de Le Couteulx, Sabatier, Pierre Desprez. Rédacteur des statuts et régent de la Banque de France de 1800 à 1801.

Député de l'Isère de 1799 à sa mort.

PERIER (Scipion, fils du précédent). 1776-1821.

Chimiste, maître de forges de la Fonderie de Chaillot et industriel en matériel de guerre sous le Consulat. Administrateur des *Mines d'Anzin*.

Fondateur avec son frère Casimir de la banque *Perier Flory et Cie* à Paris en 1801. L'un des fondateurs de la *Cie du Gaz*. Régent de la Banque de France de 1818 à sa mort. Propriétaire de filatures de coton et de laine et de deux raffineries de sucre. Membre du conseil supérieur du commerce et administrateur de la *Cie Royale d'assurances* (1819). Membre du Conseil général des manufactures.

Marié à Louise de Dietrich, nièce du métallurgiste strasbourgeois.

PERIER (Casimir, frère du précédent). 1777-1832.

À l'armée d'Italie comme adjoint du Génie militaire. Banquier à Paris avec son frère en 1801. Membre du Conseil d'escompte de la Banque de France de 1811 à 1816. Régent de 1822 à sa mort. Président du conseil d'administration de la *Cie d'assurances anonymes contre l'incendie* (*La Royale*) en 1822.

Député de 1817 à sa mort. Président de la Chambre en 1830. Ministre sans portefeuille dans le premier ministère de Louis-Philippe. Ministre de l'Intérieur et Président du Conseil en remplacement de Jacques Laffitte du 13 mars 1831 jusqu'à sa mort.

PERREGAUX (Jean-Frédéric). 1744-1808.

D'une famille protestante reçue dans la bourgeoisie de Neuchâtel au début du XVIe siècle. Apprentissage à Mulhouse, Amsterdam et Londres. Établi à Paris en 1765, associé à son frère François-Louis en 1778, fait de la banque probablement dans la mouvance de J.L. de Pourtalès et comme correspondant du banquier et armateur bernois I. Panchaud.

Ouvre une banque en 1781. Associé à Gumpzelhaimer en 1786. Très grosse clientèle anglaise. Banquier du Comité de Salut Public en 1789. Administrateur de la Caisse des comptes courants. Régent de la Banque de France de 1800 à sa mort. Président du Comité central de direction de 1801 à 1806. Membre du syndicat des *Dix Négociants réunis* (1801), de *l'Association des Banquiers du Trésor public* (1801). Acquéreur de la *Régie des Droits réunis* (perception des impôts indirects) avec Récamier et Doyen en 1805. Associé à son ancien commis Jacques Laffitte en 1806.

Sénateur en 1799. Chevalier de la Légion d'honneur en 1803, commandeur en 1804.

Propriétaire de l'hôtel de Melle Guimard. Sa fille mariée au maréchal Marmont.

PILLET-WILL (comte Frédéric Pillet, dit). 1781-1860.

Fils d'un receveur des gabelles royales dans la région de Grenoble. Entre comme commis chez Pierre-François Panchaud et Neveu, banquier à Lausanne, en 1800. Épouse en 1804 la fille de Philippe Louis Will, devenu chef de maison par suite de son mariage avec la veuve d'Isaac Panchaud (une autre fille épouse Étienne Henri Delessert, cousin de Benjamin). S'installe à Paris en 1811. Associé de Charles Vernes de 1817 à 1821. Associé à la fondation de la *Caisse d'épargne* en 1818, secrétaire-adjoint en 1820 puis vice-président. Administrateur de la *Cie Royale d'assurances* et de la *Cie d'assurances maritimes*. Présent dans le commerce du coton au Havre. Fondateur avec Chaptal fils et Scipion Perier la *Cie des Ternes* pour la fabrication de la soude et du chlore en 1819. Administrateur de la *Cie des Quatre-Canaux* en 1823. Administrateur de la *Sté des houillères et fonderies de l'Aveyron* en 1826, du *Paris-Orléans* en 1838. Régent de la Banque de France de 1828 à sa mort.

Membre du Comité des manufactures, du Conseil général du commerce (1819) du Tribunal de commerce (1818-1820) et de la Chambre de commerce dont il fut trésorier de 1819 à 1824.

Chevalier de la Légion d'honneur en 1814, officier en 1833, commandeur en 1843.

Anobli par le roi de Sardaigne en 1833. Chevalier de l'ordre de St-Lazare et St-Maurice de Savoie en 1846.

POURTALÈS (chevalier Jacques Louis de). 1722-1814.

Origine d'une ancienne famille protestante de Lasalle en Cévennes, réfugiée à Genève en 1710 et établie à Neuchâtel en 1737 dans la banque, le commerce des indiennes et l'armement maritime. Formé chez son père. Ouvre sa propre maison de commerce et une manufacture de toiles peintes en 1750. Développe un empire commercial en Europe du Nord et aux Antilles. S'installe à Paris en 1789 d'où il prend de très nombreuses commandites dans la haute banque et dans l'industrie.

Anobli par l'empereur d'Autriche en 1811.

RÉCAMIER (Jacques-Rose). 1751-1830.

Fils d'un fabricant de chapeaux et banquier originaire du Bugey. D'abord associé à son père et son frère. Vers 1785 : fournit d'importants crédits à Londres et trafique sur les piastres espagnoles avec Cabarrus, directeur de la banque de San Carlos. Associé à Barillon et Martin-Puech dans une maison de commerce à Montpellier, soutient plusieurs maisons de commerce à la Réunion. Établi à Paris comme négociant en 1793 ; banquier en 1797. Administrateur de la Caisse des comptes courants. Vers 1798, fonde une banque appelée *Syndicat du commerce* avec Barillon. Commanditaire de la ferme de l'octroi de Paris en 1799. Fondateur avec Barillon dans la *Cie des laines* qui importe des laines espagnoles (1800-1804). Régent de la Banque de France de 1800 à 1805. Participe à plusieurs contrats de services de fonds avec l'État : *Dix Négociants réunis* (1800); *Association de*

Banquiers du Trésor public (1801) ; *Nouveaux Banquiers du Trésor public* (1802). Acquiert la *Régie des Droits réunis* (collecte des impôts indirects) avec Perregaux et Doyen en 1805. Faillite consécutive aux spéculations d'Ouvrard. Nouvelle faillite en 1819.

Propriétaire de l'hôtel Necker rue de la Chaussée d'Antin. Époux de la célèbre Juliette Récamier.

ROBILLARD (Jacques-Florent, baron). 1757-1834.

Contrôleur de la ferme des tabacs pour la manufacture de Paris en 1785. La reprend à son compte de 1791 à 1810. Régent de la Banque de France de 1800 à 1803, censeur de 1806 à 1824. Juge suppléant au Tribunal de commerce en 1812 et 1813.

Anobli en 1810.

ROTHSCHILD (baron James de). 1792-1868.

5e fils d'un commerçant et changeur du ghetto de Francfort, devenu le banquier du landgrave de Hesse. Initié dès l'âge de treize ans aux affaires familiales. Arrivé à Paris en 1811 dans le cadre de transferts de fonds réalisé par son frère Nathan entre l'Angleterre et l'Espagne. Ouvre sa maison en 1817 d'où il correspond avec ses frères (Anselme à Francfort, Salomon à Vienne et Charles à Naples). Participe à la fondation de la *Cie Royale d'assurances* en 1816, à l'emprunt de libération du territoire de 1818, finance l'expédition française en Espagne de 1823. Prend le leadership des affaires familiales en 1825. Prend des intérêts dans le charbonnage et la sidérurgie belges dès 1828-1829 et dans les chemins de fer : *Paris-St-Germain* en 1835, *Cie du Nord* en 1845, *Paris-Strasbourg*, *Paris-Lyon* et diverses lignes dans le Midi. Après sa rupture avec les Pereire, fonde la *Réunion financière* qui regroupe tous leurs ennemis en 1855.

Anobli par l'empereur d'Autriche en 1817 avec ses frères, fait baron en 1822. Chevalier de la Légion d'honneur en 1823, officier en 1833, commandeur en 1837 et grand officier en 1842.

Marié à sa nièce Betty (fille de Salomon).

Propriétaire du domaine de Ferrières et de l'hôtel du 19 rue d'Artois, acquis de Fouché en 1818, de l'hôtel de Talleyrand, rue St-Florentin, du château de Boulogne, du vignoble de Château-Lafite.

SABATIER (Guillaume). 1730-1808.

D'une famille de Montpellier associée aux Puech qui cumulait banque, négoce des textiles, fourniture de drap et d'armes, commerce avec le Nouveau Monde, trafic de piastres et direction de la Compagnie des Indes orientales. Cousin de Cambacérès. Venu à Paris sous Louis XV. Associé dans l'achat de la *Sté des Mines d'Anzin* avec Le Couteulx et Claude Perier en 1795. Commandite *Perier frères, Flory & Cie*. Censeur de la Banque de France en 1800, d'où il démissionna en 1803 pour raisons de santé. Fondateur en 1807 d'une entreprise de lits militaires pour toute l'étendue de l'Empire (bail Laurent) associé avec Puech, Pierlot et son cousin Étienne Sabatier.

Conseiller général de la Seine de 1800 à 1803.

SANSON-DAVILLIER (Alexandre Sanson, dit). 1793-1863.

Fils d'un propriétaire de Seine-et-Oise. Associé de J.-C. Davillier (1821) dont il épouse la fille en 1825. Manufacturier, juge au Tribunal de commerce de 1828 à 1831, membre de la Chambre de commerce (de 1829 à 1838). Membre du Conseil d'escompte de la Banque de France de 1831 à 1837 puis régent en remplacement de son beau-père, jusqu'à sa mort. L'un des fondateurs du *Paris-St-Germain* en 1835

Conseiller général de la Seine de 1831 à 1834, conseiller municipal de Paris de 1840 à 1847.

Chevalier de la Légion d'honneur et de l'ordre de Léopold de Belgique.

SÉVÈNE (Jean-Auguste). 1760-1840.

Protestant originaire des Cévennes, négociant à Paris, fondateur avec ses trois frères en 1797 de la maison Sévène frères (banque, commission, manufacture de velours à Rouen). Administrateur de la Caisse des comptes courants. Régent de la Banque de France en 1800. Membre des *Dix Négociants réunis* en 1800. Très lié au réseau Vanlerberghe-Ouvrard, liquide sa maison en 1806 et démissionne de son siège de régent.

SOEHNÉE (Jean-Michel). 1741-1815.

Fils d'un pasteur. Négociant à Landau. Associé de Jacques Louis Pourtalès de 1767 à 1795, avec son frère Jacques Frédéric. Copropriétaire de la fabrique de Munster. Naturalisé neuchâtelois en 1776. En 1797 fonde une société de commerce (marchandises des Indes et manufacture de toiles peintes de Munster) à Paris avec son frère et trois anciens associés de Pourtalès. Banquier à Paris en 1801. Censeur de la Banque de France de 1801 à 1810.

Membre du Consistoire de l'église luthérienne de Paris de 1808 à 1814.

TERNAUX (Guillaume, baron). 1763-1833.

Fils d'un manufacturier en draps de laine de Sedan qui avait ouvert une maison de draps en gros à Paris en 1782. Reprend avec son frère la manufacture paternelle. En 1789, se prononce contre la création des assignats. Refugié en Allemagne puis en Angleterre en 1793. Installé à Paris sous le

Directoire. Installe une série de fabriques dans les Ardennes, dans la Marne et en Normandie (notamment la première manufacture hydraulique à Louviers en 1804) ainsi que des comptoirs à Cadix, Naples, Livourne, Gênes, St-Pétersbourg. Membre de la Chambre de commerce et du Conseil général des manufactures. Ses affaires périclitent durant la crise de 1830.

Conseiller général de la Seine de 1815 à 1822. Député libéral de 1818 à 1824 puis de 1827 à 1830.

Chevalier de la Légion d'honneur en 1810. Anobli en 1816. Renonce à son titre en 1821 parce que non accepté par la noblesse.

Propriétaire (1812) de l'hôtel de Massiac, 9, pl. des Victoires, qui avait été le premier siège de la Banque de France.

TERNAUX (Étienne, frère du précédent). 1765-1830.

Créateur des « cachemires Ternaux » qui concurrencent ceux des Indes. Membre du Conseil d'Escompte de la Banque de France de 1803 à 1821.

Propriétaire de l'hôtel d'Uzès revendu à B. Delessert en 1824.

VITAL-ROUX (chevalier Vital ROUX dit). 1766-1846.

Commis dans une maison de commerce lyonnaise avant la Révolution. Négociant à Lyon en 1796. Commis chez Delessert puis chez Fould. Fonde une maison à Paris avec Fournel en 1799. Très lié à Laffitte, son cadet d'un an, sous le Consulat. Membre du Conseil d'escompte de la Banque de France en 1804. Régent de la Banque de France de 1806 à 1828 (démissionnaire). Membre de la Chambre de commerce en 1805, il fut l'un des rédacteurs de code du commerce en 1807. Fondateur de la *Cie Royale d'assurances maritimes* en 1816, directeur en 1820. Crée sa banque en 1823 et une entreprise de verrerie à Choisy avec Laffitte et Thibaudeau fils en 1826. Failli en 1828.

Chevalier de l'Empire en 1808 et de la Légion d'honneur la même année.

Annexe III

Généalogie simplifiée de la famille Laffitte

Bibliographie

Sources manuscrites

Archives nationales.
Minutier central.
Archives du monde du travail.
Archives de la Seine.
Archives parlementaires (Assemblée nationale).
Archives historiques de la Banque de France.
Archives de l'État de Neuchâtel.
Archives personnelles de la famille Goüin.

Écrits de Jacques Laffitte

- *Discours prononcés à l'Assemblée générale des actionnaires de la Banque de France, le 15 novembre 1814, par M. Laffitte, ... au nom du Conseil général, et M. le chevalier Martin, fils d'André... au nom de MM. Les censeurs.* [Projet de statuts. Projet d'une nouvelle organisation de la Banque de France.], s.l.n.d. (1814).

- *Chambre des députés. Réponse de M. J. Laffitte à la dénonciation de M. de Blosseville. 16 mars 1816*, Paris, Bossange et Masson, s.d. (1816).

- *Opinion d'un membre de la Commission consultative du budget.* (À propos de l'emprunt de libération du territoire. Quelques exemplaires publiés à compte d'auteur, mentionnés dans ses *Mémoires*. Non retrouvé, postérieur au 10 mai 1816).

- *Chambre des députés. Opinion de M. Laffitte sur le projet de loi relatif aux finances pour 1817. Séance du 10 février 1817.* [Avec les *Premières et dernières réflexions de M. Casimir Perier, banquier, sur le projet d'emprunt*], Paris, A. Eymery, 1817.

- *Chambre des députés. Opinion... sur le crédit de 30 millions, improvisée dans la séance du 3 mars 1817*, Paris, Hacquart, s.d. (1817).

- *Chambre des députés. Opinion... sur le projet de loi relatif à la liberté de la presse, prononcée dans la séance du 17 décembre 1817*, Paris, Baudouin frères, 1817.

- *Chambre des députés. Opinion... sur le projet de loi des finances de 1817* (*sic*, 1818), *prononcée à la séance du 31 mars 1818*, Paris, Delaunay, 1818.

- *Assemblée générale des actionnaires de la Banque de France. 28 janvier 1819.* [Compte-rendu par M. Laffitte, rapport par MM. Les censeurs], s.l.n.d. (1819).

- *Chambre des députés. Développements de la proposition de M. Laffitte,... relative à un projet de loi sur l'organisation de la Banque de France...* [Comité secret, 26 mars 1819], Paris, Hacquart, s.d. (1819).

- *Chambre des députés. Projet de loi relatif à la fixation des comptes des années 1815-1817. 12 mai 1819.* (Réponse aux attaques dirigées contre la banque Laffitte), Paris, Baudouin fils, s.d. (1819).

- *Chambre des députés. À ses collègues. 14 mai 1819.* (Explication de sa conduite lors des derniers emprunts) Paris, Hacquart, s.d. (1819).

- *Assemblée générale des actionnaires de la Banque de France. Compte-rendu au nom du Conseil général. 27 janvier*, s.l.n.d. (1820).

- *Chambre des députés. Rapport fait au nom de la commission centrale... sur le projet de loi relatif à la répartition d'une partie des réserves de la Banque de France. 19 juin 1820.* Paris, Hacquart, s.d. (1820).

- *Chambre des députés. Opinion... improvisée sur l'amendement proposé par M. Ternaux au projet de loi relatif à la création d'annuités... 20 février 1821*, (Paris), Hacquart, 1820 (*sic.* Cette date est celle de la session parlementaire).

- *Chambre des députés. Opinion... improvisée sur le remboursement du premier cinquième des reconnaissances de liquidation... 20 février 1821*, (Paris), Hacquart, s.d. (1821).

- *Chambre des députés. Réponse... à M. Dudon sur le projet de loi relatif au règlement définitif du budget de l'exercice 1820. 27 février 1822*, (Paris), Hacquart, 1821 (*sic.* Cette date est celle de la session parlementaire).

- *Chambre des députés. Opinion... sur le projet de loi des finances 1822. 15 avril 1822*, Paris, F. Didot, 1822.

- *Chambre des députés. Opinion... sur le projet de loi de finances pour l'exercice de 1823. 15 juillet 1822*, (Paris), Hacquart, 1822.

- *Idem* : *16 juillet 1822*, (Paris), Hacquart, 1822.

- *Idem : 17 juillet 1822*, (Paris), Hacquart, 1822.

- *Idem : 18 juillet 1822*, (Paris), Hacquart, s.d. (1822).

- *Réflexions présentées à la Cour de cassation* (au sujet de diffamations répandues contre la banque Laffitte), (Paris), F. Didot, s.d. (1822).

- *Réflexions sur la réduction de la rente et l'état du crédit*, Paris, Bossange père, 1824.

- *Aux électeurs de l'arrondissement de Vervins* (Paris), F. Didot, s.d. (1825).

- *Aux électeurs de l'arrondissement de Vervins. 4 janvier 1826.* (Paris), F. Didot, s.d. (1826).

- *Chambre des députés. Discours... sur le budget de 1828. 7 mai 1827.* Paris, H. Fournier, 1827.

- *Relation historique des obsèques de M. Manuel, ancien député de la Vendée* [par F.A.-A. Mignet, J. Laffitte et J.B. Manuel jeune]. Paris, Gaultier-Laguionie, 1827.

- *Cie royale d'assurance contre l'incendie. Compte-rendu à l'Assemblée générale du 29 mars 1828.* [par J. Laffitte et André], (Paris), Gaultier-Laguionie, s.d. (1828).

- *Chambre des députés. Opinion... sur le projet de loi relatif à l'emprunt de 80 millions. 14, 19 et 20 mai 1828.* Paris, Bossange père, 1828.

- *Chambre des députés. Discours... sur le budget des dépenses. 1er et 5 juin 1829.* Paris, Bossange père, 1829.

- *Chambre des députés. Discours... sur le budget des recettes. 13 juillet 1829.* Paris, Bossange père, 1829.

- *Chambre des députés. Communication faite par le Président du conseil. 3 novembre 1830.* (Paris), Impr. Royale, 1830.

- *Chambre des députés. Communication faite par M. le président du Conseil des ministres. 10 novembre 1830.* (Paris), Impr. Royale, 1830.

- *Chambre des députés. Exposé des motifs et projet de loi sur les contributions personnelle et mobilière, des portes et fenêtres et des patentes. 15 novembre 1830.* (Paris), Impr. Royale, 1830.

- *Chambre des députés. Exposé des motifs et projet de loi sur l'amortissement. 22 novembre 1830.* (Paris), Impr. Royale, 1830.

- *Chambre des pairs : Projet de loi relatif à l'ouverture de crédits supplémentaires pour l'exercice 1830. Séance du 26 novembre 1830.* s.l.n.d. (1830).

- *Chambre des députés. Exposé des motifs et projet de loi ayant pour objet de restituer à l'État le fonds commun de l'indemnité. 1er décembre 1830.* (Paris), Impr. Royale, 1830.

- *Chambre des députés. Exposé des motifs et projet de loi portant demande de crédits provisoires pour l'exercice 1831.* 4 décembre 1830. (Paris), Impr. Royale, s.d. (1830).

- *Chambre des pairs : Projet de loi relatif à l'ouverture de crédits provisoires .... pour 1831. 10 décembre 1830.* s.l.n.d. (1830).

- *Chambre des pairs. Projet de loi relatif au fonds commun de l'indemnité. 13 décembre 1830.* s.l.n.d. (1830).

- *Chambre des députés. Exposé des motifs et projet de loi relatif à la liquidation de l'ancienne liste civile. 15 décembre 1830.* (Paris), Impr. Royale, 1830.

- *Chambre des députés. Communication... 20 décembre 1830.* (Paris), Impr. Royale, s.d.

- *Chambre des députés. Communication... 28 décembre 1830.* (Paris), Impr. Royale, s.d.

- *Chambre des pairs. Projet de loi relatif à l'amortissement. 29 janvier 1831.* s.l.n.d. (1831).

- *Chambre des députés. Exposé des motifs du projet de loi concernant la création de 200 millions d'obligations du Trésor royal et l'aliénation de 300 000 ha de bois. 11 février 1831.* Paris, A. Henry, 1831.

- *Chambre des pairs. Projet de loi relatif aux contributions personnelle et mobilière, des portes et fenêtres et des patentes.* 19 février 1831. s.l.n.d. (1831).

- *Chambre des députés. Discours du président du conseil. 20 février 1831.* (Paris), A. Henry, 1831.

- *Chambre des députés. Exposé des motifs du projet de loi relatif à la perception de nouveaux 12ᵉ provisoires. 21 février 1831.* (Paris), A. Henry, 1831.

- *Aux électeurs de l'arrondissement électoral de St-Denis. 15 juin 1834.* (Paris), Hernan, s.d. (1834).

- *La Nouvelle Minerve. Présentation* [N. Lemercier, Ch. Comte, A. Cremieux, E. de Girardin, J. Dupont de l'Eure, J. Laffitte, Ch. de Lasteyrie), Paris, 1835.

- *Chambre des députés. Discours sur le budget des finances. 16 juin 1836.* Paris, bureau de la Nouvelle Minerve, 1836.

- *Aux électeurs du 3ᵉ collège électoral de Rouen. 26 octobre 1837.* Rouen, D. Brière, 1837.

- *Explications données... à la réunion préparatoire des électeurs du IIe arrondissement électoral de Paris.* Paris, Firmin Didot frères, 1837.

- *Lettre au journal « La Presse »* (sur l'alliance prétendue de M. Laffitte et des républicains). Marseille, Imp. De Senès, 1837.

- *Aux électeurs du 3ᵉ collège électoral de Rouen. 21 février 1839.* Rouen, D. Brière, s.d. (1839).

- *Laffitte et Cie. Note sur l'emprunt de 37 millions émis par le gouvernement du Texas.* (Paris), Schneider & Langrand, s.d. (1841).

- *Aux électeurs du 3ᵉ collège électoral de Rouen. 15 juin 1842.* Rouen, D. Brière, s.d. (1842).

- *Mémoire pour la société anonyme du chemin de fer de Rouen* [Jacques Laffitte, Ch. Laffitte, Ed. Blount fils etc.], Paris, Lacrampe, s.d. (1843).

- *Mémoires de Jacques Laffitte (1767-1844)*, publiés par Paul Duchon. Paris, Firmin-Didot et Cie, 1932.

Écrits sur Jacques Laffitte et sur les principaux banquiers et financiers

ALLEGRET (Marc), « Jacques Laffitte », *Revue du Souvenir napoléonien*, n° 438, 2002.

ANTONETTI (Guy), *Une maison de banque à Paris au XVIIIᵉ siècle, Greffulhe Montz et Cie (1789-1793)*, Paris, éd. Cujas, 1963.

BERGERON (Louis), « Pourtalès & Cie, apogée et déclin d'un capitalisme », *Annales Société Civilisation*, mars-avril 1970, pp. 500 sq.

- *Banquiers, négociants et manufacturiers parisiens du Directoire à l'Empire*, Paris, École des hautes études en sciences sociales, Paris, La Haye, New York, Mouton, 1978.

- *Les Rothschild et les autres*, Paris, Perrin, 1991.

BIGO (Robert), *La Caisse d'Escompte et les origines de la Banque de France*, Paris, PUF, 1927.

BING (Walter), Jacques Laffitte, Bankier der Könige, König der Bankier, *Archiv des Instituts für bankhistorisch Forschungen*, Francfort, 1972.

BONIN Hubert, « Jacques Laffitte banquier d'affaires sans créer de modèle de banque d'affaires (des années 1810 aux années 1840) », Actes du colloque « *Le banquier Jacques Laffitte, 1767-1844* », Maisons-Laffitte, 13 octobre 2007. *Bulletin de la Société des amis du château de Maisons*, n°3, 2008, pp. 57-78.

BORDERIE (Alain), « Jacques Laffitte, commis puis associé du banquier Perregaux », Actes du colloque « *Le banquier Jacques Laffitte, 1767-1844* », Maisons-Laffitte, 13 octobre 2007. *Bulletin de la Société des amis du château de Maisons*, n°3, 2008, pp. 11-31.

BORDOGNA (Muriel) et PLESSIS (Alain), « Laffitte gouverneur de la Banque de France », Actes du colloque « *Le banquier Jacques Laffitte, 1767-1844* », Maisons-Laffitte, 13 octobre 2007. *Bulletin de la Société des amis du château de Maisons*, n°3, 2008, pp. 41-55.

BOUCHARY (Jean), *Les manieurs d'argent à Paris à la fin du XVIIIe siècle*, Paris, Rivière, 3 vol., 1939-1943 (en particulier le t. 3).

- *Les compagnies financières à Paris à la fin du XVIIIe siècle*, Paris, Rivière, 3 vol., 1940-1942 (en particulier le t. 3).

BRANDA (Pierre), « Laffitte et Napoléon », Actes du colloque « *Le banquier Jacques Laffitte, 1767-1844* », Maisons-Laffitte, 13 octobre 2007. *Bulletin de la Société des amis du château de Maisons*, n°3, 2008, pp. 33-40.

BRUN (Maurice), *Le Banquier Laffitte*, Abbeville, F. Paillart, 1997.

BUSSIÈRE (Éric), *Paribas, l'Europe et le monde, 1872-1992*, Anvers, Fonds Mercator, 1992.

CARON (Jean-Claude), « Relations sociales et sociabilités sous la Restauration, Laffitte et les élites libérales sous le regard du général Foy », Actes du colloque « *Le banquier Jacques Laffitte, 1767-1844* », Maisons-Laffitte, 13 octobre 2007. *Bulletin de la Société des amis du château de Maisons*, n°3, 2008, pp. 79-92.

CHARTIER (Philippe), « La Mort de Jacques Laffitte », Actes du colloque « *Le banquier Jacques Laffitte, 1767-1844* », Maisons-Laffitte, 13 octobre 2007. *Bulletin de la Société des amis du château de Maisons*, n°3, 2008, pp. 185-189.

CHASSAGNE (Serge), *Oberkampf un entrepreneur capitaliste au siècle des Lumières*, Paris, Aubier, 1980.

CLAIRVAL (Yolande de), « Les origines de Jacques Laffitte », Actes du colloque « *Le banquier Jacques Laffitte, 1767-1844* », Maisons-Laffitte, 13 octobre 2007. *Bulletin de la Société des amis du château de Maisons*, n°3, 2008, pp. 7-9.

CRAMER (Robert), *Les Pourtalès*, St-Pierre de Vassols, Éditions familiales, s.d.

CUEILLE (Sophie), « Le Banquier lotisseur, la colonie Laffitte », Actes du colloque « *Le banquier Jacques Laffitte, 1767-1844* », Maisons-Laffitte, 13 octobre 2007. *Bulletin de la Société des amis du château de Maisons*, n°3, 2008, pp. 171-183.

DARRIDAN (Geneviève), *MM. Le Couteulx et Cie, banquiers à Paris. Un clan familial dans la crise du XVIIIe siècle*, Paris, Loysel, 1994.

DESBLEDS (Mme veuve), *La vie de M. Laffitte, suivie du récit de ses funérailles*, Paris, Mme Desbleds libraire, Hauquelin et Bautruche imprimeurs, 1844.

GERARD (Max), *MM. Hottinguer banquiers à Paris*, Paris, Draeger, 1968.

GILLE (Bertrand), *Histoire de la maison Rothschild*, t. 1 : Des origines à 1848. Genève, Paris, Droz, Minard, 1965.

GRAND (Christian), *Trois siècles de banque. De Neuflize, Schlumberger, Mallet, de 1667 à nos jours*, E/P/A éditions, 1991.

JACOUTY (Jean-François), « Le Ministère Laffitte (1830-1831), Actes du colloque « *Le banquier Jacques Laffitte, 1767-1844* », Maisons-Laffitte, 13 octobre 2007. *Bulletin de la Société des amis du château de Maisons*, n°3, 2008, pp. 107-122.

LABORDE (Léonard), *Portraits politiques, Jacques Laffitte*, Bayonne, Impr. Nouvelle, 1887.

LA RONCIÈRE (Florence de), « Jacques Laffitte en son domaines de Maisons », Actes du colloque « *Le banquier Jacques Laffitte, 1767-1844* », Maisons-Laffitte, 13 octobre 2007. *Bulletin de la Société des amis du château de Maisons*, n°3, 2008, pp. 143-170.

LEHIDEUX-VERNIMMEN (Virginie), *Du négoce à la banque, Les André, une famille nîmoise protestante 1600-1800*, Nîmes, Lacour, 1992.

LEVY (Arthur), *Un profiteur de guerre sous la Révolution, l'Empire et la Restauration, G.J. Ouvrard*, Paris, Calmann-Lévy, 1929.

LHOMER (Jean), *Le banquier Perregaux et sa fille la duchesse de Raguse*, Paris, P. Cornuau, 1926.

LIESSE (André) « Jacques Laffitte, sa vie, ses idées financières », *Revue des Deux mondes*, LXXVIIe année, t. 42, novembre 1907, pp. 159-194.

- *Portraits de financiers : Ouvrard, Mollien, Gaudin, Louis, Corvetto, Laffitte, Villèle*, Paris, Alcan, 1908.

LOMÜLLER (Louis-Marie), « Guillaume Ternaux, 1763-1833, créateur de la première intégration industrielle française », in *Histoire économique et industrielle de la France de la fin du XVIIIe siècle au début du XIXe siècle*, Académie nationale de Reims, Paris, La Cabro d'or, 1978.

MARCHAL (Charles), *Souvenirs de Jacques Laffitte racontés par lui-même et puisés aux sources les plus authentiques*, Paris, Comptoir des imprimeurs-unis, 1844.

MAREC (Jacques), « Laffitte face à de graves difficultés financières (1830-1831) », Actes du colloque *Le banquier Jacques Laffitte, 1767-1844*, Maisons-Laffitte, 13 octobre 2007. *Bulletin de la Société des amis du château de Maisons*, n°3, 2008, pp. 123-142.

MONNIER (Virginie), *Édouard André, un homme, une famille, une collection*, Paris, Éditions de l'Amateur, 2006.

De NEUFLIZE & Cie, *1667-1677. Notice historique publiée à l'occasion du 125e anniversaire de l'établissement à Paris*, Paris, Impr. De Vaugirard, 1926.

ORMESSON (François d') et THOMAS (Jean-Pierre), *Jean-Joseph de Laborde, banquier de Louis XV, mécène des Lumières*, Paris, Perrin, 2002.

PARK-BARJOT (Rang-Ri), *La société de construction des Batignolles : Des origines à la Première Guerre mondiale (1846-1914)*, Paris, Presses Université Paris-Sorbonne, 2005.

REDLICH, F., « Jacques Laffitte and the beginning of investment banking », *Bulletin of the Business History Society*, XXII, 1968, pp. 137-164.

THURET (Pierre), *Histoire et généalogie des Thuret*, Paris, l'auteur, s.d.

TRIOMPHE (Pierre), « Jacques Laffitte et les dernières années de la Restauration : de l'opposant parlementaire à l'acteur des « Trois Glorieuses », Actes du colloque « *Le banquier Jacques Laffitte, 1767-1844* », Maisons-Laffitte, 13 octobre 2007. *Bulletin de la Société des amis du château de Maisons*, n°3, 2008, pp. 93-106.

WOLFF (Jacques), *Le financier Ouvrard, 1770-1846*, Paris, Tallandier, 1992.

- *Les Perier. La fortune et les pouvoirs*, Paris, Économica, 1993.

Ouvrages généraux, dictionnaires, souvenirs, biographies récentes

ABRANTES (Duchesse d'), *Mémoires ou souvenirs historiques sur Napoléon, la Révolution, le Directoire, le Consulat, l'Empire et la Restauration*, Paris, Ladvocat puis Mame-Delaunay, (1833-1834), puis Mame (1834-1835), 18 vol., 1831-1835.

ALMERAS (Henri d'), *La vie parisienne sous la Restauration*, Paris, Albin Michel, s.d.

ANTONETTI (Guy), *Histoire contemporaine politique et sociale*, Paris, PUF, 1986.

- *Louis-Philippe*, Paris, Fayard, 1994.

- *Les ministres des finances de la Révolution française au Second Empire. Dictionnaire biographique* – t. 2 : 1814-1848, Paris, Ministère de l'économie, des finances et de l'emploi. Comité pour l'histoire économique et financière de la France, 2007 (Impr. Actis).

Archives parlementaires de 1787 à 1860, recueil complet des débats politiques et législatifs des chambres françaises, imprimé par ordre du Sénat et de la chambre des Députés, sous la direction de J. Mavidal et E. Laurent, Paris, P. Dupont, 1904-1908. 2e série, t. 14 et suiv.

ARNAULT (A.V.), JAY (A.), JOUY (E.), NORVINS (J.), *Biographie nouvelle des contemporains ou dictionnaire historique et raisonné de tous les hommes qui depuis la Révolution française ont acquis la célébrité ...*, Paris, Librairie historique, 1821.

BALTEAU (J.), BARROUX (M.), PREVOST (M.), ROMAN D'AMAT, *Dictionnaire de biographie française* (jusqu'à la lettre E), Paris, Letouzey et Ané, 1933-1963.

BARANTE (Amable de), *Souvenirs, 1782-1876*, Paris, Calmann, Lévy, 8 vol., 1890-1901.

BARJOT (Dominique), *Histoire économique de la France au XIXe siècle*, Paris, Nathan, 1995.

BARJOT (Dominique), CHALINE (Jean-Pierre), ENCREVÉ (André), *La France au XIXe siècle, 1814-1914*, Paris, P.U.F., 2008.

BARRAS, *Mémoires*, Paris, Hachette, 4 vol., 1895-1896.

BERANGER (Pierre-Jean de), *Ma biographie*, Paris, Perrotin, 1857.

BLANC (Olivier), *Les Espions de la Révolution et de l'Empire*, Paris, Perrin, 1995.

BLOUNT (Edward), *Des chemins de fer à la haute banque. Mémoires de Sir Edward Blount, 1830-1900*, Paris, C.T.H.S., 2011.

BOIGNE Ctesse de, *Mémoires*, Paris, Mercure de France, 1999, t. 2, *de 1820 à 1848.*

BRESSON (Jacques), *Histoire financière de la France, depuis l'origine de la monarchie jusqu'à l'année 1828*, Paris, Bachelier, 1829.

BROGLIE (duc de), *Souvenirs, 1785-1870*, Paris, Calmann-Lévy, 4 vol., 1886.

BROGLIE (Gabriel de), *Guizot*, Paris, Perrin, 2002.

BRUGUIERE (Michel), *Gestionnaires et profiteurs de la Révolution*, Paris, Olivier Orban, 1986.

CASTELLANE (Maréchal de), *Journal, 1804-1862*, Paris, Plon, 5 vol., 1895-1897.

CHALLAMEL (A.), *Les Clubs contre-révolutionnaires, Cercles, comités, sociétés, salons, réunions, cafés, restaurants et librairies*, Paris, Cerf et Noblet, 1895.

CHAUDONNERET (Marie-Claude), *L'État et les artistes : de la Restauration à la monarchie de Juillet, 1815-1833*, Paris, Flammarion, 1999.

- « Collectionner l'art contemporain (1820-1840). L'exemple des banquiers ». Actes du colloque « *Collections et marché de l'art en France, 1789-1848* » I.N.H.A., 4-6 décembre 2003. Rennes, Presses universitaires de Rennes/Paris, Institut national d'histoire de l'art, DL, 2005.

CHAUSSINAND-NOGARET (Guy), *Les financiers du Languedoc au XVIIIe siècle*, Paris, SEVPEN, 1970.

CHRISTOPHE (Robert), *Les amours et les guerres du maréchal Marmont*, Paris, Hachette, 1955.

CLAUSEWITZ, *Campagne de 1814*, Paris, Champ Libre, 1972.

COMBES (André), *Histoire de la franc-maçonnerie au XIXe siècle*, Paris, Éditions du Rocher, 2 vol., 1998.

CONTANT (Dominique), *Le testament de Napoléon*, www.histoire-empire/org.

COUGNY (Gaston), ROBERT (Adolphe), BOULOTON (Edgar), *Dictionnaire des parlementaires*, Paris, Bouloton, 5 vol., 1889-1891.

DAUMARD (Adeline), *Les bourgeois de Paris au XIXe siècle*, Paris, Flammarion, 1970.

DULAURE (Jacques-Antoine), *Histoire physique, civique et morale de Paris...*, Paris, Guillaume, 11 vol., 1823-1824 (en part. t. 9 et atlas)

DUVERGIER DE HAURANNE (Prosper), *Histoire du gouvernement parlementaire en France, 1814-1848*, Paris, M. Lévy, 10 vol., 1857-1871.

FLEURY (Michel) et GILLE (Bertrand) (sous la direction de), *Dictionnaire biographique du Conseil municipal de Paris et du Conseil général de la Seine*, Paris, Impr. Municipale, 1972.

FOUCHÉ (Joseph), *Mémoires de Joseph Fouché, duc d'Otrante*, Paris, France-Éditions, 2 vol., 1944.

FOY (général Maximilien), *Notes journalières du général Foy, 1820-1825*, Compiègne, Impr. de Compiègne, 3 vol., 1925.

FUREIX (Emmanuel), « Passé, présent, futur : la mort et le temps politique (1820-1830), *Revue d'histoire du XIXe siècle*, 2002-25, *Le temps et les historiens.*

GALLAIS-HAMONNO Georges (sous la dir. de), *Le marché financier français au XIXe siècle*, Paris, Publications de la Sorbonne, 2 vol., 2007.

GAUDIN (Duc de Gaëte), *Notice historique sur les finances de la France (1800-1er avril 1814)*, Paris, Ange Clo, 1818.

- *Mémoires, souvenirs, opinions et écrits*, 3 vol., Paris, A. Colin, 1926. et supp. 1834, Paris, Gœtschy.

GILLE (Bertrand), *La Banque et le crédit en France de 1815 à 1848*, Paris, P. U. F., 1959.

GUENIFFEY (Patrice), *Le Dix-huit Brumaire, l'épilogue de la Révolution française*, Paris, Gallimard, 2008.

GUIRAL (Pierre), *Adolphe Thiers*, Paris, Fayard, 1986.

GUIZOT (François), *Mémoires pour servir à l'histoire de mon temps*, Paris, Michel-Lévy Frères, 8 vol., 1858-1867.

HARMAND (C.), *Manuel de l'amateur des arts dans Paris*, pour 1824, Paris, Hesse, s.d.

HATIN (Eugène), *Histoire politique et littéraire de la presse en France*, Paris, Poulet-Malassis, 1861.

- *Bibliographie historique et critique de la presse périodique française*, Paris, Firmin Didot Frères, fils, 1866.

HILLAIRET (Jacques), *Dictionnaire historique des rues de Paris*, Paris, Minuit, 2 vol., s.d.

LACOUTURE (Jean), *Jésuites, 2, Les revenants*, Paris, Seuil, 1992.

LANDES (David Saul), *L'Europe technicienne ou le Prométhée libéré : révolution technique et libre essor industriel en Europe occidentale de 1750 à nos jours*, Paris, Gallimard, 1980.

LECOUTEULX DE CANTELEU (Jean-Barthélémy), *Souvenirs*, Paris, 1875.

LENORMAND (Paul) (sous la dir. de), *Une chambre pour la capitale. Deux siècles d'histoire de la Chambre de commerce et d'industrie de Paris*, Paris, Le Cherche Midi, 2004.

LEVY-LEBOYER (Maurice), *Les banques européennes et l'industrialisation internationale dans la première moitié du XIX*[e] *siècle*, Paris, P. U. F., 1964.

LIEVYNS (A.), VERDOT (Jean-Marie), BEGAT (Pierre), *Fastes de la Légion d'honneur. Biographie de tous les décorés*, Paris, bureau de l'administration, 5 vol., 1842-1847.

LUTHY (Herbert), *La banque protestante en France de la Révocation de l'Édit de Nantes à la Révolution*, Paris, SEVPEN, 2 vol., 1959-1961.

MARMONT (Auguste-Frédéric-Louis Viesse de), *Mémoires du maréchal Marmont, duc de Raguse, de 1792 à 1841*, Paris, Perrotin, 9 vol., 1857.

MARTIN-FUGIER (Anne), *La vie élégante ou la formation du Tout-Paris, 1815-1848*, Paris, Fayard, 1990.

MATHIEZ (Albert), *La Révolution française*, Paris, Denoël, 2 vol., 1985.

MAVIDAL (Jérôme) et LAURENT (E) : voir *Archives parlementaires*.

MICHAUD (Joseph), *Biographie ancienne et moderne*, Paris, Michaud frère, 85 vol., 1811-1846.

MOLLIEN (Charles François), *Mémoires d'un Ministre du Trésor de 1800 à 1814*, Paris, H. Fournier, 4 vol., 1837.

MONTIER (A.), *Robert Lindet*, Paris, Alcan, 1899.

OUVRARD (Gabriel-Julien), *Mémoires sur sa vie et ses différentes opérations financières*, Paris, Moutardier, 1826-1827.

PASQUIER (Étienne-Denis), *Histoire de mon temps. Mémoires du chancelier Pasquier* publiés par M. le duc d'Audiffret-Pasquier, Paris, Plon, 6 vol., 1894-1896.

PINAUD (Pierre-François), *Les Trésoriers-payeurs généraux au XIX*[e] *siècle*, Paris, Les Éditions de l'Érudit, 1983.

- *Les Receveurs Généraux des Finances, 1790-1865*, École pratique des Hautes Études, IVe section, Hautes Études Médiévales et Modernes, Genève, Droz, 1990.

PLESSIS (Alain), *Histoires de la Banque de France*, Paris, Albin Michel, 1998.

PONIATOWSKI (Michel), *Talleyrand*, Paris, Perrin, 1976.

- *Talleyrand et le Directoire, 1796-1800*, Paris, Perrin, 1982.

RAMON (Gabriel), *Histoire de la Banque de France*, Paris, Grasset, 1929.

REGNARD (Étienne) (sous la dir. de), *Les tribunaux de commerce et l'évolution du droit commercial. Bicentenaire du code du commerce, 1807-2007*, Paris, Arprint, 2007.

RÉMUSAT (Charles de), *Mémoires de ma vie*, présentés et annotés par Ch. H. Pouthas, Paris, Plon, 5 vol., 1958-1967, t. 2.

RICHARD (Michel-Edmond), *Notables protestants en France dans la première moitié du XIXe siècle*, Caen, Éditions-diffusion du Lys, 1996.

ROBERT (Adolphe), BOURLOTON (Edgard) et COUGNY (Gaston), *Dictionnaire des parlementaires*, Paris, 5 vol., 1889-1890.

SALVANDY (Narcisse-Achille de), *La vérité sur les marchés Ouvrard*, Paris, Ponthieu, 1825.

SANCHEZ (Pierre) et SEYDOUX (Xavier), *Les Catalogues des salons des Beaux-Arts*, t. 1, 1801-1819. Paris, Échelle de Jacob, 1999.

SÉDOUY (Jacques-Alain de), *Le comte Molé*, Paris, Perrin, 1994.

- *Le Concert européen. Aux origines de l'Europe, 1814-1914*, Paris, Fayard, 2009.

SERS (Jean-André, baron), *Souvenirs d'un préfet de la monarchie. Mémoires du baron Sers, 1786-1862*, publiés d'après le manuscrit original avec intr. et notes par la baron Henri Sers et Raymond Guyot, Paris, Fontemoing, 1906.

STOSKOPF (Nicolas), *Les patrons du Second Empire*, t. 7, *Banquiers et financiers parisiens*, Paris, Picard-Cénomane, 2002.

SZRAMKIEWICZ (Romuald), *Les Régents et censeurs de la Banque de France nommés sous le Consulat et l'Empire*, Genève, Droz, Paris, Champion, 1974.

THIERS (Adolphe), *Histoire du Consulat et de l'Empire*, Paris, Paulin, 20 vol., 1845-1862. t. XIX et XX.

TULARD (Jean) (sous la dir. de), *Dictionnaire Napoléon*, Paris, Fayard, 1989.

- *Joseph Fouché*, Paris, Fayard, 1998.

TULARD (Jean), FAYARD (Jean-François), FIERRO (Alfred), *Histoire et dictionnaire de la Révolution française 1789-1799*, Paris, Laffont, 2 vol., 1987 et 1998.

VALANCE (Georges), *Thiers bourgeois et révolutionnaire*, Paris, Flammarion, 2007.

VERON (Dr. Louis), *Mémoires d'un bourgeois de Paris*, Paris, G. de Gonet, 6 vol., 1853-1855.

VALYNSEELE (Joseph), *Les maréchaux du 1er Empire, leur famille, leur descendance*, Paris, l'auteur, 1957.

VILLEPIN (Dominique de), *Les Cent-Jours*, Paris, Perrin, 2001.

WARESQUIEL (Emmanuel de), *Talleyrand, le prince immobile*, Paris, Fayard, 2003.

WARESQUIEL (Emmanuel de) et YVERT (Benoît), *Histoire de la Restauration, 1814-1830*, Paris, Perrin, 1996 et 2002.

YVERT (Benoît) (sous la dir. de), *Premiers ministres et présidents du Conseil depuis 1815. Histoire et dictionnaire raisonné*, Paris, Perrin, 2002.

Index des principales personnalités citées

Adelaïde, Mme, princesse d'Orléans, 207, 208
Aguado, Alejandro, 132, 231, 241, 249, 259, 283
Alexandre Ier, tsar de Russie, 82, 84, 90, 92, 117
André, puis André & Cottier, *banque*, 40, 43, 118, 153, 154, 157, 219, 225, 254, 266, 280, 283
Angoulême, Louis Antoine de Bourbon, duc d', dauphin de France, 87, 91, 98, 164, 166, 167, 202, 205, 216, 217
Angoulême, Marie-Thérèse de France, duchesse d', 98, 179
Apponyi, Antoine, comte, 245
Arago, François, 249, 252, 262, 275
Argout, comte Maurice d', 19, 203, 208, 228, 246, 267, 275, 279, 285
Arnsteiner & Eskeler, *banque*, 104
Auckland, William Eden, lord, 35, 42, 43, 51
Audry de Puyraveau, Pierrre-François, 199-202
Augereau, Pierre, duc de Castiglione, maréchal de France, 57, 89

Baguenault, *banque*, 104, 118, 122, 169
Baignères, Louis-Alexandre, 183, 224, 271
Baldwyn, Samuel, 43
Barante, Prosper, baron de, 163
Barbé-Marbois, François, marquis, 64, 70
Baring, sir Francis, voir Hope
Barras, Paul, vicomte, 50, 57, 58
Barrillon, Jean-Joseph, 60, 62, 63, 153, 281, 283, 287, 294
Barrot, Odilon, 194, 202, 222, 227, 243, 249-252, 261, 275
Barthélémy, François, marquis de, 49
Bartholoni, Jean-François, 264, 284
Basterrèche, Pierre Léon, 60, 62, 281, 283
Bastide, Louis Barthélémy, 58, 60, 62-64, 71, 280, 285, 287
Bavière, prince Othon de, 238
Beauharnais, Eugène de, vice-roi d'Italie, 59, 89, 103, 113, 159-161, 238
Beauharnais, Hortense de, reine de Hollande, 59, 66
Becquey, Louis, 154
Bélanger, François Joseph, 30, 133-135, 290
Béranger, Pierre-Jean, 132, 171, 181, 182, 188, 189, 219, 275, 276
Bérard, Auguste, 200, 211, 217, 218

Bernard, Samuel, 64, 189
Berry, Charles de France, duc de, 139, 149, 177, 242
Berry, Marie-Caroline de Bourbon-Sicile, duchesse de, 140, 149, 179
Bertin de Vaux, Louis François, 119, 194, 245
Bertrand, Henri Gatien, général, 105, 112, 160-162
Bethmann, *banque*, 33, 74
Bignon, Louis Pierre, baron, 111, 112, 123, 215, 219, 220
Blanqui, Auguste, 206
Blosseville, marquis de, 116
Blount, Edward, 266, 269, 289
Blücher, Gebhard Leberecht, maréchal, prince de, 88, 111, 117
Bonaparte, Lucien, 57
Bonaparte, Joseph, roi d'Espagne, 90, 105, 164, 259
Bonaparte, Napoléon, voir Napoléon Ier,
Bourbon, Louis VI Henri de Bourbon-Condé, duc de, 221
Broglie, Victor, duc de, 124, 163, 208, 215-220, 227, 262
Buckinghamshire, comte de, 42
Bussy, Charles de, 31

Cabarrus, Francisco, 70, 284, 294
Cail, Jean-François, 264-266
Cadet de Gassicourt, Charles-Louis Félix, 250, 264
Cadet de Gassicourt, Félix, fils du précédent, 250
Cambacérès, Jean Jacques Régis de, duc de Parme, 57, 62, 84, 161, 284, 292
Cambon, Pierre Joseph, 45
Campan, Mme, 50, 54, 66, 188
Carié-Bézard, Henri-Liévin, 60, 62, 73, 281
Carrel, Armand, 194, 207, 220, 243
Cavaignac, Godefroy, 206
Chabrol, Gaspard, comte de, 117, 190
Chambord, Henri d'Artois, duc de Bordeaux puis comte de, dit Henri V, 66, 205, 207, 209, 216, 217, 242
Champagny, Jean Baptiste de, duc de Cadore, 66
Chaptal, Jean-Antoine, comte, 108, 226
Chaptal, Jean-Baptiste, fils du précédent, 155, 225, 294
Charles X, comte d'Artois, puis roi de France, 91, 117, 133, 135, 176, 177, 179, 186, 190, 195, 196, 198, 200-202, 205, 207, 209, 210, 215-217, 220, 222, 232, 233
Chateaubriand, François-René, vicomte de, 103, 118, 130, 143, 164, 165, 181, 185, 260
Châtelet, Louis-Marie de Lomont, duc du, 44, 45

Choiseul, Claude-Antoine, duc de, 250, 251
Clarmont, Jean-Charles, 35, 42-44, 68, 129, 162, 183, 224, 271
Collot, Jean-Pierre, 58
Constant, Benjamin, 107, 124, 126, 131, 143, 151, 169, 176, 185, 211, 232
Constantin, Auguste, 153, 225, 254, 255
Cormenin, Louis-Marie (dit Timon), vicomte de, 261, 276
Corvetto, Louis Emmanuel, comte, 116, 118, 121, 123, 125-127
Crawfurd, James, 43
Crétet, Emmanuel, comte, 59, 71, 279

Dalbarade, Jean, 44
Danton, Georges Jacques, 45-47
Daumesnil, Pierre, général, 103
Davillier, Jean-Claude, baron, 19, 88, 132, 153, 157, 189, 279, 281, 285, 296
Davout, Louis-Nicolas, duc d'Auerstadt, prince d'Eckmühl, maréchal de France, 111, 114
Decazes, Elie, duc Decazes et de Glücksberg, 126, 149, 150
Delacroix, Eugène, 143, 144
Delessert, Etienne, 43, 51, 52, 74, 140, 285, 287
Delessert, Benjamin, fils du précédent, 73, 74, 78, 88, 100, 108, 109, 118, 120, 124, 125, 131, 140, 142, 145, 152, 169, 178, 209, 215, 217, 225, 243, 248, 264, 281, 283, 286, 291, 297
Delessert, François, frère du précédent, 140, 142, 219, 286, 289
Demidoff, prince Nicolas, 141
Derosne, Charles, 264, 266
Desmoulins, Camille, 45
Desprez, Médard, 63, 64, 70, 71, 280, 285, 286, 292
Dino, Dorothée de Courlande, comtesse Edmond de Périgord, duchesse de, 189, 194
Doyen, Charles-Martin, 60, 62, 63, 71, 75, 82, 280, 287, 293, 295
Drouet d'Erlon, Jean-Baptiste, comte, maréchal de France, 103
Dupin, André, 208, 216, 218-220, 227, 248, 275, 276
Dupont de l'Eure, Jacques Charles, 124, 170, 181, 188, 215, 216, 218-222, 227, 234, 261
Dupont de Nemours, Pierre Samuel, 51, 76
Dutacq, Armand, 261

Enghien, Louis-Antoine de Bourbon, duc d', 65
Erlanger, Frédéric Émile d', 277

Fauche-Borel, Louis, 43
Ferdinand VII, Ferdinand de Bourbon, roi d'Espagne, 163-167
Ferrère-Laffitte, Chilon, 162, 183, 196, 224, 241, 271
Ferris, Richard, 43
Fersen, comte Axel de, 42
Fontaine-Spitaers, *banque*, 155
Formalaguès, Pierre, 24-29, 35, 45, 47, 53, 68
Forbin, Auguste, comte de, 142-144
Fouché, Joseph, duc d'Otrante, 102-106, 111, 112, 114-117, 122, 138, 295
Fouquier-Tinville, Antoine-Quentin, 44
Foy, Maximilien, général, 135, 151, 156, 163, 165, 169, 170, 174, 176-178, 181, 259
Frédéric-Auguste Ier, roi de Saxe, 82, 83
Friedmann, Églé, Napoléon et Adolphe, 277
Fulchiron, Jean-Claude, 62, 63

Galliffet, général marquis Gaston de, 278
Garat, Martin, 27, 28, 60, 68, 100
Garnier-Pagès, Etienne, 234, 249, 275
Gaudin, Martin Michel, duc de Gaete, 62, 119, 150, 231, 254, 279
Gautier, Jean Elie, 279
Gérard, baron François, 140, 145, 147
Gérard, Etienne Maurice, maréchal de France, 199, 200, 202, 203, 209, 215, 219, 220, 227, 228, 238
Germain, Jean-Pierre, 52, 60, 62, 73, 281, 287
Gibert, Guillaume Toussaint, dit Gibert père, 71, 280
Girardin, Stanislas, marquis de, 184
Girardin, Ernest de, frère du précédent, 189, 261
Girod de l'Ain, Amédée, 248
Godard, 52
Godoy, Manuel (dit « le prince de la Paix »), 70
Gouïn, famille, *banque*, 174, 265, 266, 269, 288
Gouïn, Alexandre, 266, 67, 268, 269, 288
Greffulhe, Louis, 75, 283, 287
Greffulhe, Jean-Louis, comte de, fils du précédent, 122, 138, 165, 172, 288
Grégoire XVI, pape, 245
Guimard, Melle, 34, 293
Guitton, Barthélémy, 71, 280
Guizot, François, 163, 169, 181, 194, 199-202, 209, 211, 215-223, 227, 234, 238, 243, 244
Gumpelzheimer, Jean Albert, 33, 35-37, 44-46, 53, 293

Hainguerlot, Pierre Laurent, 41, 52
Hamelin, Romain, 41
Hamilton, James, 42, 137
Hardenberg, Karl August von, 104
Hébert, Jacques René, 45
Hope et Baring, *banque*, 70, 121-123, 125, 165, 171, 174, 288
Hottinguer, Jean-Conrad, baron, 43, 73, 74, 88, 108, 118, 122, 132, 153, 155, 219, 281, 288
Hottinguer, Henri, baron, fils du précédent, 281, 289
Hugues-Lagarde, Joseph, 60, 280, 283, 289
Hyde de Neuville, Jean Guillaume, baron, 209

Jaubert, François, comte, 71, 75, 99, 279
Javal, Jacques, (dit Javal jeune), 155, 156, 225
Jay, Antoine, 115, 131
Joséphine, Joséphine de Beauharnais, impératrice des Français, 49, 50, 54
Jourdan, Jean-Baptiste, général, 57, 215, 219
Journu-Aubert, Bernard, 60, 282

Koechlin-Dollfus, 156, 225
Kourakine, prince Alexandre, 84, 102

La Bédoyère, Charles, comte de, 103- 104
Laborde, Jean-Joseph, marquis de, 29, 30, 39, 64, 132, 135-137, 289
Laborde, Alexandre, comte, fils du précédent, 174, 250, 290
Labouchère, Pierre-César, 121, 125
La Fayette, Gilbert du Motier, marquis de, général, 36, 111, 124, 126, 151, 163, 169, 177, 184, 189, 197, 202, 203, 206, 207, 211-217, 233, 234, 249-252, 261
Laffitte, Mme, Marie-Françoise Laeut, épouse de Jacques, 55, 69, 130, 172, 173, 190, 231, 274
Laffitte, Albine, fille de Jacques, 19, 56, 69, 135, 136, 172, 173, 187, 189, 190, 253, 258, 271, 274, 277
Laffitte Pierre, père de Jacques, 23
Laffitte, Mme, Antoinette Rogère, mère de Jacques, 23, 24, 29
Laffitte, Pierre, frère de Jacques, 34, 69, 78, 129, 183, 189, 224, 271, 275
Laffitte, Martin, frère de Jacques, 24, 34, 69, 78, 85, 174, 201, 208, 240, 264
Laffitte Jean-Baptiste, frère de Jacques, 24, 34, 69, 78, 104, 155, 226, 254, 256, 261
Laffitte, Mme, Antoinette-Louise Lefebvre-Desnouettes, épouse du précédent, 55, 69, 104

Laffitte, Charles, neveu de Jacques, 257, 266, 277, 289
Laîné, Joseph, 87, 107
Lakanal, Joseph, 49
Lallemand, François Antoine, général, 103
Lamarque, Jean Maximilien, général, 249, 251, 252
Lameth, Charles de, 135, 174, 181
Lançon, Henri François Jannot, dit, 53, 68
Lannes, Jean, duc de Montebello, maréchal de France, 133, 134
Lannes, Louise de Guéhéneuc, maréchale, duchesse de Montebello, 133, 134
Lapeyrière, Augustin, 146, 153, 189
La Rochefoucauld, Sosthène Ier, vicomte de, 144, 190
La Rochefoucauld-Liancourt, François Alexandre Frédéric, duc de, 177, 183
Latour-Maubourg, Charles-César de, général, 150
Lavalette, Marie Antoine, comte de, 102, 104, 113, 114, 159, 161
Lebaudy, Adolphe, 264-267, 269, 275
Lebaudy, Jean, père du précédent, 264
Le Couteulx de Canteleu, Jean-Barthélémy, 40, 43, 52, 58, 59, 61, 62, 66, 73, 100, 279, 290, 292
Ledoux, Claude-Nicolas, 33, 145
Lefebvre, Jacques, 154, 215, 259, 262, 281, 290
Lefebvre-Desnouettes, Charles, général, 103, 104
Lehoc, Louis Grégoire, 53
Leitrin, lord, 42
Lemercier, Népomucène, 259, 261
Lemercier de Nerville, Jean Jacques, 277
Leuchtenberg, Auguste de Beauharnais, duc de, 238, 239, 243
Ligne, Charles-Joseph, prince de, 34
Lindet, Robert, 43, 44, 46, 47, 62
Lobau, Georges Mouton, général, comte de, 199, 202, 252
Louis, Joseph Dominique, baron, 51, 99-101, 118, 125, 126, 135, 174, 189, 208, 215, 219, 220, 227
Louis XVIII, comte de Provence, puis, roi de France, 41, 97, 99, 106, 112, 114, 118, 126, 139, 169, 170, 172
Louis-Philippe Ier, duc d'Orléans, puis roi des Français, 20, 36, 98, 102, 114, 115, 123, 139, 141, 143, 177, 189, 193, 195, 197, 199, 205-213, 215-223, 226-228, 230, 232-235, 237-246, 251, 260, 273, 275

Macdonald, Etienne Jacques, duc de Tarente, maréchal de France, 17, 87-90, 218
Macdonald de Tarente, Adèle, fille du précédent, 54

Maison, Nicolas Joseph, maréchal de France, 227, 228, 238, 245
Mallet, famille, *banque*, 34, 37, 43, 60, 62, 63, 73, 74, 88, 118, 174, 219, 280, 291
Mallet du Pan, Jacques, 115
Manuel, Jacques, 112, 115, 122, 124, 126, 131, 135, 144, 151, 163, 167, 169, 181-184, 188
Marchand, Louis, 160
Maret, Hugues-Bernard, duc de Bassano, 137, 153, 283
Marie-Louise de Habsbourg, impératrice des Français, puis duchesse de Parme, 102, 161, 245
Marmont, Auguste Viesse de, duc de Raguse, maréchal de France, 54, 71, 88-92, 130, 165, 186, 187, 198-202, 293
Marmont, maréchale, Hortense Perregaux, duchesse de Raguse, 33, 50, 53-55, 66, 72, 78, 86, 129, 186, 187, 189, 271, 293
Martignac, Jean Baptiste, comte de, 185, 190, 194
Martin fils d'André, Claude Etienne Martin, dit, ou Martin d'André, 88, 152, 174, 282, 291
Martin-Puech, Jean Henri Martin, dit, 281, 292, 294
Mauguin, François, 199, 200, 202
Merilhou, Joseph, 227, 234, 246
Metternich, Klemens, prince de, 103, 104, 111, 172, 206, 245
Meuron, Charles et Auguste de, 69, 71
Michel frères, *banque*, 62, 64, 287, 292
Mignet, François, 184, 194, 195, 207, 208
Moira, lord, 42
Molé, Mathieu, comte, 59, 131, 135, 216, 219, 227, 238, 262
Mollien, François Nicolas, comte, 83, 86, 100, 101, 115, 116
Monneron, Louis, 52, 59, 60
Montalivet, Jean Pierre, comte de, 227, 233, 244
Montholon, Charles Tristan, comte de, 112, 160-162, 172
Moreau, Jean Victor, général, 49
Montmorency, Mathieu de, duc de Montmorency-Laval, 164
Mortemart, Casimir de Rochechouart, duc de, 200, 202, 203, 207, 208, 210
Mortier, Adolphe Edouard, maréchal de France, 88-90, 218
Mouton, voir Lobau,
Muguet-Varange, Pierre Félix, 71, 280
Murat, Joachim, roi de Naples, maréchal de France, 17, 59, 89, 103
Napoléon Ier (Napoléon Bonaparte), empereur des Français, 14, 15, 17, 20, 54, 57-66, 70-74, 76, 77, 81-92, 101, 103-109, 111-116, 134, 139, 145, 159-162, 172, 185, 186, 272
Napoléon II, roi de Rome, puis duc de Reichstadt, 112, 161, 172, 186, 206
Naurissart, Louis, 63, 287

Necker, Jacques, 34, 135, 287
Nemours, Louis d'Orléans, duc de, 216, 238, 243
Nesselrode, Karl, comte, 104, 111
Ney, Michel, duc d'Elchingen, prince de la Moskowa, maréchal de France, 23, 87, 97, 103, 104, 122, 188, 202, 219
Ney, maréchale, Églé Auguié, épouse du précédent, 188, 253
Ney, Napoléon Joseph, prince de la Moskowa, fils des précédents, 19, 187-190, 231, 253, 257, 271
Ney de la Moskowa, voir Albine Laffitte
Ney de la Moskowa, Églé, fille des précédents, 23, 253, 277
Ney de la Moskowa, Michel Napoléon, frère de la précédente, 23, 271, 277

Odier, Jacques Antoine, dit James, 153, 202, 219, 282
Ollivier, Auguste Charles, 71, 88, 119, 281
Oudinot, Nicolas Charles, duc de Reggio, maréchal de France, 87, 89, 218
Ouvrard, Gabriel-Julien, 41, 50, 62-64, 70, 73, 75, 116, 121, 127, 285, 287, 292, 295, 296

Panchaud, Isaac, 33, 51, 99, 174, 293, 294
Paravey, *banque*, 154, 194, 226
Pasquier, Etienne Denis, baron puis duc, dit le chancelier Pasquier, 150, 218
Pereire, famille, *banque*, 20, 156, 256, 269, 295
Perier, Augustin, 209
Perier, Claude, dit Perier Milord, 17, 40, 60, 64, 73, 124, 280, 290, 292
Perier, Casimir, fils du précédent, 78, 118, 124, 132, 142, 143, 150, 151, 163, 169, 174, 177, 181, 185, 194, 198-200, 202, 215, 217-221, 227, 231, 233, 246-248, 251, 273, 293
Perier, Scipion, frère du précédent, 124, 153, 154, 280, 293, 294
Perregaux, Jean-Frédéric, 14, 28, 31-37, 39, 41-47, 49-54, 58-60, 62, 63, 65, 67-73, 77, 279, 293, 295
Perregaux, Mme, née Adelaïde de Praël, épouse du précédent, 32, 33, 50
Perregaux, Alphonse, comte, fils des précédents, 33, 53, 66, 68, 71, 72, 74, 78, 89-91, 129, 135, 162, 183, 187, 189, 224, 253, 262, 271
Perregaux, Hortense, sœur du précédent, voir Marmont
Perregaux, Charles, frère de Jean-Frédéric, 72
Perregaux, François-Louis, frère du précédent, 35, 293
Persigny, Victor de Fialin, duc de, 277
Peyronnet, Charles Ignace, comte de, 85, 161, 195
Philipps, Thomas, 183, 224, 271
Pierlot, Louis, 71, 280, 296
Pierre le Grand, tsar de Russie, 23
Piet, Jean-Pierre, 130

Pillet-Will, Frédéric, comte, 153, 154, 174, 281, 294
Pitt, William, 28, 36
Pitt, M. Madeleine Soinville, dite citoyenne Pitt, 42
Polignac, Jules, prince de, 190, 193, 196, 198, 200, 240
Poniatowski, prince Joseph, maréchal de France, 87
Pourtalès, comte Jacques Louis de, 33, 39, 43, 73-75, 81, 140, 287, 293, 294
Pourtalès, comte James, fils du précédent, 140, 143, 146
Pozzo di Borgo, Charles André, comte puis duc, 104, 207

Quélen, Hyacinthe-Louis, Mgr de, 242, 243
Quéruel, Jean Baptiste, 264

Raspail, François, 206
Récamier, Jacques, 50, 58, 60, 62-64, 66, 71, 73, 75, 281, 287, 293, 294
Récamier, Mme, Juliette Bernard, 50, 164, 295
Reiset, Jacques, 99, 100, 280
Rémusat, Charles, comte de, 131, 163, 181, 187, 197
Ricard, Georges Antoine, 73, 281
Richelieu, Armand Emmanuel du Plessis de Chinon, duc de, 118-123, 125, 126, 130, 149, 150
Rigny, Charles de, 277
Rigny, Edouard de, 208, 215
Robert, Hubert, 30, 290
Robespierre, Maximilien de, 20, 35, 44-47, 49
Robillard, Jacques Laurent, 77, 282, 295
Rodde, *banque*, 82
Rodier, Jean Baptiste, baron, 71, 150, 279
Roederer, Pierre Louis, comte, 50
Roger frères, *banque*, 63
Rothschild, famille, *banque*, 20, 125, 132, 137, 138, 155, 157, 164, 165, 167, 171, 174, 225, 266, 289, 295
Roussac, Jean, 267, 269
Roux, Vital, dit Vital Roux, 71, 155, 189, 225, 281, 297
Roy, Antoine, comte, 109, 118, 126, 130-132, 145, 163, 182, 185, 189
Royer-Collard, Pierre-Paul, 169, 185, 194

Sabatier, Guillaume Louis, 58, 60, 281, 290, 292, 295
Saint-Simon, Claude de Rouvroy, duc de, 135, 155, 156, 175, 258
Salisbury, lord, 42
Sanson-Davillier, Alexandre Sanson, dit, 271, 296
Sartoris d'Escherny, *banque*, 165, 172, 287, 288
Savary, Anne Jean, duc de Rovigo, 102

Scheffer, Ary, 132, 143, 144, 208
Scheffer, Henry, frère du précédent, 147, 262
Schonen, Auguste de, 184, 202
Schwarzenberg, prince Karl zu, 88, 90, 92
Sébastiani de la Porta, Horace, maréchal de France, 111, 131, 135, 174, 178, 189, 207, 209, 210, 215-217, 219, 227, 228, 238, 239, 245, 246
Seguin, *banque*, 62, 64, 287, 292
Sémonville, Charles-Louis, marquis de, 203, 208
Sévène, Jean Auguste, 58, 60, 71, 296
Sieyès, Emmanuel Joseph, 57, 58, 290
Soehnée, Jean-Michel, 60, 73, 282, 288, 296
Sommariva, Giovanni Baptista, comte de, 136, 140, 141, 143
Smith Barey, 42
Soubise, maréchal de, Charles, duc de Rohan, prince de Soubise, maréchal de France, dit le, 34
Soult, Jean de Dieu, duc de Dalmatie, maréchal de France, 135, 136, 228, 238, 239, 243, 246, 262, 274, 283
Staël, baronne de, Germaine Necker, 50, 124, 135
Stuart, sir Charles, 206, 207

Talleyrand, Charles-Maurice de Talleyrand-Périgord, prince de Bénévent, 20, 36, 49-51, 57, 59, 66, 67, 74, 89, 91, 98, 99, 103, 117, 118, 135, 137, 174, 177, 189, 206-208, 210, 220, 238, 243, 245, 288, 295
Talleyrand, princessse de, Catherine Grand, 50
Tallien, Jean-Lambert, 45-47
Tallien, Mme, Teresa Cabarrus, 49, 50
Ternaux, Guillaume, baron, 78, 130, 132, 155, 169, 181, 225, 297
Ternaux, Etienne, frère du précédent, 119, 145, 155, 174, 297
Thélusson et Vernet, *banque*, 34
Thibaudeau, Antoine, comte, 102, 103
Thibaudeau, Adolphe, fils du précédent, 155, 225, 297
Thibon, Louis Charles, comte, 71, 279, 280
Thiers, Adolphe, 19, 144, 147, 153, 165, 166, 171, 194, 195, 197, 207, 208, 220, 227, 228, 244, 262, 266, 271, 275
Thiessé, Léon, 151
Thuret, Isaac, 19, 127, 290
Tracy, Victor d'Estutt, marquis de, 241

Vandamme, 87
Vanlerberghe, 62, 122, 127, 287, 296
Vernes, *banque*, 219, 279, 294
Vernet, Joseph, 30, 135, 139, 145

Victor, Claude Victor Perrin, duc de Bellune, dit, maréchal de France, 88
Villèle, Jean Baptiste, comte de, 85, 164, 165, 167, 169-171, 173, 175-177, 179-181, 184, 185
Voyer d'Argenson, Marc René, marquis de, 130

Wellington, Arthur Wellesley, duc de, 111, 112, 114, 117, 206
Wolkonsky, prince Dmitri, général, 117
Woodford, Robert, 43

Remerciements

Ma gratitude va en premier lieu au Pr. Alain Plessis (1932-2010) qui, après avoir préfacé un petit ouvrage que j'avais consacré à ma famille et aux origines de la banque Lehideux, a bien voulu lire le manuscrit du présent livre et me guider à la fin de mes recherches. Son incomparable connaissance de la banque française du XIXe siècle, sa rigueur tout autant que sa bienveillance m'ont été précieuses et je déplore de ne pouvoir, ici, rien faire d'autre que saluer sa mémoire.

C'est grâce au Pr. Éric Bussière que cette étude paraît. Il l'a présentée aux Éditions P.I.E. Peter Lang et m'a surtout fait l'honneur d'en écrire la préface. Sa caution vaut adoubement et je ne saurais trop l'en remercier.

M. Pierre de Longuemar, président de l'Association pour l'Histoire de BNP Paribas, a été le *deus ex machina* grâce auquel cette publication voit le jour. Avec sa proverbiale énergie, il n'a eu de cesse que d'y parvenir et ma reconnaissance à son égard est profonde.

Je voudrais également remercier pour leurs conseils, leur soutien, l'aide ou les renseignements qu'ils ont pu m'apporter Mme Florence de la Roncière, ancien administrateur du château de Maisons, MM. Antoine et Jacques d'Arjuzon, M. Jacques-Alain de Sédouy, M. Nicolas Stoskopf et, naturellement, mon mari dont j'ai, une fois de plus, mis la patience à rude épreuve.